“十二五”普通高等教育本科国家级规划教材

医用物理学

（第四版）

YIYONG WULIXUE

主　编　刘建强　刘凤芹

主　审　喀蔚波

副主编　孙大公　郭学谦　宋然然

　　　　周　华　李　娜

中国教育出版传媒集团

高等教育出版社·北京

内容简介

本书是在"十二五"普通高等教育本科国家级规划教材《医用物理学》(第三版)(喀蔚波主编)的基础上修订而成的。本书依据教育部高等学校大学物理课程教学指导委员会编制的《医药类专业大学物理课程教学基本要求》(2021 年版)编写而成。

本书主要有以下特色:① 教材概念准确,叙述清晰生动,在传授物理学知识的同时,注重物理学思想和方法的介绍,注重对学生科学素质的培养;② 为增加本书的适用性,编者适当降低了数学要求与物理学难度,在每章中都设置了"相关链接",其中介绍了物理学的重大理论发现或物理学的新概念、新方法及新技术在医学上的应用;③ 扩展了教材的配套资源,增加了 H5 动画和讲课视频,增强了教材的可视化效果;④ 增加了页边栏,在页边栏中增加了边注和展示相应数字化教学资源的二维码。

本书主要面向医药类专业本科学生,兼顾长学制及专科学生,也可供理工科各相关专业学生使用。

图书在版编目(CIP)数据

医用物理学 / 刘建强, 刘凤芹主编. -- 4 版.
北京 : 高等教育出版社, 2025. 9. -- ISBN 978-7-04-065167-6

Ⅰ. R312

中国国家版本馆 CIP 数据核字第 20258QB424 号

YIYONG WULIXUE

策划编辑 张琦玮　责任编辑 张琦玮　封面设计 李沛蓉　版式设计 杜微言
责任绘图 裴一丹　责任校对 刁丽丽　责任印制 刁 毅

出版发行 高等教育出版社
社　　址 北京市西城区德外大街 4 号
邮政编码 100120
印　　刷 中农印务有限公司
开　　本 787 mm × 1092 mm 1/16
印　　张 23
字　　数 560 千字
购书热线 010-58581118
咨询电话 400-810-0598
网　　址 http://www.hep.edu.cn
　　　　 http://www.hep.com.cn
网上订购 http://www.hepmall.com.cn
　　　　 http://www.hepmall.com
　　　　 http://www.hepmall.cn
版　　次 2005 年 5 月第 1 版
　　　　 2025 年 9 月第 4 版
印　　次 2025 年 9 月第 1 次印刷
定　　价 53.00 元

物 料 号 65167-00

《医用物理学》(第四版)

编者名单

主　审　喀蔚波

主　编　刘建强　刘凤芹

副主编　孙大公　郭学谦　宋然然　周　华　李　娜

编　者　(以姓氏笔画为序)

于淑云(山东大学)　马英俊(宁夏医科大学)
田兴华(宁夏医科大学)　孙大公(北京大学)
孙慧娟(青岛大学)　刘　燕(青岛大学)
刘凤芹(山东大学)　刘建强(山东大学)
李　娜(宁夏医科大学)　李姗姗(首都医科大学)
宋洪晓(山东大学)　宋然然(青岛大学)
严华刚(首都医科大学)　周　华(山东大学)
苑桂红(北京大学)　咸夫正(山东大学)
郭学谦(首都医科大学)　康永香(济宁医学院)
黄晓清(首都医科大学)　魏　涛(济宁医学院)

序

长期以来基础物理教材存在两个矛盾:一个是丰富的内容和相对较少的学时之间的矛盾;一个是物理学科本身的系统性结构和为专业服务针对性需求之间的矛盾。医药类和农林类专业矛盾尤为突出。经过不懈的努力,在学时没有太多改变的情况下或多或少取得了某种妥协或协调。那种大量地砍伐内容,保留为专业服务的相关知识点,教材变成手册或说明书的极端情形已经不多见。然而我们期待更好的结果。

喀蔚波主编的《医用物理学》是一套特色鲜明的教材,也是我们希望看到的积极应对的结果。在既定的学时框架中融入合适的内容是可用教材的基本要求。本书不是简单地在数量上对知识点进行控制,编著者有着明确的指导思想:在传授物理知识的时候适当控制数学用量,相当地注重物理思想、物理方法的介绍,注重近代物理内容的介绍。在篇幅非常精贵的情况下,纳入了狭义相对论基础(广义相对论简介)和量子物理基础。这样的处理体现了编著者对物理学内容的整体把握和对学生科学素养培养的重视。读者应该体味编著者的良苦用心。我们的同行阿特·霍布森[①]引用过两段话也许能够给我们启示:

> 在这个科学时代,如果公民不具备科学素养,国家就不可能生存下去。
>
> 没有一个具备科学素养的大众,美好世界的前景就没有指望。[②]

提高公众的科学素养是物理学工作者义不容辞的职责。本书编著者的理念和努力令人称道,也值得学习。医学生的素养或未来医生的科学素养事关人的生命、健康。本书在这一领域的实践意义深远。

---

① Art Hobson,美国阿肯色大学物理系教授,在美国有超过 130 所大学开设了以他编写的教材《物理学的概念和文化素养》(Physics: Concepts and Connections)为基础的"面向全体学生(physics for all)"的课程或"物理素养(physics literacy)"课程。

② 引自《面向全体美国人的科学》(F.James Rutherford.Project 2061:Science for All Americans),这是美国科学促进会(AAAS)为提高美国人的科学素质于 20 世纪 80 年代启动的"2061 计划"的项目手册。

本书中有二十余段“相关链接”，介绍了科学史料、学科前沿、与正文相关的新概念、新方法、新技术的应用等，其中约有三分之一直接、间接与医药、生命科学有关。这是控制正文篇幅的一种处理，也是内容的深入或外延。这些链接可以供有进一步学习要求的读者选择使用。此外每章还附有参考文献，多为内容来源或相关的教材。如果能够引一些与相关链接题材有关的原始学术论文就更好了。

再者，正文的重点是基本概念、基本理论、基本方法，而所配的思考题、习题中有相当多的结合了医学、生物学，使得学生在进入专业学科之前有了物理学的基本铺垫。这样的构思也是本书的特色之一。可以成为一种模式，对别的教材有很好的参考价值。

在体例方面也不乏值得赞赏之处。章首图及其说明和提纲挈领的章首语都起到了很好的引导作用。希望文字模块的体例得到适当协调、图的印刷质量有所提高，以期赏心悦目。在一些地方如果能够为读者（学生）提供多个视角，也许会更加受到欢迎。例如：驻波可以是本征值方程的解，行波叠加作为一种理解；（气体分子）动理学理论的标题下，尚有宏观热物理主题；势可以作为保守场的基本量，也可以不必从能量引出；X 射线的特征谱要有原子能级概念铺垫以及能量零点的不同选取。

本书为多作者合作编著，风格差异在所难免。授课者在使用时可以适当协调，对读者似乎并没有本质的影响。从总体上我们感受到的是优秀资源的共享。本书的产生是合作成功的标志。

卢德馨

2008 年 4 月

第四版前言

本书是在“十二五”普通高等教育本科国家级规划教材《医用物理学》（第三版）（喀蔚波主编）的基础上修订而成的。本书依据教育部高等学校大学物理课程教学指导委员会编制的《医药类专业大学物理课程教学基本要求》（2021 年版），在保持原有特点的基础上，又结合近几年的教学实践和教学改革经验进行了更新和扩展，旨在更好地满足教学需求，提高学生学习的便利性。本书的修订工作如下：

（1）扩展了教材的配套资源，增加了 37 个 H5 动画和 26 个讲课视频，这些数字化资源可以帮助学生更直观地理解复杂的物理学概念和原理，增强教材内容的可视化效果。

（2）总体章节基本保持不变，在第一章中增加了 1.6 节物体的弹性，在第二章中增加了 2.3.4 小节血液的流动，在第十一章中增加了 11.10 节激光。

（3）增加了包括质子治疗、光学相干断层扫描在内的 10 个相关链接，删减调整了如激光及其医学应用等 3 个相关链接，以期更好地反映物理学在医学领域中的应用和发展，相关链接以二维码形式置于相关章节的页边栏中。

（4）重新编写了配套课件，并加入了丰富的医学应用案例，以帮助学生将理论知识与实际应用相结合，增强他们的实践能力和创新思维能力。这些案例增强了教材的实用性，也为学生提供了更多的学习资源。

（5）在编排上，本书增加了页边栏，在页边栏中通过边注的方式对正文内容进行了归纳、总结、提醒和注释，有助于读者更好地使用本书。同时在相关知识点的页边栏中附有二维码，学生通过扫描二维码可查看相应数字化教学资源。

（6）对第三版中的错误进行了细致的校对和修正，以确保教材内容的准确性，并适当降低了教材内容和习题的难度，减少了学时。

本书由北京大学医学部医学技术研究院、首都医科大学生物医学工程学院、山东大学物理学院、青岛大学物理科学学院、宁夏医科大学医学信息与工程学院和济宁医学院医学信息工程学院的部分教师共同编写，喀蔚波、刘建强负责全书的统稿和定稿。衷心感谢高等教育出版社张琦玮编辑为本书的出版所作的努力。感谢对为本书作出贡献的所有人员。

由于编者能力有限，书中错误在所难免，恳请读者批评指正。

刘建强

2025 年 4 月

第三版前言

《医用物理学》(第三版)在第二版基础上修订而成,主要在以下几个方面进行了改动:一、在卢德馨教授的建议下,将 X 射线一章移到狭义相对论基础和量子物理基础二章之后,使前后顺序更加合理。二、在第二版多年使用的基础上对各章的思考题和习题做了一定的删改,使习题与内容的联系更紧密。同时删去了一些难度较大的习题,适当降低了对高等数学的要求。三、对书中错误进行了改正,对第二版中一些叙述进行了修改,使之更加严谨、可读性更强。四、重新编写了与之配套的电子教案。虽然我们努力使教材更适合教和学,但书中错误及不妥之处在所难免,欢迎读者批评指正。

喀蔚波

2012 年 5 月

第二版前言

这次修订除了订正了已发现的一些错误，还对第一版中一些叙述不严谨或不当之处作了修改，在此基础上增加了血液流动、电泳在生物医学研究中的应用、激光及其医学应用、磁共振成像等四个相关链接，介绍物理学在医学中的应用。

非常高兴的是首届高等学校国家级教学名师奖获得者、南京大学卢德馨教授应邀为本书作序。在序中卢德馨教授强调了物理学课程在培养大众科学素养方面的重要作用，医药院校的物理教师应把提高医药专业学生的科学素养作为自己义不容辞的责任。经过几十年的努力，国内医药类专业物理学课程教学虽然取得了一定成绩，但随着课程建设和改革的深入，要求我们学习和借鉴国内理工科专业物理学课程建设和改革的成功经验，也需要有更多的物理教学专家给予我们关心、指导。例如卢德馨教授倡导的研究型教学，在教学中注重科学思维、科学精神、创新意识和科学道德培养的教学思想同样值得医药院校物理教师学习、实践。只有这样才有利于提高医药类专业物理学课程的教学水平；有利于开阔医学院校物理教师的视野，更新教学理念；有利于改变目前部分医药院校物理课程过多偏重医学应用的现状。为培养新世纪具有创新精神和实践能力，有较强发展潜能的高素质医药专业人才作出我们的贡献。

在教学内容上，物理学的原理、方法在医药科学中的应用越来越多。从这个角度看，传授方法、提高能力比单纯的知识学习更重要。因此，物理学课程除要传授物理学知识，为学生学习后续课程以及将来从事医疗卫生、科学研究工作打下必要的物理基础以外，还应帮助学生确立正确的科学观念，训练学生掌握科学的思维方法，提高分析问题、解决问题的能力。为激发医药类专业学生对物理课程学习的兴趣，需要在物理学课程中介绍物理学在医药科学中的应用，这也是医药类专业物理学课程的主要特点。但这部分内容不必讲得过深过细。因为一方面物理学一般开设在第一学年，学生并不具备必要的专业知识；另一方面医药类专业的物理课程学时较少，增加医学应用势必影响到物理学课程的系统性。况且，不断有新的物理技术、方法应用于医药科学。我们认为培养医药专业学生具备利用物理学原理、方法和技术解决临床或科研中实际问题的意识和能力比学习现在已广泛应用于临床中的那些物理学原理、技术更加重要。因此，物理学课程应更多地介绍包括近代物理在内的物理基础知识，在物理学课程之后另外开设物理学在医药科学中应用的相关后续课程更为合适。

最后，衷心感谢卢德馨教授为本书作序，感谢高等教育出版社的大力支持。虽然本书已经作了很多修改和订正，但仍难免存在一些谬误，不当之处恳请读者不吝批评指正。

喀蔚波

2008 年 4 月

第一版前言

物理学是研究物质的基本结构、基本运动形式、相互作用的自然科学。历史上，物理学的发展推动了18世纪以蒸汽机的出现为标志的第一次工业革命，并揭开了19世纪以电的发明为标志的第二次工业革命的序幕。20世纪初以相对论、量子论出现为标志的物理学革命更是推动人类社会进入信息时代的先导。物理学的理论、方法与技术对现代医药科学的发展也作出了重要贡献，X射线、生物电、激光、超声、核磁共振、各种显微技术等已广泛应用于医学临床及研究领域。回顾诺贝尔生理学及医学奖的历史，就不难发现其中有多个获奖项目与物理学有关，有多位获奖者是物理学家或具有物理背景的科学家。例如：1911年眼睛屈光学方面的研究；1924年发现心电图机理；1962年发现脱氧核糖核酸（DNA）双螺旋结构；1979年X射线计算机断层扫描（X-CT）技术；2003年磁共振成像（MRI）技术等。现在物理学的基本理论已经渗透到自然科学的各个领域，应用于生产技术的许多部门，物理学已成为其他自然科学和工程技术的基础。

同时，在人类追求真理、探索未知世界的过程中，物理学展现的一系列科学的世界观和方法论，深刻地影响着人类对物质世界的基本认识、人类的思维方式和社会生活。从这个角度，我们可以把物理学视为人类文明发展的基石，它在人才的科学素质培养中具有重要的地位。

在编写本书的过程中，作者有机会作为特邀代表参加教育部高等学校非物理类专业物理基础课程教学指导分委员会的工作，全程参与了2004年非物理类理工学科大学物理课程和大学物理实验课程教学基本要求的制订。同时，主持了国家级教育科学研究课题“21世纪中国高等学校农林/医药类专业数理化基础课程的创新与实践”医药类物理子课题中医药类专业物理课程教学现状的调查、医药类专业本科物理课程的目标与定位以及医药类专业本科物理理论课和实验课教学内容和课程体系的创新与实践等项目的研究。这使得我们对国内高等教育的形势、国家对高等教育的要求、国内大学物理基础课程教学改革的成果以及医药类专业物理课程教学的现状有了比较深入的了解和分析。

我们认为要适应我国高等教育由“精英教育”向“大众化教育”的转

变,在医药类专业物理基础课程的教学中必须贯彻和体现素质教育、创新教育、能力培养的教学理念。物理课程的教学不仅要为各学科专业提供必要的知识基础,而且还应是帮助学生确立正确的科学观念的主要手段,也是训练学生掌握科学的思维方法、提高分析能力的极重要的方式。因此,医药类专业物理课程的教学应以基本概念、基本规律、基本方法、基本技能的学习和训练为中心,同时将相关学科的现代知识有机地引入物理基础课教学中。在此指导思想下,我们参阅了许多国内外物理学教材,特别是理工科和文科的物理学教材,确定了本书的内容和编写思路。在内容的选择上,充分研究了教育部高等学校非物理教指委组织制订的大学物理课程教学基本要求,以及目前医药类院校物理课程的教学现状。本书所选的内容涵盖了绝大部分医药类院校现在讲授的物理学全部内容,并注重近代物理内容的介绍。在编写中力求做到概念准确,叙述清晰、生动,可读性强。同时,在传授物理知识的同时,注重物理思想、物理方法的介绍。为此,适当降低了数学要求,加强了与实际的结合。特别是在每章中都安排了两个左右的"相关链接",内容涉及重大理论发现的经过,和与正文内容相关的新概念、新方法及新技术的应用。相关链接一般篇幅不长,以定性说明为主,以此起到开阔视野、激发兴趣、拾遗补缺的作用。鉴于大部分学生在学习物理学时,还没有接触更多的专业知识,书中对物理学在医药科学中的应用主要以定性介绍为主。在每章后面列出了参考文献,便于读者参阅。本书主要面对医药类各专业本科学生,兼顾长学制及专科学生,也可供理工科各相关专业学生使用。

希望同学们在学习物理学时不要将精力只放在做题上,应首先掌握基本概念、基本规律、基本方法和基本技能,然后通过做题来检验自己掌握的程度。对书中的公式不必死记硬背,应在理解的基础上加以记忆。重要的物理定律一般都具有丰富的内涵和外延,可以从观察现象、提出问题、猜测结果、设计实验并测量、发现规律、定义新的物理量、用数学公式定量表述,进而判定公式的成立条件、适用范围和精度等方面理解物理定律。只有这样才能更好地认识和使用这些定律。由于物理思想和科学方法往往体现在物理大师们重要概念、规律和理论的建立过程之中,因此了解历史的发展过程,特别是了解物理大师们是如何提出问题、遇到的困难和他们解决问题的方法,对同学们的能力培养有着潜移默化的积极作用。爱因斯坦指出:"提出一个问题往往比解决一个问题更重要,因为解决一个问题也许仅是一个数学上的或是实验上的技能而已,而提出新的问题,新的可能性,从新的角度去看旧的问题,却需要有创造性的想象力,而且标志着科学的真正进步。"诚然,由于本书的篇幅限制,这些内容不可能一一涉及。感兴趣的同学可以参阅每章后面列出的参考文献,也可以充分利用网络上的大量信息,使用搜索引擎查找相关内容。通过查找资料提高主动获取知识、自主学习的能力。

本书的编写得到了全国高等学校教学研究中心和高等教育出版社的大力支持，在此表示衷心的感谢。由于我们水平有限，编写思想没能完全体现出来，书中也难免存在一些谬误；加之编者较多，全书风格难以统一。不当之处恳请读者不吝批评指正，以便再版时修订。

喀蔚波　刘志成　童家明

2005 年 1 月

目录

第一章 力学基本定律

意大利比萨斜塔，传说伽利略在此做了著名的落体实验。伽利略于1638年提出：在真空中的任何物体，不论轻重都会以相同的速率下落。其主要论据是：考虑将一个重的物体通过细绳与一个轻的物体连接在一起，然后使其下落，按照亚里士多德重物比轻物下落得快的理论，一方面重物牵拉轻物，使轻物比单独下落时更快，而轻物使重物下落的速率减慢，即组合体的下落速率一定比轻物单独下落时快，而比重物单独下落时慢。但另一方面，组合体比重物更重，因此组合体应比重物下落得更快。这样，如果忽略空气阻力，亚里士多德的观点就会引发矛盾，由此伽利略推断真空中一切物体将以相同的速率下落。

自然界中存在着许多力学现象，例如，行星围绕恒星转动、地壳板块运动、河水冲刷河床等都是自然产生的力学现象；飞机飞行、楼宇和桥梁建设、货物运输等是人类利用自然界中的力学规律开发出的力学现象。我们在生活和学习中对这些现象都已经有所了解和认识。

在生物界和生命活动中也存在着大量的力学现象，例如，游动的精子去寻找卵子试图使其受精，胎儿生产经过产道是一个强烈的挤压过程，新生儿第一声啼哭与婴儿肺扩张和气体充盈有关，血液流动与生命活动有关，肌肉骨骼系统与运动有关，坚硬的钢制人工关节植入人体后发生意外断裂，利用合适的力学规律帮助运动不便的残疾人恢复运动能力等。

所有这些力学现象尽管形式上千差万别，有的是自然产生的，不以人的意志为转移；有的是人们巧妙地利用力学规律创造的，为我们的生活与生产活动带来了许多方便；有的伴随我们生命过程的始终。不管它们的表现形式如何，都服从相同的规律，正确认识这些力学规律，有助于我们改造自然，利用自然。了解和掌握力学规律，将有利于我们深刻地认识生命现象，帮助我们把握生命规律，修正被扭曲的力学行为，有效地提高人类的生活质量。

物质世界存在多种多样的运动形态，其中，机械运动是最基本、最直接的运动形态。机械运动是指物体的位置变动和物体内部各部分之间的相对运动（即形变）。力学（mechanics）是研究机械运动基本规律的一门学科，主要包括以下主要内容：

（1）研究物体的运动轨迹。研究决定物体运动轨迹的动力学因素，建立动力学方程。

（2）研究物体与物体之间属于机械运动范畴的相互作用，如推动、冲击、碰撞、支撑、摩擦、吸引和排斥等，研究此类相互作用过程中物体运动量的交换和变化规律。

（3）寻求物体运动过程中或相互作用过程中的守恒量及相应的守恒条件。

它们构成了牛顿力学的基本内容，至今仍然是研究复杂运动的基础。按照研究内容划分，力学可以分成运动学和动力学，前者着重于物体运动的形态描述，后者则致力于分析物体运动形态形成和改变的原因。

本章主要介绍牛顿力学的基本定律、物体运动的描述、物体运动的功和能等。

§1.1 单位和量纲

自然界中，特别是物理学中，各个物理量之间常通过定义或定律等定量关系式相互关联，为了方便大量物理量的描述，人们常常选择一些物理量作为基本量，规定它们的单位为基本单位，其他物理量及单位则可以通过所定义的基本量和基本单位依据定律等加以导出。由基本量导出的物理量称为导出量，它们的单位称为导出单位。

在国际单位制中，选定长度、质量、时间为力学基本量，它们的单位分别为 m（米）、kg（千克）、s（秒）。其他所有力学量的单位都是由这三个基本量的单位导出的。在国际单位制中，还选定电流为电学基本量，其单位为 A（安培）；选定热力学温度和物质的量为热学基本量，其单位分别为 K（开尔文）和 mol（摩尔）；选定发光强度为光学基本量，其单位为 cd（坎德拉）。

表示一个物理量的单位与基本量单位关系的式子称为物理量的量纲式（dimension formula）。人们约定用大写字母 L、M 和 T 分别表示长度、质量和时间这三个力学基本量的量纲（dimension），在力学中，任何物理量 Q

的量纲均可以表示为

$$\dim Q = \mathrm{M}^{p}\mathrm{L}^{q}\mathrm{T}^{r} \tag{1-1}$$

式中 $\dim Q$ 表示 Q 的量纲，p、q、r 称为量纲指数。

人们可以很容易利用导出量与基本量的关系写出各导出量的量纲式，从而清楚地了解它们的单位。例如，力、速度和加速度的量纲式分别为

$$\dim F = \dim m \cdot \dim a = \mathrm{MLT}^{-2}$$

$$\dim v = \frac{\dim s}{\dim t} = \mathrm{LT}^{-1}$$

$$\dim a = \frac{\dim v}{\dim t} = \mathrm{LT}^{-2}$$

量纲式除了可以用于直观地获取导出量与基本量的关系，还可以用来检验所建立的公式正确与否。因为，只有量纲相同的量才可以相加减或者相等。例如，匀加速直线运动的公式是 $s = s_0 + v_0 t + \frac{1}{2}at^2$，式中各项的量纲分别为 $\dim s = \mathrm{L}$，$\dim s_0 = \mathrm{L}$，$\dim v_0 t = \mathrm{L}$ 和 $\dim at^2 = \mathrm{L}$。依此可以初步认为该公式可能是正确的。因为数字系数没有量纲，因此，公式中的数字系数的正确与否，是不能用量纲式加以检验的。如果用量纲式检验，式中各项的量纲不同，则该公式一定是错误的。在物理学中，采用量纲分析的办法检验所得到公式的正确与否，是研究工作的基本方法之一。

相关链接：理解时空

在物理学中，人们还常常利用量纲式进行单位换算或者确定比例系数的单位等，有兴趣的同学可以参考相关书籍。

§1.2　物理量及其表述

1.2.1 物理量

人们把定量地描述物理现象的量称为**物理量**(physical quantity)，依据物理现象的不同，用于描述的物理量也不同，我们经常遇到的物理量有三种，它们分别是：

(1) 标量：只有大小没有方向的物理量称为**标量**(scalar)。例如，温度、能量、质量等物理量是标量。

(2) 矢量：有 3 个分量，每个分量与 1 个方向有关的物理量称为**矢量**(vector)。矢量既有大小又有方向。例如，速度、加速度、力和动量等物理量是矢量。

(3) 张量:有 9 个分量,每个分量与 2 个方向有关的物理量称为(2 秩)张量(tensor)。一般地 n 秩张量有 3^n 个分量,每个分量与 n 个方向有关。而且标量可视为 0 秩张量,矢量可视为 1 秩张量。例如,描述材料内部力学性质的应力和应变有 2 个方向,是 2 秩张量。

不同的物理量服从不同的运算规则。

1.2.2 质点

任何物体都有一定的大小和形状。但是,当物体的大小和形状在所描述的运动中所起的作用可以忽略不计时,我们就把它视为一个只有质量而没有大小和形状的点,称为质点(mass point)。质点是为了描述方便而为实际物体构造的一种模型,是实际物体在一定条件下的一种抽象。一个物体能否视为质点,关键要看其在所研究的问题中,是否满足所定义的条件。例如,同样是地球,当研究其自转时就不能将其视为质点,而研究它绕太阳的公转时,就可以把它很好地近似为质点来处理。

1.2.3 参考系与坐标系

描述一个物体的运动需要另一个物体作为参考,这个被选定的参考物体称为参考系(reference system)。当同一个物体采用不同的参考系描述时,其结果一般不同,这称为运动描述的相对性。例如,在一个向左匀速直线运动的车厢中,有一个自由下落的物体,当以车厢为参考系描述时,物体作直线运动;如果以地面为参考系描述,物体作抛物线运动。

选定参考系只是定性地描述物体运动与否,为了定量地描述物体运动的位置以及位置随时间的变化,必须在所选定的参考系中选择一个适当的坐标系。一般在参考系中选定一点作为坐标原点,它对于描述物体位置变化的坐标系起着标尺的作用。

在三维空间中,需要标出三个独立的量来唯一地确定一点的位置。人们用得最多的是直角坐标系,它的三个坐标轴(x 轴、y 轴、z 轴)相互垂直。图 1-1 中所给出的就是直角坐标系。除直角坐标系以外,根据描述的方便,还可以选

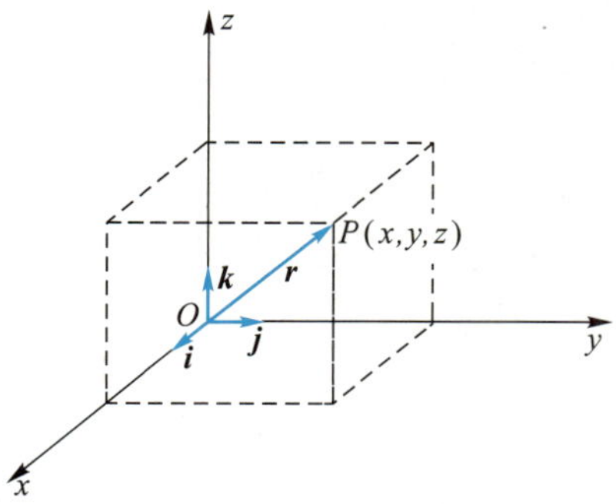

图 1-1 P 点的位置矢量 $\boldsymbol{r}$ 和它的坐标(x,y,z)

择其他坐标系，如极坐标系、柱坐标系、球坐标系等。

1.2.4 矢量及其运算

既有大小又有方向的物理量称为矢量。通常用一个有向线段表示矢量，线段的长短表示矢量的大小，线段的方向即为该矢量的方向[如图 1-2(a)所示]。位移、速度、加速度和力等物理量都是矢量。一般用黑体字表示矢量，如 $\boldsymbol{A}$、$\boldsymbol{a}$ 等。矢量与自己的大小相除所得的矢量称为该矢量的单位矢量，其大小为 1，表示为

$$\boldsymbol{e}_A=\frac{\boldsymbol{A}}{A} \tag{1-2}$$

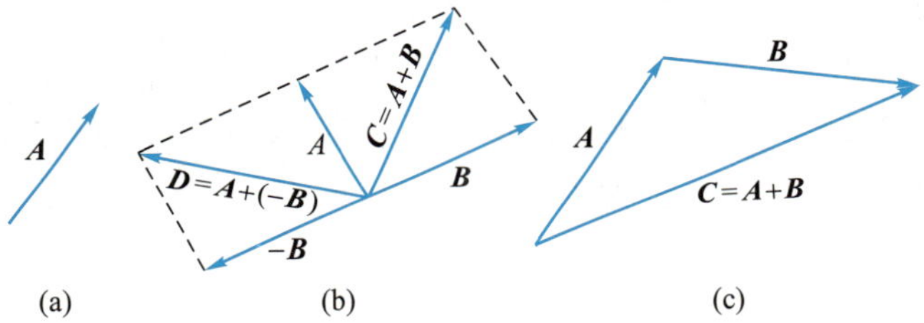

图 1-2　矢量的表示，矢量的加法与减法运算规则

矢量的加法：任何两个矢量的和还是一个矢量，表示为

$$\boldsymbol{C}=\boldsymbol{A}+\boldsymbol{B} \tag{1-3}$$

矢量的加法服从平行四边形法则和三角形法则。在直角坐标系中，矢量可以表示为

$$\boldsymbol{A}=A_x\boldsymbol{i}+A_y\boldsymbol{j}+A_z\boldsymbol{k} \tag{1-4}$$

其中 A_x、A_y、A_z 分别为矢量 $\boldsymbol{A}$ 在 x、y、z 坐标轴上的分量，$\boldsymbol{i}$,$\boldsymbol{j}$,$\boldsymbol{k}$ 分别为表示 x、y、z 坐标轴方向的单位矢量，称为基矢。

矢量的减法可以由矢量的加法定义，即

$$\boldsymbol{C}=\boldsymbol{A}+(-\boldsymbol{B}) \tag{1-5}$$

矢量的乘法：两个矢量相乘，有两种不同的方法。相乘结果为标量的，称为标积(或称为点积)；相乘结果为矢量的，称为矢积(或称为叉积)。

矢量的标积　如图 1-3 所示，设 $\boldsymbol{A}$,$\boldsymbol{B}$ 为两个矢量，它们之间的夹角为 α，则它们的标积用 $\boldsymbol{A}\cdot\boldsymbol{B}$ 表示，定义为

$$\boldsymbol{A}\cdot\boldsymbol{B}=AB\cos\alpha \tag{1-6}$$

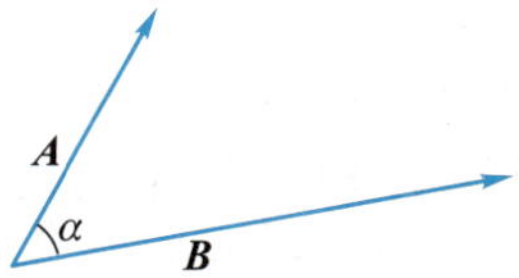

图 1-3　矢量点积的定义

可见 $\boldsymbol{A}\cdot\boldsymbol{B}$ 是一个数值等于 $AB\cos\alpha$ 的标量，可以把它理解为矢量 $\boldsymbol{A}$ 在矢量 $\boldsymbol{B}$ 上的分量 $A\cos\alpha$ 与矢量 $\boldsymbol{B}$ 的大小 B 的乘积；也可以把它理解为矢量 $\boldsymbol{B}$ 在矢量 $\boldsymbol{A}$ 上的分量 $B\cos\alpha$ 与矢量 $\boldsymbol{A}$

的大小 A 的乘积。可以证明，矢量的点积运算服从交换律和结合律。从(1-6)式可以看出，当两个矢量同向时，点积结果数值最大，当两个矢量反向时，点积结果取最小值，当两个矢量垂直时，点积结果为0。

矢量的矢积 设 $\boldsymbol{A},\boldsymbol{B}$ 为两个矢量，它们之间的夹角为 α，则它们的矢积用 $\boldsymbol{A}\times\boldsymbol{B}$ 表示，定义它为另一个矢量 $\boldsymbol{C}$，即

$$\boldsymbol{C}=\boldsymbol{A}\times\boldsymbol{B} \tag{1-7}$$

矢量 $\boldsymbol{C}$ 的大小为

$$C=AB\sin\alpha \tag{1-8}$$

矢量 $\boldsymbol{C}$ 的方向垂直于矢量 $\boldsymbol{A},\boldsymbol{B}$ 构成的平面，并服从右手螺旋定则，即伸出右手拇指，将其余四指并拢沿矢量 $\boldsymbol{A}$ 的方向伸出，并从 $\boldsymbol{A}$ 经小于180°的角向 $\boldsymbol{B}$ 的头部弯曲，与四指垂直的拇指指向即为矢量 $\boldsymbol{C}$ 的方向。根据叉积的定义可以看出，当两个矢量平行时，叉积结果为零，当两个矢量垂直时，叉积结果最大。另外，根据叉积运算定义，可以得到如下结果：

$$\boldsymbol{B}\times\boldsymbol{A}=-\boldsymbol{A}\times\boldsymbol{B}$$

因此，矢量的叉积不服从交换律。但可以证明，矢量的叉积服从结合律，即

$$\boldsymbol{A}\times(\boldsymbol{B}+\boldsymbol{C})=\boldsymbol{A}\times\boldsymbol{B}+\boldsymbol{A}\times\boldsymbol{C}$$

§1.3 运动描述

1.3.1 位置矢量与位移

位置矢量 如图1-1所示，在直角坐标系中，质点 P 的位置由三个坐标 x,y,z 来确定，或者用从原点 O 到 P 点的有向线段 $\boldsymbol{r}$ 表示，矢量 $\boldsymbol{r}$ 称为位置矢量(position vector)，简称位矢。$\boldsymbol{r}$ 在三个坐标轴上的分量分别为 x、y 和 z。以 $\boldsymbol{i}$、$\boldsymbol{j}$、$\boldsymbol{k}$ 分别表示沿 x、y、z 轴正方向的单位矢量，则位矢 $\boldsymbol{r}$ 在直角坐标系中可以表示为

$$\boldsymbol{r}=x\boldsymbol{i}+y\boldsymbol{j}+z\boldsymbol{k} \tag{1-9}$$

质点运动时其位置随时间的改变可以表示成

$$x=x(t),\quad y=y(t),\quad z=z(t) \tag{1-10}$$

或者表示为

$$\boldsymbol{r}(t)=x(t)\boldsymbol{i}+y(t)\boldsymbol{j}+z(t)\boldsymbol{k} \tag{1-11}$$

(1-10)式各函数表示质点位置坐标随时间的变化情况，(1-11)式表示质点实际运动的空间轨迹。

位移 质点在一段时间内位置的改变称为它在这段时间内的位移(displacement)。设质点在 t 和 $t+\Delta t$ 时刻分别通过 P_1 点和 P_2 点(图1-4)，

其位矢分别为 $\boldsymbol{r}(t)$ 和 $\boldsymbol{r}(t+\Delta t)$，则由 P_1 引向 P_2 的矢量表示增量 $\Delta\boldsymbol{r}$，即

$$\Delta\boldsymbol{r}=\boldsymbol{r}(t+\Delta t)-\boldsymbol{r}(t) \quad (1-12)$$

$\Delta\boldsymbol{r}$ 是质点在 Δt 时间内的位移。$\Delta\boldsymbol{r}$ 是矢量，其大小标志着在 Δt 内质点位置移动的多少，表示为 $|\Delta\boldsymbol{r}|$；其方向表示质点的位置移动方向。要特别注意，位移 $\Delta\boldsymbol{r}$ 与路程 Δs 是两个不同的概念。当 Δt 很大时，$\Delta\boldsymbol{r}$ 与 Δs 可能有很大不同。

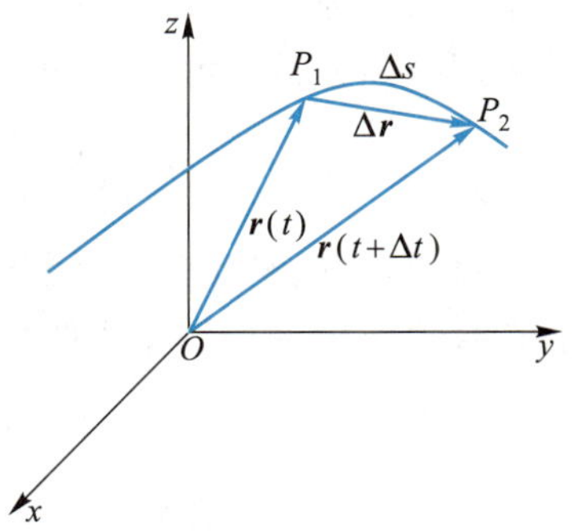

图 1-4　曲线运动中的位移，其中 Δs 为路程

1.3.2 速度

速度　质点在 Δt 时间内所发生的位移 $\Delta\boldsymbol{r}$ 与 Δt 的比值称为质点在 Δt 时间内的平均速度（mean velocity），即

$$\bar{\boldsymbol{v}}=\frac{\Delta\boldsymbol{r}}{\Delta t} \quad (1-13)$$

平均速度的方向与位移 $\Delta\boldsymbol{r}$ 的方向一致。在描述质点的运动时，常采用"速率"这个概念，我们定义质点在 Δt 时间内所走过的路程 Δs 与所用的时间 Δt 的比值 $\Delta s/\Delta t$ 为质点在 Δt 时间内的平均速率（mean speed）。要注意，平均速度是质点在 Δt 时间内的位移，是矢量；平均速率是质点在 Δt 时间内走过的路程，是标量，两者有本质差别。

瞬时速度（instantaneous velocity）又称速度（velocity），是 t 时刻当时间间隔 Δt 趋于零时，平均速度的极限，即

$$\boldsymbol{v}=\lim_{\Delta t\to 0}\frac{\Delta\boldsymbol{r}}{\Delta t}=\frac{\mathrm{d}\boldsymbol{r}}{\mathrm{d}t} \quad (1-14)$$

速度 $\boldsymbol{v}$ 是位置矢量 $\boldsymbol{r}$ 的时间导数，即速度是位置矢量的时间变化率。速度的方向就是 t 时刻 Δt 趋于零时位移 $\Delta\boldsymbol{r}$ 的方向。如图 1-4 所示，当 Δt 趋于零时，P_2 点向 P_1 点靠近，而 $\Delta\boldsymbol{r}$ 的方向最后将与质点运动轨迹在 P_1 点的切线一致。因此，质点在时刻 t 的速度方向就是该时刻质点所在处运动轨迹的切线方向，指向运动的前方。

速度的大小称为速率（speed），用 v 表示，即

$$v=|\boldsymbol{v}|=\left|\frac{\mathrm{d}\boldsymbol{r}}{\mathrm{d}t}\right|=\lim_{\Delta t\to 0}\frac{|\Delta\boldsymbol{r}|}{\Delta t} \quad (1-15)$$

用 Δs 表示在 Δt 时间内质点沿着轨迹所经过的路程，当 Δt 趋于零时，$|\Delta\boldsymbol{r}|$ 和 Δs 趋于相同，因此，可以得到 t 时刻的速率为

$$v=\lim_{\Delta t\to 0}\frac{|\Delta\boldsymbol{r}|}{\Delta t}=\lim_{\Delta t\to 0}\frac{\Delta s}{\Delta t}=\frac{\mathrm{d}s}{\mathrm{d}t} \quad (1-16)$$

即速率的大小为质点所走过路程的时间变化率。

采用坐标分量表示，速度可以表示为

$$\boldsymbol{v}=\frac{\mathrm{d}x}{\mathrm{d}t}\boldsymbol{i}+\frac{\mathrm{d}y}{\mathrm{d}t}\boldsymbol{j}+\frac{\mathrm{d}z}{\mathrm{d}t}\boldsymbol{k}=v_x\boldsymbol{i}+v_y\boldsymbol{j}+v_z\boldsymbol{k} \tag{1-17}$$

v_x,v_y,v_z 分别为速度 $\boldsymbol{v}$ 在三个坐标方向上的分量，它们都是代数量，可正可负。在直角坐标系中，速度的大小，即速率与各速度分量之间存在以下关系：

$$v=\sqrt{v_x^2+v_y^2+v_z^2} \tag{1-18}$$

在国际单位制中，速度的单位是 $\mathrm{m\cdot s^{-1}}$。

1.3.3 加速度

加速度(acceleration) 是质点运动速度改变的量度。质点运动到空间不同位置时，一般速度也不同，设质点在 t 和 $t+\Delta t$ 时刻分别位于 P_1 点和 P_2 点(图 1-5)，在两点的速度分别为 $\boldsymbol{v}(t)$ 和 $\boldsymbol{v}(t+\Delta t)$，质点从 P_1 点运动到 P_2 点时速度的改变量为 $\Delta\boldsymbol{v}$，于是有

$$\Delta\boldsymbol{v}=\boldsymbol{v}(t+\Delta t)-\boldsymbol{v}(t)$$

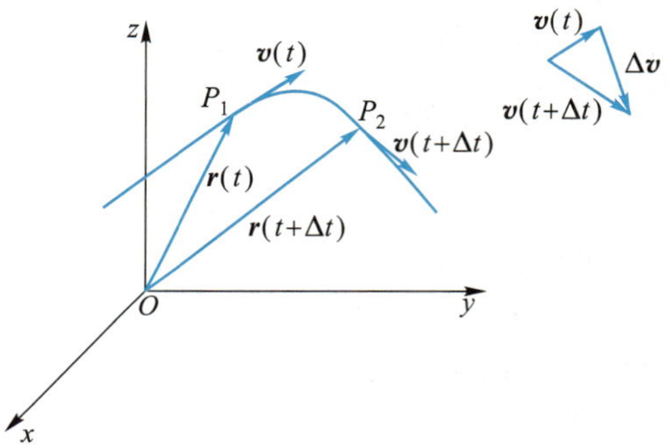

图 1-5 速度改变量

质点的平均加速度定义为

$$\overline{\boldsymbol{a}}=\frac{\Delta\boldsymbol{v}}{\Delta t} \tag{1-19}$$

质点在 t 时刻的瞬时加速度(简称加速度)是平均加速度当 Δt 趋于零时的极限，即

$$\boldsymbol{a}=\lim_{\Delta t\to 0}\frac{\Delta\boldsymbol{v}}{\Delta t}=\frac{\mathrm{d}\boldsymbol{v}}{\mathrm{d}t} \tag{1-20}$$

在直角坐标系中，加速度的分量形式为

$$\boldsymbol{a}=\frac{\mathrm{d}v_x}{\mathrm{d}t}\boldsymbol{i}+\frac{\mathrm{d}v_y}{\mathrm{d}t}\boldsymbol{j}+\frac{\mathrm{d}v_z}{\mathrm{d}t}\boldsymbol{k}=a_x\boldsymbol{i}+a_y\boldsymbol{j}+a_z\boldsymbol{k} \tag{1-21}$$

动画：几种运动形式中的加速度

要特别注意，加速度是矢量，是速度在单位时间内的改变，这种改变包括速度的大小，也包括速度的方向。加速度的方向是速度增量的极限方向，一般与该时刻的速度方向不一致。当质点作曲线运动时，加速度的方向总是指向轨迹曲线的凹侧。

当物体沿曲线轨迹运动时，人们常常将加速度 $\boldsymbol{a}$ 分解成法向加速度 $\boldsymbol{a}_\mathrm{n}$

和切向加速度 $\boldsymbol{a}_t$，如图 1-6 所示，加速度在物体所在点处曲率半径上的分量为法向加速度，加速度在轨迹切线方向上的分量称为切向加速度。显而易见，下式成立：

$$a^2 = a_n^2 + a_t^2 \tag{1-22}$$

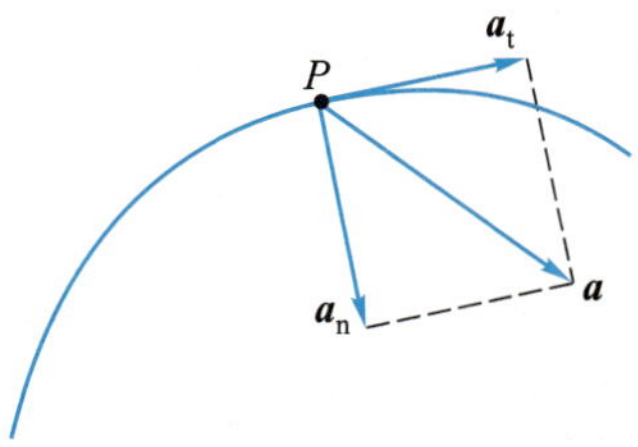

图 1-6 法向加速度和切向加速度

可以证明，法向加速度的大小为

$$a_n = \frac{v^2}{R} \tag{1-23}$$

它只改变速度的方向，其中，R 为物体所在处轨迹的曲率半径。切线加速度的大小为

$$a_t = \frac{dv}{dt} \tag{1-24}$$

它只改变速度的大小。

【例 1-1】 根据速度和加速度的定义，求匀加速直线运动的速度和运动轨迹方程。

【解】 如图 1-7 所示，如果取质点的运动轨迹为 x 轴，由加速度定义 $a=\dfrac{dv}{dt}$，即 $dv=a dt$。

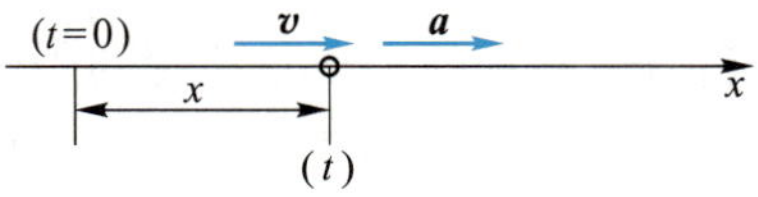

图 1-7 匀加速直线运动

设 $t=0$ 时刻，速度 $v=v_0$，则任意时刻的速度 v 可以通过对上式两边积分得到，即

$$\int_{v_0}^{v} dv = \int_0^t a dt$$

由于加速度 a 不变，上式的积分结果为

$$v = v_0 + at$$

这就是匀加速直线运动的速度公式。

利用 $v=dx/dt$，有

$$dx = v dt$$

将上边得到的速度公式代入并对等式两边积分：

$$\int_{x_0}^{x} dx = \int_0^t (v_0 + at) dt$$

得到任一时刻 t 质点的位置为

$$x = x_0 + v_0 t + \frac{1}{2}at^2$$

§1.4 牛顿运动定律

物质的不同运动形式服从不同的运动规律。物质的机械运动包括平动、转动和形变等,它们的运动都服从力学运动规律。力学运动规律的核心是牛顿运动定律。在描述物质运动时,人们常常依据物质的性质把它们分成质点、刚体、连续介质等不同的力学模型,本节介绍质点动力学规律。

1.4.1 牛顿运动定律

牛顿第一定律 任何物体都保持静止或直线运动状态,除非有外力作用使其改变该状态。第一定律提出了两个重要的概念:一个是物体具有保持其速度不被改变的性质,即惯性(inertia);另一个是力(force),它是改变物体运动状态的原因。

牛顿第二定律 物体所获得的加速度的大小与物体所受合外力的大小成正比,与物体的质量成反比,加速度的方向与合外力的方向一致,即

$$\boldsymbol{F}=m\boldsymbol{a} \tag{1-25}$$

第二定律给出了质量的科学内涵,即物体的质量(mass)就是物体惯性大小的量度。在此意义上的质量称为惯性质量。

牛顿第三定律 当物体 A 对物体 B 施加作用力 $\boldsymbol{F}$ 时,物体 B 也必定同时对物体 A 施加一个反作用力 $\boldsymbol{F}'$;两者大小相等,方向相反,作用在同一条直线上,即

$$\boldsymbol{F}'=-\boldsymbol{F} \tag{1-26}$$

三条牛顿运动定律构成了一个完整的力学行为定量描述体系。实验证明,牛顿运动定律只在惯性参考系(inertial system)中成立。凡是不能使牛顿运动定律成立的参考系都称为非惯性参考系。例如,研究太阳系中的星体运动时,应当使用太阳作为惯性参考系,如果研究地球表面物体的运动,应当使用地面为惯性参考系。

1.4.2 功与功率

功的定义 设物体在恒力 $\boldsymbol{F}$ 作用下,沿直线移动了一个距离 $\Delta\boldsymbol{r}$,如图 1-8 所示,则力 $\boldsymbol{F}$ 在这段距离上对物体所做的功(work)为

$$A=\boldsymbol{F}\cdot\Delta\boldsymbol{r}=F\Delta r\cos\theta \tag{1-27}$$

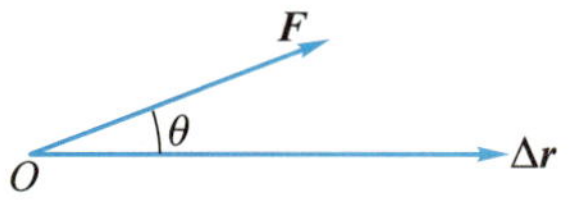

图 1-8 做功的定义

从功的定义可以看出，功是力的空间积累效应，做功必须具备两个基本条件，即必须对物体施加力，并且必须使物体发生移动。另外，做功具有方向性，当力的方向与位移的方向一致时，力对物体做功最大，当力的方向与物体移动的方向相反时，力对物体做最大负功。

变力做功 在实际做功过程中，做功的力常常为变力，物体的移动路程也不一定是直线，下面我们就来解决变力做功的问题。如图 1-9 所示，物体在变力的作用下，沿着曲线路径从 a 点移动到 b 点，我们把路程 ab 分成许多无限小的路程段，每一小段可以近似看成直线，在这一小段上的力也可以看成恒力，只要小路程段足够短，这种近似总是成立的。设这一小段的位移为 $\mathrm{d}\boldsymbol{r}$，在这一位移上，施加给物体的力为恒力 $\boldsymbol{F}$，于是在这一小段位移上，我们就可以利用做功的定义式(1-27)式了，设在这一段位移上力 $\boldsymbol{F}$ 所做的功为 $\mathrm{d}A$，则有

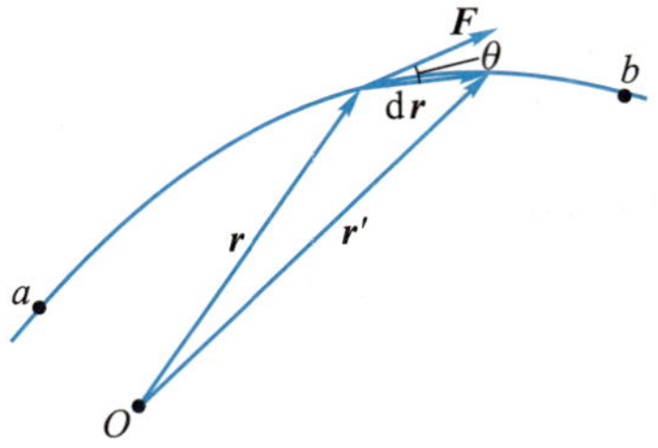

图 1-9 变力做功

$$\mathrm{d}A=\boldsymbol{F}\cdot\mathrm{d}\boldsymbol{r}=F\cos\theta\mathrm{d}r \tag{1-28}$$

把力在整个路程中各小段上所做的功加起来，就得到了变力在整个路程上对物体所做的功，即

$$A=\int_a^b\mathrm{d}A=\int_a^b F\cos\theta\mathrm{d}r \tag{1-29}$$

要注意，上面的积分中，在物体移动的不同位置上，力的大小和力与位移之间的夹角一般是不同的。在国际单位制中，功的单位为 J(焦耳)，其量纲为 $\mathrm{ML^2T^{-2}}$。

功率(power) 是描述力对物体做功快慢的物理量，它等于力在单位时间内对物体所做的功，即

$$P=\frac{\mathrm{d}A}{\mathrm{d}t}=\boldsymbol{F}\cdot\boldsymbol{v} \tag{1-30}$$

其中，$\boldsymbol{v}=\mathrm{d}\boldsymbol{r}/\mathrm{d}t$，是物体移动的速度。在国际单位制中，功率的单位是 W(瓦特)，其量纲为 $\mathrm{ML^2T^{-3}}$。

1.4.3 动能 动能定理

如图 1-10 所示，物体在合外力 $\boldsymbol{F}$ 作用下，沿曲线轨迹由 a 点运动到 b 点，在此过程中合外力 $\boldsymbol{F}$ 对物体所做的功。利用(1-29)式有

$$A=\int_a^b\mathrm{d}A=\int_a^b F\cos\theta\mathrm{d}r$$

而 $F\cos\theta \mathrm{d}r = ma_{\mathrm{t}}\mathrm{d}r = m\dfrac{\mathrm{d}v}{\mathrm{d}t}\mathrm{d}r = mv\mathrm{d}v$

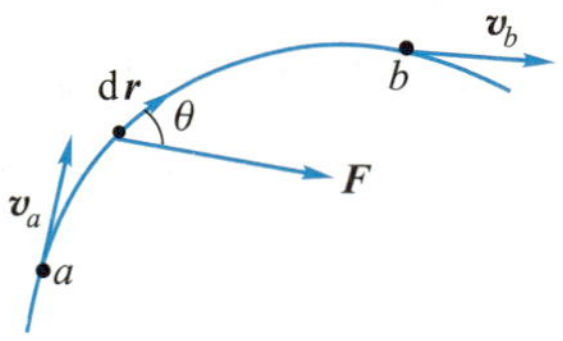

图 1-10 动能原理推导

把此结果代入功的积分,并注意到,质点在 a 点和 b 点的速度分别为 $\boldsymbol{v}_a$ 和 $\boldsymbol{v}_b$,最后可以得到合外力所做的功为

$$A = \frac{1}{2}mv_b^2 - \frac{1}{2}mv_a^2 \qquad (1-31)$$

式中$\frac{1}{2}mv^2$ 称为物体的**动能**(kinetic energy),习惯上用 E_{k} 表示,即 $E_{\mathrm{k}} = \frac{1}{2}mv^2$。在国际单位制中,动能的单位是 J(焦耳),其量纲与功的量纲相同。

令物体在初态的动能为 $E_{\mathrm{k}a}$,在末态的动能为 $E_{\mathrm{k}b}$,则(1-31)式可以改写成

$$A = E_{\mathrm{k}b} - E_{\mathrm{k}a} \qquad (1-32)$$

此式称为**动能定理**:在始末两态之间,合外力对物体所做的功等于物体动能的增量。

动能定理告诉我们,力的空间积累效果是使物体的动能发生改变。动能是运动物体的做功本领。在许多问题中,如果我们能够知道物体始末状态的速度,就可以很容易地利用动能定理求出合外力所做的功,而避免了采用功的积分式求功的烦琐。

1.4.4 保守力 非保守力 势能

保守力与非保守力 如果力沿着任意一个闭合回路 L 对物体所做的功等于零,即

$$\oint_L \boldsymbol{F}\cdot \mathrm{d}\boldsymbol{l} = 0 \qquad (1-33)$$

成立,则这个力称为保守力(conservative force),否则称为非保守力(non-conservative force)。保守力做功与路径无关,非保守力做功与路径有关。换句话说,保守力做功只与物体所在的始末位置有关,与从初始位置到达末态位置的路径选择无关。重力、弹性力、万有引力、静电力和分子力都是保守力,摩擦力是非保守力。

由于保守力做功只与物体的位置有关,与路径的选取无关,所以,我们可以引进一个作为位置函数的物理量,来描述保守力的这一性质。这个函数称为**势能**(potential energy),用 E_{p} 表示。不同的保守力有不同的势能表达形式,重力的势能为

$$E_{\mathrm{pG}} = mgh \qquad (1-34)$$

弹性力的势能为

$$E_{pE}=\frac{1}{2}kx^2 \tag{1-35}$$

引入势能之后，保守力所做的功与势能之间的关系可写为

$$A_{保}=-(E_{pb}-E_{pa}) \tag{1-36}$$

其中，$A_{保}$是保守力所做的功，E_{pb}和E_{pa}分别为系统的末态和初态势能。系统的势能是系统位置的单值函数，其量值随位置的变化而变化。势能是标量，其单位和量纲与动能相同。

必须说明的是，保守力是物体系统内物体之间的相互作用力，势能是由系统内物体之间的相对位置决定的，因此，势能是整个物体系统所共有的，不能把它视为某个物体独有。(1-36)式告诉我们，保守力所做的功等于系统势能增量的负值。如果将这个结论与前面讲过的动能定理联系起来，你将得到什么结论？

1.4.5 功能原理

功能原理 前面讲过的动能定理是对单个物体而言的，现在我们把这个定理推广到由多个物体组成的物体系统。对于整个物体系统来说，它会受到系统外部力的作用，系统内部的物体之间也有相互作用力，并且系统内部的力又可以分成保守力和非保守力，在计算力对系统所做的功时，应该把它们全部考虑在内，即

$$A=A_{外}+A_{非}+A_{保} \tag{1-37}$$

其中，$A_{外}$是所有外力所做功之和，$A_{非}$是系统内部所有非保守力所做功之和，$A_{保}$是系统内部所有保守力所做功之和。根据(1-31)式和(1-36)两式有

$$E_{kb}-E_{ka}=A_{外}+A_{非}-(E_{pb}-E_{pa})$$

即

$$A_{外}+A_{非}=E_{kb}-E_{ka}+E_{pb}-E_{pa}=(E_{kb}+E_{pb})-(E_{ka}+E_{pa})$$

定义系统总的机械能为系统总的动能与总的势能之和，记为E_M，即

$$E_M=E_k+E_p \tag{1-38}$$

最后，我们得到

$$A_{外}+A_{非}=E_{Mb}-E_{Ma} \tag{1-39}$$

(1-39)式称为功能原理，它告诉我们，系统的外力做功与系统内部非保守力做功的总和等于系统总的机械能的增加。

1.4.6 机械能守恒定律

如果系统的外力做功与系统内部非保守力做功之和等于零，则有

$$E_{Mb}=E_{Ma} \tag{1-40a}$$

即

$$E_{kb}+E_{pb}=E_{ka}+E_{pa} \tag{1-40b}$$

或者

$$E_{kb}-E_{ka}=-(E_{pb}-E_{pa}) \tag{1-40c}$$

上面三式称为机械能守恒定律，它们从不同的角度诠释了机械能守恒定律的内涵。(1-40a)式告诉我们，对于一个系统，如果系统的外力做功等于零，并且系统内部没有非保守力做功，则系统的总机械能将不随系统的状态改变而改变。(1-40b)式和(1-40c)式的解释留给读者来完成。

1.4.7 动量　冲量　动量定理　动量守恒定律

动量　物体的质量与其运动速度的乘积称为动量(momentum)，用 $\boldsymbol{p}$ 表示。即

$$\boldsymbol{p}=m\boldsymbol{v} \tag{1-41}$$

动量是矢量，在国际单位制中，其单位为 $\mathrm{kg\cdot m\cdot s^{-1}}$（千克·米·秒$^{-1}$），量纲为 $\mathrm{MLT^{-1}}$。动量是物体运动惯性的描述。这可以通过牛顿第二定律加以解释。牛顿第二定律为

$$\boldsymbol{F}=m\boldsymbol{a}=m\frac{\mathrm{d}\boldsymbol{v}}{\mathrm{d}t}=\frac{\mathrm{d}\boldsymbol{p}}{\mathrm{d}t}$$

对于质量相同的物体，要使它的运动状态发生较大的改变，就必须施加更大的力。

冲量　力在它作用的某一段时间中的定积分称为该力在这段时间中的冲量(impulse)。用 $\boldsymbol{I}$ 表示，即

$$\boldsymbol{I}=\int_{t_1}^{t_2}\boldsymbol{F}\mathrm{d}t \tag{1-42}$$

冲量是矢量，在国际单位制中，其单位为 $\mathrm{N\cdot s}$（牛·秒），量纲为 $\mathrm{MLT^{-1}}$。

动量定理　设质量为 m 的物体，在变力 $\boldsymbol{F}$ 的作用下，速度由 t_1 时刻的 $\boldsymbol{v}_1$ 变为 t_2 时刻的 $\boldsymbol{v}_2$。根据牛顿第二定律，在 $\mathrm{d}t$ 时间内，物体的动量改变为 $\mathrm{d}\boldsymbol{p}=\boldsymbol{F}\mathrm{d}t$，在 t_1 到 t_2 时间间隔内，物体总的动量改变为

$$\int_{t_1}^{t_2}\mathrm{d}\boldsymbol{p}=\int_{t_1}^{t_2}\boldsymbol{F}\mathrm{d}t$$

积分结果为

$$\boldsymbol{p}_2-\boldsymbol{p}_1=\int_{t_1}^{t_2}\boldsymbol{F}\mathrm{d}t \tag{1-43}$$

(1-43)式称为动量定理，它告诉我们，运动物体所受合外力的冲量等于物体动量的增量。也就是说，力的时间积累是物体动量增加的原因。利

用动量定理可以为临床上脑碰撞损伤程度的准确诊断提供可靠的力学依据。

动量守恒定律 如果物体系统不受外力或所受合外力等于零,则物体系统的总动量保持不变。这一结论称为动量守恒定律。

动量守恒定律可以用牛顿第二定律加以解释。设物体系统所受合外力为 $\boldsymbol{F}_e$,由于系统内部所有物体所受的合内力为零,(为什么?)系统的总动量为系统内部各物体的动量之和,即 $\boldsymbol{p}=\sum_i \boldsymbol{p}_i$,把它们代入牛顿第二定律,则有

$$\boldsymbol{F}_e=\frac{\mathrm{d}\boldsymbol{p}}{\mathrm{d}t}=\frac{\mathrm{d}}{\mathrm{d}t}\sum_i \boldsymbol{p}_i$$

如果系统所受的合外力等于零,即 $\boldsymbol{F}_e=\boldsymbol{0}$,则必有

$$\boldsymbol{p}=\sum_i \boldsymbol{p}_i=\text{常矢量} \tag{1-44}$$

这就是动量守恒定律。

§1.5 刚体定轴转动

在外力作用下,大小和形状都不发生变化的物体称为**刚体**(rigid body)。它是力学中的又一个理想化模型。实际物体在外力作用下都可能发生一定的变化,我们称其发生了形变。如果在所研究的问题中,物体的形变所起的作用可以忽略不计,我们就可以把它看成刚体,从而使问题得到简化。

刚体的实际运动可以分解为平动和转动,平动(translation)是指刚体上的任何一条直线在运动过程中都始终保持相同的方位,如图 1-11(a)所示,也就是说,刚体在平动时,其上的各点都具有相同的位移、速度和加速度。所以,刚体在平动时,可以把它当成质点来处理。转动(rotation)是指刚体上的各点都绕同一条直线作圆周运动,如图 1-11(b)所示,这条直线称为转动轴(rotation axis)。转动轴固定不动的转动称为定轴转动(fixed-axis rotation)。这里主要介绍定轴转动的基本规律。

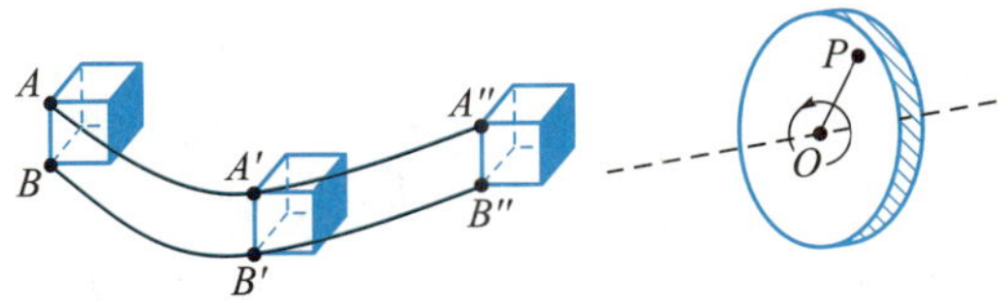

(a) 刚体平动 (b) 刚体转动

图 1-11 刚体的平动与转动

1.5.1 刚体定轴转动的运动描述

一、角量的定义

描述物体的平动采用线量(linear quantity),如我们在前面已经接触到的位置矢量 $\boldsymbol{r}$、位移 $\Delta\boldsymbol{r}$、速度 $\boldsymbol{v}$、加速度 $\boldsymbol{a}$ 等;描述物体的转动时使用角量(angular quantity)比较方便,与线量相对应,有角位置 $\boldsymbol{\theta}$、角位移 $\Delta\boldsymbol{\theta}$、角速度 $\boldsymbol{\omega}$、角加速度 $\boldsymbol{\alpha}$ 等。下面我们来定义这些角量。设刚体绕固定轴 z 作定轴转动(图 1-12),在刚体上选一点 P,过 P 点作垂直于转动轴的平面,此平面称为 P 点的转动平面。转轴与转动平面的交点为 O,选择 Ox 为参考方向,OP 连线与 Ox 的夹角 θ 称为角坐标,标志了刚体在某一时刻的位置。

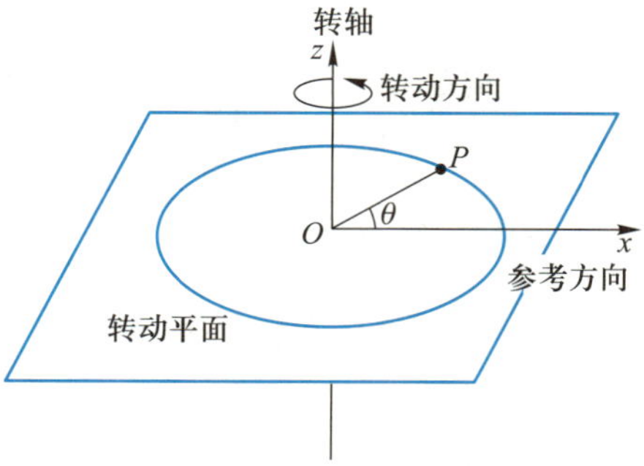

图 1-12 定义描述刚体转动的物理量

设刚体在 t 时刻的角坐标为 θ,$t+\Delta t$ 时刻的角坐标为 $\theta+\Delta\theta$,$\Delta\theta$ 称为刚体在 Δt 时间内的角位移(angular displacement)。若以 z 轴正方向为转动轴的正方向,习惯上规定逆时针转动形成的角位移为正,顺时针转动形成的角位移为负。在国际单位制中,角位移的单位为 rad(弧度),是量纲一的量。

角位移 $\Delta\theta$ 与时间间隔 Δt 的比值称为刚体转动的平均角速度,用 $\overline{\omega}$ 表示,即 $\overline{\omega}=\dfrac{\Delta\theta}{\Delta t}$。$\overline{\omega}$ 的极限称为 t 时刻刚体转动的瞬时角速度,简称角速度(angular velocity),用 ω 表示,即

$$\omega=\lim_{\Delta t\to 0}\frac{\Delta\theta}{\Delta t}=\frac{\mathrm{d}\theta}{\mathrm{d}t} \tag{1-45}$$

角速度是描述刚体转动快慢的物理量,在数值上等于单位时间内刚体转过角度的弧度。在国际单位制中,角速度的单位是 $\mathrm{rad\cdot s^{-1}}$(弧度·秒$^{-1}$),量纲为 T^{-1}。角速度是矢量,其大小由(1-45)式决定,方向可用右手螺旋定则决定(图1-13),即四指表示刚体上质点的绕行方向,垂直伸出的拇指则代表角速度的方向。

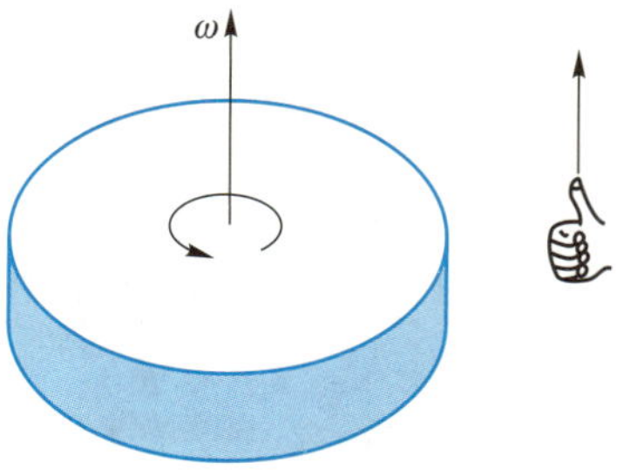

图 1-13 右手螺旋定则

如果刚体在 t 时刻的角速度为 ω,$t+\Delta t$ 时刻的角速度为 $\omega+\Delta\omega$,则角速度增量 $\Delta\omega$ 与时间间隔 Δt 的比值称为平

均角加速度,用 $\overline{\alpha}$ 表示,即 $\overline{\alpha}=\frac{\Delta\omega}{\Delta t}$。$\overline{\alpha}$ 的极限称为 t 时刻刚体转动的瞬时角加速度(angular acceleration),用 α 表示,即

$$\alpha=\lim_{\Delta t\to 0}\frac{\Delta\omega}{\Delta t}=\frac{\mathrm{d}\omega}{\mathrm{d}t} \tag{1-46}$$

角加速度是描述刚体转动角速度变化快慢的物理量,在国际单位制中,其单位为 $\mathrm{rad\cdot s^{-2}}$(弧度·秒$^{-2}$),量纲为 $\mathrm{T^{-2}}$。角加速度是矢量,其大小由(1-46)式决定,$\alpha>0$ 时,角加速度方向与转轴正方向相同;$\alpha<0$ 时,角加速度方向与转轴正方向相反。

二、角量与线量的关系

当刚体作定轴转动时,刚体上的任何一个质点都在作以转轴为中心的圆周运动,它们的运动可以用线量描述,描述刚体转动的角量与描述刚体上各质点运动的线量之间存在着确定的关系。

设刚体作定轴转动,在刚体上任选一质点 P,该质点与转轴的垂直距离为 r,过 P 点作垂直于转轴的平面,与转轴相交于 O 点。以 O 为中心的位置矢量 $\boldsymbol{r}$ 表示 P 点的位置,该质点此刻的线速度为 $\boldsymbol{v}$,线加速度为 $\boldsymbol{a}$;刚体转动的角速度为 $\boldsymbol{\omega}$,角加速度为 $\boldsymbol{\alpha}$(如图 1-14 所示)。

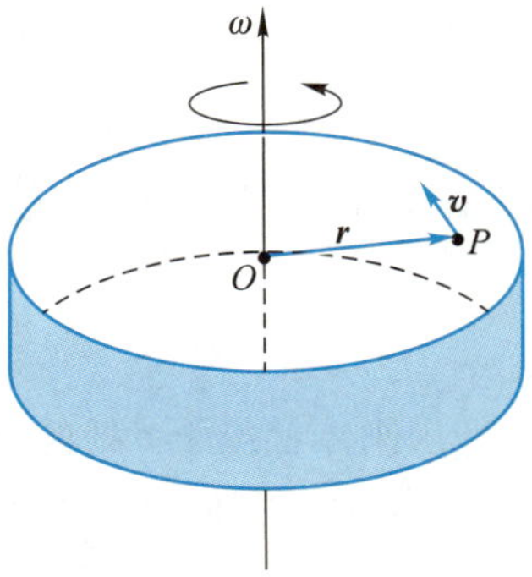

图 1-14 线量与角量的关系

刚体上质点运动走过的圆弧长度 Δs 与角位移有如下关系:

$$\Delta s=r\Delta\theta \tag{1-47}$$

刚体上质点 P 的线速度 $\boldsymbol{v}$ 与刚体转动的角速度 $\boldsymbol{\omega}$ 有如下关系:

$$\boldsymbol{v}=\boldsymbol{\omega}\times\boldsymbol{r} \tag{1-48}$$

其大小为

$$v=r\omega \tag{1-49}$$

其方向按照右手螺旋定则确定,当四指从 $\boldsymbol{\omega}$ 方向开始沿小于 π 的角度向 $\boldsymbol{r}$ 方向转动时,伸出的拇指所代表的方向为速度方向。

刚体上质点 P 的切向加速度为(注意:由于是刚体,质点 P 运动时,r 不变)

$$a_{\mathrm{t}}=\frac{\mathrm{d}v}{\mathrm{d}t}=r\frac{\mathrm{d}\omega}{\mathrm{d}t}=r\alpha \tag{1-50}$$

刚体上质点 P 的法向加速度为

$$a_{\mathrm{n}}=\frac{v^2}{r}=r\omega^2 \tag{1-51}$$

三、刚体定轴转动的运动学规律

刚体转动速度恒定的转动称为匀速转动,对于匀速转动有

$$\theta=\theta_0+\omega t \tag{1-52}$$

其中，θ_0 是初始角坐标。

刚体转动加速度恒定的转动称为匀变速转动，对于匀变速转动有

$$\omega=\omega_0+\alpha t \tag{1-53}$$

$$\theta=\theta_0+\omega_0 t+\frac{1}{2}\alpha t^2 \tag{1-54}$$

其中，ω_0 是初始角速度，α 为角加速度，θ 为角位移。

研究刚体定轴转动时，要首先确定转轴的正方向，在此基础上再确定转动角速度和角加速度的方向，角速度与转轴正方向一致时为正，相反时为负。角速度增量 $\Delta\omega>0$ 时，角加速度为正，角加速度方向与转轴正方向一致；角速度增量 $\Delta\omega<0$ 时角加速度为负，角加速度方向与转轴正方向相反。

1.5.2 刚体定轴转动定律

一、力矩

如果刚体上位于 $\boldsymbol{r}$ 处的点 P 所受到的在转动平面内的合外力为 $\boldsymbol{F}$（如图 1-15 所示），我们定义其所产生的力矩（moment of force）$\boldsymbol{M}$ 为

$$\boldsymbol{M}=\boldsymbol{r}\times\boldsymbol{F} \tag{1-55}$$

其大小为

$$M=rF\sin\varphi \tag{1-56}$$

其中 r，F 分别是力作用点到转轴的垂直距离和作用力的大小，φ 是 $\boldsymbol{r}$ 与 $\boldsymbol{F}$ 之间的夹角。力矩方向服从右手定则，即四指从 $\boldsymbol{r}$ 方向向 $\boldsymbol{F}$ 方向沿小于 π 的角度方向环绕，拇指所代表的方向就是 $\boldsymbol{M}$ 的方向。可以看出，当 $\boldsymbol{F}$ 与 $\boldsymbol{r}$ 垂直的时候，力矩最大，而 $\boldsymbol{F}$ 与 $\boldsymbol{r}$ 平行时，力矩等于零。

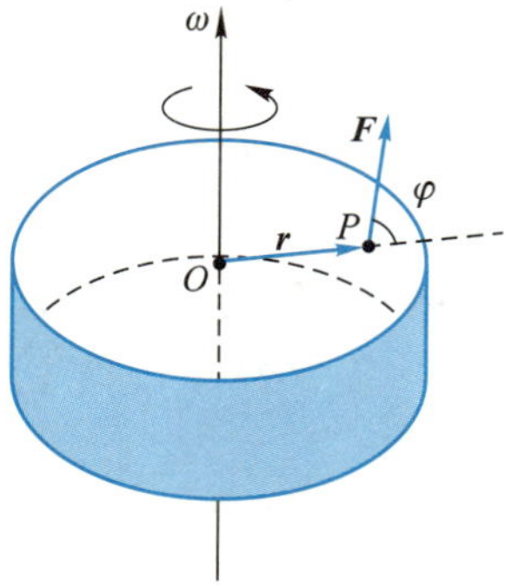

图 1-15 力矩的定义

如果外力 $\boldsymbol{F}$ 不在转动平面内，我们可以把 $\boldsymbol{F}$ 向转动轴和转动平面投影，与转动轴平行的分力对该定轴转动的力矩没有贡献，只有位于转动平面内的分力才对刚体的转动状态改变有作用。因此，力矩定义式中的力 $\boldsymbol{F}$ 应理解为位于转动平面内的分力。

力矩是矢量，在定轴转动中，它或者与转轴方向相同，或者与转动轴方向相反。在国际单位制中，其单位为 N·m（牛米），量纲为 ML^2T^{-2}。

二、刚体转动定律

我们比照描述质点平动的牛顿第二定律给出刚体转动定律。质点运动状态改变的原因是质点受力，同理，刚体转动状态改变的原因是刚体受

到力矩的作用。转动定律：刚体在合外力矩的作用下，所获得的转动角加速度 $\boldsymbol{\alpha}$ 的大小与合外力矩 $\boldsymbol{M}$ 的大小成正比，与反映刚体转动惯性的转动惯量 I 成反比，方向与合外力矩的方向相同，即

$$\boldsymbol{M}=I\boldsymbol{\alpha} \tag{1-57}$$

下面我们验证上述转动定律的正确性，并给出转动惯量的解释。思路是：把刚体分成许多微元，分析微元受力，列出微元的牛顿方程，对整个刚体求和，得出刚体的动力学方程。

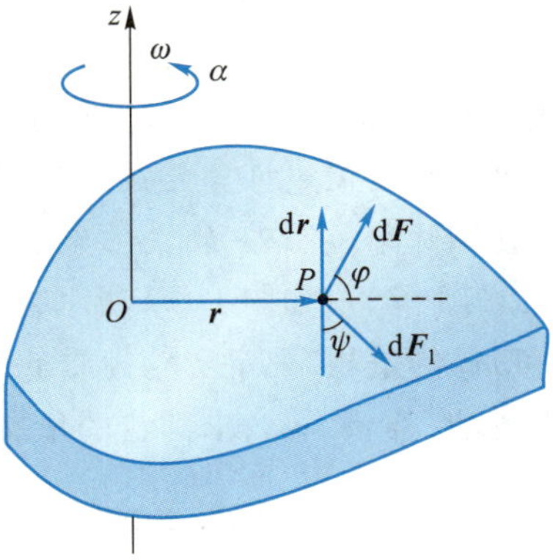

图 1-16　刚体转动定律的推导

如图 1-16 所示，刚体上位于 P 点的小微元 $\mathrm{d}m$ 的位置矢量为 $\boldsymbol{r}$，所受外力 $\mathrm{d}\boldsymbol{F}$ 在其位移 $\mathrm{d}\boldsymbol{r}$ 方向上的投影为 $\mathrm{d}F\sin\varphi$，微元周围的其他微元对 $\mathrm{d}m$ 的作用力 $\mathrm{d}\boldsymbol{F}_1$ 在 $\mathrm{d}\boldsymbol{r}$ 方向上的投影为 $-\mathrm{d}F_1\cos\psi$，微元的线加速度为 $r\alpha$，其牛顿方程为

$$\mathrm{d}F\sin\varphi-\mathrm{d}F_1\cos\psi=(\mathrm{d}m)r\alpha$$

两边分别乘以 r 并对整个刚体积分，注意到刚体内部质点间的相互作用力是作用与反作用关系，即

$$\int_V r\cos\psi\,\mathrm{d}F_1=0$$

另外，$r\sin\varphi\mathrm{d}F=\mathrm{d}M$ 是微元所受对转轴的力矩，因此，$\int r\sin\varphi\,\mathrm{d}F=M$ 是整个刚体所受相对转轴的力矩，有

$$M=\left(\int_M r^2\mathrm{d}m\right)\alpha$$

令

$$I=\int_M r^2\mathrm{d}m \tag{1-58}$$

我们得到

$$M=I\alpha$$

注意到，在定轴转动时，角加速度与力矩的方向一致，将上式写成矢量形式，最后有

$$\boldsymbol{M}=I\boldsymbol{\alpha}$$

这就是我们前边给出的刚体转动定律。

三、转动惯量

在牛顿运动定律中，质量 m 是物体平动惯性的量度，决定着物体平动状态改变的难易程度，从转动定律可以看出，在相同力矩作用下，转动惯

讲课视频：转动惯量

量越大的物体所能获得的角加速度越小，也就是说转动状态越不容易改变。转动惯量在地位与作用上与质量 m 相当，它是刚体转动惯性大小的量度。

从转动惯量的定义式（1-58）式可以看出，转动惯量既与物质的性质有关，也与刚体本身的几何结构有关，同时还与刚体转动时的转轴位置有关。对于几何形状规则、物质分布均匀且连续的刚体，其对某一转轴的转动惯量可以通过（1-58）式求得。对于几何形状复杂，质量分布不均匀的刚体，其转动惯量可以通过实验予以测定。表 1-1 给出了几种刚体对选定转动轴的转动惯量计算公式。它们都是（1-58）式的积分结果。

在国际单位制中，转动惯量的单位是 $\mathrm{kg \cdot m^2}$（千克·米²），量纲为 $\mathrm{ML^2}$。

【例 1-2】　如图 1-17 所示，一轻绳跨过定滑轮，两端分别挂有质量为 m_1 和 m_2 的重物，视定滑轮为质量为 m、半径为 R 的均质圆盘，绳与圆盘之间无滑动，若 $m_2>m_1$，求圆盘的角加速度和两物体的加速度。

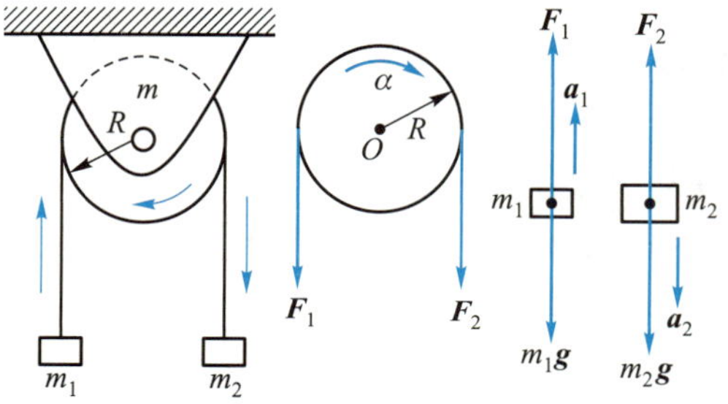

图 1-17　例 1-2 图

【解】　从表 1-1 知圆盘的转动惯量为 $I=\frac{1}{2}mR^2$，圆盘所受合外力矩为 $M=(F_2-F_1)R$，根据转动定律有

$$F_2R-F_1R=\frac{1}{2}mR^2\alpha$$

表 1-1　几种刚体的转动惯量计算公式

物体和转轴		转动惯量
细棒（质量为 m，长为 l） 通过中心与棒垂直的轴	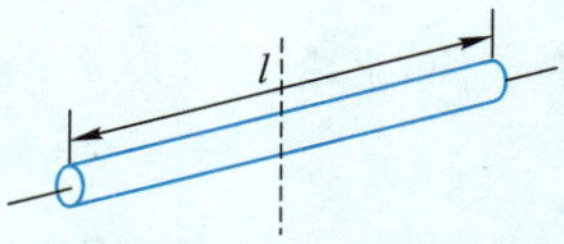	$I=\frac{1}{12}ml^2$
细棒（质量为 m，长为 l） 通过一端与棒垂直的轴	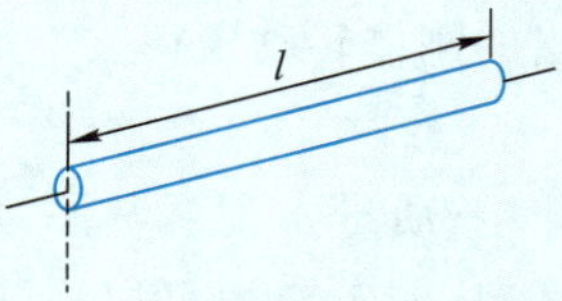	$I=\frac{1}{3}ml^2$

续表

物体和转轴	转动惯量
细圆环（质量为 m，半径为 R） 通过中心与环面垂直的轴 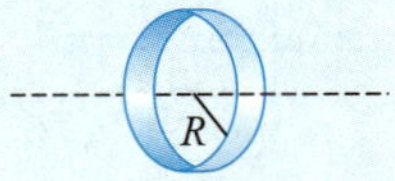	$I=mR^2$
薄圆盘（质量为 m，半径为 R） 通过中心与盘面垂直的轴 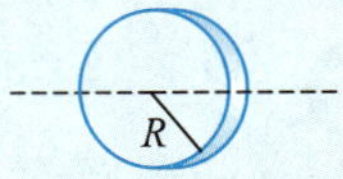	$I=\frac{1}{2}mR^2$
薄圆盘（质量为 m，半径为 R） 以任意直径为轴 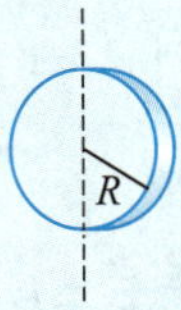	$I=\frac{1}{4}mR^2$
球体（质量为 m，半径为 R） 通过球心的任意直径为轴 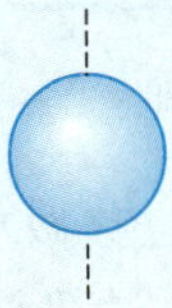	$I=\frac{2}{5}mR^2$

物体 m_1，m_2 作平动，依据牛顿运动定律有

$$F_1-m_1g=m_1a_1$$

$$m_2g-F_2=m_2a_2$$

由于绳不可伸长，且绳与圆盘之间无滑移，所以

$$a_1=a_2=a=R\alpha$$

上面 4 式联立求解可以得到

$$\alpha=\frac{1}{R}\frac{m_2-m_1}{m_1+m_2+\frac{1}{2}m}g,\quad a=\frac{m_2-m_1}{m_1+m_2+\frac{1}{2}m}g$$

【例 1-3】 求长为 l 的圆棒对于通过棒中心且与棒垂直的转轴的转动惯量。如果转轴位于细棒的一端，结果将如何？如果细棒与转轴平行且间距为 r，结果又该如何？

【解】 （1）如图 1-18(a)所示，在距转轴 x 处取一微元 $\mathrm{d}x$，其质量为 $\mathrm{d}m$，$\mathrm{d}m=\lambda\mathrm{d}x$，其中 λ 为细棒的质量线密度。利用转动惯量定义式有

$$I=\int_{-\frac{l}{2}}^{\frac{l}{2}}x^2\mathrm{d}m=\int_{-\frac{l}{2}}^{\frac{l}{2}}x^2\lambda\,\mathrm{d}x=\frac{1}{3}x^3\lambda\Bigg|_{-\frac{l}{2}}^{\frac{l}{2}}=\frac{1}{12}ml^2$$

（2）转轴位于细棒一端的做法与 1 相同，适当调整积分限即可

$$I=\int_0^l x^2\mathrm{d}m=\int_0^l x^2\lambda\,\mathrm{d}x=\frac{1}{3}x^3\lambda\Bigg|_0^l=\frac{1}{3}ml^2$$

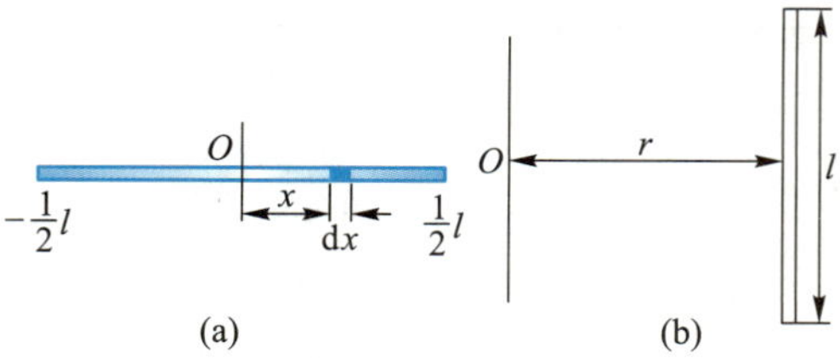

图 1-18　例 1-3 图

（3）细棒与转轴平行情况，如图 1-18(b)所示，由于 r 不变，所以

$$I=\int_l r^2\mathrm{d}m=r^2\int_l \mathrm{d}m=mr^2$$

1.5.3 刚体定轴转动的功和能

一、力矩的功

在质点平动中，力通过位移做功，力与位移平行时做功最大；类似地，在刚体定轴转动时，力矩通过角位移做功（图 1-19），当力矩与角位移垂直时做功最大。当刚体发生角位移 $\mathrm{d}\theta$ 时，力矩所做的元功为

$$\mathrm{d}A=M\mathrm{d}\theta \tag{1-59}$$

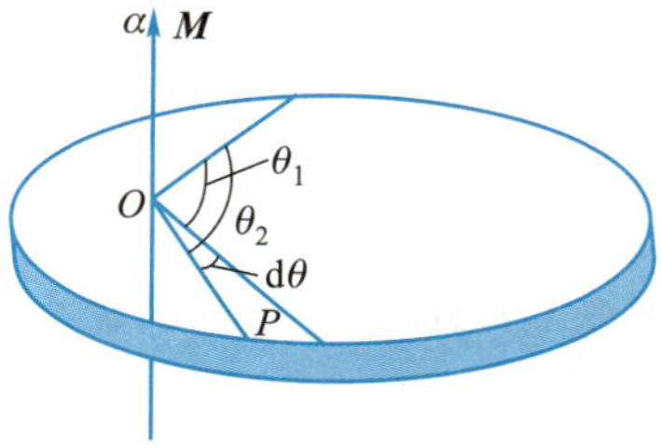

图 1-19　力矩做功

当刚体在变力矩作用下绕定轴由 θ_1 转到 θ_2 时，力矩对刚体所做的功为

$$A=\int_{\theta_1}^{\theta_2}M\mathrm{d}\theta \tag{1-60}$$

当刚体在恒力矩作用下转动时，上式的结果为

$$A=M(\theta_2-\theta_1)$$

力矩做功的功率为

$$P=\frac{\mathrm{d}A}{\mathrm{d}t}=M\frac{\mathrm{d}\theta}{\mathrm{d}t}=M\omega \tag{1-61}$$

即力矩的功率等于力矩与角速度的乘积。请读者把力矩的功率与力的功率进行比较。

二、转动动能

与平动动能类似，刚体的转动动能由下式给出：

$$E_\mathrm{k}=\frac{1}{2}I\omega^2 \tag{1-62}$$

即刚体绕确定转轴转动时的动能等于刚体相对这个转动轴的转动惯量与转动角速度的平方乘积的一半。

三、刚体定轴转动的动能定理

如果刚体在合外力矩的作用下绕固定轴转动，角位置从 θ_1 变为 θ_2 的过程中，角速度由 ω_1 变为 ω_2，那么，把转动定律代入功的定义式(1-60)式可以得到

$$A=\int_{\theta_1}^{\theta_2}M\mathrm{d}\theta=I\int_{\theta_1}^{\theta_2}\alpha\mathrm{d}\theta=I\int_{\theta_1}^{\theta_2}\frac{\mathrm{d}\omega}{\mathrm{d}t}\mathrm{d}\theta=I\int_{\omega_1}^{\omega_2}\omega\mathrm{d}\omega$$

$$=\frac{1}{2}I\omega_2^2-\frac{1}{2}I\omega_1^2=E_{k2}-E_{k1} \tag{1-63}$$

上式表明：合外力矩对刚体所做的功等于刚体动能的增量。此结果称为刚体定轴转动的动能定理。

【例 1-4】 一质量为 m、长为 l 的均匀细棒可绕通过其一端的光滑水平轴在铅垂面内转动，如果细棒从水平横放位置自由下摆，求细棒自由端摆到竖直位置时的角速度和线速度。

【解】 如图 1-20 所示，细棒在重力矩作用下绕定轴 O 转动，重力作用于细棒的重心 C 处，方向向下，在细棒下摆过程中，力矩是变化的，其大小为 $M=mg\dfrac{l}{2}\cos\theta$，力矩在元角位移 $\mathrm{d}\theta$ 上所做的元功为

$$\mathrm{d}A=M\mathrm{d}\theta=mg\frac{l}{2}\cos\theta\mathrm{d}\theta$$

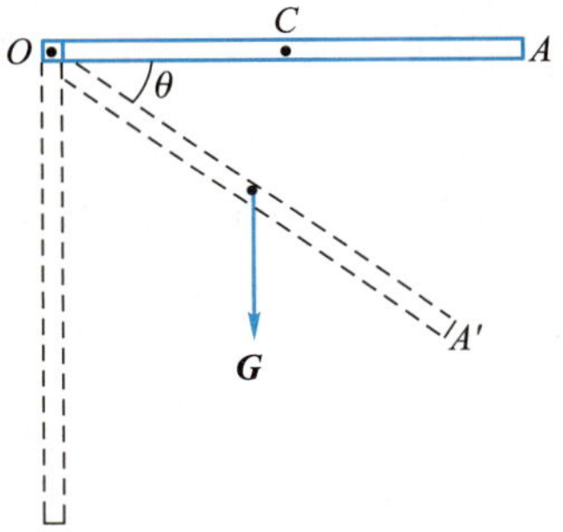

图 1-20 例 1-4 图

在棒从水平位置摆到竖直位置过程中，重力矩所做的功为

$$A=\int\mathrm{d}A=\int_0^{\frac{\pi}{2}}mg\frac{l}{2}\cos\theta\mathrm{d}\theta=mg\frac{l}{2}$$

细棒在水平位置时的角速度为 $\omega_0=0$，摆动到竖直位置时的角速度为 ω，利用刚体转动的动能定理有

$$mg\frac{l}{2}=\frac{1}{2}I\omega^2$$

而细棒绕其端点转动的转动惯量是 $I=\dfrac{1}{3}ml^2$，代入上式，最后得到

$$\omega=\sqrt{\frac{3g}{l}},\quad v=l\omega=\sqrt{3gl}$$

1.5.4 角动量定理　角动量守恒定律

一、质点的角动量

为描述质点相对某一参考点的运动，可以引入角动量（angular momentum）的概念，用 $\boldsymbol{L}$ 表示，从给定参考点（如 O 点）指向质点的位置矢量 $\boldsymbol{r}$ 与其动量 $m\boldsymbol{v}$ 的叉积称为质点对于参考点的角动量（见图 1-21），即

$$\boldsymbol{L}=\boldsymbol{r}\times m\boldsymbol{v} \tag{1-64}$$

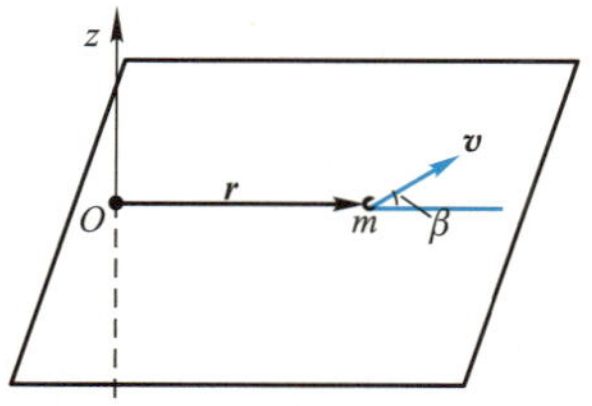

图 1-21　质点角动量的定义

其大小为

$$L=mvr\sin\beta \tag{1-65}$$

方向服从右手定则。

在国际单位制中，角动量的单位是 $\mathrm{kg\cdot m^2\cdot s^{-1}}$（千克·米^2·秒$^{-1}$），量纲为 $\mathrm{ML^2T^{-1}}$。

二、刚体的角动量

以角速度 ω 绕固定轴（如 z 轴）转动的刚体对转轴的角动量等于其对转轴的转动惯量与转动角速度的乘积，角动量方向与刚体转动角速度方向（转轴方向）相同，即

$$\boldsymbol{L}=I\boldsymbol{\omega} \tag{1-66}$$

三、角动量定理

采用角动量表达的转动定律称为角动量定理，即刚体绕其对称轴转动时

$$\boldsymbol{M}=I\boldsymbol{\alpha}=I\frac{\mathrm{d}\boldsymbol{\omega}}{\mathrm{d}t}=\frac{\mathrm{d}}{\mathrm{d}t}(I\boldsymbol{\omega})=\frac{\mathrm{d}\boldsymbol{L}}{\mathrm{d}t}$$

结果

$$\boldsymbol{M}=\frac{\mathrm{d}\boldsymbol{L}}{\mathrm{d}t} \tag{1-67}$$

这是角动量定理的微分形式，它告诉我们，刚体角动量的变化率等于该刚体所受到的合外力矩。我们定义在 t_1 和 t_2 时间间隔内的冲量矩为

$$\boldsymbol{J}=\int_{t_1}^{t_2}\boldsymbol{M}\mathrm{d}t \tag{1-68}$$

用以描述力矩对时间的积累效应。在国际单位制中，冲量矩的单位是 $\mathrm{N\cdot m\cdot s}$（牛·米·秒），量纲为 $\mathrm{ML^2T^{-1}}$。

对（1-67）式积分可以得到角动量定理的积分形式，即

$$\int_{t_1}^{t_2}\boldsymbol{M}\mathrm{d}t=\boldsymbol{L}_2-\boldsymbol{L}_1=I(\boldsymbol{\omega}_2-\boldsymbol{\omega}_1) \tag{1-69}$$

该式表明，刚体在一定时间内所受到的合外力的冲量矩等于刚体在此时间内角动量的增量。

四、角动量守恒定律

当刚体所受合外力矩等于零时，其角动量不随时间改变。此结论称为角动量守恒定律，它是角动量定理的直接结果。因为，$\boldsymbol{M}=\boldsymbol{0}$，则 $\mathrm{d}\boldsymbol{L}=\boldsymbol{0}$，从而有

$$\boldsymbol{L}=I\boldsymbol{\omega}=\text{常矢量} \tag{1-70}$$

(1-70)式是角动量守恒定律的数学表达式。

角动量守恒定律也适用于转动惯量可以发生改变的物体系统，当角动量守恒时，如果转动惯量不变，则系统的转动角速度也不变，如果系统的转动惯量发生改变，则系统的转动角速度也将作相应的改变，但两者的乘积，即系统的角动量保持不变。花样滑冰运动员常常通过调整双臂或者摆动腿来改变自己的转动惯量，从而达到调整转动速度的目的。

【例 1-5】 质量为 m，长度为 l 的均匀细棒，可绕其上端的光滑水平轴转动(图 1-22)，当棒静止于竖直位置时，一质量为 m'，速度为 v_0 的小球瞄准细棒飞来，且与细棒的下端发生弹性碰撞。求碰撞后的小球的速度 v 和细棒的角速度 ω。

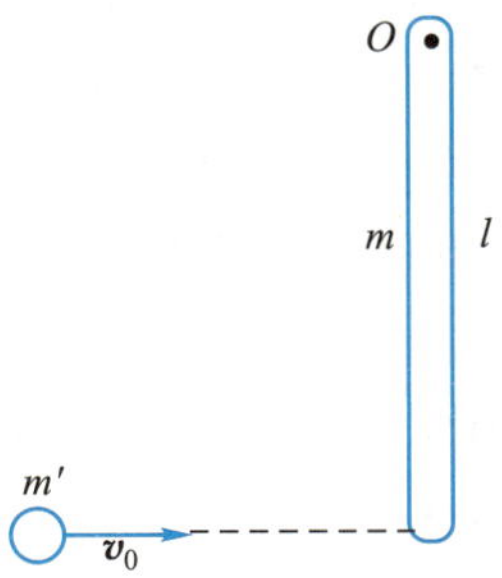

图 1-22 例 1-5 图

【解】 视小球与细棒为系统，系统所受外力矩为零，故系统的角动量守恒，碰撞前后的角动量相等，即

$$m'v_0l=I\omega+m'vl$$

由于发生的是弹性碰撞，没有能量损耗，所以机械能守恒，碰撞前的机械能等于碰撞后的机械能，即

$$\frac{1}{2}m'v_0^2=\frac{1}{2}I\omega^2+\frac{1}{2}m'v^2$$

把细棒的转动惯量 $I=\dfrac{1}{3}ml^2$ 代入上式，可以得到

$$v=\frac{3m'-m}{3m'+m}v_0 \quad \text{和} \quad \omega=\frac{6m'}{3m'+m}\frac{v_0}{l}$$

速度的结果显示，如果 $m<3m'$，则 $v>0$，与 $\boldsymbol{v}_0$ 同向；如果 $m>3m'$，则 $v<0$，与 $\boldsymbol{v}_0$ 反向；如果 $m=3m'$，则 $v=0$。

1.5.5 进动

绕对称轴高速旋转的物体称为陀螺。若陀螺不转，没有自转角动量，在重力矩作用下，它将倾倒。若陀螺高速自转，具有很大的自转角动量，即使对称轴倾斜，不与地面垂直，它也不会在重力矩作用下倒下来。而是在绕自身对称轴旋转的同时，其对称轴绕 z 轴(竖直方向)缓慢旋转

讲课视频：进动

(见图1-23),这种运动称为**进动**(precession)。陀螺的进动不再是定轴转动,而是刚体一种特殊的定点运动。利用角动量和角速度的矢量性质可以解释陀螺的进动。

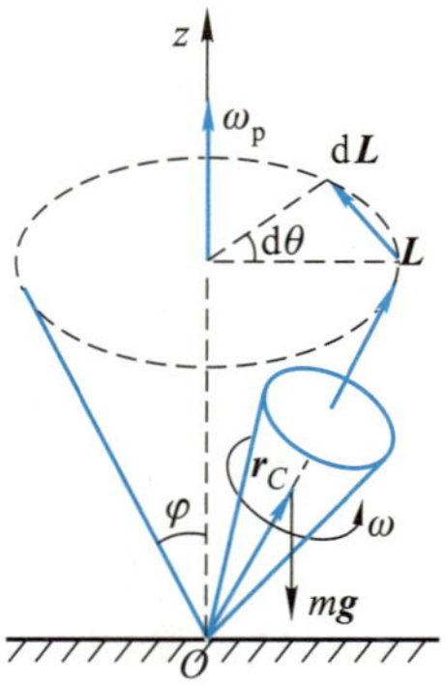

图 1-23 陀螺的进动

如图 1-23 所示,质量为 m 的陀螺绕其对称轴高速自转时,自转角动量 $\boldsymbol{L}$ 方向与自转轴方向一致。当自转轴偏离 z 轴方向时,由于定点支持力矩为零,若忽略摩擦力矩,陀螺只受到重力矩 $\boldsymbol{M}$ 作用,$\boldsymbol{M}$ 方向垂直纸面向内,与角动量 $\boldsymbol{L}$ 方向垂直。根据角动量定理,在重力矩 $\boldsymbol{M}$ 的作用下,经 $\mathrm{d}t$ 时间后,陀螺的角动量将有一增量 $\mathrm{d}\boldsymbol{L}=\boldsymbol{M}\mathrm{d}t$,$\mathrm{d}\boldsymbol{L}$ 的方向与 $\boldsymbol{M}$ 相同,垂直于 $\boldsymbol{L}$。因此,重力矩不改变陀螺角动量的大小,只改变角动量的方向①。$\mathrm{d}t$ 时间后,陀螺的角动量应绕 z 轴转过一角度 $\mathrm{d}\theta$,因而陀螺的自转轴也转过 $\mathrm{d}\theta$,在新的位置,由于力矩仍与自转轴垂直,再经过 $\mathrm{d}t$ 时间,角动量又转过 $\mathrm{d}\theta$ 角,此过程将持续进行。结果,陀螺绕 z 轴以一定角速度 ω_p 旋转,这就是陀螺的进动。

设陀螺自转轴与 z 轴夹角为 φ,支点 O 到陀螺质心的距离为 $\boldsymbol{r}_C$。则陀螺所受重力矩 $\boldsymbol{M}=\boldsymbol{r}_C\times m\boldsymbol{g}$,由图可见,角动量增量的大小 $\mathrm{d}L=L\sin\varphi\mathrm{d}\theta$。由角动量定理有

$$M\mathrm{d}t=r_C mg\sin\varphi\mathrm{d}t=\mathrm{d}L=L\sin\varphi\mathrm{d}\theta=I\omega\sin\varphi\mathrm{d}\theta$$

进动角速度定义为 $\omega_p=\dfrac{\mathrm{d}\theta}{\mathrm{d}t}$,则

$$\omega_p=\frac{mgr_C}{I\omega} \tag{1-71}$$

进动角速度是系统自转轴绕垂直转轴转动快慢的量度。它与系统的角动量大小成反比,当外力矩一定时,系统的角动量越大,其进动速度越小;与系统所受到的外力矩的大小成正比,当系统的角动量一定时,外力矩越大,系统的进动角速度越大。

进动效应在实际中有着广泛的应用。例如,用陀螺作为飞机和航天器的导航设备部件,用回转仪作为罗盘和船舶稳定器。在微观世界中,电子、原子核以及其他微观粒子都具有角动量和自旋磁矩,它们在外磁场的磁力矩作用下也会像陀螺一样以外磁场方向为轴线进动。在医院里大量使用的磁共振成像设备就是利用了人体内水分子中氢原子核进动时共振吸收射频辐射而获取人体任意断层图像的。

① 这一点与质点作圆周运动时,作用力的方向(即动量增量的方向)与动量的方向垂直,只改变动量的方向而不改变动量的大小的情况一样。

§1.6 物体的弹性

在固体中分子之间存在一定的间距,这一间距的大小由分子的性质及其相互作用力决定。当系统处于平衡状态时,分子间的平均间距是稳定的。然而,一旦受到外部作用力,分子间作用力发生改变,这种力学平衡就被打破,分子间距发生改变,以达到新的平衡状态。这说明当物体受到外力作用时引起物体内部作用力的改变,使其分子间距会发生调整,从而引发物体尺寸或几何形状的变化,这种现象称为形变(deformation)。形变在我们的日常生活中随处可见。例如,将一杯水放在桌子上,桌面会受到压力作用而发生轻微的形变;人站立时,骨骼也会产生形变。物体形变的相关物理问题和概念不仅在机械工程、航空航天材料等领域具有重要应用,在骨科、仿生学等生命科学领域同样有着深入的应用。因此,物体形变的相关物理知识和概念也是医学专业的重要基础之一。

1.6.1 应力与应变

外力会导致物体发生形变,那么,如何衡量这种形变的大小?实验发现,相同的拉力作用于不同长度的金属丝时,其长度的改变量是不同的,即改变量与金属丝的原始长度有关。因此,为了准确描述不同物体的形变程度,我们采用形变量与初始长度的比值来消除不同物体因尺寸不同而导致的形变量差异。物体受到外力作用时,其大小、形状、体积都要发生变化,这种变化量与它原来的大小、形状、体积之比称为应变(strain),用以描述物体的形变程度。另外,当物体受外力作用发生形变时,其形变程度还与横截面积有关。例如,当相同外力作用于不同横截面积的金属丝时,横截面积越大,其形变程度越小。这说明相同作用力作用在横截面积不同的金属丝时,其内部每一点承受的作用力也不同。为了准确反映材料内部的受力情况,用力与受力横截面积的比值,即应力(stress)来描述材料内部的受力情况。物体在外力作用下发生的形变有多种形式,不同类型的形变对应的应力和应变也不相同。这里介绍三种基本的应力和应变——正应力与正应变、切应力与切应变、体应力与体应变,这些概念构成了材料力学分析的重要基础。

一、正应力与正应变

当作用力垂直于横截面时,对应的应力称为正应力(normal stress),产生的应变称为正应变(normal strain)。设一个长度为 L_0、横截面积为 S 的物体,在受到垂直于横截面的拉力 F 作用后,如图 1-24 所示,物体内截面的左右两部分必施以相反方向的拉力,截面上的拉力与截面积之比称为此截面上的张应力,如果作用力为压力时,截面上左右部分必施以压力,这种情况下物体受到的应力称为压应力。

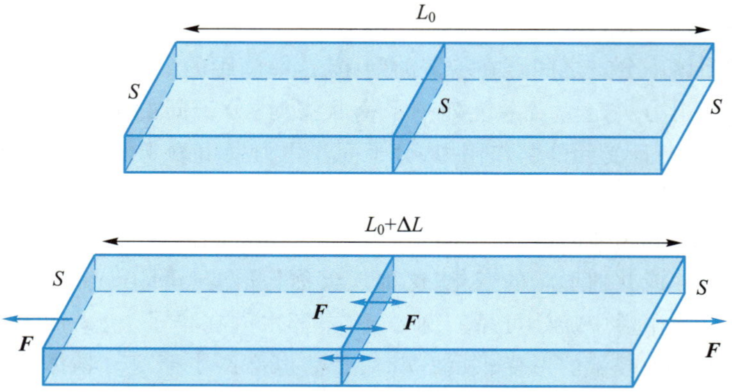

图 1-24　正应力与正应变

物体所承受的正应力用字母 σ 表示,即

$$\sigma=\frac{F}{S} \tag{1-72}$$

物体受到张应力作用时,其长度增加至 $L_0+\Delta L$,物体线度变长,即 $\Delta L>0$。物体受到压应力作用时,物体线度变短,即 $\Delta L<0$。其应变为形变量与原始长度的比值,用字母 ε 表示,即

$$\varepsilon=\frac{\Delta L}{L_0} \tag{1-73}$$

二、切应力与切应变

实验表明,当一对不共线的作用力作用于物体时,会引发相对滑移。如图 1-25 所示,当物体上下表面分别受到一对平行于表面的平衡力 F 作用时,在物体内取一与表面平行的截面 S,此截面的上下两部分必然要受到与截面相切,方向相反的力的作用,此截面上对应的应力称为切应力(shear stress),切应力与截面平行,用字母 τ 表示,即

$$\tau=\frac{F}{S} \tag{1-74}$$

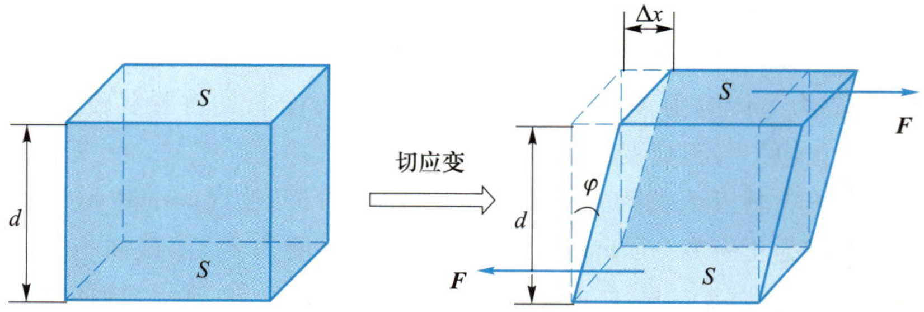

图 1-25　切应力与切应变

而且物体上下表面将发生微小的相对位移 Δx，产生切应变（shear strain）。若该正方体的边长为 d，则切应变为

$$\gamma=\frac{\Delta x}{d} \tag{1-75}$$

对于正应力，力 $\boldsymbol{F}$ 是垂直于横截面的，即 F 与（1-72）式中的截面 S 垂直；而对于切应力，力 $\boldsymbol{F}$ 是平行于滑移面的，即 F 与（1-74）式中的截面 S 平行。

三、体应力与体应变

当物体在各个方向均受到压力作用时，物体会发生压缩形变。例如沉浸在液体里的固体表面会受到垂直于固体表面的压力作用，体积减小。如图 1-26 所示，我们在物体内部选取一个微小的正方体单元，其六个面均受到压力作用，此种情况下对应的应力称为体应力（volumetric stress），用 p 表示，即 $p=\frac{F}{S}$，等于该状态下的压强。

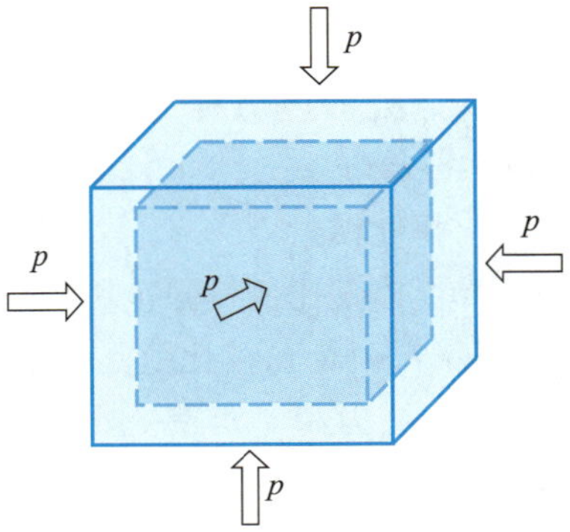

图 1-26 体应力与体应变

在这种受力状态下，该物体的体积将缩小，产生体应变（volumetric strain）。在压力 $\boldsymbol{F}$ 的作用下，物体的体积由 V_0 变为 $V_0+\Delta V$，这里 $\Delta V<0$，体应变用字母 θ 表示，则体应变为

$$\theta=\frac{\Delta V}{V_0} \tag{1-76}$$

1.6.2 弹性模量

一、弹性与塑性

物体受外力作用发生形变时，如果外力除去后物体能够完全恢复至初始形态，这种形变称为弹性形变（elastic deformation）；如果物体形变后无法恢复至初始形态，则称为塑性形变（plastic deformation）。例如当弹簧受到拉伸作用时，在应力不太大的情况下，撤销外力，弹簧能够恢复原状，是弹性形变，但拉伸到一定程度后，撤销外力后，物体将无法完全回到原来的形态，则发生了塑性形变，如果继续施加更大的应力，最终弹簧断裂。我们常常用材料的应力-应变曲线来研究材料的弹性性质。图 1-27 表示了某一种金属材料在拉伸过程中的应力-应变曲线。当形变量较小时，即 OA 段，应力与应变呈线性关系，这一区域被称为正比例区（proportional region），

A 点对应于正比例极限(proportional limit)点。随着形变的进一步增加,进入 AB 段,此时应力与应变的关系不再是严格的线性关系,但物体仍能恢复至初始状态,B 点处的应力称为弹性极限(elastic limit)。若形变量继续增加进入 BC 段,物体进入塑性形变阶段(plastic deformation),此时形变已不可逆转,最终在 C 点发生断裂,该点被称为断裂点(fracture point),C 点处的应力称为抗张强度(tensile strength)。

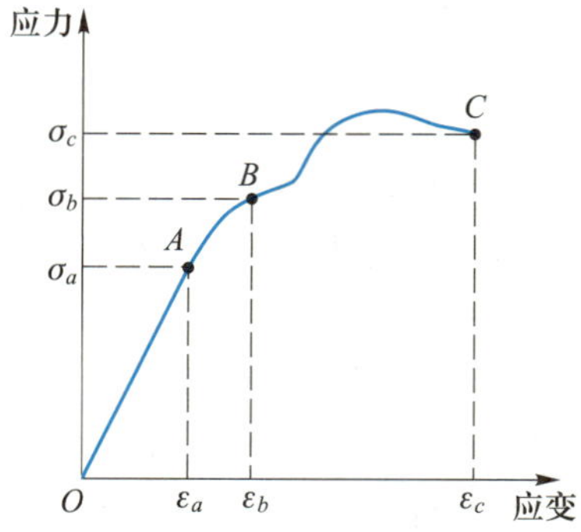

图 1-27 应力-应变曲线

二、弹性模量

在弹性体正比例极限范围内,应力与应变成正比,这一规律即为胡克定律(Hooke's law),其比值是一个恒定量,称为此物体的弹性模量(elastic modulus)。应力和应变是受外力影响的物理量,而弹性模量则是材料的固有属性,与施加的外力大小无关,反映了材料固有的力学特性(弹性),其大小仅取决于材料本身的性质。

(1) 杨氏模量

如果物体只受张应力和压应力作用时,在正比例极限范围内,正应力与正应变的比值称为杨氏模量(Young's modulus),用 E 表示,即

$$E=\frac{\sigma}{\varepsilon}=\frac{F/S}{\Delta L/L_0}=\frac{FL_0}{S\Delta L} \tag{1-77}$$

或

$$\sigma=E\varepsilon \tag{1-78}$$

(2) 切变模量

同理,在剪切形变的情况下,切应力和切应变的比值称为切变模量(shear modulus),用 G 表示,即

$$G=\frac{\tau}{\gamma}=\frac{F/S}{\Delta x/d}=\frac{Fd}{S\Delta x} \tag{1-79}$$

(3) 体变模量

对于体积形变,压强与体应变的比值称为体变模量(bulk modulus),用 K 表示,即

$$K=-\frac{p}{\theta}=-\frac{F/S}{\Delta V/V_0}=-\frac{FV_0}{S\Delta V} \tag{1-80}$$

其中,p 为物体内部承受的应力,负号表示应力增加时,材料的体积减小。

国际单位制(SI)中,弹性模量的单位为帕斯卡(pascal),简称帕(Pa),其换算关系为 1 Pa=1 N/m^2。由于应变量纲为一,因此弹性模量的单位与应力相同。弹性模量可以理解为材料固有的刚度特性,用于衡量材料本身

对应力引起形变的抵抗能力。柔性材料如橡胶具有较小的弹性模量，而坚硬材料如钢材则具有较大的弹性模量，这意味着在相同的应变下，钢材需要施加更大的应力才能实现。表 1-2 列出了几种常见材料的弹性模量。

表 1-2 常见材料的弹性模量 单位：GPa

材料	杨氏模量	切变模量	体变模量
金刚石	1 100	520	445
钢	200	190	160
铝	70	27	70
玻璃	60	6	37
木材	10～20	0.5～1	5～10
骨	10～30	4～6	15～20
水			2.2
空气			0.000 1～0.000 14
碳纤维增强复合材料	100～300	50～100	150～300
陶瓷	200～400	80～160	200～400
塑料(如聚乙烯)	1～5	0.1～1	1～5

一般来说，在正比例极限范围内，胡克定律仅适用于固体的正应变和切应变，但对于体应变，胡克定律不仅适用于固体，也同样适用于液体和气体。液体中的原子结合紧密，体变模量较大，不容易被压缩，与固体的相似。因此，在许多情况下，液体常常近似视为不可压缩的物质。相比之下，气体体变模量较小，更容易被压缩，表现出显著的可压缩性。

【例 1-6】 已知某人的一条腿骨长度为 0.4 m，其横截面积的平均值为 5 cm^2。若该腿骨用于支撑整个体重，相当于承受 500 N 的力，其长度缩短量是多少？占原长的百分之几(骨的杨氏模量为 1×10^{10} N/m^2)？

【解】 由 $E=\dfrac{L_0F}{S\Delta L}$，得

$$\Delta L=\frac{L_0F}{SE}=\frac{0.4\times500}{5\times10^{-4}\times1\times10^{10}}\ \mathrm{m}=4\times10^{-5}\ \mathrm{m}$$

因此 $\dfrac{\Delta L}{L_0}=\dfrac{4\times10^{-5}}{0.4}=1\times10^{-4}$，占原长的 $\dfrac{1}{10\ 000}$。

1.6.3 骨骼的力学特性

骨骼构成人体的支架，在机体中承担支持、运动、保护的作用，能提供坚实的动力交接和肌肉联结，便于肌肉和身体的活动。另外，一部分骨骼

还起着保护人体器官的作用，如颅骨保护了大脑，肋骨保护着心脏和肺。骨的成分有机纤维（主要是胶原纤维）、无机结晶体、胶原物质和水组成。胶原纤维就像支架，无机盐结晶物质就附着在它的表面。这两种成分对外力的反应是不同的，无机盐具有较大的抗压强度，而胶原纤维则具有较大的抗张强度，两种成分结合成骨以后的强度和金属差不多，使骨的力学性质达到理想化。

由于各种骨的作用不同，所以形态也各不相同，有长骨、短骨、扁骨和不规则骨。但是，不论是哪一种骨，其外层都是坚硬的密质骨，内层是海绵状的松质骨，骨的内外层表面都有一层致密结缔组织膜。密质骨结构致密，抗压抗扭曲特性强，松质骨呈海绵状，由相互交织的骨小梁排列而成，骨小梁的排列方向与骨所承受的压力和张力的方向平行，因而骨能承受较大的重量。

一、骨骼的力学特性

骨骼的力学特性是目前生物力学学科重要的研究内容。例如，骨折是临床常见的病例，研究骨折时通常使用强度（strength）和刚度（stiffness）两个概念。强度是指在力的作用下抵抗破坏的能力。刚度表示在力的作用下抵抗形变的能力。骨的刚度和强度取决于骨的成分和结构，由于骨的成分和结构会因个体差异、年龄、性别等因素而有所不同，所以骨的刚度和强度也会表现出显著的差异。另外，与一般金属材料不同，骨骼的力学性能具有各向异性（anisotropy），即在不同方向的载荷作用下表现出不同的力学特性。图 1-28 所示为人的股骨标准试样在不同方向拉伸时的应力和应变曲线。

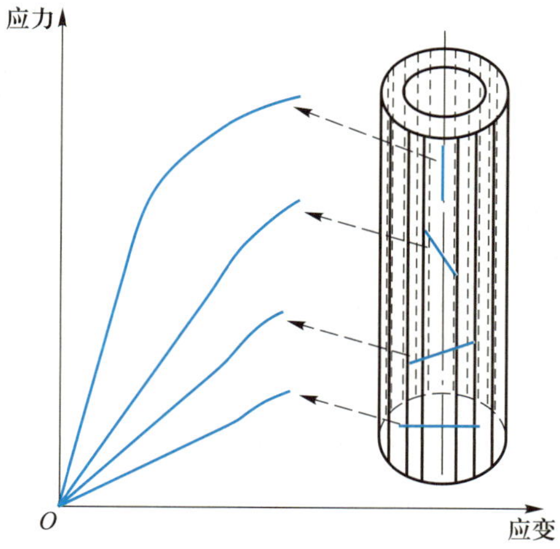

图 1-28 股骨不同方向拉伸时应力与应变的关系

二、骨骼应变形式

骨骼是人体最主要的承载组织，人体的骨骼受不同方式的力或力矩作用时，其形变及其破坏方式不同。根据外力和外力矩的方向，骨骼的受力可分为拉伸、压缩、弯曲、扭转、剪切和复合载荷六种形式。前五种简介见下。

1. 拉伸：在拉伸载荷作用下，如图 1-29(a)所示，骨组织的断裂机制主要表现为骨间结合线的分离或脱离，临床上拉伸骨折多见于松质骨。

2. 压缩：压缩载荷是骨骼最常承受的载荷，如图 1-29(b)所示，适量的压缩载荷能够刺激骨的生长并促进骨折愈合，而较大的压缩载荷则可能导致骨骼缩短并变粗，其破坏主要表现为骨单位的斜行劈裂。研究表明，湿骨的极限压缩应力通常高于极限拉伸应力，即骨骼对压应力的承受能力强于张应力。

3. 剪切：当外力方向与骨骼横截面平行时产生剪切形变，人的骨骼所能承受的剪切极限应力都小于压缩极限应力和拉伸极限应力，如图 1-29(c)所示。

4. 弯曲：当骨骼侧向受到载荷作用时，会发生弯曲效应，在中性轴的凹侧，骨组织主要受到压缩作用，如图 1-29(d)所示，而凸侧则主要受到拉伸作用，且距离中性轴越远，应力越大。

5. 扭转：扭转载荷本质上是一种剪切应变的表现，越靠近中心轴的层，切应变越小，而外层的切应变越大，变形越明显，如图 1-29(e)所示。从抗扭转的角度来看，由于中心轴附近的结构对抗扭转作用较小，所以在工程和生物结构中，常采用空心管代替实心柱，以节省材料并减轻重量，这一策略与抗弯曲设计相似。在一定的弹性范围内，圆杆或圆管的扭转角度与施加的力矩成正比，但当扭转角度超过某一临界值时，材料将发生断裂。

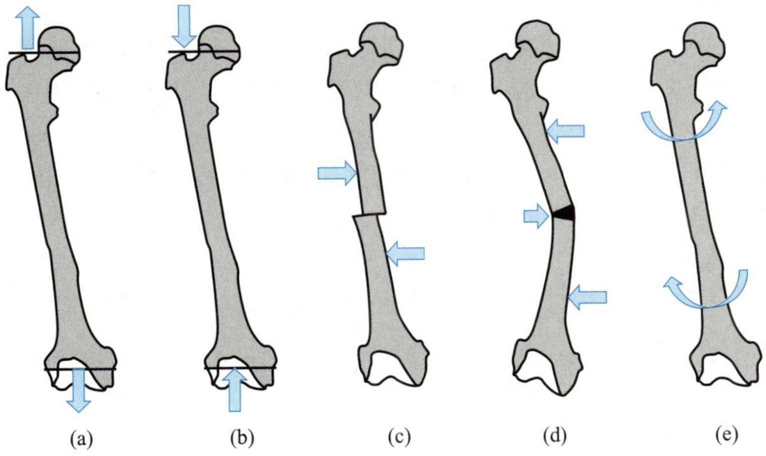

图 1-29 骨骼的不同受力形式

在一定范围内，应力刺激会影响骨的组织结构和形态，从而改变其物理性质。应力对骨细胞的生长与吸收具有调节作用，其中持续不变的压应力可能导致骨萎缩，而间歇性压应力则能够促进骨的生长。此外，应力刺激在骨损伤的修复、愈合和再生过程中发挥着关键作用，这一机制在人工假体、人工关节、医疗器械及组织工程载体等领域存在广泛的应用。

思考题

1-1 回答问题并举例：

（1）物体能否有一个不变的速率而有一个变化的速度？

（2）在速度为零的时刻，加速度是否一定为零？在加速度为零的时刻，速度是否一定为零？

（3）物体的加速度不断减小，而速度却不断增大，可能吗？

（4）当物体具有大小、方向不变的加速度时，物体的速度方向能否改变？

1-2 任意平面曲线运动的加速度的方向总指向曲线凹进那一侧，为什么？

1-3 有人说："人推动了车是因为推车的力大于车反推人的力。"此话有道理吗？为什么？

1-4 绳的一端系着一个金属小球，以手握其另一端使其作圆周运动。

（1）当小球运动的角速度相同时，长的绳子容易断还是短的绳子容易断？

（2）当小球运动的线速度相同时，长的绳子容易断还是短的绳子容易断？为什么？

1-5 一人躺在地上，身上压一块重石板，另一人用重锤猛击石板，但见石块碎裂，而下面的人毫无损伤，为什么？

1-6 两个质量相同的物体从同一高度自由下落，与水平地面相碰，一个反弹回去，另一个却贴在地面上，问哪一个物体给地面的冲量大？

1-7 判断下列说法正确与否：

（1）不受外力作用的系统，其动量和机械能必然同时都守恒。

（2）内力是保守力的系统，当它所受的合外力为零时，其机械能必然守恒。

（3）只有保守内力作用而无外力作用的系统。其动量和机械能必然守恒。

1-8 花样滑冰运动员想作高速旋转时，他先把一条腿和两臂伸开，并用脚蹬使自己转动起来，然后再收拢腿和臂，这时他的转速就明显地加大了。这利用的是什么原理？

1-9 日常生活中，有哪些常见的弹性和塑性形变？

1-10 动物的骨骼为什么一般都是空心的，如何理解？

1-11 切应变和正应变、切应力和正应力有什么区别？

1-12 如何理解弹性模量中与应力与应变之比的关系？

习题

1-1 木星的一个卫星——木卫一上面的珞玑火山喷发出的岩块上升高度可达 200 km，这些石块的喷出速度是多大？已知木卫一上的重力加速度为 $1.80\ \mathrm{m\cdot s^{-2}}$，而且在木卫一上没有空气。

习题答案

1-2 有一种喷气推进实验车，从静止开始可在 1.80 s 内加速到 $1\ 600\ \mathrm{km\cdot h^{-1}}$ 的速率。按匀加速运动计算，它的加速度是否超过了人可以承受的加速度 $26g$？1.80 s 内该车经过了多少距离？

1-3 用力 $\boldsymbol{F}$ 推水平地面上一质量为 m 的木箱，如图 1-30 所示。设力 $\boldsymbol{F}$ 与水平面的夹角为 θ，木箱与地面间的动摩擦因数和静摩擦因数分别为 μ_k 和 μ_s。(1) 要推动木箱，至少需要多大的力？此后维持木箱匀速前进需要多大的力？(2) 证明当 θ 角大于某一值时，无论用多大的力也不能推动木箱。此角度是多大？

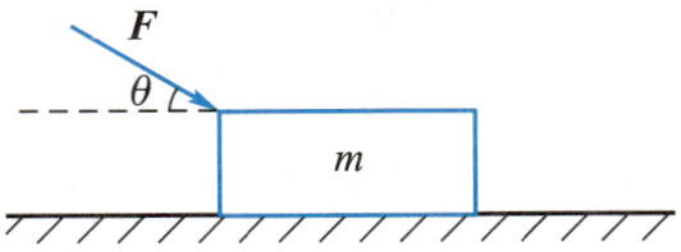

图 1-30　习题 1-3 图

1-4 美丽的土星环从距土星中心 73 000 km 延伸到距土星中心 136 000 km。它由直径为 $10^{-6}\sim10$ m 的粒子组成。若环的外缘粒子的运行周期是 14.2 h，那么由此可求得土星的质量是多大？

1-5 一个质量为 $m=0.14$ kg 的垒球沿水平方向以 $v_1=50\ \mathrm{m\cdot s^{-1}}$ 的速率投来，经棒打击后，沿仰角 $\alpha=45°$ 的方向飞回，速率变为 $v_2=80\ \mathrm{m\cdot s^{-1}}$。(1) 求棒给球的冲量的大小与方向。(2) 如果球与棒接触的时间为 $\Delta t=0.02$ s，求棒的平均冲力的大小，并问它是垒球本身重量的几倍？

1-6 两辆质量相同的汽车在十字路口垂直相撞，撞后二者扣在一起又沿直线滑动了 $s=25$ m 才停下。设滑动时地面与车轮之间的动摩擦因数为 $\mu_k=0.80$。撞后两个司机都说在撞车前自己的车速没有超过限制（$28\ \mathrm{m\cdot s^{-1}}$），他们的话都可信吗？

1-7 一架喷气式飞机以 $210\ \mathrm{m\cdot s^{-1}}$ 的速度飞行，它的发动机每秒吸入 75 kg 空气，在体内与 3.0 kg 燃料混合燃烧后以相对于飞机 $490\ \mathrm{m\cdot s^{-1}}$ 的速度向后喷出。求发动机对飞机的推力。

1-8 质量为 $m=980$ g 的木块静止在光滑水平面上，一质量为 $m_0=20$ g 的子弹以 $v=800\ \mathrm{m\cdot s^{-1}}$ 的速率水平地射入木块后与木块一起运动，求：(1) 子弹克服阻力所做的功；(2) 子弹施于木块的力对木块做的功；(3) 耗散的机械能。

1-9 一质量为 m 的粒子位于 (x,y) 处，速度 $\boldsymbol{v}=v_x\boldsymbol{i}+v_y\boldsymbol{j}$，并受到一个沿 $-x$ 方向的力 F。求它相对于坐标原点的角动量和作用在其上的力矩。

1-10 一个人手握哑铃将其置于胸前，坐在一摩擦可忽略的转台上，转台以一定角速度转动。若此人将两手平伸，使人和转台的转动惯量增加为原来的 2 倍，人和转台的角速度变化了多少？转动动能变化了多少？

1-11 一飞轮直径为 0.30 m，质量为 5.0 kg，边缘绕有绳子，现用恒力拉绳子的一端，使其由静止均匀地加速，经 0.50 s 转速达 10 r/s，假定飞轮可视为均匀圆盘。求：(1) 飞轮的角加速度及在这段时间内转过的转数；(2) 拉力及拉力所做的功；(3) 拉动后 10 s 时，飞轮的角速度及其边缘上一点的速度和加速度。

1-12 一质量 $m_1=1.0$ kg，长 $l=0.40$ m 的匀质细棒，可绕通过其中点并与棒垂直的水平轴转动，开始时静止于竖直位置。一质量 $m_2=0.010$ kg 的子弹，以 $v=200\ \mathrm{m\cdot s^{-1}}$ 的速度射入棒端（并留在棒中），其方向与棒及转轴相正交。求棒所得到的角速度。

1-13 如图 1-31 所示，一轻绳跨过两个质量均为 m、半径均为 R 的定滑轮，绳的两端所系重物的质量分别为 m 和 $2m$，将系统由静止释放，求两滑轮间绳子的张力。设绳子长度不变，质量不计，绳子与滑轮间不打滑，滑轮质量均匀，其转动惯量可按圆盘计算，轴处摩擦不计。

1-14 如图 1-32 所示，在质量为 m_0、半径为 R、可绕一水平光滑轴 OO' 转动的均匀圆柱体上绕有细绳，绳的一端挂有质量为 m 的物体，m 从高 h 处由静止下降，设绳子长度不变，质量可略去不计，在圆柱体上不滑动。求：(1) m 下降的加速度 a；(2) 绳的张力 F_T；(3) m 到达地面时的速度 v；(4) m 到达地面所需的时间 t。

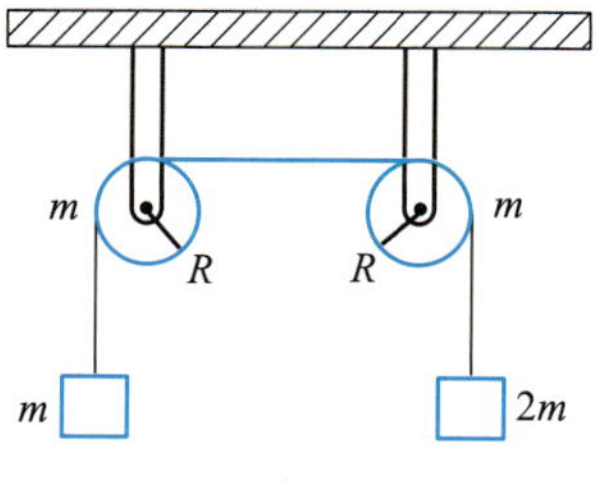

图 1-31 习题 1-13 图

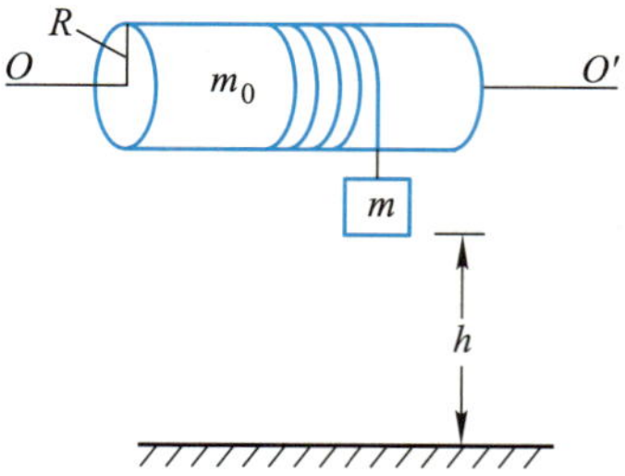

图 1-32 习题 1-14 图

1-15 有一质量为 m_0 且均匀分布的飞轮、半径为 R，正在以角速度 ω 旋转，突然有一质量为 m 的碎片从飞轮的边缘飞出，方向恰好竖直向上。求：(1) 碎片上升的高度；(2) 余下部分的角速度、角动量及转动动能。

1-16 地球对自转轴的转动惯量是 $0.33m_ER^2$，其中 m_E 为地球质量，R 为地球半径，求地球的自转动能。

1-17 一根 8 m 长的铜丝和一根 4 m 长的钢丝，横截面积均为 50 $\mathrm{mm^2}$，若使这两根金属丝各以一端连接，并施加 1 000 N 的张力，铜丝和钢丝的模量分别为 $2.0\times10^{11}\ \mathrm{N/m^2}$ 和 $1.5\times10^{11}\ \mathrm{N/m^2}$，则这两根金属丝的长度共改变了多少?

1-18 登山运动员常使用一种杨氏模量为 $4\times10^9\ \mathrm{N/m^2}$ 的尼龙绳攀岩,如果一个体重为 75 kg 的运动员使用一根绳长为 100 m、直径为 8 mm 的尼龙绳登山,则绳子最大将伸长多少?

参考文献

第二章 流体的运动

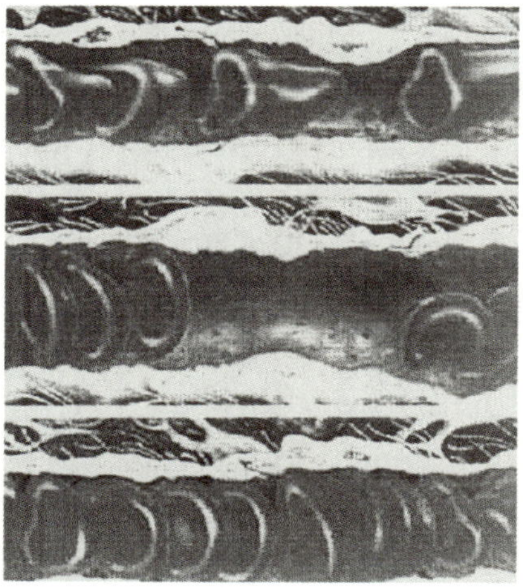

红细胞在毛细血管中的流动。从图中可以清楚地看到红细胞发生形变,同时,由于红细胞的圆盘直径接近甚至大于毛细血管的直径,因此流动不能视为均质流体的流动。

气体和液体没有一定的形状,各部分之间极易发生相对运动,具有流动性,因而被统称为流体(fluid)。研究流体运动规律及其与边界相互作用的学科称为流体动力学(fluid dynamics)。流体动力学是气体动力学、水利学、生物力学等学科的理论基础,在工业、农业、交通运输、石油化工、航空航天、气象、地学、生物医学等领域应用极其广泛。

流体的运动广泛存在于我们的周围及生物体内。掌握流体的运动规律,有助于理解日常生活中发生在身边的流体运动现象,深入研究人体的血液循环、呼吸过程以及相关的医疗仪器设备。

本章主要介绍流体动力学的一些基本概念和规律。

§2.1 理想流体的定常流动

2.1.1 流体运动的描述方法

一、两种描述方法

在流体力学中将流体视为由大量的宏观小、微观大的流体质元组成并研究其宏观行为,因此可忽略物体微观结构的量子性,而视流体为连续介质。

可直接采用牛顿质点力学方法，把流体分成许多流体质元，每个流体质元服从牛顿运动定律，跟踪并研究每一个流体质元的运动情况，把它们综合起来就能掌握整个流体运动的规律，这种方法称为拉格朗日(Lagrange)法。拉格朗日法形象、直观，物理概念清晰，但是对于易变形、流动的流体，不易追踪，并需无限多个方程才能描述由无限多个流体质元组成的流体的运动状态，在数学上难以做到，而且也没有必要。对于固体运动，特别是可简化为刚体运动的运动，虽然刚体由无限多个质点构成，但质点之间具有固定的位置和距离，这时只需要研究刚体上不共线的三个质点的运动就可以反映刚体的运动状态，因此拉格朗日法在固体力学中应用较多。欧拉(Euler)法与力学中惯用的方法不同，它不是考察流体中的某一流体质元的运动过程，而是研究各流体质元的速度、压强、密度等物理量对流经的空间及时间的分布规律，即从场的观点整体上把握流体的运动。这种方法的物理意义不如拉格朗日法的直观，但能较为方便地研究流体流场的运动状况，在流体力学中得到广泛应用，本章将用欧拉法来讨论流体的运动规律。

二、理想流体

实际气体和液体都是可以压缩的，即流体的体积随其所受压强不同而改变。气体的可压缩性(compressibility)非常明显，如用不太大的力推动活塞，就可以使汽缸中的气体明显地压缩。但对于流动着的气体，由于气体的密度小，在不同位置之间的压强差不太大，流速不很高的情况下，也能使密度较大处的气体迅速流向密度较小的地方，使气体的密度趋于均匀，因此可近似地看成是不可压缩的。液体不容易被压缩，如每增加 1 个大气压①，水体积的减少量不到其原体积的两万分之一，水银体积的减少量不到其原体积的百万分之四。在一般情况下，实际液体可近似认为是不可压缩的。

实际流体运动时，层与层之间存在阻碍相对运动的内摩擦力，这被称为流体的黏性(viscosity)。不同流体的黏性不同，如从玻璃杯中倒出水很容易，但要倒出油漆则要困难得多。油类的黏性较大，水、乙醇的黏性较小，气体的黏性更小。

实际流体的运动很复杂，影响因素很多。在一些实际问题中，根据可压缩性、黏性对流体运动的影响不同，可分别将流体抽象为不可压缩流体、非黏性流体和既不可压缩又无黏性的**理想流体**(ideal fluid)等理想模型，既突出了流体运动的主要特征，又简化了问题。

三、流速场、流线和流管

流体运动时，流体质元(宏观小、微观大的区域中流体分子的集合)的运动情况，一般是各不相同的。在流体运动过程中，任一瞬间，在流体

---

① 1 个大气压(atm) = 101 325 Pa。

占据空间的任一点都具有一定的速度，每一点都有一个流速矢量，通常将由这些流速矢量构成的空间称为流速场，简称**流场**（flow field），如图 2-1 所示。

动画：流线和流管

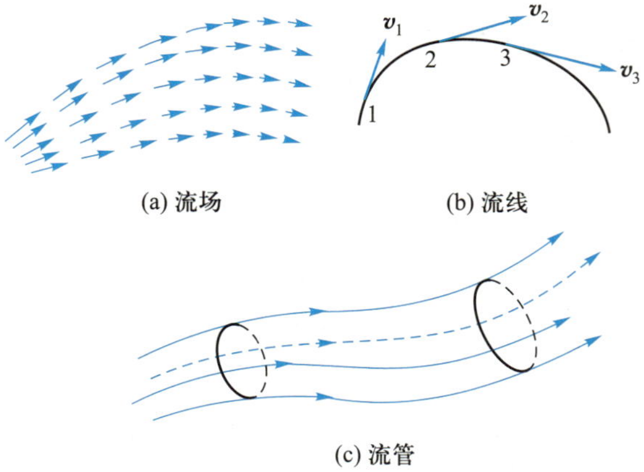

图 2-1　流场、流线和流管

当流体作规则运动时，为了形象描述流场，引入流线（streamline）的概念。在流场中画许多曲线，使得任一瞬间，曲线上的任意一点的切线方向，与流过该点流体质元的速度方向一致，这种曲线称为**流线**。相同时刻的流线不相交。在流体内部，由流线围成的细管称为**流管**（stream tube），在流体力学中，往往取一流管作为代表加以研究。图 2-2 显示了流体绕过不同障碍物时流场的变化。

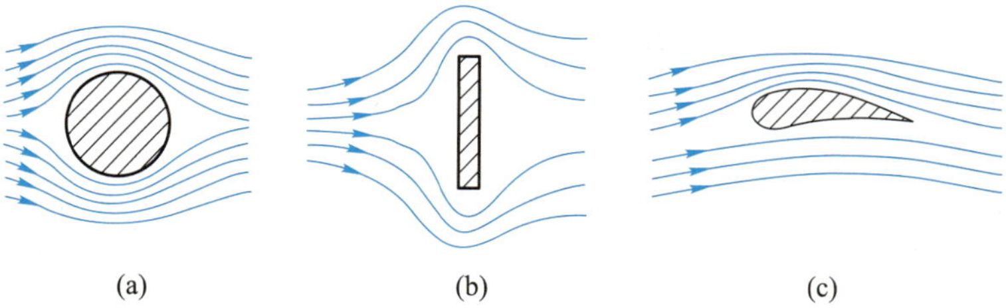

图 2-2　流体绕过不同障碍物时的流线

流体运动时，若流体质元有旋转，这样的流动称为有旋流动，如河流中的涡旋、大气中的台风，对应的流场为有旋场；若流体质元无旋转，这样的流动称为无旋流动，对应的流场为无旋场。

一般而言，当某时刻一个物理量在空间中每一点都有确定值，即物理量在空间有确定分布时，该物理量在此空间形成一个场。例如在第一章遇到的重力场、本章要讨论的流场和下面要涉及的电磁场。如果物理量是标量，这个场就是一个标量场；若是矢量，则是一个矢量场。在标量场中，常用等值面（如等温面、等势面）形象地表示物理量的空间分布状态。在矢量场中，则常用矢量线描述场中物理量的分布（如用流线表示流场），不仅可以用矢量线上每一点的切线方向表示该点矢量的方向，还可以用矢量线的疏密表示矢量的数值。随时间变化的场称为可变场或非稳定场（如可变电磁场），不随时间变化的场则称为稳定场。

2.1.2 定常流动

一般情况下，流场中各点的流速随位置和时间的变化而改变，流线的形状亦随时间而变，这种随时间而变化的流动称为非定常流动。如果流场中各点的流速不随时间变化，这种流动称为定常流动（steady flow）。对于定常流动，流线不随时间改变，流管形状也不随时间改变，流管内的流体不会流出管外，流管外的流体不会流入管内。

动画：理想流体在重力场中作定常流动的规律

2.1.3 连续性方程

流体作定常流动时，在任一细流管内取与流管垂直的两个截面 ΔS_1 和 ΔS_2 与流管构成封闭曲面，流体由 ΔS_1 流入，从 ΔS_2 流出，如图 2-3 所示。当选取的流管截面足够小时，流管上任一截面上各点的物理量都可视为均匀的。若设 ΔS_1 和 ΔS_2 处流体的速度分别为 v_1 和 v_2，流体的密度分别为 ρ_1 和 ρ_2，由于流体作定常流动，流管内各点流体的密度不随时间改变，因此封闭曲面内流体的质量不会有变化，即在 Δt 时间内，从 ΔS_1 流入封闭曲面流体的质量 m_1 应等于由 ΔS_2 流出流体的质量 m_2，即

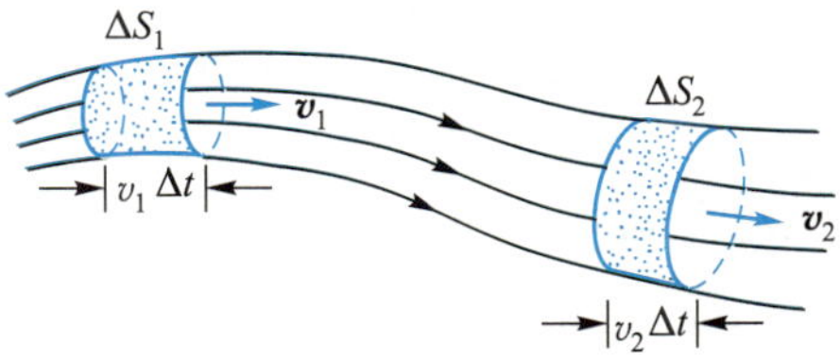

图 2-3 流管中流量的连续性

$$m_1=m_2$$

$$\rho_1(v_1\Delta t)\Delta S_1=\rho_2(v_2\Delta t)\Delta S_2$$

$$\rho_1 v_1\Delta S_1=\rho_2 v_2\Delta S_2$$

上式对流管中任意两个与流管垂直的截面都是正确的，一般可以写成

$$Q_m=\rho v\Delta S=常量 \qquad (2-1)$$

式中 Q_m 称为质量流量。该式表明：在定常流动中，单位时间内通过同一细流管的任一垂直截面流体的质量相同，该式称为定常流动的连续性方程，也称为质量流量守恒定律。

对于不可压缩流体，ρ 为常量，则有

$$v_1\Delta S_1=v_2\Delta S_2$$

及

$$Q_V = v\Delta S = 常量 \tag{2-2}$$

式中 Q_V 称为体积流量。该式表明：不可压缩流体作定常流动时，单位时间内通过同一细流管的任一垂直截面流体的体积相同，该式称为不可压缩流体的连续性方程，也称为体积流量守恒定律。

连续性方程的物理实质体现了流体在流动中质量守恒。这些方程均是对细流管而言的，若不是细流管，则 v、ρ 应理解为其在截面 ΔS 上的平均值。

由连续性方程可知：

（1）不可压缩流体作定常流动时，流管的任一垂直截面积与该处的平均流速的乘积为一常量。

（2）同一流管，截面积较大处流速小，截面积较小处流速较大。

（3）流场中，流线密集处流速较大，流线稀疏处流速较小。

河道宽的地方水流比较缓慢，而河道窄处则水流较急，这已是人们熟知的常识。

【例 2-1】 正常人心脏在一次搏动中泵出血液 70 cm^3，每分钟搏动 75 次。心脏主动脉的内直径约 2.5 cm，腔静脉的内直径约 3.0 cm，毛细血管横断面的总面积为主动脉的横断面面积的 220~440 倍。若将血液的循环视为不可压缩流体在刚性管道中的定常流动，试求：主动脉、腔静脉和毛细血管的平均血流速度。

【解】 心脏输出血液的流量为

$$Q = \frac{70\times10^{-6}\times75}{60}\ m^3\cdot s^{-1} = 8.8\times10^{-5}\ m^3\cdot s^{-1}$$

主动脉的横截面积为

$$S_A = \pi\frac{D_A^2}{4} = \frac{3.14\times(2.5\times10^{-2})^2}{4}\ m^2 = 4.9\times10^{-4}\ m^2$$

上、下腔静脉的总横截面积为

$$S_V = \pi\frac{D_V^2}{4}\times2 = \frac{3.14\times(3.0\times10^{-2})^2\times2}{4}\ m^2 = 1.4\times10^{-3}\ m^2$$

根据连续性方程，主动脉的平均血流速度为

$$v_A = \frac{Q}{S_A} = \frac{8.8\times10^{-5}}{4.9\times10^{-4}}\ m\cdot s^{-1} = 0.18\ m\cdot s^{-1}$$

腔静脉的平均血流速度

$$v_V = \frac{Q}{S_V} = \frac{8.8\times10^{-5}}{1.4\times10^{-3}}\ m\cdot s^{-1} = 6.3\times10^{-2}\ m\cdot s^{-1}$$

毛细血管的平均血流速度为

$$4.1\times10^{-4} \sim 8.2\times10^{-4}\ m\cdot s^{-1}$$

由此可见，血液经主动脉、大动脉、动脉、小动脉、微动脉到毛细血管，虽各类血管的管径越来越小，但其总截面积越来越大，因此血流速逐渐减慢。血液经毛细血管流入微静脉、小静脉、中静脉、腔静脉，回到右心房，各类血管的总截面积又逐渐减小，各种静脉血管的血液流速逐渐增大。

§2.2 理想流体的伯努利方程

2.2.1 理想流体的伯努利方程

1738 年伯努利（D. Bernoulli）提出了著名的伯努利方程。

在作定常流动的理想流体中，取任一细流管，设在某时刻 t，流管中一段流体处在 a_1a_2 位置，经过很短的时间 Δt，这段流体到达 b_1b_2 位置，如图 2-4 所示。这段流体的机械能有何变化呢？由于理想流体作定常流动，流体中各点的压强、流速、密度等物理量不随时间变化，所以 b_1a_2 段流体的运动状态在流动过程中没有变化，即该段流体的动能和重力势能没有改变，只需考虑 a_1b_1 和 a_2b_2 两段流体的机械能 E_1、E_2 的改变。

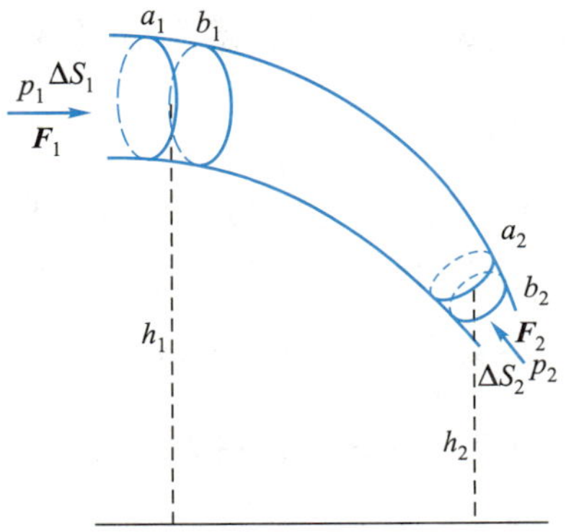

图 2-4 伯努利方程的推导

由连续性方程可知，a_1b_1 和 a_2b_2 两段流体的质量、体积和密度均相等，可分别设为 Δm、ΔV 和 ρ。如图 2-4 所示，设这两段流体在重力场的高度分别为 h_1 和 h_2，速度分别为 v_1 和 v_2，压强分别为 p_1 和 p_2。则这两段流体的机械能增量为

$$
\begin{aligned}
E_2-E_1&=\left(\frac{1}{2}\Delta mv_2^2+\Delta mgh_2\right)-\left(\frac{1}{2}\Delta mv_1^2+\Delta mgh_1\right)\\
&=\Delta m\left[\left(\frac{1}{2}v_2^2+gh_2\right)-\left(\frac{1}{2}v_1^2+gh_1\right)\right]\\
&=\rho\Delta V\left[\left(\frac{1}{2}v_2^2+gh_2\right)-\left(\frac{1}{2}v_1^2+gh_1\right)\right]
\end{aligned}
$$

流体流动是由于后方流体推动前方流体前进，前方流体有阻碍作用，即压力 $\boldsymbol{F}_1$ 做正功，压力 $\boldsymbol{F}_2$ 做负功。理想流体从 a_1a_2 流到 b_1b_2 位置过程中，外力所做的总功为

$$
\begin{aligned}
A &= A_1 + A_2 \\
&= F_1 v_1 \Delta t - F_2 v_2 \Delta t \\
&= p_1 \Delta S_1 v_1 \Delta t - p_2 \Delta S_2 v_2 \Delta t \\
&= p_1 \Delta V - p_2 \Delta V \\
&= (p_1 - p_2) \Delta V
\end{aligned}
$$

根据功能原理，理想流体从 a_1a_2 流到 b_1b_2 位置过程中，其机械能的增量等于外力所做的功

$$A = E_2 - E_1$$

即

$$(p_1 - p_2)\Delta V = \rho \Delta V\left[\left(\frac{1}{2}v_2^2 + gh_2\right) - \left(\frac{1}{2}v_1^2 + gh_1\right)\right]$$

$$p_1 + \frac{1}{2}\rho v_1^2 + \rho g h_1 = p_2 + \frac{1}{2}\rho v_2^2 + \rho g h_2 \tag{2-3}$$

考虑到 ΔS_1、ΔS_2 的任意性，上式还可以写成

$$p + \frac{1}{2}\rho v^2 + \rho g h = \text{常量} \tag{2-4}$$

(2-3)式和(2-4)式称为伯努利方程。伯努利方程给出了理想流体作定常流动时，同一流管上的任一截面处流体压强、流速和高度之间的关系。显然 $\frac{1}{2}\rho v^2$、$\rho g h$ 分别相当于单位体积流体所具有的动能和重力势能，而 p 则可视为单位体积流体的压强能。可见，伯努利方程实质上是能量守恒定律在流体运动中的具体表现。由于 $\frac{1}{2}\rho v^2$、$\rho g h$ 和 p 都是压强的量纲，因此 $\frac{1}{2}\rho v^2$ 常称为动压强，$\rho g h$ 称为重力压强，p 称为静压强。

在以上的推导过程中，选择的是一段细流管内流体的运动，所涉及的压强 p 和流速 v 实际上是细流管横截面上的平均值。若令 $\Delta S \to 0$，流管就演变为一条流线，(2-4)式中的各量则表示在同一流线上各点的取值。可得以下结论：重力场中的理想流体作定常流动时，同一流管内(或流线上)各点的量 $p + \frac{1}{2}\rho v^2 + \rho g h$ 为一常量。

2.2.2 伯努利方程的应用

在流体力学中，伯努利方程十分重要，应用极其广泛。伯努利方程表明了同一流管内压强、流速、高度三个变量之间的关系。压强与流速有关，也与高度有关。

一、压强与高度的关系

若流管中流体的流速不变或流速的改变可以忽略时，伯努利方程可以直接写成

$$p_1+\rho gh_1=p_2+\rho gh_2$$

或

$$p+\rho gh=常量$$

上式表明流速不变时，理想流体稳定流动过程中流体压强能与重力势能之间的转化关系，即高处的压强较小，低处的压强较大。两点的压强差为

$$p_1-p_2=\rho g(h_2-h_1)$$

由此可见，静止流体是定常流动流体的特例。

讲课视频：伯努利方程应用例题

（1）“管涌”的力学原理

在汛期，若防洪大堤出现大面积管涌，会造成大堤溃口。管涌是如何形成的呢？为何会危及堤坝？管涌的形成原因是多方面的，一般来说，堤身下的上层是相对不透水的黏土或壤土，其下面是粉沙、细沙，再下面是沙砾、卵石等强透水层，并与河水相通（图 2-5）。在汛期，水位由平时的 h_1 增高到 h_2，并一直处于高水位 h_2 状态，由于水位增高了 Δh，根据伯努利方程可知，堤坝外深水区各处水的静压强相应增大，地下水经强透水层的渗流也随之增大，大堤背水侧数百米范围内底部要承受很大的水压，如果这股水压冲破了黏土层，粉沙、细沙就会随水流出，形成管状的渗流通道（管涌）。因此，当堤坝防御水位提高，渗水压增大，或大堤背水侧的地面黏土层厚度不够时，都有可能引发管涌。管涌一旦形成，随着出水口涌水挟沙增多，涌水量也随着增大，如将附近堤（闸）基下沙层淘空，就会导致堤（闸）身骤然下挫，甚至酿成决堤灾害。

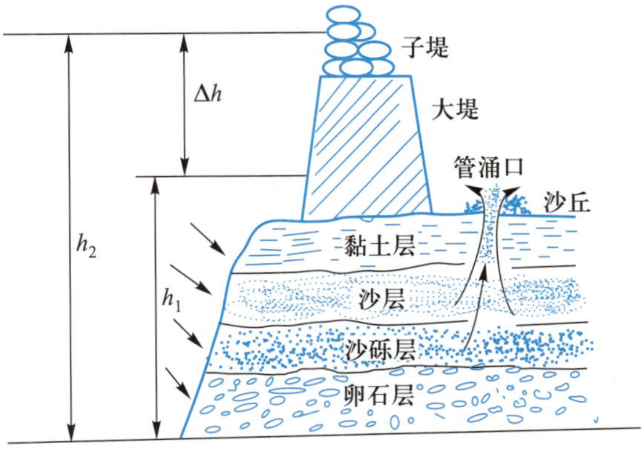

图 2-5 管涌示意图

（2）体位对血压的影响

血液的压强简称为血压。血压的测量以心脏的位置为参考水平。根据伯努利方程，在流速不变的条件下，利用压强与高度的关系，可以解释体

位因素对血压的影响。人体取平卧位时，头部与足部的动脉压大致相等，但比心脏的动脉压要略低一些；头部与脚部的静脉压大致相等，但比心脏的静脉压要略高一些。而当取直立位时，与平卧位相比，头部位置升高，位于心脏水平以上的脑的动、静脉血压会减少相当于从脑至心脏垂直高度的一段血柱的压强值；足部则高度降低，所以位于心脏水平以下的足部的动、静脉血压会增加相当于从心脏到足部垂直高度的一段血柱的压强值。因此，在测定人体血压时，应将测量部位置于与心脏相同的水平位置。同理，在对手背小静脉穿刺输液时，手背与心脏的相对高度也会对静脉压产生影响，从而影响液体的流速。

二、流速与高度的关系（小孔流速）

在自然界、工程技术和我们的日常生活中，存在许多与容器排水相关的问题，如水库放水（泄洪与发电）、水塔经管道向城市供水及用吊瓶给患者输液等，其共同的特点是液体从大容器经小孔流出。如图 2-6 所示，大容器的下部有一个小孔，小孔的面积比容器内液体自由表面积小很多，根据连续性方程，小孔处流出液体时，容器自由表面的液面高度 h 下降非常缓慢，可近似认为自由表面的流速为零。若将容器中的液体视为理想流体，对于任一流线 AB，由伯努利方程得

动画：水从容器侧壁小孔喷出时的速度

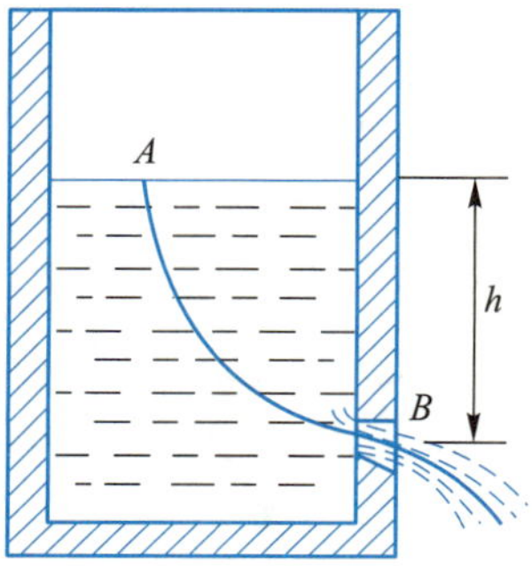

图 2-6 小孔流速

$$p_0+\rho gh=p_0+\frac{1}{2}\rho v^2$$

式中 p_0 表示大气压强，v 为小孔处液体流速，ρ 为液体的密度，可得

$$v=\sqrt{2gh}$$

因此理想液体从自由面下 h 处的小孔流出时的速率，与物体从同一高度自由落下的速率相同，与液体自身的密度无关。这一关系是意大利物理学家、数学家托里拆利（E. Torricelli）首先发现的，又称为托里拆利定理。它反映了压强不变时，理想流体稳定流动过程中，流体重力势能与动能之间的转化关系。

三、压强与流速的关系

在许多问题中，所研究的流体是在水平或接近水平条件下流动的。此时，有 $h_1=h_2$ 或 $h_1\approx h_2$，伯努利方程可直接写成

$$p_1+\frac{1}{2}\rho v_1^2=p_2+\frac{1}{2}\rho v_2^2$$

或

$$p+\frac{1}{2}\rho v^2=\text{常量}$$

上式表明，在重力势能不变的情况下，理想流体稳定流动过程中，压强能与动能之间的转化关系，即我们早已熟知的事实：平行流动的流体，流速小的地方压强大，流速大的地方压强小。

(1) 流速计

在图 2-7 中，a 是一根直管，b 是一根直角弯管，直管下端的管口截面与流线平行，而弯管下端的管口截面与流线垂直，液体在 A 处受阻形成流速为零的“滞停区”，即 A 点流速为零，该点称为驻点。对流线 OA 应用伯努利方程得

$$p_A = p_O + \frac{1}{2}\rho v_O^2 \tag{2-5}$$

式中 v_O 是 O 点的速率，对于粗细均匀的这段流管，也就是管中各点的速率。p_A 比 p_O 大 $\frac{1}{2}\rho v_O^2$，表明液体的动压在滞停区全部转化为静压。

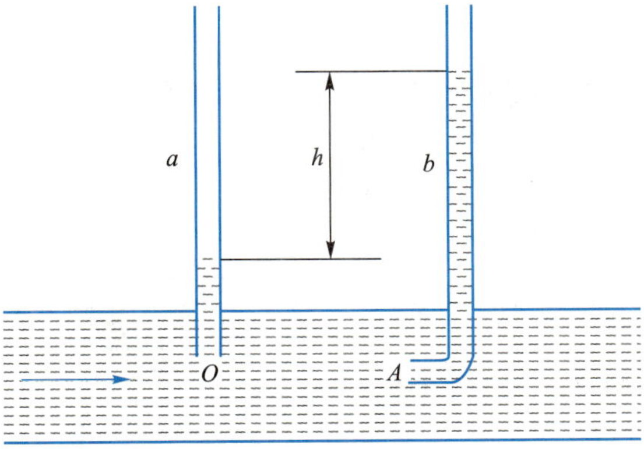

图 2-7 流速计原理

(2-5)式可用来测量流体的流速，只要知道了 a、b 两管中液面的高度差 h 及液体的密度 ρ，就可以求出流体的速率 v_O，这就是测速用的皮托管的基本原理。图 2-8 是一种可以测量气体流速的皮托管的结构示意图，它由两个很细的同轴管组成，内管的开口正对气体，外管开口在管壁上，两管分别与盛有工作液体(密度为 ρ')的 U 形管相连。考察流线 OA 与 QB。其中 A 点为驻点，流速为零，B 点的流速即为气体的流速。在远处未受皮托管干扰的地方，流体以相同的速度相对皮托管作匀速运动，O、Q 两点对应的量可认为相等；两个同轴管很细，A 与 B 两点的高度差很小，可认为 $h_A \approx h_B$。由此，根据伯努利方程有

$$p_A = p_B + \frac{1}{2}\rho v_B^2$$

式中 ρ 为气体的密度，A、B 两点的压强差为

$$p_A - p_B = \rho' g h$$

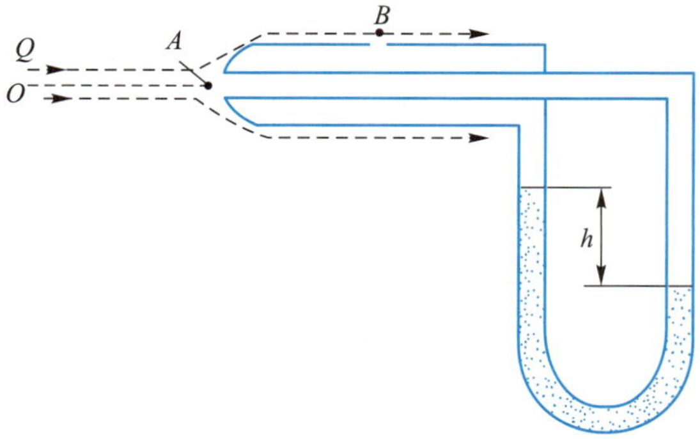

图 2-8 皮托管

可得气体的速率

$$v_B = \sqrt{\frac{2\rho' gh}{\rho}} \tag{2-6}$$

(2) 流量计

文丘里流量计的设计原理如图 2-9 所示,有一段中间细两端粗的管子,在管子的粗、细部分分别开口接一垂直细管,测量时,将其水平接入被测管路。根据伯努利方程有

$$\frac{1}{2}\rho v_2^2 - \frac{1}{2}\rho v_1^2 = p_1 - p_2 = \rho gh$$

由连续性方程得

$$Q = S_1 v_1 = S_2 v_2$$

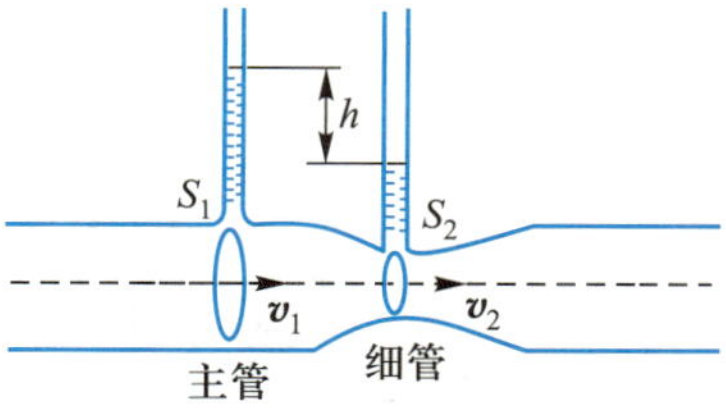

图 2-9 文丘里流量计

因此

$$Q = S_1 S_2 \sqrt{\frac{2gh}{S_1^2 - S_2^2}} \tag{2-7}$$

从图 2-9 中可见,由于 S_2 的截面积较小,该处细管中液体上升的高度比 S_1 处的低,若管中的流体速度很大,则可出现 S_2 处细管内的压强小于细管外的压强,于是该处的流体带着从管外吸入的气体(或液体)一并流走,这种现象被称为空吸作用,水流抽气机、喷雾器、汽化器等就是根据空吸作用的原理制成的。

根据压强与流速的关系,还可以解释飞机升力的形成、水翼船的高速行驶、运动中的车船具有吸引力、换气扇与吸排油烟机的原理等。

【例 2-2】 用一根跨过水坝的粗细均匀的虹吸管,从水库里取水,如图 2-10 所示。已知虹吸管的最高点 C 比水库水面高 2.50 m,管口出水处 D 比水库水面低 4.50 m,设水在虹吸管内作定常流动。(1)若虹吸管的内径为 1.50×10^{-2} m,求从虹吸管流出水的体积流量。(2)求虹吸管内 B、C 两处的压强。

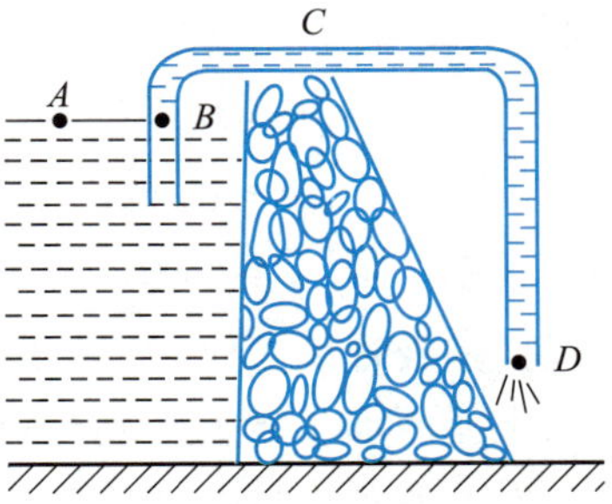

图 2-10 虹吸管从水库取水

【解】 水面为参考面，则有 A、B 点的高度为零，C 点的高度为 2.50 m，D 点的高度为-4.50 m。

(1) 取虹吸管为流管，对于流线 $ABCD$ 上的 A、D 两点，根据伯努利方程有

$$\frac{1}{2}\rho v_A^2+p_A=\rho g h_D+\frac{1}{2}\rho v_D^2+p_D$$

由连续性方程有 $v_A=\dfrac{S_D}{S_A}v_D$，因为 $S_A \gg S_D$，所以 v_A 可以忽略不计，$p_A=p_D=p_0$。整理后得

$$\begin{aligned}v_D&=\sqrt{2g(-h_D)}\\&=\sqrt{2\times9.8\times4.5}\ \mathrm{m\cdot s^{-1}}\\&=9.4\ \mathrm{m\cdot s^{-1}}\end{aligned}$$

从虹吸管流出水的体积流量为

$$\begin{aligned}Q_D&=S_D v_D\\&=\frac{\pi D_D^2}{4}v_D\\&=3.14\times\frac{(1.50\times10^{-2})^2}{4}\times9.4\ \mathrm{m^3\cdot s^{-1}}\\&=1.7\times10^{-3}\ \mathrm{m^3\cdot s^{-1}}\end{aligned}$$

结果表明，通过改变 D 点距水面的垂直距离和虹吸管内径，可以改变虹吸管流出水的体积流量。

(2) 对于同一流线上 A、B 两点，应用伯努利方程有

$$p_A+\frac{1}{2}\rho v_A^2=p_B+\frac{1}{2}\rho v_B^2$$

即

$$p_B=p_0-\frac{1}{2}\rho v_B^2$$

根据连续性方程可知，均匀虹吸管内，水的速率处处相等，$v_B=v_D$。因此有

$$p_B=1.013\times10^5\ \mathrm{Pa}-\frac{1}{2}\times1.0\times10^3\times9.4^2\ \mathrm{Pa}=5.7\times10^4\ \mathrm{Pa}$$

结果表明，在高度不变的情况下，流速大处压强小，流速小处，压强大。B 点压强小于大气压，水能够进入虹吸管。

对于同一流线上的 C、D 两点，应用伯努利方程有

$$p_C+\frac{1}{2}\rho v_C^2+\rho g h_C=p_D+\frac{1}{2}\rho v_D^2+\rho g h_D$$

均匀虹吸管内，水的速率处处相等，$v_C = v_D$，整理得

$$\begin{aligned} p_C &= p_0 + \rho g(h_D - h_C) \\ &= 1.013\times10^5\ \text{Pa} + 1.0\times10^3\times9.8\times(-4.5-2.5)\ \text{Pa} \\ &= 3.2\times10^4\ \text{Pa} \end{aligned}$$

可见，虹吸管最高处 C 点的压强比入口处 B 点的压强低，正是因为这一原因，水库的水才能上升到最高处，从而被引出来。那么若要 D 点有水流出，对 C 点的高度有没有限制？

§2.3 黏性流体的运动

上节讨论的是仅考虑由流动性决定的流体运动规律。但实际流体是同时具有黏性和可压缩性的，这两种性质对实际流体的运动状态都会产生一定影响。本节我们讨论主要由黏性决定的流体运动的一些规律。

2.3.1 黏性流体的运动

一、层流

如图 2-11(a)所示，如果在一支竖直放置的玻璃管中注入无色甘油，然后在它上面再加一段着色甘油，二者之间存在明显的分界面。打开玻璃管下端的活塞使甘油缓慢流出，经过一段时间，分界面呈“锥”型，表明沿管轴流动的甘油流速最大，而距管轴越远，甘油流速越小，在管壁上甘油附

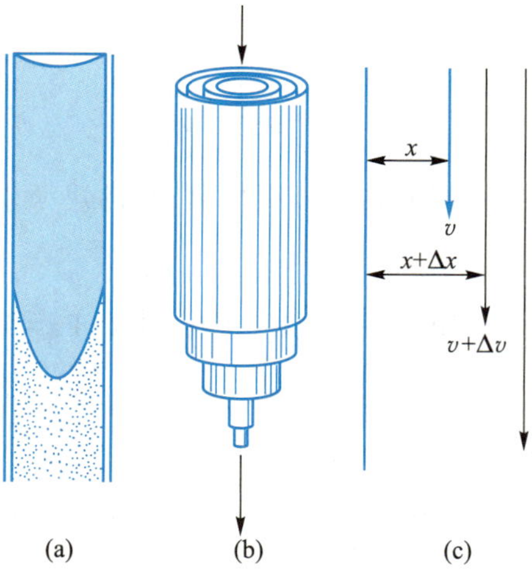

图 2-11 黏性流体的层流

着，流速为零。这表明管内的甘油的流动是分层的，如图 2-11(b)所示，这种流动称为**层流**(laminar flow)。流体层流时，流动稳定，相邻各层以不同的速度作相对运动，彼此不相混合。

流体作层流时，相邻流层作相对滑动，两层之间存在切向的相互作用力。流速快的流层对流速慢的流层的作用力方向与流速方向相同，使其加速；流速慢的流层对流速快的流层的作用力方向与流速方向相反，阻碍其流动，这对作用力即流体的内摩擦力，也称为黏性力。

二、牛顿黏性定律　黏度

黏性流体作层流时，速度的逐层变化可以用速度梯度来定量表示。如图2-11(c)所示，若相距 Δx 的两流层的速率差为 Δv，则$\dfrac{\Delta v}{\Delta x}$表示这两层之间的速率变化率，当 $\Delta x\to 0$ 时，有

$$\frac{\mathrm{d}v}{\mathrm{d}x}=\lim_{\Delta x\to 0}\frac{\Delta v}{\Delta x}$$

式中$\dfrac{\mathrm{d}v}{\mathrm{d}x}$称为沿 x 方向(流层法线方向)的速率梯度。实验证明，流体内部相邻两流体层之间黏性力 F 的大小与这两层之间的接触面积 ΔS 及该处流体的速率梯度$\dfrac{\mathrm{d}v}{\mathrm{d}x}$成正比，即

$$F=\eta\Delta S\frac{\mathrm{d}v}{\mathrm{d}x} \tag{2-8}$$

上式称为牛顿黏性定律，式中的比例系数 η 称为黏度(viscosity)或黏性系数，它是反映流体黏性的宏观物理量。黏性强的流体其黏度也大。黏度的量纲是$\mathrm{L^{-1}MT^{-1}}$。在国际单位制中，黏度的单位为 $\mathrm{N\cdot s\cdot m^{-2}}$，即 $\mathrm{Pa\cdot s}$；在厘米·克·秒制中，黏度的单位是 $\mathrm{dyn\cdot s\cdot cm^{-2}}$，符号为 P(泊)，$1\ \mathrm{P}=0.1\ \mathrm{Pa\cdot s}$。

表 2-1 给出了几种流体的黏度。流体的黏度与物质的性质有关，还与温度有关。液体的黏度随温度的升高而减小，气体的黏度随温度的升高而增大。一般说来，液体的内摩擦力小于固体之间的摩擦力，用机油润滑机械、减少磨损、延长使用寿命，就是利用了这一特性。气体的黏性则更小，气垫船的使用就是利用了气体的这一特性。

遵从牛顿黏性定律的流体称为牛顿流体，不遵从牛顿黏性定律的流体称为非牛顿流体。一般说来，只含有相同物质的均匀流体多为牛顿流体，而含有悬浮物或弥散物的流体则多为非牛顿流体。水、乙醇、血浆都是牛顿流体，其黏度不随速率梯度的变化而改变；血液、胶体溶液和水煤浆都是非牛顿流体，它们的黏度随速率梯度的变化而改变，不再是常量。

相关链接:超流动性

表 2-1 几种流体的黏度

流体	温度/℃	黏度/(10^{-5} Pa·s)	流体	温度/℃	黏度/(10^{-3} Pa·s)
空气	0	1.71	水	0	1.8
	20	1.82		37	0.69
	100	2.71		100	0.3
氢气	20	0.88	乙醇	0	1.77
	251	1.30		20	1.19
二氧化碳	20	1.47	水银	0	1.68
	100	1.83		20	1.55
	250	2.45	蓖麻油	17.5	1 225.0
氧气	20	2.03		50	122.7
氦气	20	1.96	甘油	20	8.30
甲烷	20	1.10		26.5	4.94
氨	20	0.974	血液	37	3.0~5.0
水蒸气	100	1.30	血浆	37	1.0~1.4
			血清	37	0.9~1.2

三、湍流和雷诺数

黏性流体作层流时,层与层之间仅作相对滑动而不混合。但当流速逐渐增大到某种程度时,层流的状态就会被破坏,出现各流层相互混淆,外层的流体粒子不断卷入内层,流动显得杂乱而不稳定,甚至会出现涡旋,这种流动称为湍流(turbulent flow)。建议打开水龙头观察水的流动:流速缓慢时,细流清晰;流速略有增大后,流水出现颤动;再增大流速,流动开始紊乱。烟雾也有类似的流场特征,烟雾自下而上,细流先是清晰,而后出现紊乱。

英国科学家雷诺(O. Reynolds)最早对湍流现象进行系统研究,1883年他通过大量的实验,证实了流体在自然界存在两种迥然不同的流态——层流和湍流,并发现直圆管道中的黏性液体,其流动状态是层流还是湍流主要取决于雷诺数(Reynolds number)Re 的大小:

$$Re=\frac{\rho r v}{\eta} \tag{2-9}$$

式中 ρ 为液体的密度,r 为管道的半径,v 是液体的平均流速,η 是液体的黏度。雷诺数是一个量纲为一的纯数,它是鉴别黏性流体流动状态的唯一参量。实验表明,对于直圆管道中的流体,当 $Re<1\ 000$ 时,流体作层流;$Re>1\ 500$ 时,流体作湍流;当 $1\ 000 \leqslant Re \leqslant 1\ 500$ 时,流体可作层流也可作湍流，称为过渡流。

由(2-9)式可见，流体的黏度越小、密度越大、流速越大、管半径越大，越容易发生湍流。当管道弯曲、分支或管半径骤变，以及流体被迫流经小孔、绕过障碍物时，较小的 Re 值也能发生湍流。人的心脏、主动脉以及支气管中的某些部位，容易产生湍流。

【例 2-3】 若人的主动脉内直径约为 2.5×10^{-2} m，血液的平均流速为 $0.60\ \mathrm{m\cdot s^{-1}}$，血液的黏度为 3.5×10^{-3} Pa·s，密度为 $1.05\times10^{3}\ \mathrm{kg\cdot m^{-3}}$，试求雷诺数。

【解】 $$Re=\frac{\rho rv}{\eta}=\frac{1.05\times10^{3}\times2.5\times10^{-2}\times0.60}{3.5\times10^{-3}\times2}=2\ 250$$

$Re>1\ 500$，若是在刚性管道中，呈湍流状态。但是由于动脉血管具有良好的弹性，可吸收血液中的扰动能量，在人体主动脉中，当 $Re=3\ 400$ 时，血液的流动仍是层流，因此本例中血液呈层流状态。这表明，由于血管具有弹性，血管中实际的血流状况远比黏性流体在长直刚性圆管中的流动复杂。

流体在作湍流时，能量消耗比层流多，湍流能将一部分能量转化为声能(噪声)，这在医学上具有实用价值，正是利用湍流的这一特性，医生才能利用听诊器辨别出血流的非正常情况，从而诊断某些心血管疾病；通过听取支气管、肺泡呼吸音的正常与否，诊断肺部疾病。测量血压时，在听诊器中能听到血液通过被压扁的血管时因产生湍流而发出的声音。

相关链接：流动相似性

2.3.2 黏性流体的运动规律

一、黏性流体的伯努利方程

前面推导理想流体的伯努利方程时，我们忽略了流体的黏性和可压缩性，因此，该方程只适用于理想流体稳定流动的情况。黏性流体作稳定流动时，流体的可压缩性仍可以忽略不计，但是必须考虑由黏性流体的内摩擦力引起的能量损耗。对于图 2-4，黏性流体从 a_1a_2 流到 b_1b_2 位置，修正后的黏性流体的伯努利方程为

$$p_1+\frac{1}{2}\rho v_1^2+\rho gh_1=p_2+\frac{1}{2}\rho v_2^2+\rho gh_2+W' \qquad (2-10)$$

式中 W' 为单位体积流体在流管中，从 a_1a_2 流到 b_1b_2 位置过程中所消耗的机械能。

动画：黏性流体在均匀的水平管道中的流动

对于截面均匀的水平管，由于 $h_1=h_2$，$v_1=v_2$，所以上式可写为

$$p_1=p_2+W'$$

或

$$p_1-p_2=W'$$

这表明，黏性流体在水平管稳定流动时，因克服内摩擦力做功，而造成流体压强下降，或者说因克服内摩擦力做功，消耗了液体的压强能。即使在水平管中，也必须有一定的压强差，才能使黏性流体作稳定流动。这个结论可用如图 2-12 所示的实验装置验证。实验显示了黏性液体在粗细均匀的水平管中作层流的情况。几根间隔均匀的竖直管中的液面表明，沿着液体流动方向，液体的压强是逐渐降低的。

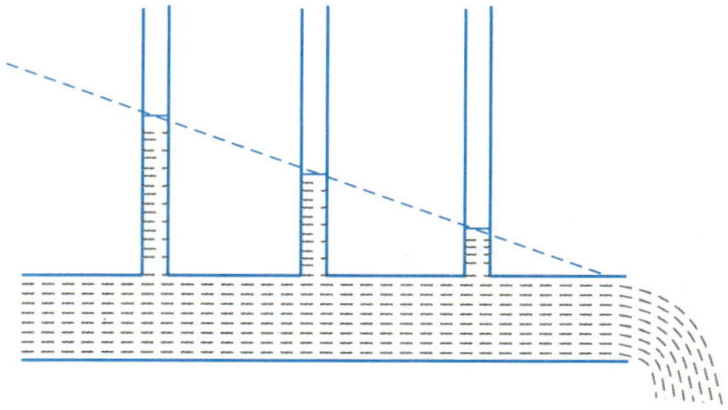

图 2-12 均匀水平管中黏性流体的压强分布

二、泊肃叶公式

讲课视频：泊肃叶定律

由图 2-12 可见，要使管内的黏性液体作匀速运动，必须有外力来抵消液体的内摩擦力，这个外力就是来自管道两端的压强差。1840 年法国生理学家泊肃叶(J. L. M. Poiseuille)通过大量实验证明，在水平均匀的细长玻璃圆管内作层流的不可压缩黏性流体，其体积流量 Q 与管道压强梯度 $\frac{p_1-p_2}{L}$ 及管半径 r 的四次方成正比，即

$$Q=\frac{\pi r^4}{8\eta L}(p_1-p_2) \tag{2-11}$$

式中 η 为液体的黏度，该式称为泊肃叶公式(或泊肃叶定律)。

若令

$$R_f=\frac{8\eta L}{\pi r^4} \tag{2-12}$$

动画：泊肃叶定律

则泊肃叶公式可以写成

$$Q=\frac{p_1-p_2}{R_f} \tag{2-13}$$

或

$$Q=\frac{\Delta p}{R_f} \tag{2-14}$$

式中 R_f 称为流阻，研究血液流动时，常称为血流阻力。在国际单位制中，流阻的单位是 $Pa\cdot s\cdot m^{-3}$(帕·秒·米$^{-3}$)。可以看出，黏性液体在水平均匀细长刚性圆管中，以一定的平均速度流动时，流量、压强差、流阻三者之间的关系与电学中的欧姆定律相似。当流体通过几个流阻不同的管道时，可以

用电阻的串并联公式来计算它的总流阻。

若流体通过 n 个串联在一起、不同管径的水平细长圆管，其总流阻为各流阻之和，即

$$R_f=R_{f1}+R_{f2}+\cdots+R_{fn} \tag{2-15}$$

若流体通过 n 个并联在一起、不同管径的水平细长圆管，其总流阻的倒数等于各流阻倒数之和，即

$$\frac{1}{R_f}=\frac{1}{R_{f1}}+\frac{1}{R_{f2}}+\cdots+\frac{1}{R_{fn}} \tag{2-16}$$

通常情况下，血液的循环流动从整体上可视为层流。医学上在研究心血管系统时，常用这些关系式近似地分析心输出量、血压降、血流阻力和外周阻力的关系。通过泊肃叶公式可以发现，流阻与管半径的四次方成反比，半径的微小变化会对流阻造成很大的影响。血管可以收缩和舒张，其管径的变化对血液流量的影响是很显著的，因此控制血流量的最有效因素是血管半径。扩张血管是降低血压的有效方法，降低血液黏度也可以降低血流阻力、血压，保证正常的血流量。这些都是临床治疗中经常采用的方法。需要注意的是，泊肃叶公式反映的是黏性液体在水平均匀细长刚性圆管中作层流时的流动规律。而血管具有弹性，血液也非牛顿流体。因此用泊肃叶公式计算出的血流阻力与真实的血流阻力存在一定的差别。

血液是黏性流体，当血液从主动脉流向外周时，要不断消耗能量，血压也就逐渐降低。在主动脉和大动脉段，血压降落较小。到小动脉时，血管变细，血流阻力大，血压降落的幅度也变大。体循环中，微动脉的血管更细，该段的血流阻力最大，血压降落也最为显著。虽然毛细血管的管径更小，但由于毛细血管数量比微、小动脉多得多（相差 10^3 数量级），使“并联”后的毛细血管的总流阻比微、小动脉的总流阻小，其血压降落也比微、小动脉的血压降落小。因此，医学上将小动脉和微动脉的流阻称为外周阻力。由于大动脉中的血压降落很小，所以通常用在上臂测得的肱动脉压代表主动脉压。

2.3.3 物体在黏性流体中的阻力

静止流体中的物体受到浮力的作用，黏性流体中的运动物体（根据运动的相对性，也可以看成是物体静止，流体运动）除受浮力作用外还会受到阻力作用。由流体的黏性所导致的这种阻力，表现为直接的黏性摩擦阻力与间接的压差阻力。

一、黏性摩擦阻力　斯托克斯公式

黏性流体与物体作相对运动时，物体表面附着了一层流体（边界层），边界层内的流体存在速率梯度，层内与物体相接触的流体微团的流速为

零，层外侧的流体微团则具有流体的速度，边界层内各流层之间存在内摩擦力，表现为流体对物体的黏性摩擦阻力。边界层外可近似为无黏性流场。

当物体速度不大或个体较小时，物体所受到的黏性摩擦阻力与速度成正比，即

$$F=kv \tag{2-17}$$

比例系数 k 取决于流体的黏度及与物体形状有关的几何量。1851 年英国物理学家、数学家斯托克斯（G. G. Stokes）研究了小球在黏性很大的液体中缓慢运动时所受到的阻力问题，给出计算阻力的公式

$$F=6\pi\eta rv \tag{2-18}$$

式中 F 为小球受到的黏性摩擦阻力，η 为液体的黏度，r 为小球半径，v 为小球速度。该式被称为斯托克斯公式。斯托克斯公式在雷诺数 $Re\ll 1$ 时才正确。

若让半径为 r 的小球在黏性流体中自由下沉，开始时，小球受到方向向下的重力和方向向上的浮力作用，重力大于浮力，小球加速下降。随着速度的增加，黏性摩擦阻力逐渐增大。当小球的下降速度达到一定值时，重力、浮力和黏性摩擦阻力三力平衡，小球匀速下降，小球这时的速度称为终极速度（terminal velocity）或沉降速度（sedimentation velocity），用 v_T 表示。

若小球的密度为 ρ，流体的密度为 ρ'，则小球所受的重力为 $\frac{4}{3}\pi r^3\rho g$，浮力为 $\frac{4}{3}\pi r^3\rho' g$，黏性摩擦阻力为 $6\pi\eta rv_T$，小球达到终极速度时，三力平衡，有

$$\frac{4}{3}\pi r^3\rho g=\frac{4}{3}\pi r^3\rho' g+6\pi\eta rv_T$$

整理得

$$v_T=\frac{2gr^2}{9\eta}(\rho-\rho')$$

由上式可知，当小球（例如空气中的尘粒，雾中的小液滴，黏性液体中的细胞、大分子、胶粒等）在黏性流体中下沉时，终极速度与小球的大小、密度差、重力加速度成正比。对于非常微小的颗粒（细胞、大分子、胶粒），可利用高速或超速离心机来增加有效 g 值，加快其沉降速度。

如果已知小球的半径、密度及液体的密度，测出终极速度，则可由上式算出液体的黏度。反之，如果液体的黏度等已知，测出终极速度，则可算出小球的半径。美国物理学家密立根（R. A. Millikan）曾用这个方法，测定在空气中自由下落的带电小油滴的半径，进而测出每个电子所带的电荷量，即著名的密立根油滴实验。

对于混合悬浮液体，根据斯托克斯公式，可采用增加悬浮介质黏度、密

度和减小悬浮颗粒尺寸的方法,来降低颗粒的沉降速度,提高悬浮颗粒的稳定性。

二、涡旋尾流　压差阻力

当运动速度增大时,因黏性的作用,在物体的后部,边界层的流体质元减速并从物体表面脱落;物体前方的流体不能及时填充物体后的空间,导致已流到后方的外层流体返回补充,使物体的后部出现涡旋尾流区。随着运动速度的进一步增大,一些涡旋被带走的同时,又有新的涡旋不断产生,从而在物体后面形成被称为“卡门涡街”的涡旋系列,如图 2-13 所示。在生活中,卡门涡街现象经常出现,如水流过桥墩、定常风吹过烟囱或高架的电线都会形成卡门涡街。有涡旋的流场不一定都是湍流场。涡旋的产生和运动会消耗更多的机械能。

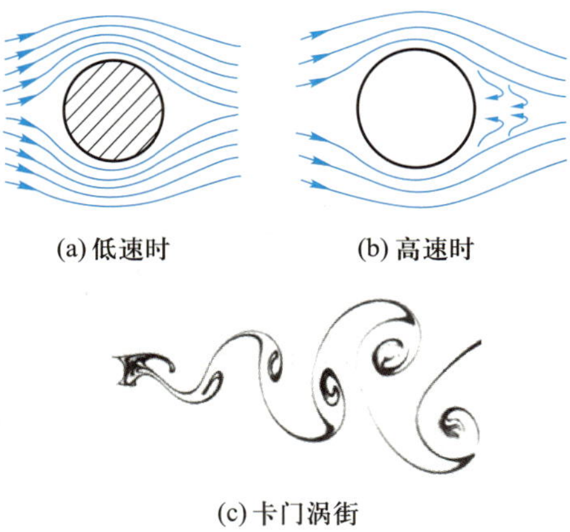

图 2-13　小球周围的流场

由于物体前部流体的相对流速几乎为零,压强大,涡旋区通常是低压区,因此,伴随着涡流的产生,物体前后之间产生压强差,出现阻碍物体运动的压差阻力。压差阻力也是由流体的黏性产生的,但与黏性摩擦阻力有不同机制,它们同时存在。对于高速运动,涡旋一旦产生,压差阻力将取代黏性摩擦阻力成为阻碍物体运动的主要因素。压差阻力主要取决于流体流到物体后半段时,能否紧贴物体表面流动。流体脱离物体表面越早,涡旋尾流区越大,压差阻力就越大。实验发现,物体后段的截面积缓慢减小,附面层流体微元可以较长时间地附着在物体表面,压差阻力也就越小,如图 2-14 所示。因此高速运动的物体,如航空器、车船等,都被设计成能减少涡旋产生的收缩尾部——流线型。

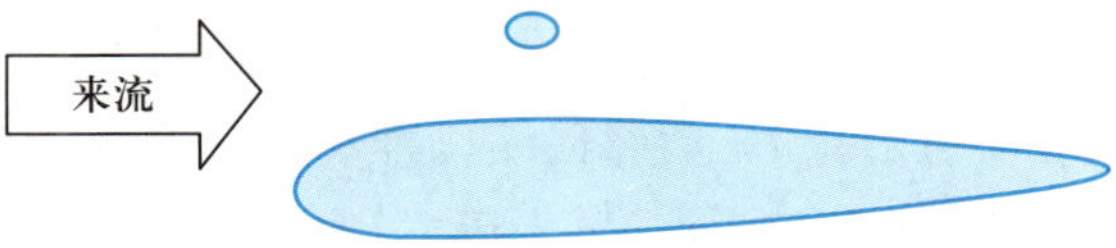

图 2-14　具有同样压差阻力的两种不同形状的物体

2.3.4 血液的流动

人体的血液循环系统可以视为由心脏和血管组成的闭合管路系统，分为体循环和肺循环两条路径。如图 2-15 所示，体循环是指从左心室射出的富氧血液进入主动脉，经主动脉及其分支动脉（如大动脉、小动脉）输送至全身毛细血管，在此处与组织进行氧气、二氧化碳及营养物质的交换，再由小静脉经上、下腔静脉回到右心房的循环路线。肺循环是指从右心室射出的缺氧血液经肺动脉进入肺部毛细血管，在此处与肺泡进行气体交换（释放二氧化碳，吸收氧气），最终通过肺静脉返回左心房的循环路线。体循环与肺循环协同工作，构成一个高效的双循环系统，确保全身组织供氧和代谢平衡。

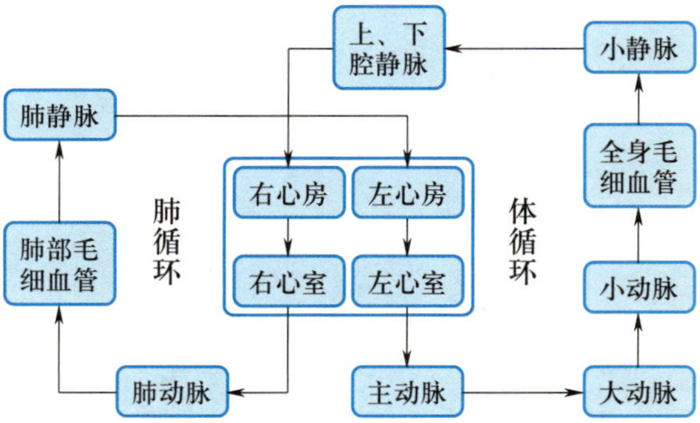

图 2-15 人体血液循环系统路径图

血液由液态的血浆和混悬于其中的血细胞组成，是一种黏性液体。正常人的血浆中含有多种电解质、营养成分、代谢产物和气体，还含有很多相对分子质量和结构都不同的蛋白质，水分占其重量的 91%～92%。血细胞包括白细胞、红细胞和血小板，其中红细胞的数量最多，约占血细胞总数的 99%，白细胞和血小板仅占 1%。因此，血液可以近似地视为由红细胞和血浆组成的悬浊液，是非牛顿流体。血液黏度不服从牛顿黏性定律的原因很多，主要是血液中含有红细胞，全血的黏度与血细胞的比容（血细胞在血液中所占容积的比值）、血细胞的聚集性和变形性、管径变化（内径在 1 mm 以下微细血管的管径变化）及温度都有关系。血浆的黏度高于水，温度和蛋白质的浓度会改变其黏度的大小。正常情况下，一般可将血浆视为牛顿流体。病变情况下的血浆也可能表现出非牛顿流体的特性。

与刚性管道不同，血管壁由弹性纤维和平滑肌组成，使其具有弹性。这种弹性使血管能够对血压波动形成缓冲：在心脏收缩时，动脉扩张以容纳更多的血液；在心脏舒张时，动脉回缩以推动血液继续流动。血管口径通过神经（如交感神经）和激素（如肾上腺素、血管紧张素）调节，从而可以动态适应运动、休息或应激等状态下的血流量需求。

一、血液的流态

由于心脏有节奏地间歇射血,使主动脉与其他大动脉中的血液流动参量——压强、速度、血管半径等都是按心动周期而随时间变化的量,或者说在这些血管中,血液的流动是非定常的脉动流。大动脉内血液流动速度快、流量大,可出现湍流,血液黏性对血流的影响较小,即在较大的血管中,全血更接近牛顿流体。湍流增加血流的能量和压强损失,但也促进血流混合,有利于氧的运输。

但在微动脉、毛细血管和静脉中,血液的压强脉动已很不明显,因此,往往近似地认为在这些血管中血液流动参量与时间无关,即认为血液的流动是定常流动。血液由微动脉到毛细血管再到微静脉的流动称为微循环。微循环的血流一般为层流,特点是血压低、流速慢,对于物质交换很有利。红细胞的尺寸与毛细血管的直径接近(红细胞为 7~8 μm,毛细血管为 5~10 μm),导致红细胞无法像在较大血管中那样“自由通过”,会与管壁及血浆产生复杂的相互作用。

在直径较小的血管内,血液的表观黏度非常低。这是由于血液通过血管时,速度梯度使红细胞发生转动,具有向管轴心迁移的倾向,在靠近管壁处形成无细胞的血浆层。在小直径的血管内,无细胞的血浆层与细管内流动的核心区尺度相当,而无细胞血浆层的黏度低于全血黏度,使得血液通过细管的表观黏度下降。管径增大时,这个低黏度效应就会降低。

二、血液的流速

在心血管系统中,尽管心室间断射血,但血液在血管中的流动却能保持连续性。这一现象源于三个关键机制:主动脉管壁的弹性缓冲作用、血液流动的惯性以及外周阻力的共同调节。生理学研究表明,单位时间内左心室射出的平均血流量与右心房回流量始终相等,这为血液的持续流动提供了根本保障。这个过程可以描述为:当心脏处于收缩期时,大量血液瞬间泵入已充盈的主动脉,此时外周阻力会暂时性限制血液的流速,导致主动脉弹性管壁扩张以储存这部分动能。当心脏转入舒张期,随着主动脉瓣关闭,虽然射血过程终止,但先前扩张的血管壁通过弹性回缩将储存的势能转化为动能,从而推动血液继续向前流动。这种由血管壁周期性扩张回缩形成的波动,沿着血管向前传播,构成脉搏波(pulse wave)。值得注意的是,脉搏波传播速度与血流速度(通常仅 0.2~0.5 m/s)存在量级差异,例如脉搏波在大动脉中的传播速度为 3~5 m/s,在小动脉中的传播速度为 15~30 m/s,这种特性使脉搏波成为临床上评估血管弹性和心血管功能的重要指标。

在循环系统的流体力学分析中,血液通常被近似地视为不可压缩流体在血管中的定常流动。根据连续性方程,当血流量恒定时,流速与血管总截面积呈反比关系。主动脉在逐级分支为毛细血管的过程中,虽然单个血管口径缩小,但分支数量呈指数级增长,使得毛细血管总截面积达到约

900 cm^2;而当毛细血管会合成静脉时,总截面积又逐渐缩减。这种特殊的解剖结构分布导致血流速度呈现阶梯变化——主动脉流速最快(约为 30 cm/s),毛细血管流速最慢(约为 1 mm/s),至腔静脉时流速回升至约 5 cm/s。需要特别说明两个关键前提:第一,血管分支系统的总截面积是所有同级分支的截面积之和;第二,由于血液有黏性,在遵循泊肃叶定律的层流状态下,血管横截面上存在速度梯度(轴心处速度最大,靠近管壁处趋近于零),因此图 2-16 中的流速均为流量除以总截面积得到的平均流速。

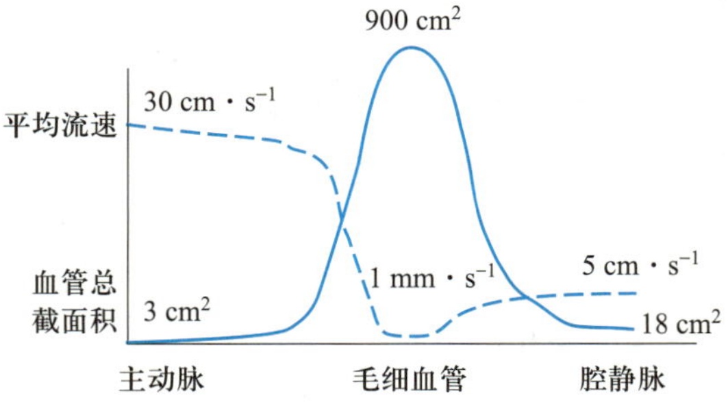

图 2-16 血液流速与血管总截面积的关系

三、血压

血压是血液对单位面积血管壁产生的侧压力,本质属于流体静压力。由于循环系统通过肺泡毛细血管与大气压相通,临床测量的血压为血管内压与大气压的压差,其数值随心脏周期性收缩舒张而波动。心缩期中主动脉血压的最高值称为收缩压(systolic pressure),舒张期中主动脉血压的最低值称为舒张压(diastolic pressure)。收缩压与舒张压的差值称为脉压(pulse pressure)。具体来说,如图 2-17 所示,左心室收缩时,主动脉压达峰值(正常收缩压≤120 mmHg,若静息状态下多次测量结果≥140 mmHg,则定义为高血压)。血液流经动脉分支时,因外周阻力,平均动脉压逐渐下降,收缩压从 120 mmHg 降至 90~100 mmHg,舒张压从 80 mmHg 逐渐降低。应该注意,小动脉血管段的血压下降最多,这反映小动脉血管段的流阻最大,其原因是这段血管的口径很小,数值又远不及毛细血管多。毛细血管因总截面积骤增,血压从近动脉端的 30~40 mmHg 锐减至远端的 10~15 mmHg。静脉系统因血流会聚,血压进一步降低至 2~8 mmHg,而胸腔内中心静脉压接近零甚至呈负压(-5~+5 mmHg)。

正常人的血压在一天内会有一定的波动,呈现出“双峰一谷”的变化趋势,即在上午 6:00—10:00 和下午 16:00—18:00 会出现两个高峰,而在凌晨 2:00—4:00 会降至最低点。这是人类在长期进化过程中形成的一种适应机制,以适应白天活动和夜间休息的需要。早上醒来后,身体从睡眠状态转为清醒状态,交感神经兴奋、皮质醇分泌增加,会使血压升高;下午时段,人体持续进行各种活动、交感神经张力回升,也会促使血压再次升

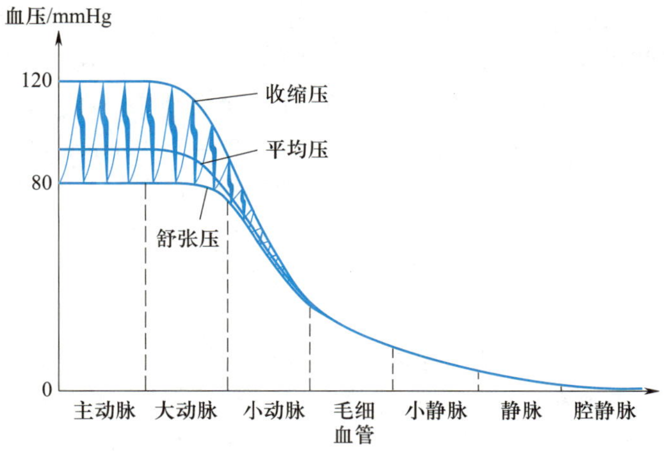

图 2-17 血液循环系统的血压变化曲线

高。而夜间深度睡眠时副交感神经主导,代谢需求降低,血压降至最低。

四、心脏做功

血液循环之所以能够持续进行,是因为心脏周期性地做功,将化学能转化为机械能,补偿血液流动中的黏性阻力能耗和动能损失。血液循环由体循环和肺循环两部分组成,因此心脏做功可分为左心室做功和右心室做功。

根据修正后的黏性流体的伯努利方程(2-10)式,对体循环,以主动脉中靠近左心室处为 1 点,以腔静脉中靠近右心房处为 2 点,

$$p_1+\frac{1}{2}\rho v_1^2+\rho g h_1=p_2+\frac{1}{2}\rho v_2^2+\rho g h_2+W_L$$

在上式中,p_1 为左心室输出血液时的平均血压(90~100 mmHg),v_1 为心脏收缩时左心室的射血速度(20~40 cm/s),p_2 为血液流回右心房时的平均血压,p_2 的数值接近大气压,取 $p_2=0$,v_2 为血液进入右心房时的流速,v_2 很小,可视为零。血液进出心脏时高度的变化可以忽略,即 $h_1\approx h_2$。方程中的修正量 W_L 为单位体积的血液在流动中克服黏性力做功的能量损失,这部分能量损失由心脏做功补偿。因此对上式化简后,可求出左心室输出单位体积血液所做的功

$$W_L=p_1+\frac{1}{2}\rho v_1^2$$

同理,可求出肺循环中右心室输出单位体积血液所做的功 W_R。由于右心室输出血液的流速和左心室近似相等,平均血压仅为左心室的$\frac{1}{6}$,可得

$$W_R=\frac{1}{6}p_1+\frac{1}{2}\rho v_1^2$$

综上,整个心脏输出单位体积血液所做的功为

$$W=W_L+W_R=\frac{7}{6}p_1+\rho v_1^2$$

若取 $p_1=100$ mmHg $=1.33\times10^4$ Pa，$v_1=0.4$ $\mathrm{m\cdot s^{-1}}$，血液密度 $\rho=1.06\times10^3$ $\mathrm{kg\cdot m^{-3}}$，代入上式得到 $W=1.57\times10^4$ $\mathrm{J\cdot m^{-3}}$。在静息状态下，心脏每分钟的血液排出量为 5×10^{-3} $\mathrm{m^3}$（即 5 L），相当于心脏每分钟做功 78.5 J。人运动时，心率加快且每搏输出量增加，心输出量可升至 20～25 L/min；同时平均动脉压升高（如升至 100～110 mmHg），导致心脏做功显著增加。

思考题

2-1　何为定常流动？定常流动是否是指任意一流体质元在运动过程中的流速永远不变？

2-2　什么是风？“穿堂风”对于保证室内空气质量、人体健康与防止传染性疾病的作用是毋庸置疑的，为何“穿堂风”的流速大？

2-3　连续性原理与伯努利方程成立的条件分别是什么？

2-4　在使用伯努利原理分析问题时，总是要比较同一流线上的两点。这是指比较同一时刻上、下游的两流体质元，还是比较同一流体质元从上游流到下游前后的情况？

2-5　试用伯努利方程解释：用水管从底楼往楼上输送自来水，为什么有时楼下的水龙头放水，而楼上的水龙头流不出水；等到楼下停止放水后，楼上又有水了？

2-6　如果有一桶开水和一些管件，您能否根据伯努利方程设计一个简易热水淋浴器？

2-7　为什么当大风吹过高架电线时，会有“嗡嗡”的声响？

2-8　根据泊肃叶公式，试分析可采用哪些方法来改善血液循环。

2-9　在直道上，一级方程式赛车可以达到 370 $\mathrm{km\cdot h^{-1}}$的时速，而一架波音 747 飞机的起飞速度在 280～300 $\mathrm{km\cdot h^{-1}}$之间。试猜想，一级方程式赛车采取了怎样的外形，才使其没有变成“断了线的风筝”？

2-10　黏性流体的阻力无处不在，空气阻力、水的阻力实际都是黏性造成的阻力在作怪。如果你有逆风骑车的经历，一定会对空气的黏性阻力深有体会。为了减小这种阻力的影响，人们把小汽车作成流线型，潜水艇作成类似海豚体形的梭形。但是事物总是有两面性的，在讨论黏性阻力带来不利影响的同时，你能否发现流体黏性阻力的优点？

习题

习题答案

2-1　注射器活塞的面积为 1.2 $\mathrm{cm^2}$，注射针头截面积为 1.0 $\mathrm{mm^2}$，当注射器水平放置时，用 4.9 N 的力推动活塞，使其移动了 4.0 cm。问药液（$\rho=1.0\times10^3$ $\mathrm{kg\cdot m^{-3}}$）从注射器中流出所用的时间为多少？

2-2　已知微风、强风、大风、暴风、12 级飓风的风速分别为：3.4～

5.4 $m\cdot s^{-1}$、10.8~13.8 $m\cdot s^{-1}$、17.2~20.7 $m\cdot s^{-1}$、24.5~28.4 $m\cdot s^{-1}$、32.7~36.9 $m\cdot s^{-1}$，空气密度取1.25 $kg\cdot m^{-3}$。试求它们的动压（用 $kg\cdot m^{-2}$表示），并分析相对应的地面上可能的物体征象。

2-3 一稳定的气流水平地流过飞机机翼，上表面气流的速率是 80 $m\cdot s^{-1}$，下表面气流的速率是 60 $m\cdot s^{-1}$。如果机翼的表面积为 8.0 m^2，速率差对机翼产生的升力为多少？设空气的平均密度是 1.25 $kg\cdot m^{-3}$。

2-4 室外水管里的水在绝对压强为 4.0×10^5 Pa 的作用下流入房屋，水管的内直径为 2.0 cm，管内水的流速为 4.0 $m\cdot s^{-1}$，将水引入 5 m 高处的二楼浴室，浴室小水管内直径为 1.0 cm。求浴室内水的流速和压强。

2-5 图 2-18 是人主动脉弓示意图。血液从升主动脉 1 经主动脉弓流向降主动脉 5，方向改变约 180°。主动脉弓上分支出头臂干动脉 2，左颈总动脉 3 和左锁骨下动脉 4。设所有血管截面均为圆形，管直径分别为 $d_1=2.5$ cm，$d_2=1.1$ cm，$d_3=0.7$ cm，$d_4=0.8$ cm，$d_5=2.0$ cm。

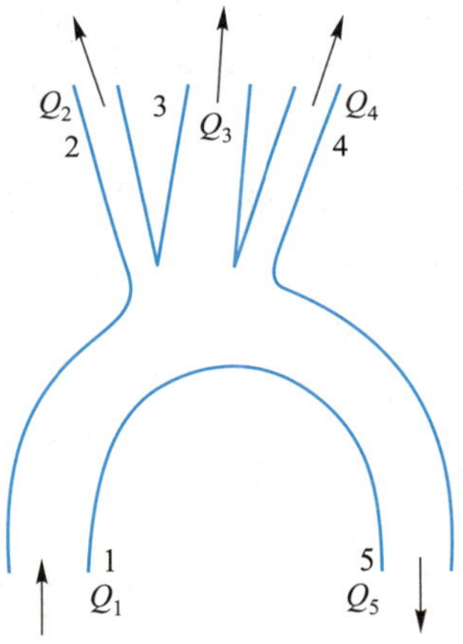

图 2-18 习题 2-5 图

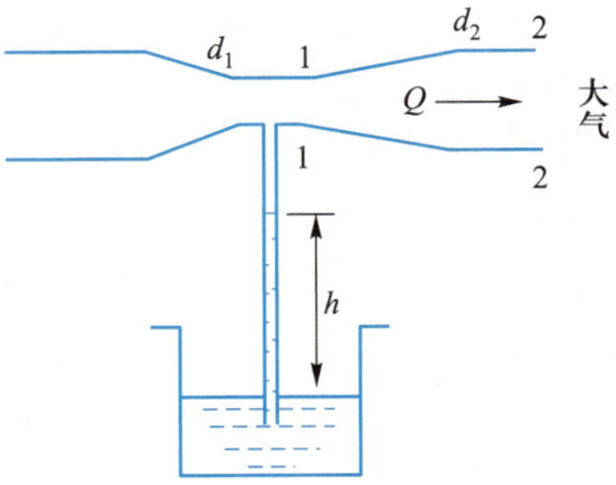

图 2-19 习题 2-6 图

已知平均流量分别为 $Q_1=6.0\times10^{-3}\ m^3\cdot min^{-1}$，$Q_3=0.07Q_1$，$Q_4=0.04Q_1$，$Q_5=0.78Q_1$。试求：(1) 管 2 的平均流量 Q_2；(2) 各管的平均速度（用 $cm\cdot s^{-1}$ 表示）。

2-6 矿山排风管将井下废气排入大气。为了测量排风的流量，在排风管出口处装有一个收缩、扩张的管嘴，其喉部处装有一个细管，下端插入水中，如图 2-19 所示。喉部流速大，压强低，细管中出现一段水柱。已知空气密度 $\rho=1.25\ kg\cdot m^{-3}$，管径 $d_1=400$ mm，$d_2=600$ mm，水柱 $h=45$ mm，试计算体积流量 Q。

2-7 一开口大容器，在底部有一小孔，截面积为 1.0 cm^2，若每秒向容器注入 0.40 L 的水，容器中水深可达多少？

2-8 密闭大容器底侧开有小孔 A，已知水深 h_1 和压强计示数 h_2，如图 2-20 所示。求水从小孔 A 流出的速度。

2-9 用如图 2-21 所示的采集气体装置，如果 U 形管压强计指示的水柱高度差为 2.0 cm，若某种气体的密度为 2 $kg\cdot m^{-3}$，采气管的截面积 S 为 10 cm^2。问 5 min 内可采集多少该种气体？

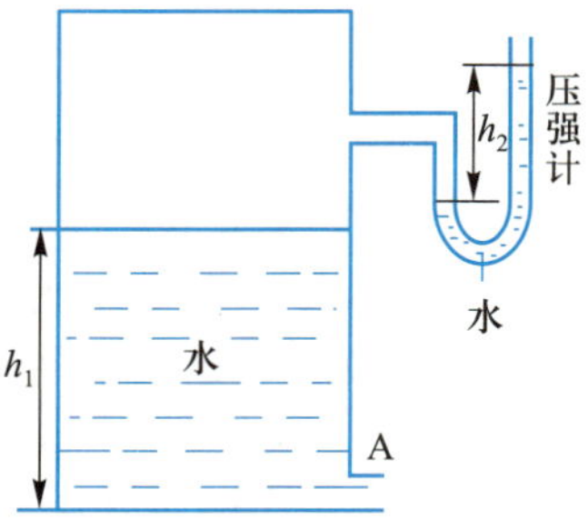

图 2-20 习题 2-8 图

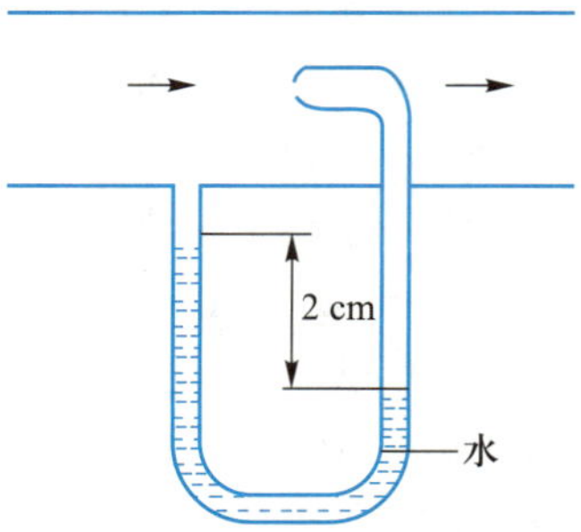

图 2-21 习题 2-9 图

2-10 水在内半径为 0.10 m 的金属管中，以 0.50 $m\cdot s^{-1}$的速度流动，水的密度为1.0×10^3 $kg\cdot m^{-3}$，黏度为 1.0×10^{-3} Pa·s。水在管中呈何种流动状态？若管中的流体是油，流速不变，其在管中呈何种流动状态？（油的密度为 0.9×10^3 $kg\cdot m^{-3}$，黏度为 3.5×10^{-2} Pa·s。）

2-11 一列单轨磁悬浮列车，每节车厢底部与行车导轨两侧之间都保留一层厚度为 8 mm 的空气隙，其面积为 0.05×20 m^2，若保持车速为 125 $m\cdot s^{-1}$，即时速为 450 km。试估算每节车厢在导轨处所受到的空气黏性阻力。（空气的黏度取 1.80×10^{-5} Pa·s。）

2-12 皮下注射时，若针头内径减小一半，则手指的推力需要增大到原来的多少倍，才能取得注射相同流量的效果？

2-13 某人的心输出量为 0.85×10^{-4} $m^3\cdot s^{-1}$，体循环的总压强差为 11.8 kPa，此人的循环总流阻为多少？

2-14 液体的黏度为 1.5×10^{-1} Pa·s，密度为 9.0×10^2 $kg\cdot m^{-3}$，液体中有一半径为 5.0×10^{-4} m 的空气泡，如空气的密度为 1.3 $kg\cdot m^{-3}$，试求此空气泡在液体中匀速上升的速率。

2-15 红细胞的密度为 1.09×10^3 $kg\cdot m^{-3}$，可近似看成半径为 2.0×10^{-6} m 的小球。设 37 ℃时血浆的黏度为 1.2×10^{-3} Pa·s，密度为 1.04×10^3 $kg\cdot m^{-3}$。（1）求红细胞在血浆中自然沉降 1.0 cm 所需要的时间；（2）在加速度为 10^5g 的离心机中的离心管内，沉降同样的距离需要多长时间？

参考文献

第三章　机械振动和机械波

水面上的机械波在传播的过程中交叉穿越，并不改变它们自己原来的方向。

前两章以物质形态为基础建立物理模型，例如刚体和理想流体等。本章将用另一种方式——物体的运动方式建立模型，并以此模型为基础讨论相关问题。

振动是物理世界中广泛存在的运动形式，一个物理量在某一数值附近的往复变化都称为振动，例如单摆的摆动、天平指针的摆动、电磁振荡器中电流的变化等。本章讨论的机械振动主要是和力学相关的振动，它是上述广义振动中的一种。在机械振动过程中物体的位移、速度和加速度都周期性的发生改变。振动的传播称为波动，机械振动在弹性介质中的传播称为机械波。本章以机械振动和机械波为讨论对象，其结论在其他形式的振动和波动领域也可以有条件地使用。

§3.1　弹簧振子和简谐振动

机械振动（mechanical vibration）的种类很多，其运动的形成及描述一般来说也比较复杂，如钟摆的摆动、心脏的跳动、声音的产生等。本节以最简单、最基本的弹簧振子模型为例来研究振动的基本规律。如图 3-1 所示，一个质量可以忽略、弹性系数（coefficient of stiffness）为 k 的弹簧，一端固定，另一端连接一个质量为 m 的刚性物体，物体被放置于无摩擦的光滑水平面上，这样一个系统称为弹簧振子。

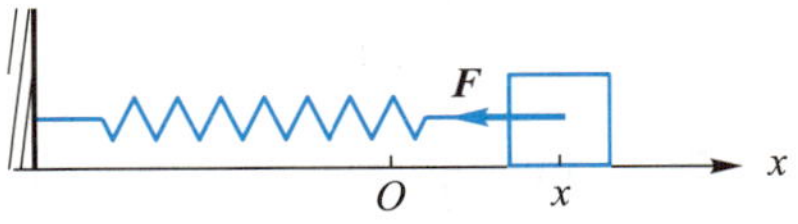

图 3-1　弹簧振子模型
其中 O 点为弹簧自然伸长位置

由上述描述可知，弹簧振子是

一种理想模型，同时，在这样一个模型中由于物体的形状、大小对振动过程没有影响，可以把弹簧振子中的物体看成质点。

现在以弹簧振子为对象分析其受力及其运动过程。以弹簧自由伸长时物体所在位置为坐标原点建立坐标系，设 x 轴向右为正。此时若用力将物体拉离平衡位置，由胡克定律可知物体受到弹簧的拉力为 $F=-kx$，即弹簧的拉力与物体的位移成正比，比例系数即弹簧的弹性系数 k，公式中的负号表示拉力的方向与位移方向相反。当撤掉拉动物体的外力后，物体将在弹性力的作用下按牛顿第二定律运动。由牛顿第二定律 $F=ma$ 有

$$-kx=ma$$

或

$$ma+kx=0$$

将上式用微分形式表示，有

$$\frac{d^2x}{dt^2}+\frac{k}{m}x=0 \tag{3-1}$$

令

$$\omega^2=\frac{k}{m} \tag{3-2}$$

则(3-1)式可写为

$$\frac{d^2x}{dt^2}+\omega^2x=0 \tag{3-3}$$

(3-3)式是一个二阶常系数微分方程，该方程的解为

$$x=A\cos\ (\omega t+\varphi_0) \tag{3-4}$$

其中 A 为振动物体离开平衡位置的最大位移，称为**振幅**(amplitude)，$(\omega t+\varphi_0)$ 称为振动在时刻 t 的**相位**(phase)，其中 φ_0 称为初相位，是由系统的初始条件所确定的，相位的单位是 rad(弧度)。ω 称为**角频率**(angular frequency)或**圆频率**，由弹簧振子的弹性系数和物体的质量所决定，又称为固有频率或本征频率，是振动系统本身固有的性质。(3-4)式描述了弹簧振子系统任一时刻物体所在位置与时间的关系，由余弦函数的基本性质可以知道：物体的位移有限、单值并周期性变化。物理学中将那些可用(3-3)式或(3-4)式描述的物理运动称为**简谐振动**(simple harmonic motion)。简谐振动物体完成一次全振动所经过的时间，称为振动的**周期**(period)，记为 T。周期的倒数即该物体在单位时间内振动的次数 ν，称为振动的**频率**(frequency)，频率的单位是 Hz(赫兹)。

弹簧振子的振动并不是唯一的简谐振动，很多其他类型的运动都可以用简谐振动来描述。

【例 3-1】　单摆的运动

【解】　将一不可伸长的轻绳上端固定，下端与一小球(视为质点)相连，小球可以自由摆动，这就构成单摆。当小球相对竖直位置逆时针

有一个微小位移时，在重力作用下会产生一个顺时针的运动趋势，如图 3-2(a)所示。设单摆摆长为 l，小球质量为 m，位移的角度 θ，应用牛顿第二定律，有

$$mg\sin\theta=-ma$$

其中负号表示受力方向与角位移方向相反，在小角度下取 $\sin\theta=\theta$，将平动加速度 a 改为角量表示，即 $a=l\alpha$，$\alpha=\frac{\mathrm{d}^2\theta}{\mathrm{d}t^2}$代入上式，有

$$l\frac{\mathrm{d}^2\theta}{\mathrm{d}t^2}+g\theta=0$$

将微分变量 θ 改为 x（$x=l\theta$）并整理，有

$$\frac{\mathrm{d}^2x}{\mathrm{d}t^2}+\frac{g}{l}x=0 \qquad (3-5)$$

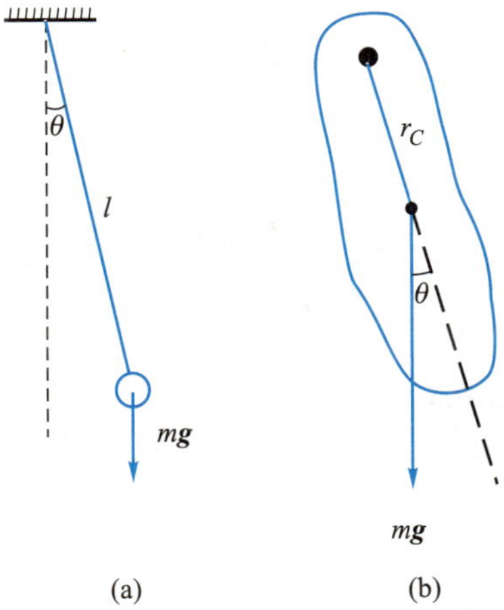

图 3-2 单摆与复摆

单摆：一种理想模型，小球半径远小于摆绳长度，摆角越小则模型越接近理想模型；复摆：一个刚体悬挂在可自由转动的水平轴上，在重力矩作用下作小角度摆动

将(3-5)式与(3-3)式比较可知，两者具有相同的数学表达形式，因此单摆的运动也为简谐振动，其方程的解有着与弹簧振子相同的形式，其振动角频率为 $\omega=\sqrt{\frac{g}{l}}$，任一时刻角位移为

$$\theta=\theta_0\cos(\omega t+\varphi_0)$$

其中 θ_0 为单摆的振幅，φ_0 为单摆简谐振动的初相位，同弹簧振子一样，两者均由单摆的运动初始条件所决定。

动画：单摆的振子和能量转化

【例 3-2】 复摆的运动

【解】 将一刚体悬挂在固定的光滑水平轴上，刚体可自由的绕水平轴运动，这个装置称为复摆，如图 3-2(b)所示。设刚体绕该轴的转动惯量为 I，刚体质量为 m，角位移逆时针为正，当刚体偏离平衡位置时，它受到一恢复力矩，其大小为

$$M=r_C mg\sin\theta$$

由转动定律 $M=I\alpha$ 有

$$r_C mg\sin\theta=-I\alpha$$

对于小角度 θ，$\sin\theta$ 近似为 θ，整理并将上式写成微分形式，则有

$$\frac{\mathrm{d}^2\theta}{\mathrm{d}t^2}+\frac{mgr_C}{I}\theta=0 \qquad (3-6)$$

与单摆同样处理可知，该方程为一简谐振动方程，振动角频率为

$$\omega=\sqrt{\frac{mgr_C}{I}} \qquad (3-7)$$

方程的解就是复摆的运动方程，其形式与单摆完全相同，只是角频率根据刚体的特点有新的诠释。

§3.2 运动方程及其图像

3.2.1 简谐振动的图像

从上一节的讨论可以看出简谐振动虽然有不同的物理形式，但方程的解有着共同的数学形式，即它们的运动方程均可以表示为

$$x = A\cos\ (\omega t+\varphi_0)$$

以时间 t 为横坐标，以位移 x 为纵坐标，画出位移随时间 t 的变化曲线，如图 3-3(a)所示。其中 T 为周期，它与 ω 关系为

$$T=\frac{2\pi}{\omega} \tag{3-8}$$

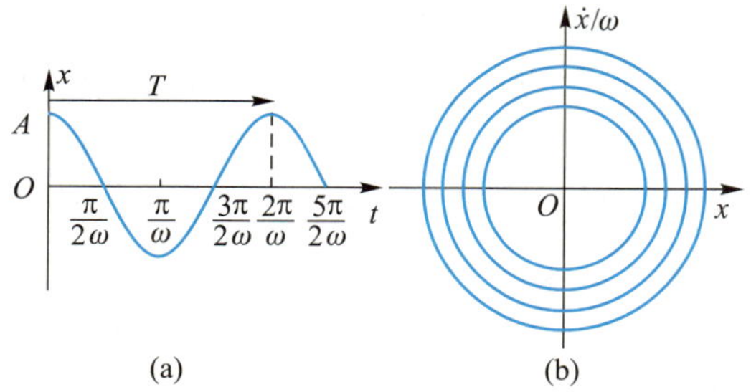

图 3-3 简谐振动图像

(a) 时序图，从时序图中可以直接得到其周期和时间与位移之间的关系；(b) 相图，不同的圆环表示了不同的振动。相图可以清楚地表示物体位移与其速度之间的关系，闭合的圆环说明了在理想振动过程中位移和速度的重复性

它反映了物体回到相同状态的最短时间，振幅 A 表示了简谐振动时的最大位移。振动系统的初相位 φ_0 不同，表示系统初始状态下的位移不同。从图中可以看出，一个简谐振动系统在运动过程中振幅是不变的，但其位移的大小由时间和初相位决定，ω 决定位移改变的速度。以上四个量决定了系统在任一时刻质点的位置。角频率是系统固有的，振幅和初相位是建立方程时由外部条件和初始条件决定的，这三个量是决定简谐振动的三个要素。找出简谐振动三要素是解运动方程的主要步骤。

【例 3-3】 设弹簧振子如图 3-1 所示，用外力将物体拉到距平衡位置 $x=6.0$ cm 处，然后撤掉外力，分别以撤掉外力的时刻和物体第一次回到

$x=0$ 处的时刻为计时起点，求该振动的运动方程。设物体质量 $m=0.02$ kg，弹簧弹性系数 $k=0.02\pi^2$ $\mathrm{N\cdot m^{-1}}$。

【解】 以 x 轴向右为正方向建立坐标系，由题给定条件，系统的运动为一简谐振动，其运动方程为 $x=A\cos(\omega t+\varphi_0)$。解出简谐振动三个要素就可以得到该系统的运动方程。

（1）以撤去外力时为计时起点。由 ω 的定义有

$$\omega=\sqrt{\frac{k}{m}}=\sqrt{\frac{0.02\pi^2}{0.02}}\ \mathrm{s^{-1}}=\pi\mathrm{s^{-1}}$$

从已给条件知道，系统在撤去外力后物体的最大位移为 6.0 cm，而在系统运动过程中不再受外力作用，因此该简谐振动的振幅为 $A=0.06$ m。

从已知条件可知，在 $t=0$ 时，$x=6.0$ cm，即

$$x=A\cos(\omega t+\varphi_0)=A\cos\varphi_0=0.06\ \mathrm{m}$$

代入 $A=0.06$ m，有 $\cos\varphi_0=1$，因此

$$\varphi_0=0$$

根据上述结果，弹簧振子简谐振动方程为

$$x=0.06\cos\pi t(\mathrm{m})$$

（2）以物体第一次回到 $x=0$ 位置时为计时起点。计时起点并不改变弹簧振子系统的固有性质和外部条件，因此其角频率和振幅与第一问相同。但此条件下的初相位会有相应变化。根据题意：$t=0$ 时 $x=0$，$t=0$ 时刻的方程为

$$x=A\cos(\omega t+\varphi_0)=A\cos\varphi_0=0$$

由此而得

$$\varphi_0=\pm\frac{\pi}{2}$$

由前节的讨论可知，简谐振动在任意时刻只能有唯一解，而上式所得会导致有两个不同的初相位，因此还需要进一步确定初相位的取值。由力学基本定义 $v=\frac{\mathrm{d}x}{\mathrm{d}t}$，对运动方程微分有

$$v=\frac{\mathrm{d}x}{\mathrm{d}t}=-A\omega\sin(\omega t+\varphi_0) \tag{3-9}$$

对系统运动分析可知，物体第一次回到 $x=0$ 时，物体向 x 轴负方向运动，$v<0$。将 $t=0$ 时刻 $v<0$ 的初始条件代入(3-9)式有

$$v=-A\omega\sin\varphi_0<0$$

$$A\omega\sin\varphi_0>0$$

在简谐振动中振幅和角频率在任何时候均不可能为负数，因此有

$$\sin\varphi_0>0$$

即

$$\varphi_0=\frac{\pi}{2}$$

由以上结果，得到以物体第一次回到 $x=0$ 位置为计时起点时弹簧振子运动方程为

$$x=0.06\cos\left(\pi t+\frac{\pi}{2}\right)\text{（SI 单位）}$$

分析解题结果，计时起点不改变简谐振动的固有性质，但改变了时间与位移的关系。这说明谐振振动系统本身决定了运动的性质，外部因素和初始条件决定了位移随时间变化的具体关系。

在上述计算中写出了简谐振动时物体的速度表达式(3-9)式，同样地可以得到作简谐振动的物体任一时刻加速度为

$$a=\frac{\mathrm{d}^2x}{\mathrm{d}t^2}=\frac{\mathrm{d}v}{\mathrm{d}t}=-A\omega^2\cos\ (\omega t+\varphi_0) \tag{3-10}$$

图 3-3(a)是以时间为横坐标、以该时刻位移为纵坐标作图所得到的图像，这类图称为时序图，它可以清楚地表达位移随时间的变化关系。如果以位移为横坐标、以该位移处的速度为纵坐标作图，可以得到速度-位移关系图像，这类图称为相图，见图 3-3(b)。图 3-3(b)清楚地显示了弹簧振子的速度与位移之间的关系：当位移最大时速度最小，而速度最大时位移最小。在相图中，不同半径的圆环表示了不同振幅的简谐振动，曲线的闭合性说明了简谐振动系统是一个稳定的周期系统。振动的时序图和相图都是振动分析中常用的图形。

3.2.2 简谐振动的能量

动画：弹簧振子的能量转化

物体在作简谐振动时其能量可以从动能和势能两个方面分析。以弹簧振子为例，在任一时刻，弹簧振子系统的势能可以表达为 $E_p=\int kx\mathrm{d}x$，考虑到系统的弹簧劲度系数为常量，上述积分结果为

$$E_p=\frac{1}{2}kx^2=\frac{1}{2}kA^2\cos^2(\omega t+\varphi_0) \tag{3-11}$$

由动能基本公式出发并代入简谐振动的速度表达式(3-9)有

$$E_k=\frac{1}{2}mv^2=\frac{1}{2}m[-A\omega\sin\ (\omega t+\varphi_0)]^2=\frac{1}{2}mA^2\omega^2\sin^2(\omega t+\varphi_0) \tag{3-12}$$

考虑到 $m\omega^2=k$，系统总能量为

$$\begin{aligned}E&=E_p+E_k=\frac{1}{2}kA^2\cos^2(\omega t+\varphi_0)+\frac{1}{2}kA^2\sin^2(\omega t+\varphi_0)\\&=\frac{1}{2}kA^2\end{aligned} \tag{3-13}$$

从以上分析可以看出：简谐振动的动能和势能都随时间以正弦（或余弦）函数的平方变化，系统的总能量与简谐振动振幅的平方成正比而与运动过程无关。系统中动能和势能相互转化，总能量恒定，这是简谐振动的特征，这个特性从时序图的振幅不变和相图的闭合性都可以得到相同的结论。位移、动能、势能和总能量的相互关系见图 3-4。

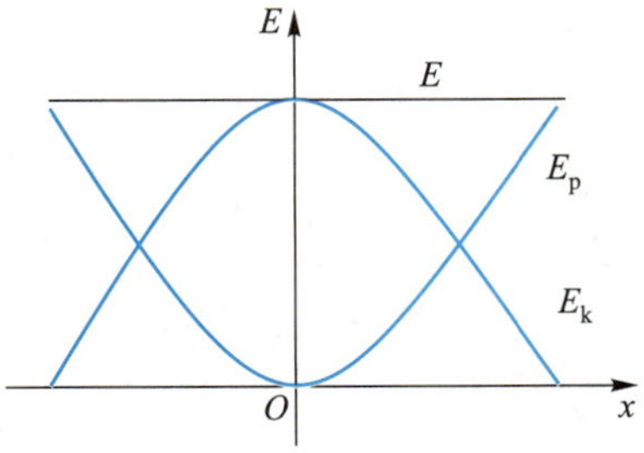

图 3-4　简谐振动的位移与能量
图中显示了动能、势能和总能量随位移的变化，总能量是一条水平线，说明振动过程总能量为一常量，即能量守恒

§3.3　简单的非理想振动

弹簧振子是一种理想模型，它所代表的简谐振动是基于理想状态的运动，在物理现实中绝大部分振动要偏离理想情况，这里只介绍几种近似简谐振动的振动。

3.3.1 阻尼振动

在弹簧振子模型中如果考虑到物块所受到的摩擦阻力或运动过程中的空气阻力，则在运动过程中振动系统的能量不断损耗，振幅不断减小，最后振动停止。这种在一个往返过程非常类似于简谐振动但振幅不断减小的运动就称为**阻尼振动**（damped vibration）。阻尼振动的时序图和相图见图 3-5。

动画：阻尼振动

一般来讲，摩擦阻力或空气阻力与运动物体的运动速度成正比，如果用 F_r 表示阻力，则

$$F_r = -\gamma v = -\gamma \frac{dx}{dt} \tag{3-14}$$

其中负号表示力的方向与速度方向相反。式中比例系数 γ 称为阻力系数，它的大小与振动系统中物体的大小形状及介质的性质有关。此时振动方程可写为

$$m\frac{d^2x}{dt^2} = -kx - \gamma\frac{dx}{dt}$$

令 $\frac{k}{m} = \omega_0^2$，$\frac{\gamma}{m} = 2\beta$，整理上式可写为

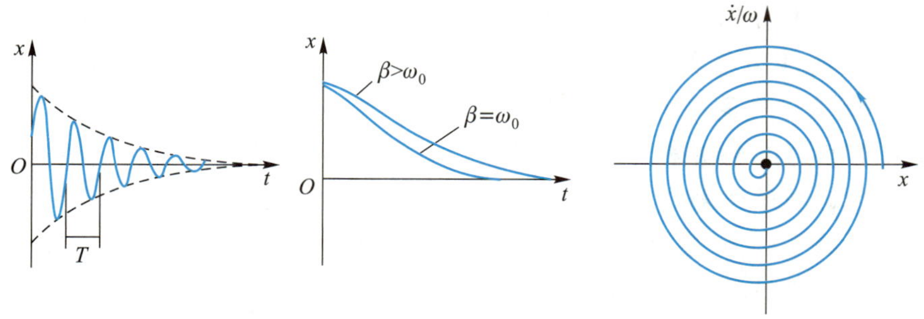

图 3-5 阻尼振动时序图和相图

(a)弱阻尼时序图;(b)过阻尼和临界阻尼时序图。在时序图上可以看出阻尼不同振子回归零点的时间也不同;(c)图是一个弱阻尼的振动相图,它显示了一个在弱阻尼状态下的振子在经历一系列位移和速度的改变后振子回归零点的过程

$$\frac{d^2x}{dt^2}+2\beta\frac{dx}{dt}+\omega_0^2x=0 \tag{3-15}$$

ω_0 为无阻尼时振动系统固有的角频率;β 称为阻尼系数,与振动系统及介质性质有关。阻尼大小不同时,该微分方程的解不同,物体的运动状态也不同。这里我们弱化数学处理,不讨论该微分方程对应解的各种变化,只简单讨论几种特殊的物理状态。

一、弱阻尼

当阻尼较小或者说阻力与弹性力相比数值不是很大时,即满足 $\beta\ll\omega_0$ 时,微分方程式(3-15)的解为

$$x=Ae^{-\beta t}\cos(\omega t+\varphi) \tag{3-16}$$

与简谐振动类似,式中 A 和 φ 为积分常量,由初始条件决定;$\omega=\sqrt{\omega_0^2-\beta^2}$,其振动曲线如图 3-5(a)所示。此时的振动类似于一个振幅不断减弱的简谐振动,(3-16)式中 $Ae^{-\beta t}$可以视为阻尼振动的振幅,它是随时间 t 按指数规律衰减的,β 越大,即阻尼越大,振幅衰减得越快,显然阻尼振动不是简谐振动,且不具备周期性和重复性。如果仍把相位变化 2π 所经历的时间称为周期(T),则阻尼振动的周期为

$$T=\frac{2\pi}{\omega}=\frac{2\pi}{\sqrt{\omega_0^2-\beta^2}}$$

阻尼振动的周期比振动系统的固有周期长,即由于阻尼,振动过程进行一个周期的时间变长了。这种阻尼称为弱阻尼。

二、过阻尼和临界阻尼

当阻尼作用过大,即 $\beta>\omega_0$ 时,(3-15)式的解如图 3-5(b)所示。此时物体的运动既不是周期性的,也不是在平衡位置附近作往复运动,而是随时间的延长缓慢地回到平衡位置,这种阻尼称为过阻尼。

当阻尼作用适当,即 $\beta\approx\omega_0$ 时,(3-15)式的解如图 3-5(b)($\beta=\omega_0$)所

示。此时物体将以最快速度回到平衡位置而又刚刚不作往复运动或只作一次往复运动,这种阻尼称为临界阻尼。

在现实中经常会遇到阻尼振动的情况。例如天平的摆动以及各种指针式仪表的指针接近指示值的过程均可视为阻尼振动。在上述过程中使用者往往希望尽快到达预定位置,即希望阻尼为临界阻尼。此时可以人为地加入阻尼。例如精密天平、心电图机的指针内部都专门设计有电磁阻尼装置,以避免指针大幅度摆动影响测量和观察。在另一些问题上,比如振动培养器、转动的轮轴等中,往往又希望阻尼越小越好,因此有时需要减小摩擦从而减小阻尼。

相关链接:建筑物的防风减震

3.3.2 受迫振动 共振

振动系统受到阻尼作用最终会停止振动。要想获得一个持续稳定的等幅振动,必须对阻尼振动的系统施加周期性外力,外力通过不断做功给振动系统补充能量。振动系统在连续周期性外力作用下的振动,称为**受迫振动**(forced vibration)。周期性外力称为驱动力,当驱动力频率与振动系统的固有频率相近时,振幅有极大值,受迫振动的振幅达到最大的现象称为**共振**(resonance)。阻尼系数 β 越小,共振角频率越接近系统的固有角频率 ω_0,共振振幅也越大。若 β 趋于零,则共振角频率趋于 ω_0,共振振幅趋于无穷大。共振现象不仅仅发生在机械振动中,在声、光、无线电、原子物理、原子核物理及各种技术领域中都会发生。

动画:受迫振动和共振

讲课视频:振动的医学应用

§3.4 简谐振动的合成与分解

在实际问题中,常常会发生一个物体同时参与几个简谐振动的情况,此时该物体的振动就是几个简谐振动的叠加,即振动的合成。反之,将一个复杂振动分解为若干个简谐振动叠加的过程称为振动的分解。振动的合成是一个比较复杂的问题,在这里只作几种最简单的合成分析。

3.4.1 同方向同频率简谐振动的合成

设一质点同时参与两个同方向、同频率的简谐振动。每个振动的位移与时间关系可表示为

$$x_1=A_1\cos(\omega t+\varphi_1) \tag{3-17a}$$

$$x_2=A_2\cos(\omega t+\varphi_2) \tag{3-17b}$$

合成以后的振动可以通过简单的数学关系得到：

$$x=x_1+x_2=A\cos(\omega t+\varphi)$$

其中

$$A=\sqrt{A_1^2+A_2^2+2A_1A_2\cos(\varphi_2-\varphi_1)} \tag{3-18a}$$

$$\tan\varphi=\frac{A_1\sin\varphi_1+A_2\sin\varphi_2}{A_1\cos\varphi_1+A_2\cos\varphi_2} \tag{3-18b}$$

动画：同一直线上两个相同的简谐振动的合成

对结果进行分析可以知道：合成的振动仍然是简谐振动，频率不变。合成后的振幅和相位受两个振动的初相位影响。在两者相位差为 π 的偶数倍时合振幅达到最大值，是两者之和；当两者相位差为 π 的奇数倍时，合振幅最小，是两者之差。特别地，如果两者的初始振幅相等，相位差为 π 的奇数倍时，合成振动的振幅为零。这一结果可用于消除噪声。

3.4.2 同方向不同频率简谐振动的合成

设两个振动方向相同、频率不同的简谐振动具有相同的振幅和初相位。它们的振动方程分别为

$$x_1=A\cos(\omega_1 t+\varphi)$$

$$x_2=A\cos(\omega_2 t+\varphi)$$

合成振动方程为

$$\begin{aligned}x&=x_1+x_2=A\cos(\omega_1 t+\varphi)+A\cos(\omega_2 t+\varphi)\\&=2A\cos\left(\frac{\omega_2-\omega_1}{2}t\right)\cos\left(\frac{\omega_2+\omega_1}{2}t+\varphi\right)\end{aligned} \tag{3-19}$$

合成振动不再是简谐振动。在两个分振动的频率非常接近的特殊情况下，即 $|\omega_2-\omega_1|\ll\frac{\omega_1+\omega_2}{2}$，上式表示的运动可视为振幅按照 $\left|2A\cos\frac{\omega_2-\omega_1}{2}t\right|$ 作缓慢的周期性变化，而角频率等于 $\frac{\omega_2+\omega_1}{2}$ 的近似简谐振动，如图 3-6 所示，这种现象称为拍（beat）。振幅变化的频率称为拍频。由于因子 $\frac{\omega_2-\omega_1}{2}$ 的绝对值代表振幅随时间的变化，所以振幅变化的角频率是该因子角频率的两倍，即拍频为

动画：同一直线上两个不同频率的简谐振动的合成

$$\nu=2\,\frac{1}{2\pi}\left(\frac{|\omega_2-\omega_1|}{2}\right)=|\nu_2-\nu_1| \tag{3-20}$$

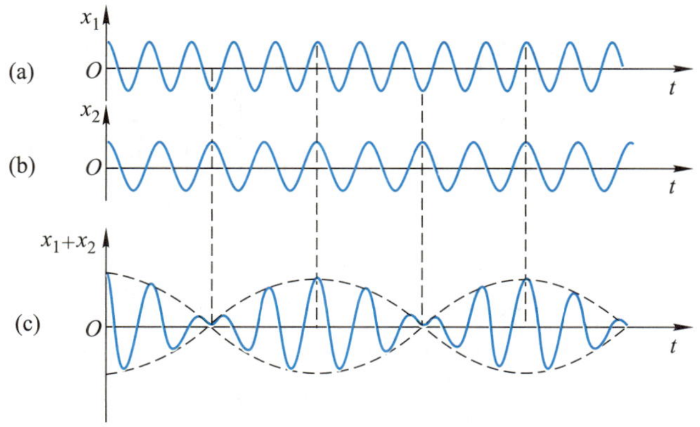

图 3-6 拍的形成

即拍频是两振动频率之差的绝对值。拍频在声学、光学、无线电技术等领域都有应用。例如用标准频率的音叉校准钢琴的琴音，当钢琴发出声音的频率与音叉的标准频率有微小的差别时，二者合成会产生拍音，即音的强弱随时间周期性变化。调整到拍音消失，钢琴的这个音就被校准了。

3.4.3 相互垂直简谐振动的合成

考虑下面两个相互垂直的同频简谐振动的合成问题。

$$x=A_1\cos(\omega t+\varphi_1)$$

$$y=A_2\cos(\omega t+\varphi_2)$$

将上式中的时间参量 t 消去，就得到合成振动的轨迹方程：

$$\frac{x^2}{A_1^2}+\frac{y^2}{A_2^2}-\frac{2xy}{A_1A_2}\cos(\varphi_2-\varphi_1)=\sin^2(\varphi_2-\varphi_1) \tag{3-21}$$

讲课视频：垂直方向简谐振动的合成

一般来说，这是个椭圆方程。图 3-7 表示相位差为某些确定值时合成振动的轨迹。可见，合振动的轨迹为直线或椭圆。轨迹的形状和运动方向由分振动振幅的大小和相位差决定。当 $\varphi_2-\varphi_1=\pm\dfrac{\pi}{2}$ 时，(3-21)式为标准椭圆方程；此时方程的形式虽然一样，但两种情况具有不同的运动过程，请读者自行分析判断。

如果两个简谐振动的频率为简单的整数比，则合振动具有稳定的封闭轨迹。图 3-8 表示的是频率比分别为 2∶1 和 3∶1 时合成振动的轨迹。这种稳定的轨迹图形称为**李萨如图形**(Lissajous figure)。如果已知一个方向的振动频率，就可根据图形求出另一个方向振动的频率。

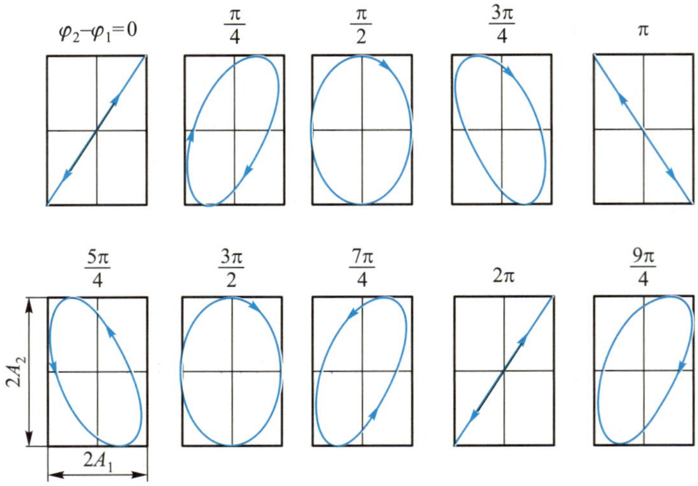

动画：两个相互垂直的简谐振动的合成

图 3-7 两个频率相同、振动方向相互垂直的简谐振动的合成

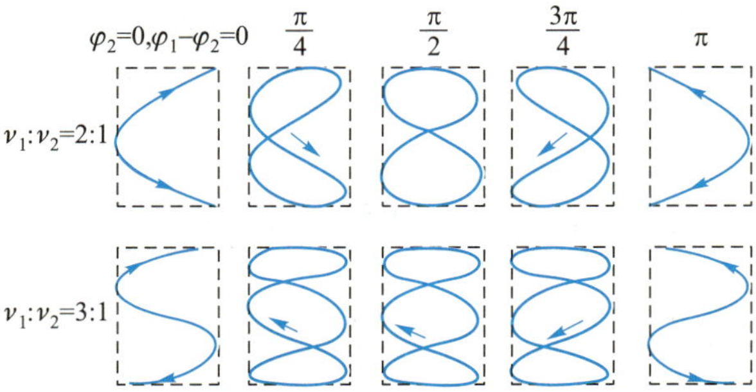

图 3-8 李萨如图形

3.4.4 振动的分解

以上的讨论是把若干不同的振动叠加在一起，在实际问题中我们还经常遇到它的反问题，即把一个复杂的周期振动分解为几个简单振动。例如，心脏的跳动过程是一个三维类周期振动。把这个振动分解到不同方向上可以得到心脏收缩过程的细节，同时，把心脏在任一方向上的收缩过程看成若干简谐振动成分的叠加，运用适当的分解技术得到各简谐振动成分，可以获得更多的心脏跳动细节。现代的心电图机就是运用这类技术进行辅助诊断的。

周期性振动的分解可以用数学上的傅里叶级数作为理论根据。根据傅里叶级数，任何复杂的周期函数都可以表示为

$$x(t)=b_0+b_1\cos\ \omega t+c_1\sin\ \omega t+b_2\cos\ 2\omega t+c_2\sin\ 2\omega t+\cdots+b_n\cos\ n\omega t+c_n\sin\ n\omega t \tag{3-22}$$

式中 $b_0, b_1, b_2, \cdots, c_1, c_2, \cdots$ 是一组常量。每一常量的大小代表相应简谐振动在合成振动 $x(t)$ 中所占的相对大小。常量 b_0 表示 $x(t)$ 在一周期内的平均值，它可以为零，也可以不为零，视 $x(t)$ 的实际情况而定。(3-22)式称为复杂振动 $x(t)$ 的傅里叶级数。

傅里叶级数中的 b_0 项表示了振动中不随时间变化的成分，也称为直流成分。(3-22)式中其他各项表示了振动 $x(t)$ 中各种频率成分的大小，某项 b_n 或 c_n 数值越大说明振动中频率为 $n\omega$ 的简谐振动的成分越大。其中第一项，即 $n=1$ 对应的 ω 称为基频，是振动的基本成分，其他各项的频率值为基频的整数倍，基频以外的各频率统称为谐频。方波的分解见图 3-9。在实际问题中，找出基频大小及谐频振幅的相对大小是振动分解的主要任务。如果以频率为横坐标，以振幅为纵坐标，画出某个复杂振动的基频和各谐频的振幅，就得到频谱图。从傅里叶级数的形式可以看出，一个周期振动的频谱肯定是由一系列如图 3-9(d)所示的离散谱线组成。在频谱图中，某一谱线的高低表示了被分解的振动中该频率成分的多少。从频谱中可以得到振动系统各频率成分的相互关系，这种关系或联系反映了振动系统内在联系。因此，通过频谱分析可以得到与振动系统内部相关的大量信息，频谱分析技术在现代科技中有着广泛的应用。因为频谱分析技术可以实现无损测量，因此在医学研究和临床诊断中得到广泛应用。图 3-10 是一组脉搏信号的采样和分析结果，其中图 3-10(a)为脉搏振动时序图，图 3-10(b)为该脉搏振动的频谱图。

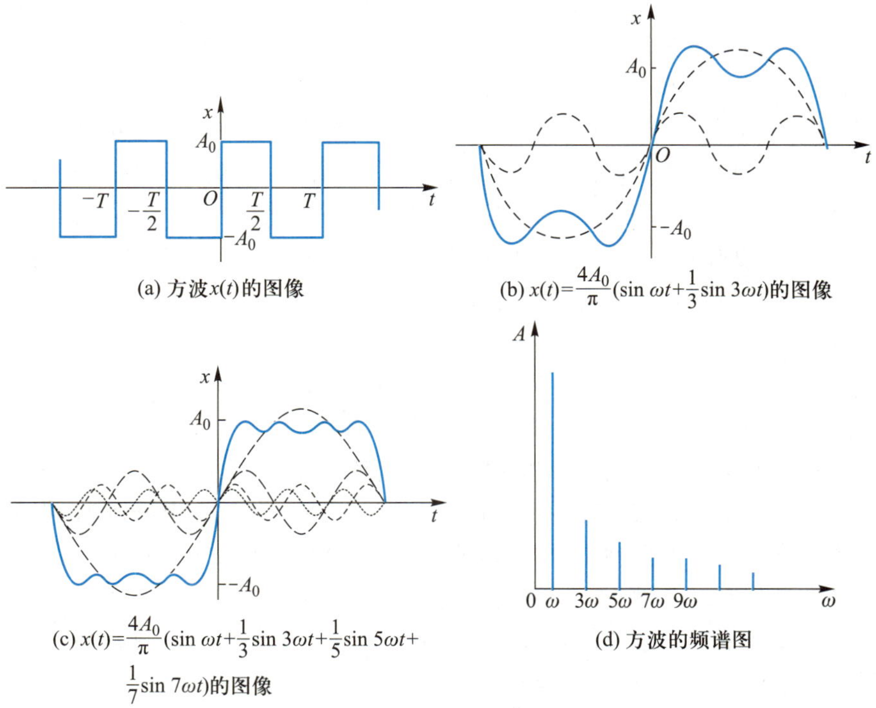

(a) 方波 $x(t)$ 的图像

(b) $x(t)=\frac{4A_0}{\pi}(\sin\omega t+\frac{1}{3}\sin 3\omega t)$ 的图像

(c) $x(t)=\frac{4A_0}{\pi}(\sin\omega t+\frac{1}{3}\sin 3\omega t+\frac{1}{5}\sin 5\omega t+\frac{1}{7}\sin 7\omega t)$ 的图像

(d) 方波的频谱图

图 3-9　振动的分解及其频谱图

相关链接：傅里叶变换的应用

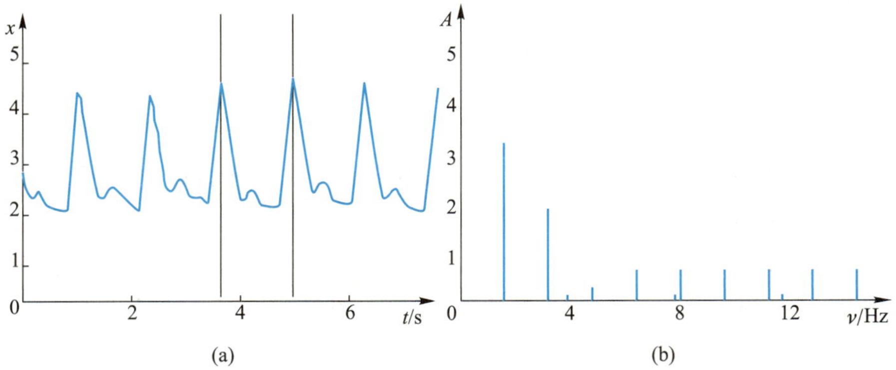

图 3-10 脉搏振动图形及其频谱图

图中显示了一位学生在安静条件下的脉搏图形及其频谱图

§3.5 简谐波

3.5.1 机械波的产生和传播

动画：机械波的产生和传播

由弹性力联系着的质点所组成的介质，称为**弹性介质**(elastic medium)。物体在弹性介质中振动时，由于弹性力的联系，这种振动将在介质中依次传播。**机械振动**在介质中的传播，形成了**机械波**(mechanical wave)。例如，液体表面的波、声波以及在液态物质内部传播的弹性波都是机械波。

机械波的产生，首先要有作机械振动的物体作为波源，其次要有能够传播这种机械振动的介质。振动传播时，各个质点都在一定的平衡位置附近振动，并没有沿传播方向移动，而且质点的振动方向和波的传播方向也不一定相同。如果振动方向与传播方向相同，这种波称为**纵波**(longitudinal wave)，在空气或液体中传播的声波和超声波就是纵波。如果振动方向与传播方向垂直，这种波称为**横波**(transversal wave)，将绳一端固定在墙上，用手抖动绳的另一端时，绳子上产生的波就是横波。

横波和纵波是波的两种基本类型。一般说来，介质中各个质点的振动情况是很复杂的，由此产生的波动也很复杂。当波源作简谐振动时，介质中各质点也作简谐振动，其频率与波源的频率相同，振幅也与波源有关，这时的波动称为**简谐波**。本节的讨论均以简谐波为对象。

波动传播时，自波源出发沿波的传播方向上两个相邻的、振动状态相同的质点间的距离，称为**波长**(wave length)，通常以 λ 表示。波长是一个完整波的长度，就是质点一个周期，波前进的距离。波前进一个波长距离所需的时间，也是质点振动一个周期的时间，称为波的**周期**，以 T 表示。周期的倒数称为波的**频率**，以 ν 表示。单位时间内振动所传播的距离称为**波速**(wave velocity)，以 u 表示。波速、波长和周期之间有如下关系：

$$u=\frac{\lambda}{T}=\nu\lambda \tag{3-23}$$

这个关系式对于任何形式、任何性质的波都适用。波速取决于介质本身的性质，如密度和弹性等，与其他因素（如频率和波长）无关。

波在绳中只能沿绳的方向传播，但在气体、液体或固体充满某一部分空间的情况下，波是从波源向所有方向传播的。为了形象地描述波的传播方向，自波源沿各传播方向画出带箭头的直线，称为**波线**。把某刻振动相位相同的各点连接起来，形成的曲面或平面称为**波面**，波传播中最前面的波面叫**波前**(wave front)。波面的形状决定波的类型。波面为平面的波称为平面波[图 3-11(a)]。波面为球面的波称为球面波[图 3-11(b)]。波在各向同性的介质中波线和波面相互垂直。球面波的波线是以波源为中心的沿半径方向的直线；平面波的波线是与波面垂直的平行直线。

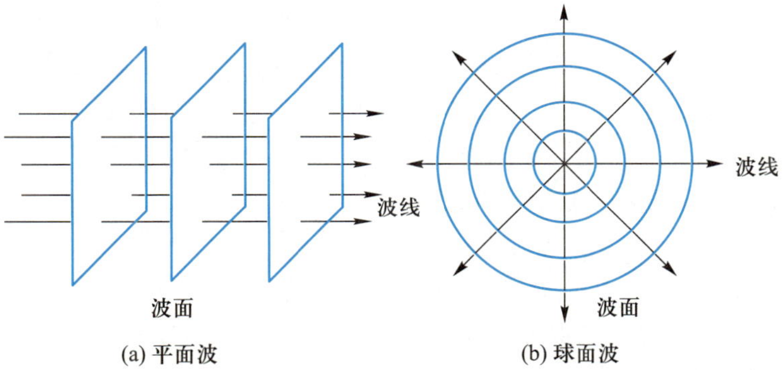

图 3-11 波的描述

惠更斯(C. Huygens)在 1690 年提出：**介质中波前上每一点都可以当作独立的波源，发出球面子波(wavelet)，在任一时刻，这些子波的包迹，就是新的波前**。该原理称为**惠更斯原理**。根据这一原理，依某一时刻波前的位置即可确定下一时刻波前的位置，从而确定波的传播方向。

用惠更斯原理可以容易地解释波在传播过程中的衍射和折射现象。当在传播中遇到障碍时，波前上的各点成为新的子波波源。由于波在不同介质中传播速度不一样，当波前遇到其他介质时子波波源产生的新波前的方向就会发生改变，这就是波的折射。由于波前上任一点都可以视为子波波源，波可以绕过障碍物传播。衍射是波的特征之一，波长越长，波的衍射现象越明显。

动画：惠更斯原理

3.5.2 波动方程

简谐波是最简单、最基本的波。一切复杂的波也可看成由简谐波叠加而成。下面讨论平面简谐波的波动方程。

如图 3-12 所示,设波以速度 u 沿 Ox 方向传播,且振幅在传播过程中不变。设波源处质点 O 的振动方程为

$$y=A\cos\ (\omega t+\varphi)$$

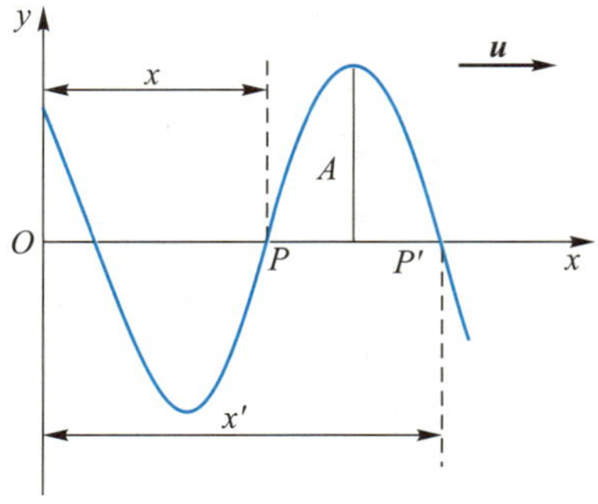

图 3-12 简谐波

式中,A 为振幅,ω 为角频率,φ 为初相位,y 为该振动质点在时刻 t 的位移。图中位移 y 的方向和 Ox 垂直,表明是横波;如果是纵波,位移的方向应沿着 Ox。设 P 为波传播方向上的任一点,与 O 点相距为 x。当波动从 O 传到 P 时,P 处质点也将以同样的角频率开始振动,但相位要比 O 点落后。因为波由 O 至 P 所需的时间是 x/u,所以在 O 点的质点振动时间为 t 时,在 P 点的质点振动时间仅为$t-x/u$。由于已假定在传播过程中振幅不变,则在 P 处的质点振动方程为

$$y=A\cos\left[\omega(t-x/u)+\varphi\right] \qquad (3-24)$$

如改用周期 T、频率 ν 和波长 λ 表示,上式可写成

$$y=A\cos\left[2\pi\left(\frac{t}{T}-\frac{x}{\lambda}\right)+\varphi\right]=A\cos\left[2\pi\left(\nu t-\frac{x}{\lambda}\right)+\varphi\right] \qquad (3-25)$$

(3-24)式和(3-25)式都是表示位移 y 随 t 和 x 变化的函数,称为平面简谐波的波动方程。

在波动方程中含有 x 和 t 两个自变量。

(1) 对于给定时刻 t 来说,位移 y 仅是 x 的函数,这时波动方程表示在某一时刻在直线 Ox 上各点的位移分布,即该时刻的波形。

(2) 对于给定距离 x 来说,位移 y 仅是 t 的函数,表明该质点在各时刻的振动情况。

(3) 对于 x 和 t 都在变化的情况,波动方程表示沿波传播方向上各个不同质点在不同时刻的位移。对于横波,可以更形象地说,这个波动方程包括了不同时刻的波形,亦即反映了波形的传播。

平面简谐波是一种理想的近似,它忽略了波在传播过程的能量损失。对于向四周发散的球面波,随着波的传播,波面会随之增大,单位截面上的振幅将减小。

【例 3-4】 已知波动方程为 $y=2.0\times10^{-2}\cos\pi(0.5x-200t)$ (SI 单位),求振幅、波长、频率和波速。

【解】 将 $y=2.0\times10^{-2}\cos\pi(0.5x-200t)$（SI 单位）改写成

$$y=2.0\times10^{-2}\cos 2\pi\left(100t-\frac{0.50}{2}x\right)\text{（SI 单位）}$$

与方程（3-25）式比较，可得：振幅 $A=2.0\times10^{-2}$ m；波长 $\lambda=\dfrac{2}{0.50}=4.0$ m；频率 $\nu=100$ Hz；波速 $u=\lambda\nu=4.0\times10^{2}\ \text{m}\cdot\text{s}^{-1}$。

3.5.3 波的能量

波动在介质中传播时，介质各部分发生振动，因而具有动能，同时因为各部分质元相对平衡位置的位移不同，介质各质元发生形变，因而具有弹性势能。波动由近及远地传播，能量也由近及远地传播，因此，波的传播过程也是能量的传播过程。我们以弹性棒中的简谐纵波为例讨论波的能量。在坐标 x 处取截面为 ΔS、长为 Δx 的体积元 $\Delta V=\Delta S\cdot\Delta x$ 作为研究对象，设介质的密度为 ρ，可以证明该体积元在时刻 t 的动能 ΔE_{k} 和势能 ΔE_{p} 为

讲课视频：波的能量

$$\Delta E_{k}=\Delta E_{p}=\frac{1}{2}\rho\Delta V\omega^{2}A^{2}\sin^{2}\left[\omega\left(t-\frac{x}{u}\right)+\varphi\right] \tag{3-26}$$

体积元的机械能为

$$\Delta E=\Delta E_{k}+\Delta E_{p}=\rho\Delta V\omega^{2}A^{2}\sin^{2}\left[\omega\left(t-\frac{x}{u}\right)+\varphi\right] \tag{3-27}$$

这表明，在波的传播过程中，介质中任一质元的动能和势能都随时间变化，动能最大的时刻势能亦最大，动能为零时势能也为零，动能和势能的总和即机械能也随时间变化。波传播时，介质的势能取决于所考察质元的形变。从波形曲线（图 3-13）可以看出，B 点左侧的各质点运动到各自平衡位置的右侧（圆点到左侧竖线的距离表示该质点的位移），而 B 点右侧的各质点则运动到各自平衡位置的左侧（圆点到右侧竖线的距离为该质点的位移）。在 A 处，质点已达最大位移，动能为零；但相邻质点间的相对位移最小，该处质元几乎没有形变，故势能也为零。在 B 处，质点通过平衡位置，速度最大，动能最大；而这时相邻质点间的相对位移最大（质点最密集），质元的形变（被压缩）也最大，故势能最大。C 处与 A 处相仿，D 处与 B 处相仿，只不过 D 处质点最稀疏，介质质元被拉伸。

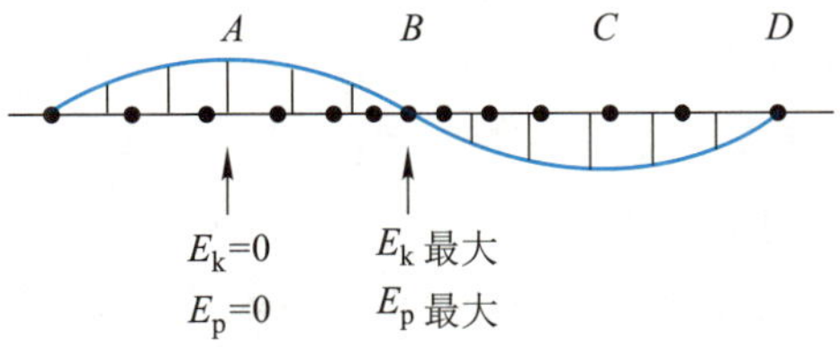

图 3-13 波动到达的地方，动能与势能同相位

与单个质点作简谐振动的情形不同。在波的传播过程中，任一质元的动能与势能时刻相同，而且变化同相位，介质的每个质元的机械能并不守

恒。这是因为在波的传播过程中，介质的任一质元与其临近的质元之间在不断进行能量交换，机械能不守恒正表明波的传播过程也是能量的传播过程。

波的能量与所考察的介质质元的体积有关，将单位体积的介质所具有的能量称为能量密度（energy density），它表示波的能量在介质中的分布情况。动能密度和势能密度为

$$\varepsilon_k=\varepsilon_p=\frac{\Delta E_k}{\Delta V}=\frac{1}{2}\rho\omega^2A^2\sin^2\left[\omega\left(t-\frac{x}{u}\right)+\varphi\right]$$

波的能量密度为

$$\varepsilon=\frac{\Delta E}{\Delta V}=\rho\omega^2A^2\sin^2\left[\omega\left(t-\frac{x}{u}\right)+\varphi\right] \tag{3-28}$$

在一周期内能量密度的平均值称为平均能量密度，由于正弦的平方在一周期内的平均值为 1/2，所以有

$$\bar{\varepsilon}=\frac{1}{2}\rho\omega^2A^2 \tag{3-29}$$

以上结论不仅对纵波成立，对横波也同样成立。(3-29)式更是适用于所有弹性波。

由于波的能量是随波传播的，单位时间内，通过介质中某面积的能量称为通过该面积的**能流**（energy flux）。单位面积上的能流，即单位时间内通过垂直于波动传播方向的单位面积的平均能量，称为**能流密度**（energy flux density）或波的强度，用 I 表示，则

$$I=\bar{\varepsilon}u=\frac{1}{2}\rho\omega^2A^2u \tag{3-30}$$

由此可见，波的强度等于平均能量密度和波速的乘积。它是表征波动中能量传播的一个重要物理量。

【例 3-5】 试利用能流密度的概念求出球面波的表达公式。

【解】 设在时刻 t_1，球面波的波前是半径为 r_1 的球面（面积 $S_1=4\pi r_1^2$），在时刻 t_2，球面波的波前是半径为 r_2 的球面（面积 $S_2=4\pi r_2^2$）。在波的传播过程中，设介质本身不吸收能量，则单位时间内通过 S_1 面的能量，必然等于单位时间内通过 S_2 面的能量，即

$$\frac{1}{2}\rho A_1^2\omega^2u4\pi r_1^2=\frac{1}{2}\rho A_2^2\omega^2u4\pi r_2^2$$

式中 A_1 和 A_2 分别表示在两球面上的振幅，由上式得

$$\frac{A_1}{A_2}=\frac{r_2}{r_1}$$

即振幅与离开波源的距离成反比。因此，球面波的波动方程为

$$y=\frac{A_0}{r}\cos\omega\left(t-\frac{r}{u}\right)$$

式中，y 为球面波各质点振动的位移，r 为离开波源的距离，A_0 为距波源单位距离处波的振幅。

§3.6 波的叠加原理 波的干涉

3.6.1 波的叠加原理

大量事实表明，几列波同时在介质中传播时，无论相遇与否，都保持自己原有的特性（频率、波长、振动方向等），按照自己原来的传播方向继续前进，不受其他波的影响，在相遇处任一质点的位移是各波在该点所引起的位移的矢量和，这一结论称为**波的叠加原理**（principle of superposition of waves）。

波的叠加原理可从许多现象中观察出来。例如，水中以两石块下落处为中心而发出的圆形波，彼此穿过而又分开之后，它们仍是圆形的，并以石块下落处为圆心。乐队演奏时，各种乐器的声音保持原有的音色，因而人们能够辨别出不同的乐器。

3.6.2 波的干涉

任意几列波的叠加现象往往比较复杂，当具有相同的振动方向和频率，而且彼此之间有固定的相位差的波相遇时，在波重叠处有些地方振动加强，有些地方振动减弱，这一现象称为**波的干涉**（interference of wave）。能产生干涉现象的两列波称为**相干波**（coherent wave），相应的波源称为**相干波源**。

动画：波的干涉

以下讨论两列相干波相遇时波的强度分布情况。

设有两个相干波源 S_1 和 S_2，其振动方程分别为

$$y_{10}=A_1\cos\left(\frac{2\pi}{T}t+\varphi_1\right)$$

$$y_{20}=A_2\cos\left(\frac{2\pi}{T}t+\varphi_2\right)$$

式中，T 为周期，A_1、A_2 为波源的振幅，φ_1、φ_2 分别为波源的初相位。

从这两个波源发出的波在空间任一点 P 相遇时，设 r_1、r_2 分别为从 S_1 和 S_2 到 P 点的距离，则两列波在 P 处引起质点的振动方程分别为

$$y_1 = A_1 \cos\left[2\pi\left(\frac{t}{T} - \frac{r_1}{\lambda}\right) + \varphi_1\right]$$

$$y_2 = A_2 \cos\left[2\pi\left(\frac{t}{T} - \frac{r_2}{\lambda}\right) + \varphi_2\right]$$

式中 λ 表示波长。P 处质点的合振动方程为

$$y = y_1 + y_2 = A\cos\left(\frac{2\pi}{T}t + \varphi\right)$$

这是两个同方向、同频率的振动的合成。根据 §3.4 的讨论，两振动的相位差符合

$$\Delta\varphi = \varphi_2 - \varphi_1 - 2\pi\frac{r_2 - r_1}{\lambda} = \pm 2k\pi \quad (k = 0, 1, 2, 3, \cdots) \tag{3-31}$$

的空间各点，合振幅最大，这时 $A = A_1 + A_2$。相位差符合

$$\Delta\varphi = \varphi_2 - \varphi_1 - 2\pi\frac{r_2 - r_1}{\lambda} = \pm(2k-1)\pi \quad (k = 1, 2, 3, \cdots) \tag{3-32}$$

的空间各点，合振幅最小，这时 $A = |A_1 - A_2|$。当 $A_1 = A_2$ 时，$A = 0$。

如果 $\varphi_2 - \varphi_1 = 0$，即对于初相位相同的相干波源，则上述条件可改写为

$$\left.\begin{aligned} &\delta = r_1 - r_2 = \pm k\lambda \quad (k = 0, 1, 2, \cdots) \quad \text{合振幅最大} \\ &\delta = r_1 - r_2 = \pm(2k-1)\frac{\lambda}{2} \quad (k = 1, 2, 3, \cdots) \quad \text{合振幅最小} \end{aligned}\right\} \tag{3-33}$$

式中，δ 表示从波源 S_1 和 S_2 发出的两个相干波到达 P 点时的路程之差，称为**波程差**。因此(3-33)式表明，**当两个相干波源初相位相同时，在两个波的叠加空间内，距两波源的波程差等于波长整数倍的各点，合振动振幅最大，振动加强；在波程差等于半波长奇数倍的各点，合振动振幅最小，振动减弱**。

3.6.3 驻波

驻波(standing wave)**是由振幅相同、频率相同、振动方向相同而传播方向相反的两列波叠加而成的**。驻波是一种特殊的干涉现象。

设两列振幅相同、频率相同的简谐波，一列沿 x 轴正方向传播，一列沿 x 轴负方向传播，如图 3-14 所示。图中用短虚线表示沿 x 轴正方向传播的波，而用长虚线表示沿 x 轴负方向传播的波。取两波的振动相位始终相同的点作为坐标轴的原点，并且在 $x = 0$ 处振动质点向上移动到最大位移时开始计时间，即使得该处质点振动的初相位为零，则沿正方向传播的简谐波的方程为

$$y_1=A\cos 2\pi\left(\frac{t}{T}-\frac{x}{\lambda}\right)$$

而沿负方向传播的简谐波的方程为

$$y_2=A\cos 2\pi\left(\frac{t}{T}+\frac{x}{\lambda}\right)$$

在两波重叠处各点的位移为两波所引起的位移的叠加：

$$y=y_1+y_2=\left[2A\cos 2\pi\frac{x}{\lambda}\right]\cos 2\pi\frac{t}{T} \tag{3-34}$$

由上式可见，两波叠加以后，坐标轴上各点 x 处的质点都在作周期相同的简谐振动，但具有不同的振幅 $\left|2A\cos 2\pi\frac{x}{\lambda}\right|$。在 $\left|\cos 2\pi\frac{x}{\lambda}\right|=1$ 的那些点，振动的振幅最大，等于 $2A$，称为**波腹**(loop)；而在 $\cos 2\pi\frac{x}{\lambda}=0$ 的那些点，振动的振幅为零，即静止不动，称为**波节**(node)。

图 3-14 中的实线表示在 $t=0, T/8, T/4, 3T/8, T/2$ 各时刻两列波叠加后的结果。用"○"表示的点就是波节，两列波在这些点上引起的振动具有相反的相位，因而叠加后振幅为零。用"+"表示的点就是波腹，两列波在这些点上引起的振动具有相同的相位，因而叠加后振幅最大，等于 $2A$。

由(3-34)式或图 3-14 可以直观地看出，相邻两波腹或相邻两波节间的距离都是半波长。测得波节与波节或波腹与波腹间距离就可以确定两波的波长。在同一时刻，两波节之间的各点具有相同的相位，而波节两旁的点则具有相反的相位。图 3-14 所示的波形是驻定而不移动的，只是各点的位移随时间改变而已，因此把这种波称为驻波。由于叠加成驻波的两列波能流密度的量值相等，方向相反，因而在振动过程中，没有能量沿某一方向传播，能流密度为零。因此，驻波无所谓传播方向，不传播能量，实质上是一种特殊的振动状态，而不是作为能量传播过程的波。为了区分一般的波与驻波，往往将前者称为**行波**(travelling wave)。

在自然界形成的驻波往往是由入射波和反射波叠加合成的。至于在反射处是波节还是波腹，这将取决于两种介质的性质。通常把密度 ρ 与波速 u 的乘积 ρu 较大的介质称为**波密介质**，乘积 ρu 较小的介质称为**波疏介质**。可以证明，当波从波疏介质传播到波密介质而在分界面处反射时，反射点将形成波节；反之，将形成波腹。例如，声波从水面反射回空气时，反射处是波节；声波从海水里传到水面被反射回水中时，水面处即为波腹。

要在分界面处出现波节，入射波与反射波在分界面处的相位必须相反。由于在同一波形上，相距半个波长的两点的相位相反，所以在反射时引起相位相反（或相位值有突变）的现象，就相当于入射波与反射波在反射点存在着半波长的波程差，称为反射点的"**半波损失**"(half wave loss)。在研究声波、光波的反射时，常常涉及这一概念。

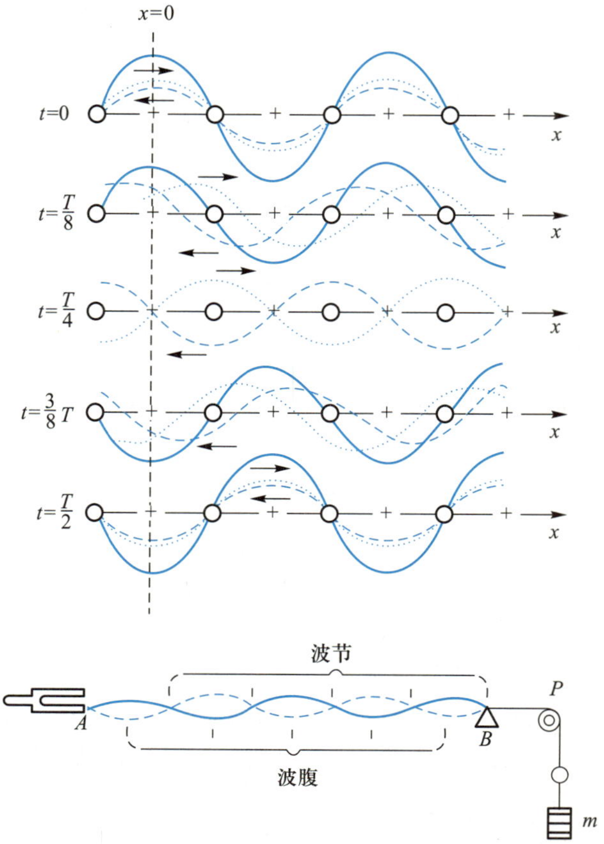

图 3-14 驻波的形成

上部分几个图形表示弦上各点的运动方向,最下方的示意图表示了实现驻波的简单装置

动画:驻波

相关链接:鱼洗

驻波是日常生活中常见的物理现象,例如各种声音的声源几乎都存在驻波现象。以弦乐为例,各种弦乐都是演奏者用手或弦弓与弦摩擦使弦产生振动,手的动作相当一个振动的驱动力。振动以波的形式沿着弦向弦的两端传播达到弦的固定点并发生反射。由于拨动弦的动作不是瞬间完成的,而且弦在惯性的作用下继续振动,因而反射波和振动中心向外传播的波在弦的各个位置产生叠加。不同的拨动力度可以产生多种频率成分,不是每种频率的振动都会发出声音。在弦乐这个例子中,固定弦的两个端点是波的反射点,观察弦的振动可以知道,反射点是波节。这样只有弦长是半波长的整数倍的那些波动才可以形成驻波,而不满足上述条件的波动或在反射过程中能量损失很大或在反射后的叠加中削弱变小。那些能形成驻波的振动作为声源向其他方向传播,这样就形成可以听到的声音。从上述分析可以看出,那些不能形成驻波的振动也可以在短时间内维持,同时,从振动分解和驻波形成原理的角度看,形成驻波的振动频率并不是唯一的,有许多谐频成分同时存在。各种乐器都存在类似情况,它们发出声音

的声调由基频决定，而音色由谐频决定。

§3.7 声波和超声波

声波和超声波属于机械波。在弹性介质中传播的振动，一般频率在 20～20 000 Hz 之间时能引起听觉，称为**声振动**，声振动的传播形成**声波**(sound wave)。频率低于 20 Hz 的机械波称为**次声波**(infra-sonic wave)，频率高于 20 000 Hz 的机械波称为**超声波**(supersonic wave)。次声波和超声波都不能引起人的听觉。

在声学发展初期，研究声学是为听觉服务的，在近代声学中，声学研究不仅限于此，更是扩展到与物理学、化学、工程技术相关的研究领域。声的概念已不再局限于听觉范围以内。在目前的声学术语中，声振动和声波有着更为广泛的含义，几乎就是机械振动和机械波的同义词。

3.7.1 声强和声强级

声强就是声波的能流密度，即单位时间内通过垂直于声波传播方向上单位面积的能量。

引起听觉的声波，不仅在频率上有一个范围，而且在声强上也有限制，低于下限的声强不能引起听觉，高于上限的声强只能引起痛觉，也不能引起听觉。声强的上下阈值随频率而异。在 1 000 Hz 频率时，一般正常人听觉的最高声强(痛感强度)为 $1\ \mathrm{W\cdot m^{-2}}$，最低声强(可闻强度)为 $10^{-12}\ \mathrm{W\cdot m^{-2}}$。通常把这一最低声强作为测定声强的标准，用 I_0 表示。

由于引起人的听觉的声强上下阈值相差十几个数量级，所以使用对数标度要比绝对标度方便；另外从声音的接收来说，人的耳朵接收到声振动以后，主观上产生的“响度感觉”并不是正比于强度的绝对值，而是更近于与强度的对数成正比。基于这两方面的原因，在声学中普遍使用对数标度来量度声强，称为**声强级**(intensity level)，以 L_I 表示，对于声强为 I 的声波的声强级为

$$L_I=\lg\frac{I}{I_0}$$

式中 $I_0=10^{-12}\ \mathrm{W\cdot m^{-2}}$，声强级的单位为 B(贝尔)。实际应用中通常用十分之一贝尔作声强级的单位，即 dB(分贝)。单位用分贝时，声强级的公式为

$$L_I=10\lg\frac{I}{I_0} \tag{3-35}$$

对于频率为 1 000 Hz 的声波，可闻强度的声强级为 0 dB，痛感强度的声强级则为 120 dB。微风轻轻吹动树叶的声音约为 14 dB；在房间中高声谈话的声音（相距 1 m 处）为 68~74 dB；炮声的声强级约为 120 dB。人耳对声音强弱分辨的能力约为 0.5 dB。

声强级不能用代数加减，例如，一台机器所产生的噪声声强级为 50 dB，若再增加一台相同的机器，则声强级不是变为 100 dB，而只是增加了 3 dB，即为 53 dB。

3.7.2 多普勒效应

讲课视频：多普勒效应

由于波源或观测者的运动，造成观测频率与波源频率不同的现象，称为**多普勒效应**（Doppler effect），这是多普勒（Doppler）在 1842 年发现的。例如，在铁路旁听列车汽笛声，当列车迎面而来时声调比静止时高，而当列车离去时声调比静止时低，就是由多普勒效应产生的现象。

令 v_s、v_0 分别表示波源、观测者相对于介质的运动速度，以 u 表示声波波速，以 ν 和 λ 分别表示声波的频率和波长，下面分几种情况进行讨论。

一、波源静止观测者运动

在这种情况下，$v_s=0$，$v_0\neq 0$。若观测者向着波源运动，相当于波以速率 $u+v_0$ 通过观测者。因此单位时间内通过观测者的完整波列数，即频率为

动画：多普勒效应

$$\nu'=\frac{u+v_0}{\lambda}=\frac{u+v_0}{u/\nu}=\left(1+\frac{v_0}{u}\right)\nu \tag{3-36}$$

该式表明观测者实际观测到的频率 ν' 高于波源的频率 ν。反之，若观测者离开波源运动时，实际观测频率将低于波源的频率，即

$$\nu'=\left(1-\frac{v_0}{u}\right)\nu \tag{3-37}$$

二、观测者静止波源运动

在这种情况下，$v_0=0$，$v_s\neq 0$。当波源静止时，波长 $\lambda=uT$；然而当波源以速度 v_s 向着观测者运动时，由于一个周期 T 内波源已趋近观测者 v_sT 的距离，所以在观测者看来，波在一个周期内走过的距离为

$$\lambda'=\lambda-v_sT=(u-v_s)T$$

又由于波在介质中传播速度不变，所以观测者实际测得的频率为

$$\nu'=\frac{u}{\lambda'}=\frac{u}{u-v_s}\frac{1}{T}=\frac{u}{u-v_s}\nu \tag{3-38}$$

该式表明观测者实际测得的频率高于波源的频率。同理，可得出波源远离观测者时实际测得的频率低于波源的频率，即

$$\nu' = \frac{u}{u+v_s}\nu \tag{3-39}$$

因此，当列车向观测者开来时，汽笛声不仅变大，而且声调升高；当列车驶离观测者时，汽笛声不仅变小，而且声调降低。

三、波源与观测者同时相对于介质运动

综合以上两种情况，当观测者与波源同时相对于介质运动时，观测者实际观测的频率为

$$\nu' = \frac{u \pm v_0}{u \mp v_s}\nu \tag{3-40}$$

式中，观测者向着波源运动时，v_0 前取正号，离开时取负号；波源向着观测者运动时，v_s 前取负号，离开时取正号。

除声波以外，光波也存在多普勒效应。它同机械波多普勒效应的形成原理相似，但二者又存在本质的区别，因而有关的计算公式不同。由于光的传播不依赖弹性介质。只要光源与观测者之间存在相对运动，就可确定其多普勒效应的频率变化关系。也就是说，无须区别光源、观测者哪个在运动，但是必须知道二者间的相对速度。

在固体中，大量分子、原子在发出同一频率的光时，由于所有分子、原子都在作速度不同的热运动，因而产生多普勒效应，使得观测到的光的频率具有不可忽视的频谱宽度，从而使单色性变差。

3.7.3 超声波

自然界的各种声音中，或多或少地含有超声波成分，有一些动物则能听到超声，例如，蝙蝠可借助其发出的超声波“导航”。为了研究和应用超声波，需要有人工的超声源和接收器。用人工方法产生超声波的装置，称为**超声波发生器**。

一、超声波的传播

超声波的频率高，波长短，因而方向性强，具有定向发射性。超声波在不同介质的界面上反射和折射能量，在固体(或液体)与气体的分界面上大部分能量被反射。超声在介质中衰减的情况与其频率及介质性质有关。在气体中被吸收的能量要比液体或固体中大得多，其频率越高，越容易被吸收。频率为 1 MHz 的超声波离开波源后，在空气中只经过半米长的距离，其强度便将减弱一半。超声波在液体中能够传播很远，如使其强度减弱一半，则所经过距离约为空气中的一千倍。超声波能穿透几十米长的金属，故它在液体和固体中具有很强的穿透性。

超声波的这些特性,可用于水中通信和侦察(如侦察水中的鱼群、沉船和暗礁等的位置)外,还可用于工件探伤(如裂缝、砂眼等)。超声波的穿透能力很强,灵敏度也高,它能探查出在数米深处几毫米大小的砂眼。此外,超声波也可用来诊断人体内是否有病变组织、检查心脏活动以及测量血流等。

利用超声波能穿透对光不透明的金属等物质的特性制成的超声波显微镜,可以用来获得金属内部缺陷的可见图像,观察流动液体的精细结构、高温熔炉看不见的瑕疵以及汽油中的水滴等。超声波显微镜可将成像物体放大几万倍,分辨本领很高。

二、超声波对物质的作用

超声波因频率高、声强大,在介质中传播时能破坏物质的力学结构,具有强烈的振动和击碎作用,可以把物体打成极为细小的颗粒。因而几种互不润湿的液体(或有一种是固体)经超声处理后能将一种物体击成极细的微粒,使其悬浮在另一种液体中造成乳化状态。在药学方面,应用超声波制成乳剂获得了一定成效。如用于心脏病治疗的樟脑不溶于水,故不能直接给病人注射,但用超声乳化樟脑油制成乳剂后,即可直接为病人注射以加速治疗效果。

超声波在气体中会引起凝聚作用,能把气体中的微小粒子(如煤炭烟灰)凝成较大的粒子,因而可用来除尘和沉积工厂烟囱的煤烟。在液体中这种凝聚现象只有频率高而功率又不很强时才比较显著,否则由于强超声波的击碎作用,这种现象显示不出来。超声波的凝聚作用可把许多类似的分子聚合起来,形成高分子化合物。例如,在超声波作用下苯乙烯和丁二烯聚合速度会显著增加。超声波在另一些情况下又有相反的解聚作用,利用超声波可把高聚物(大的聚合物)分解出来。这种分解可以用在制造人工血浆等方面。超声波对生物体也可产生强烈的作用,例如,滴虫类在超声波作用下因细胞被破坏几乎立刻死亡。利用超声波对细胞的杀灭作用,还可以获得各种重要的生物制品,如抗生素等,而不引起化学变化。由于处理条件的不同,超声波作用于植物种子可以引起植物的加速生长,或引起发芽能力的降低。如何掌握处理条件,是研究超声波在农业中应用的关键。

强超声波在液体中传播时声压的振幅很大,数值为 $10^5 \sim 10^6$ Pa,对此,液体完全可以经得住,不起什么变化。但当声压振动为负值时,如数值大于 10^5 Pa(静压强的大小)时,液体中的压强就出现负值,这相当于拉力的作用。在拉力集中处就将被拉伸而破裂,在内部出现细小的空穴。空穴存在的时间极短,在负压后随之而来的正压使空穴受到迅速的冲击而闭合。瞬时的局部压强可达 $10^8 \sim 10^9$ Pa,同时局部温度猛烈上升,可以达到几千摄氏度高温,并引起放电和发光现象。这是超声波的一个非常重要的作用,称为**空化作用**。空化作用的存在,大大增强了超声波的机械作用，因此在液体中进行超声波处理往往效果较好。空化作用所引起的电离、发光、局部的高温和高压，是促进化学反应的极有利的因素。例如，碘化钾溶液经超声波的空化作用处理几分钟后就出现自由碘。又如，合成氨用低压法也需在约 10^7 Pa 条件下进行，但在超声波作用下只要 $10^5 \sim 2\times10^5$ Pa 即可。许多氧化和加氢反应，在超声作用下都有良好的效果。对于空化作用，目前人们了解得还很不够，需要作进一步的深入研究。

超声波不仅用于诊断也用于治疗。超声波治疗已成为常规的理疗方法之一，对脑血栓、肾结石、关节炎等都有一定疗效。

相关链接：脉冲回流超声成像诊断仪

相关链接：超声波治疗

3.7.4 次声波

除超声波外，对次声波的研究和应用也在发展中。次声波频率低，和声波相比，大气对次声波的吸收很小，因此，次声波能传播数千公里以上。例如，1883 年苏门答腊和爪哇之间一次火山爆发产生的次声波，绕地球三周，历时 108 小时。次声波的传播速度和声波相同，随着各种次声波探测器的发展，次声波不仅成为研究地球、海洋、大气大规模运动的有力工具，而且也应用于军事侦察。对次声波的产生、传播、接收、影响和应用的研究，形成了现代科学一个新的分支，这就是次声学。

思考题

3-1 波动方程和简谐振动方程有什么异同？

3-2 振动能量如何变化？波动过程的能量如何变化？

3-3 如果说：“振动是封闭系统的能量转化过程，波动是开放系统的能量传递过程。”可以吗？

3-4 在波动方程的推导过程中，假设波向 x 正方向传播，假如波动的传播方向为 x 的负方向，对波动方程有什么影响？

3-5 什么是波的干涉？它和波的叠加有什么关系？两列波叠加一定产生干涉吗？

3-6 驻波形成的基本原理是什么？驻波的能量和行波的能量有什么异同？

3-7 什么是多普勒效应？它有什么应用？

习题

习题答案

3-1 一物体沿 x 轴作简谐振动，振幅为 12.0 cm，周期为 2.0 s，在 $t=$

0 时物体位于6.0 cm 处且向正 x 方向运动。求：

（1）初相位；（2）$t=0.50$ s 时，物体的位置、速度和加速度；（3）在 $x=-6.0$ cm 处且物体向 x 的负方向运动时物体的速度和加速度。

3-2 质量为 m、半径为 r 的长圆管密度计，浮在密度为 ρ 的液体中，如果沿竖直方向推动密度计，则密度计将上下振动，在不考虑阻力作用的情况下，证明该振动为简谐振动，并求其振动周期。

3-3 经验证明，当车辆沿竖直方向振动时，如果振动的加速度不超过 $1.0\ \text{m}\cdot\text{s}^{-2}$，乘客就不会有不舒服的感觉。若车辆竖直的振动频率为 1.5 Hz，求车辆振动振幅的最大允许值。

3-4 已知一简谐振动曲线如图 3-15 所示，写出其运动方程。

3-5 在波的传播路径上有 A、B 两点，介质的质元都作简谐振动，B 点比 A 点相位落后 30°，已知 A、B 之间的距离为 0.2 cm，振动周期为 2.0 s，求波速和波长。

3-6 一沿 x 轴正方向传播的简谐波 $t=0$ 时的波形如图 3-16 所示，波速为 80 m/s。求该简谐波动方程。

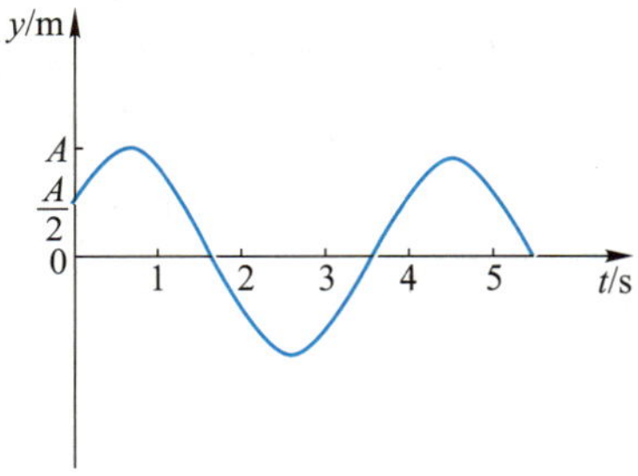

图 3-15 习题 3-4 图

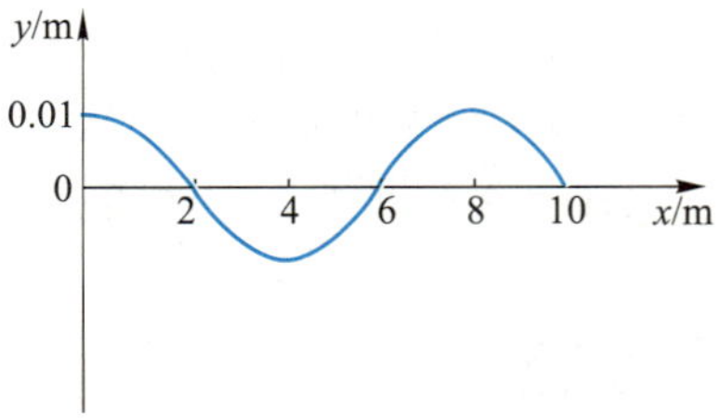

图 3-16 习题 3-6 图

3-7 一横波沿绳子传播，其波的表达式为 $y=0.05\cos(100\pi t-2\pi x)$（SI 单位）。

（1）求此波的振幅、波速、频率和波长；

（2）求绳子上各质点的最大振动速度和振动加速度；

（3）求 $x_1=0.2$ m 处和 $x_2=0.7$ m 处两质点振动的相位差。

3-8 波动方程为 $y_1=A\sin\left(\omega t-\dfrac{2\pi x}{\lambda}\right)$的入射波沿棒传播，传播过程能量无衰减，设反射端 $x=0$。（1）反射端为自由端时，求入射波和反射波合成的驻波方程，并指出波腹与波节所在的位置；（2）求反射端为固定端时的驻波方程、波腹和波节的位置。

3-9 频率为 50 kHz 的超声波在空气中传播，设空气微粒振动的振幅为 0.10×10^{-6} m，求其振动的最大加速度和最大速度。

3-10 装于海底的超声波探测器发出一束频率为 30 kHz 的超声波，被迎面驶来的潜水艇反射回来。反射波与原来的波合成后，得到频率为 241 Hz 的拍。求潜水艇的速率。设超声波在海水中的传播速度为 $1\ 500\ \mathrm{m \cdot s^{-1}}$。

参考文献

第四章　分子动理论

树叶上的水滴呈球形，这反映出水具有表面张力，而且水不润湿树叶表面等液体表面现象。

宏观物体通常是由大量微观粒子（分子或原子）组成的。微观粒子有大小、质量、速度、能量等，这些描述单个微观粒子状态的物理量称为微观量。一般在实验室中，针对物质性质测得的物理量称为宏观量，如物质的体积、压强、温度等。单个粒子的运动具有很大的偶然性，难以进行测量，但就大量微观粒子集体表现来看，其运动却遵从一定的统计规律。分子动理论从物质的微观结构出发，运用力学规律和统计方法，揭示了气体的压强、温度、内能等宏观量的微观本质，并给出了宏观量与之相应的微观量统计平均值之间的关系。该理论使我们能够更深入地了解气体与热现象有关的性质和规律以及液体的表面性质，同时也显示出统计理论在处理大量粒子系统问题中的特殊重要性。

§4.1　物质的微观模型

习惯上我们把宏观物体分为固态（solid state）、液态（liquid state）和气态（gaseous state）三种状态①。固态是分子很靠近且整齐排列的状态；液态

① 目前也常认为物质有气、液、固、等离子体、细小粉尘和玻色-爱因斯坦凝聚体六种状态。

中的分子虽然很靠近,但不具有空间排列上的秩序性;气态中的分子则相距很远,表现出更大的“自由性”。气体很容易被压缩、水和酒精混合后的体积小于原有体积之和等现象表明,分子之间存在着间隙。

布朗运动和扩散现象表明分子或原子都处在永不停息的、无规则的运动之中,大量分子的这种无规则运动称为热运动(thermal motion)。

分子能够结合成液态和固态,说明分子间有引力作用。但固体或液体即使在巨大的压力作用下,其体积的改变也十分微小,这又说明分子之间还可能出现强大的斥力。分子间的引力和斥力统称分子力(molecular force)。根据实验和近代理论分析,物体分子间作用力 F 与分子中心间距离 r 的关系可用下式表示:

动画:布朗运动

$$F=\frac{C_1}{r^p}-\frac{C_2}{r^q} \tag{4-1}$$

式中 C_1、C_2、p、q 都是正数且 $p>q$,由实验数据确定。(4-1)式中第一项表示的是斥力;第二项表示的是引力。由于 p 和 q 都比较大,所以分子力随着分子间距离的增加而急剧减小,故称为短程力。当分子的间距大于 10^{-8} m 时,分子力 F 实际上可以完全忽略,对应的是气体分子间的相互作用情况,因此,气体分子表现出更为自由的性质。另外,由于 $p>q$,所以斥力的有效作用距离比引力小。分子力 F 与分子中心间距离 r 的关系如图 4-1(a)所示。当 $r=r_0$ 时,斥力与引力恰好平衡,此时 $F=0$,这个位置称为平衡位置,r_0 的数量级约为 10^{-10} m。当 $r<r_0$ 时,$F-r$ 曲线很陡,相当于分子紧挨在一起,彼此间的斥力很大,(4-1)式中的第一项起主要作用;当 $r>r_0$ 时(r 的数量级为 $10^{-10}\sim10^{-8}$ m),分子间表现为一定的引力,(4-1)式中的第二项起主要作用,随着分子间距离的增大,引力渐趋于零。一般情况下,气体分子间的距离相当大,分子间的引力可以忽略不计。

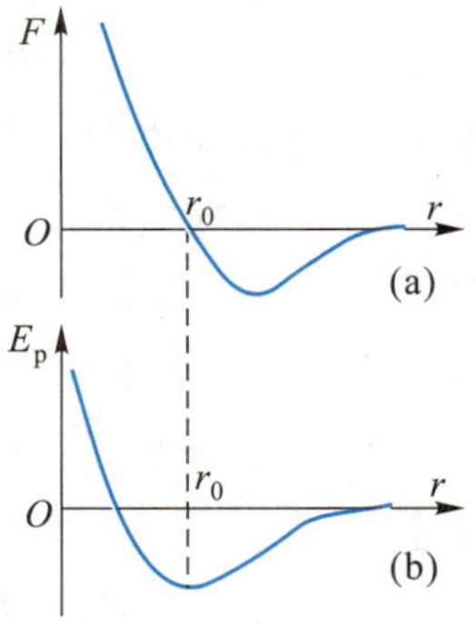

图 4-1 (a) 分子间作用力 F 与分子间距离 r 的关系;(b) 分子间作用势能 E_p 与分子间距离 r 的关系

分子间的相互作用也可以用分子间的势能曲线来描述。分子的势能 E_p 与分子间距离 r 的关系如图 4-1(b)所示。当 $r=r_0$ 时,势能最低,分子处于势阱中,状态最稳定。这一位置正好对应图 4-1(a)中 $F=0$ 的位置。当分子的位置偏离了 r_0 时,势能增加,分子处于不稳定状态,这时分子就有回到平衡位置的趋势。

当分子的平均动能远小于势阱深度时,所有分子都被束缚在势阱中形成稳定的束缚态——固态。而当分子的平均动能远大于势阱深度,所有分子将尽可能均匀地充满其能占据的空间,也就是形成气态。当物质分子的平均动能与分子间的势阱深度相当,分子可以不受其他分子的束缚,但不会偏离太远，总的效果是形成介于固态和气态之间的液态。可见物质的形态与分子间互相作用势能的势阱深度是密切相关的。

§4.2 理想气体分子动理论

4.2.1 理想气体的物态方程

一、平衡态与态参量

所有系统的宏观状态可以分为两类：平衡态和非平衡态。平衡态是一种较简单，也较重要的宏观状态。在一密闭容器中的一定质量的气体，开始时，气体在各处的压强、密度等物理量大小不同，而且随时间变化，这样的状态称为非平衡态。在没有外界的影响下，经过一定的时间，气体在容器内的整个空间会达到均匀分布，使各处的压强、密度等数值相同，而且长时间内气体的宏观性质不再发生变化。这种在不受外界影响的条件下，一个系统的宏观性质不随时间变化的状态称为**平衡态**（equilibrium state）。在平衡态下，组成系统的气体分子仍在不停地运动着，并且运动是完全紊乱的。分子按位置的分布是均匀的，分子速度按方向的分布也是均匀的。每个分子的运动服从力学规律，与其他分子的碰撞是偶然的，这些微观运动的总效果也是不断随时间改变的，表示系统宏观性质的物理量，其数值仍会发生或大或小的变化，这种变化称为涨落。只不过是大量分子运动总的平均效果不随时间改变而已，这也体现了反映系统宏观性质的物理量是大量分子集体运动的某种统计平均值。因此，这里所谈的平衡是一种动态平衡，而且总是伴随着涨落现象的。

系统的平衡态可以用一些表示系统特性的物理量来描述，这些量称为**态参量**。对于一定质量的气体，可以用体积 V、压强 p 和温度 T 来描述它的状态。这里的体积是指气体分子活动的空间范围，即容器的容积与容器内分子总净体积之差，单位为 m^3；气体的压强是气体作用在容器单位面积上的指向器壁的垂直作用力，是分子对器壁碰撞的宏观表现，单位为 Pa，$1\ Pa=1\ N\cdot m^{-2}$；温度由系统内部热运动状态所决定的，是组成物质的大量分子无规则运动剧烈程度的表现和度量。为了给出温度的读数，人们规定了温标（scale of thermometer），即温度的数值表示法，常用的温标有两种，一种是摄氏温标 t，单位是℃；另一种是热力学温标 T，单位是 K，它与被测温物质的物理属性无关，由之确定或标记的温度称为热力学温度。1954 年国际计量大会规定水的三相点的热力学温度为273.16 K。我们通常采用热力学温标 T。

二、理想气体的物态方程

实验证明，表征气体平衡态的三个态参量满足一定的关系式，这一关系式称为气体的物态方程。对一般气体来说，在压强不太大（与大气压比较）、温度不太低（与室温相比）的实验范围内，它们都近似地遵从玻意耳定律、盖-吕萨克定律和查理定律，而且压强越低，近似程度越好。我们把在任何情况下绝对遵守上述三条实验定律的气体称为**理想气体**（ideal gas）。理想气体三个态参量之间的关系式即**理想气体物态方程**（equation of state），可从这三条实验定律导出。对一定质量的同种理想气体，任意状态下的$\frac{pV}{T}$的值都相等，因而可以有

$$\frac{pV}{T}=\frac{p_0V_0}{T_0} \tag{4-2}$$

其中 p_0、V_0、T_0 为标准状态下相应的态参量。

若已知容器中气体的质量为 m，该气体的摩尔质量是 M，则气体物态方程可表示为

$$pV=\frac{m}{M}RT \tag{4-3}$$

式中 $R=8.314\ \mathrm{J\cdot mol^{-1}\cdot K^{-1}}$称为摩尔气体常量。

【例 4-1】 氧气瓶的体积是 $3.5\times10^{-2}\ \mathrm{m^3}$，瓶内氧气的压强为 $1.5\times10^7\ \mathrm{Pa}$。给病人输氧一段时间后，氧气的压强降为 $1.2\times10^7\ \mathrm{Pa}$。设温度为 293 K。求这段时间内用去氧气的质量。

【解】 已知 $V=3.5\times10^{-2}\ \mathrm{m^3}$，$T=293\ \mathrm{K}$，$M=3.2\times10^{-2}\ \mathrm{kg\cdot mol^{-1}}$，$p_1=1.5\times10^7\ \mathrm{Pa}$，$p_2=1.2\times10^7\ \mathrm{Pa}$，$R=8.314\ \mathrm{J\cdot mol^{-1}\cdot K^{-1}}$。

根据物态方程得

$$\Delta m=\frac{MV}{RT}\Delta p=\frac{3.2\times10^{-2}\times3.5\times10^{-2}\times0.3\times10^7}{8.314\times293}\ \mathrm{kg}=1.38\ \mathrm{kg}$$

4.2.2 理想气体的微观模型

在标准状态下，气体分子间的平均距离至少是其自身大小的 10 倍，因此，可以把气体视为分子间有很大距离的分子的集合。根据这一实际情况，人们提出理想气体的微观模型：组成气体分子的微观粒子都可近似看成质点，并遵从牛顿力学规律；除了气体分子相互碰撞和气体分子与容器壁碰撞的瞬间外，气体分子之间以及气体分子与容器壁之间的作用力可以忽略不计；气体分子之间的碰撞和气体分子与容器壁的碰撞是完全弹性的。

4.2.3 理想气体的压强公式

容器内的理想气体分子作无规则运动时，除相互之间不断发生碰撞外，还将不断地与容器壁碰撞。对任一分子来说，它与器壁何处碰撞，给器壁多大的冲量，都是偶然的，碰撞也是断续的。但对大量分子整体来说，每一时刻都有大量分子与器壁碰撞。可以认为，容器中的气体施加在器壁的宏观压强就是大量分子碰撞器壁的结果。根据理想气体的微观模型，气体分子可视为极小的弹性质点。下面用统计方法，对大量分子的微观量求统计平均值，在数值上建立压强与分子运动之间的联系。

如图 4-2 所示，在边长为 l 的正方体容器（一个顶点位于直角坐标系的原点）内有 N（N 很大）个质量为 m_0 的同种分子，忽略重力作用，且不受其他外场的作用，系统处于热平衡状态，各个分子速率不等，分别为 $v_1, v_2, v_3, \cdots, v_N$。考虑分子 a 在一次碰撞中对容器的作用。设分子 a 的速率在 x、y、z 方向的分量分别为 v_{1x}、v_{1y} 和 v_{1z}，由于容器质量很大，该分子在与 A_1 面作完全弹性碰撞时，它速度的 x 方向分量由 v_{1x} 改变为 $-v_{1x}$；而与 A_2 面碰撞时，再由 $-v_{1x}$ 改变为 v_{1x}。在 y、z 方向的速度分量 v_{1y} 和 v_{1z} 则不受影响。因此，每当这个分子与 A_1 面碰撞一次，其动量的改变为 $-2m_0v_{1x}$，方向垂直于 A_1 面。该分子与 A_1 面连续 2 次碰撞间隔中，在 x 方向所经过的距离为 $2l$，所需时间为 $\frac{2l}{v_{1x}}$，在单位时间内，

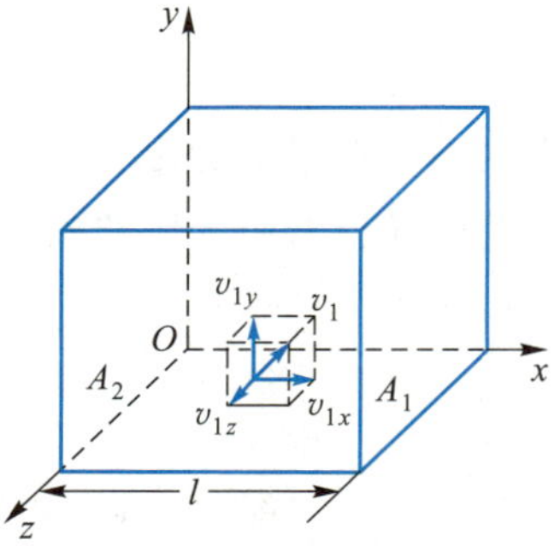

图 4-2　气体的压强

分子 a 与 A_1 面碰撞的次数为 $\frac{v_{1x}}{2l}$，与 A_1 面作用的动量改变为

$$\frac{v_{1x}}{2l}\times(-2m_0v_{1x})=-\frac{m_0v_{1x}^2}{l}$$

单位时间内 N 个分子与 A_1 面作用总的动量改变为

$$-\frac{m_0}{l}(v_{1x}^2+v_{2x}^2+v_{3x}^2+\cdots+v_{Nx}^2)$$

这也等于器壁作用于分子的力 F。根据牛顿第三定律可知，分子施加于器壁的力 $F'=-F$。因此，分子施加于器壁 A_1 面的压强为

$$p=\frac{F'}{l^2}=\frac{m_0}{l^3}(v_{1x}^2+v_{2x}^2+v_{3x}^2+\cdots+v_{Nx}^2)$$

由于单位体积的分子数 $n=\frac{N}{l^3}$，上式可写为

$$p=m_0n\left(\frac{v_{1x}^2+v_{2x}^2+v_{3x}^2+\cdots+v_{Nx}^2}{N}\right)$$

上式中括号内是容器中所有分子在 x 方向速度分量平方的平均值,用 $\overline{v_x^2}$ 表示。

对任一分子, $v^2=v_x^2+v_y^2+v_z^2$,由于平衡状态下气体的性质与方向无关,所以三个速度分量平方的平均值彼此相等,即 $\overline{v_x^2}=\overline{v_y^2}=\overline{v_z^2}=\dfrac{\overline{v^2}}{3}$,压强公式可写成

$$p=\frac{1}{3}m_0 n\,\overline{v^2}=\frac{2}{3}n\cdot\left(\frac{1}{2}m_0\,\overline{v^2}\right)=\frac{2}{3}n\,\overline{\varepsilon}_{\mathrm{k}} \tag{4-4}$$

式中 $\overline{\varepsilon}_{\mathrm{k}}=\dfrac{1}{2}m_0\,\overline{v^2}$ 表示气体分子的平均平动动能。(4-4)式称为理想气体的压强公式。该式表明,气体的压强与单位体积内的分子数 n、分子的平均平动动能 $\overline{\varepsilon}_{\mathrm{k}}$ 成正比,n 和 $\overline{\varepsilon}_{\mathrm{k}}$ 越大,压强也越大。它把宏观量压强 p 与微观量分子的平均平动动能 $\overline{\varepsilon}_{\mathrm{k}}$ 联系了起来,说明气体的宏观压强是大量分子在足够长的时间内对足够大的面积碰撞所产生的平均效果,是一个统计平均值,离开了“大量分子”与“统计平均”,压强就失去了意义。压强 p 可以由实验测定,而 $\overline{\varepsilon}_{\mathrm{k}}$ 不能直接测定,但从这个公式出发能够令人满意地解释或推证许多实验定律。

4.2.4 分子平均平动动能 理想气体的温度

从理想气体的压强公式和物态方程中消去 p,可得

$$\overline{\varepsilon}_{\mathrm{k}}=\frac{1}{2}m_0\,\overline{v^2}=\frac{3}{2}\cdot\frac{1}{n}\cdot\frac{m}{M}\cdot\frac{RT}{V}$$

因为 $n=\dfrac{N}{V}$,$N=\left(\dfrac{m}{M}\right)N_{\mathrm{A}}$,$N_{\mathrm{A}}$ 是阿伏伽德罗常量($6.022\times10^{23}\ \mathrm{mol^{-1}}$),代入上式后得,分子的平均平动动能 $\overline{\varepsilon}_{\mathrm{k}}$ 为

$$\overline{\varepsilon}_{\mathrm{k}}=\frac{1}{2}m_0\,\overline{v^2}=\frac{3}{2}\frac{RT}{N_{\mathrm{A}}}=\frac{3}{2}kT \tag{4-5}$$

式中 $k=\dfrac{R}{N_{\mathrm{A}}}$ 称为玻耳兹曼常量,$k=1.381\times10^{-23}\ \mathrm{J\cdot K^{-1}}$。上式表明理想气体分子的平均平动动能只与热力学温度成正比,而与气体的种类无关。

(4-5)式也可表示为 $T=\dfrac{2}{3}\dfrac{\overline{\varepsilon}_{\mathrm{k}}}{k}$,由此可见,理想气体的温度是组成气体分子的无规则运动的剧烈程度的量度。推而广之,从本质上说,温度起因于大量微观粒子的无规则运动,温度是组成系统的大量微观粒子的无规则运动的剧烈程度的量度。对于单个分子,温度是没有意义的。因此温度是宏观量,是微观量——分子平均平动能的统计平均值。

4.2.5 能量的基本公式

(4-5)式表示了气体的平均平动动能为 $\overline{\varepsilon}_{k}=\frac{3}{2}kT$,这是不是气体的全部能量?是否还有其他能量形式呢?通过比热容实验人们发现,处于相同温度下、相同物质的量的单原子分子和多原子分子气体的能量并不相同。如果我们把决定物体位置所需要的独立坐标数目称为该物体的自由度(degree of freedom),则单原子分子与多原子分子的自由度不同。对于单原子分子来说,可将其视为质点,它在空间的位置可用 3 个独立的坐标 x、y、z 来确定,故有 3 个自由度。因为$\overline{v_x^2}=\overline{v_y^2}=\overline{v_z^2}=\frac{\overline{v^2}}{3}$,由(4-5)式可得每个自由度的平均平动动能为

$$\frac{1}{2}m_0\overline{v_x^2}=\frac{1}{2}m_0\overline{v_y^2}=\frac{1}{2}m_0\overline{v_z^2}=\frac{1}{6}m_0\overline{v^2}=\frac{1}{2}kT \qquad (4-6)$$

可见分子在每一个运动自由度上的平均平动动能都是$\frac{1}{2}kT$。

这一结论虽然是针对分子平动而言的,但在平衡态下,由于气体分子无规则运动的结果,使得任何一种可能的运动都不会比另一种可能的运动更占优势,机会是完全均等的。因此平均说来,不论气体分子作何种运动,相应于每一个可能自由度的平均能量都应相等,这一结论称为能量按自由度均分原理。对于双原子或多原子分子气体,可以有更多的自由度。比如氮气和氧气,可视其分子为成一直线的刚性双原子分子,描述其质心的位置需要 3 个独立坐标,另外需要 2 个坐标来确定直线的方位,共有 5 个自由度。这些气体分子的平均动能可表示为

$$\overline{\varepsilon}_{k}=\frac{5}{2}kT$$

如果气体分子有 i 个自由度,则每一个分子的平均动能为

$$\overline{\varepsilon}_{k}=\frac{i}{2}kT \qquad (4-7)$$

动画:气体分子热运动模拟

除了分子作无规则热运动的动能外,一般在分子之间还存在相互作用势能,所有这些分子的动能和势能的总和称为系统的内能(internal energy)。对于理想气体,分子间的相互作用可以忽略,其内能只是所有分子动能的总和。对于质量为 m、摩尔质量为 M 的理想气体,包含的分子总数为 $N=\frac{m}{M}N_{A}$,若分子的自由度为 i,则系统的内能为

$$U=\frac{m}{M}N_{A}\cdot\frac{i}{2}kT=\frac{m}{M}\frac{i}{2}RT \qquad (4-8)$$

【例 4-2】 有一真空管，在 0 ℃时其真空度为 1.33×10^{-3} Pa，求真空管内单位体积中的分子数和总平均平动动能。

【解】 根据（4-4）式和（4-5）式得 $n=\dfrac{p}{kT}$，已知 $k=1.38\times10^{-23}\ \mathrm{J\cdot K^{-1}}$，$T=273$ K，$p=1.33\times10^{-3}$ Pa，代入上式得

$$n=\frac{1.33\times10^{-3}}{1.38\times10^{-23}\times273}\ \mathrm{m^{-3}}=3.53\times10^{17}\ \mathrm{m^{-3}}$$

即每立方米真空管内有 3.53×10^{17} 个气体分子。

又因为每个分子的平均平动动能为 $\dfrac{3}{2}kT$，所以单位体积内气体分子的总平均平动动能为

$$\begin{aligned}\bar{\varepsilon}_k&=n\frac{3}{2}kT=\frac{p}{kT}\cdot\frac{3}{2}kT=\frac{3}{2}p=\frac{3}{2}\times1.33\times10^{-3}\ \mathrm{J\cdot m^{-3}}\\&=1.995\times10^{-3}\ \mathrm{J\cdot m^{-3}}\end{aligned}$$

相关链接：定容比热容实验

§4.3 气体分子速率分布和能量的统计规律

处于热平衡的气体，每个分子的运动速度大小和方向都是偶然的、随机的。但从宏观、整体的角度来看，由于大量分子组成的气体都具有一定的压强和温度。这表明，这些大量偶然事件存在着一定的分布规律。这种微观上千变万化、完全偶然，而宏观上具有一定规律的现象称为统计规律性。数学上研究统计规律性的学科称为概率论，并把在一定条件下，一系列可能发生的事件集合中发生某一事件的机会或可能性称为发生该事件的概率，这些可能发生的事件称为偶然事件。统计规律性反映了大量偶然事件整体的必然联系，某一偶然事件出现的概率相对于统计平均值则会有涨落。研究表明，随着偶然事件数目的增加，涨落逐渐减少。例如在抛硬币游戏中，抛 1 次硬币，落地时可能正面朝上，也可能正面朝下，或者说正面朝上的发生是偶然的。如果我们坚持抛 10 万次，并统计正面朝上的次数，就会发现非常接近 10 万次的 50%。因此，可以这样理解，抛一个硬币落地时正面朝上的概率为 50%，但这个硬币落地时正面到底是朝上还是朝下完全是偶然的。但若同时抛 10 万个硬币，落地时正面朝上的硬币数量必定接近于 10 万的 50%。这就表明统计规律反映的是偶然事件背后的必然性，某一事件是否发生是偶然的，但发生的概率有多大是确定的。因此

抓住了随机事件的概率就是抓住了偶然中的必然。

在分析理想气体分子运动状况时，气体分子的大量性（需以 10^{23} 数量级来计）以及它们互相碰撞中每个分子的速度大小和方向随机变化的不可预知性，体现了气体分子运动状态的随机性，但它们的各种运动状态出现的概率有完全确定的分布规律。1859 年，麦克斯韦（J. C. Maxwell）首先用统计方法从理论上解决了气体分子运动速率分布问题，并且不久后理论就为实验所证实。

4.3.1 伽耳顿板实验

一、伽耳顿板实验

伽耳顿板是上半部整齐地排列着许多钉子、在下半部配以许多等宽度小槽的竖直隔板，如图 4-3 所示。实验时，通常是分别多次让单个小球落下或者是让许多小球一齐落下，观察比较这两种情形下各小槽中的落球数目。实验表明：当一次投入一个小球时，因小球与板中上半部分排列着的许多钉子碰撞，导致方向改变，随机地落入下半部的某个小槽中，再投入一个小球，则可能落入另一个小槽中，单个小球与板中钉子碰撞后落入哪一个小槽完全是随机的、偶然的。当大量的小球被一一投入时，就会发现有些小槽中落入的球较多，而有些小槽中落入的球较少；用另外一种方法，使大量的小球一齐落下时，得到的落球结果与前种方法相同。多次重复实验可以发现，伽耳顿板下半部各个槽中落入小球数目的分布基本上保持不变，正对入口的槽中落入的小球总是较多，而远离正对入口的槽中落入的小球总是较少。

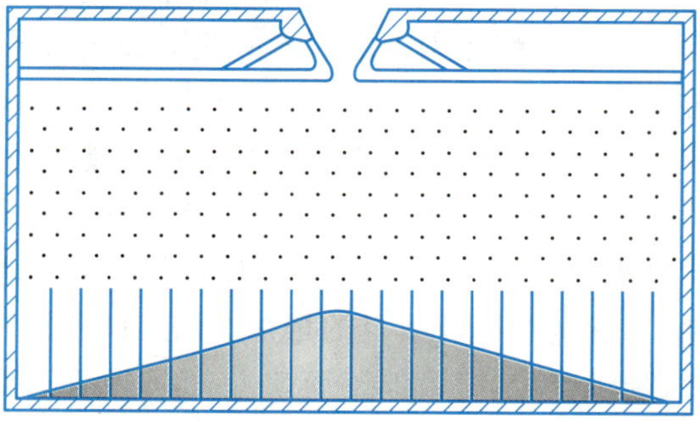

图 4-3 伽耳顿板

伽耳顿板实验结果说明，大量小球一齐落下时，落入各槽中小球数目有确定的分布，表明单个小球落入某个槽中的概率是确定的。由此可知，统计规律与力学的决定性规律有着明显的差别，统计规律是对大量偶然事件整体起作用的规律，力学规律是对单个事件起作用的规律，统计规律不是力学规律的简单叠加。另外,多次使很多小球一齐落下时,落入下半部各小槽中小球的数目分布基本保持不变,但又不是绝对相等,说明统计规律起主要作用的情况下,单个的偶然事件相对统计规律仍会有涨落。

二、落球的分布函数

以伽耳顿板实验为例,给伽耳顿板下方的小槽编号,设 i 为小槽序号,设小球总数为 N,落入第 i 个小槽的球数为 ΔN_i,落入第 i 个小槽的球数所占的面积(或体积)为 ΔA_i,其宽度为 Δx_i,高度为 h_i,则有

$$N = \sum_i \Delta N_i = C\sum_i \Delta A_i = C\sum_i h_i \Delta x_i$$

其中 C 为单位面积(或体积)内所容纳小球数目,小球落入第 i 个小槽的概率为

$$\Delta P_i = \frac{\Delta N_i}{N} = \frac{h_i \Delta x_i}{\sum_j h_j \Delta x_j}$$

对于离散的随机变量 $\{x_i\}$,若设随机变量 x_i 出现的概率为 $P(x_i)$,则 $\{P_i\} = \{P(x_1), P(x_2), \cdots, P(x_i), \cdots\}$ 称为其概率分布。由于所有可能的随机变量出现的总概率为 1,所以该概率分布满足归一化条件:

$$\sum_i P_i = 1$$

将小区间 Δx_i 细化,使 Δx_i 成为无穷小量 $\mathrm{d}x$,ΔN_i 成为无穷小量 $\mathrm{d}N$,ΔP 也就相应地成为无穷小量:

$$\mathrm{d}P = \frac{\mathrm{d}N}{N} = \frac{h(x)\,\mathrm{d}x}{\int h(x)\,\mathrm{d}x}$$

令 $f(x) = \dfrac{h(x)}{\int h(x)\,\mathrm{d}x}$,则有

$$\mathrm{d}P = f(x)\,\mathrm{d}x$$

于是

$$f(x) = \frac{\mathrm{d}P}{\mathrm{d}x} = \frac{1}{N}\frac{\mathrm{d}N}{\mathrm{d}x}$$

函数 $f(x)$ 就称为 x 的概率分布函数,即 $f(x)$ 表示随机变量出现在 x 处的单位区间内的概率,因此分布函数也称为概率密度。因为出现各种情况可能性的总概率为 1,所以分布函数也具有归一性:

$$\int f(x)\,\mathrm{d}x = 1$$

4.3.2 速率分布函数

对于系统中分子的热运动,可采用统计学的方法进行处理,在气体的平衡态下,把分子的速率划分为若干相等的间隔 Δv,然后统计气体分子处于某一速率间隔 $v\sim v+\Delta v$ 内的分子数 ΔN 占总分子数 N 的百分比$\frac{\Delta N}{N}$,或者说每一个分子速率分布在间隔 $v\sim v+\Delta v$ 内的概率。类比伽耳顿板落球的分布函数含义,取 $\Delta v\to 0$,则比值$\frac{\Delta N}{N\Delta v}$的极限就成为 v 的连续函数,以 $f(v)$ 表示,称为速率分布函数,即

$$f(v)=\lim_{\Delta v\to 0}\frac{\Delta N}{N\Delta v}=\frac{1}{N}\frac{\mathrm{d}N}{\mathrm{d}v} \tag{4-9}$$

速率分布函数 $f(v)$ 的物理意义是指,速率分布在 v 附近的单位速率间隔内的分子占总分子数的百分比,即为每一个分子的速率在 v 附近的单位速率间隔内的概率(即概率密度)。

根据速率分布函数 $f(v)$ 的定义式可得分子速率分布在 $v\sim v+\Delta v$ 间隔内的分子数 $\mathrm{d}N$ 占总分子数 N 的百分比:

$$\frac{\mathrm{d}N}{N}=f(v)\,\mathrm{d}v$$

上式对所有速率间隔进行积分,将得到所有速率($0\sim\infty$)间隔的分子数占总分子数百分比的总和,这显然等于 1,即

$$\int_0^N\frac{\mathrm{d}N}{N}=\int_0^\infty f(v)\,\mathrm{d}v=1 \tag{4-10}$$

这是速率分布函数必须满足的条件,称为归一化条件。

【例 4-3】 有 N 个假想的气体分子的速率分布如图 4-4 所示:

(1) 由 N 和 v_0 确定 N_0;

(2) 确定速率在 $1.5v_0$ 到 $2.0v_0$ 之间的分子数;

(3) 确定分子的平均速率。

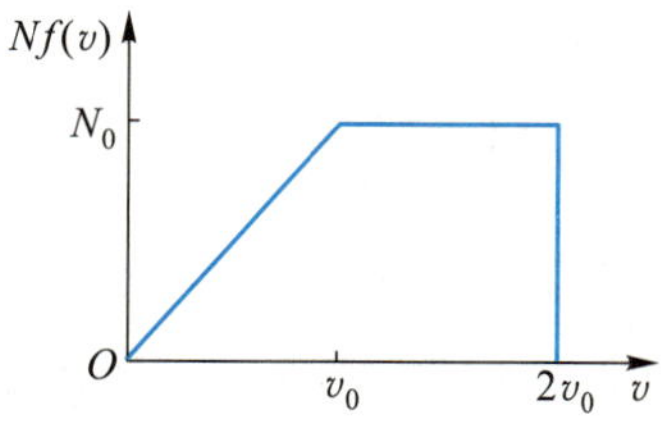

图 4-4 例 4-3 图

【解】 (1) 由图可知,这 N 个分子的速率分布函数可以解析表示为

$$f(v)=\frac{N_0}{Nv_0}v \qquad (当\ 0\leqslant v<v_0)$$

$$f(v)=\frac{N_0}{N} \qquad (当\ v_0\leqslant v\leqslant 2v_0)$$

$$f(v)=0 \qquad (当\ v>2v_0)$$

由速率分布函数的归一化条件可知

$$\int_0^{v_0}\frac{N_0}{Nv_0}v\mathrm{d}v+\int_{v_0}^{2v_0}\frac{N_0}{N}\mathrm{d}v=1$$

即

$$\frac{1}{2}\frac{N_0}{Nv_0}v_0^2+\frac{N_0}{N}v_0=1$$

因此

$$N_0=\frac{2N}{3v_0}$$

（2）由分布函数的定义知，速率分布函数可以表示为

$$f(v)=\frac{\mathrm{d}N}{N\mathrm{d}v}$$

即速率 v 附近小区间 $\mathrm{d}v$ 内的分子数为

$$\mathrm{d}N=Nf(v)\mathrm{d}v$$

依题意，在速率 $v\in[1.5v_0,2.0v_0]$ 的区间内，$f(v)=\dfrac{N_0}{N}=\dfrac{2}{3v_0}$。因此速率在 $1.5v_0$ 到 $2.0v_0$ 之间的分子数为

$$\Delta N=\int_{1.5v_0}^{2.0v_0}Nf(v)\mathrm{d}v=\int_{1.5v_0}^{2.0v_0}N\frac{2}{3v_0}\mathrm{d}v=\frac{N}{3}$$

（3）依题意，N 个分子的平均速率为

$$\bar{v}=\int_0^{\infty}vf(v)\mathrm{d}v=\int_0^{v_0}v\frac{N_0v}{Nv_0}\mathrm{d}v+\int_{v_0}^{2v_0}v\frac{N_0}{N}\mathrm{d}v=\frac{11}{6}\frac{N_0}{N}v_0^2=\frac{11}{9}v_0$$

4.3.3 麦克斯韦速率分布律

麦克斯韦首先从理论上导出了在平衡态下，理想气体分子的速率分布函数的数学表达式为

$$f(v)=4\pi\left(\frac{m_0}{2\pi kT}\right)^{\frac{3}{2}}\mathrm{e}^{-\frac{m_0v^2}{2kT}}v^2 \tag{4-11}$$

式中 m_0 为一个分子的质量，T 为气体的热力学温度，k 为玻耳兹曼常量。

由麦克斯韦速率分布函数可以确定一定量的理想气体在平衡态下，分布在速率间隔 $v\sim v+\Delta v$ 内的相对分子数为

$$\frac{\mathrm{d}N}{N}=4\pi\left(\frac{m_0}{2\pi kT}\right)^{\frac{3}{2}}\mathrm{e}^{-\frac{m_0v^2}{2kT}}v^2\mathrm{d}v \tag{4-12}$$

由上式所确定的理想气体分子按速率分布的统计规律，称麦克斯韦速率分布律。

以速率 v 为横坐标轴，麦克斯韦速率分布函数 $f(v)$ 为纵坐标轴，作出 $f(v)$ 与 v 的关系曲线，该曲线称为麦克斯韦速率分布曲线，如图 4-5 所示。麦克斯韦速率分布曲线可形象地描绘出分子按速率的分布规律：

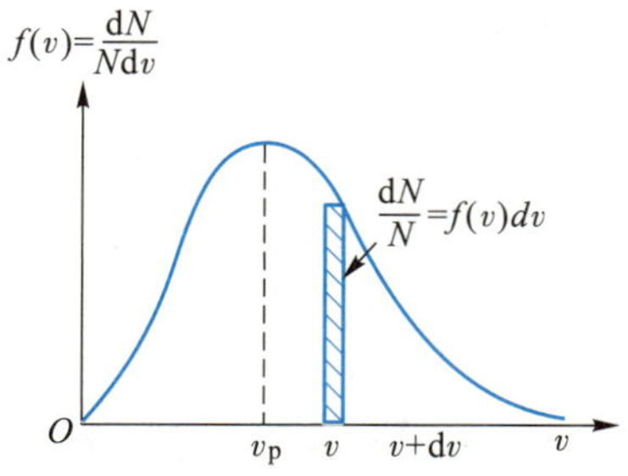

图 4-5 麦克斯韦速率分布曲线

动画：麦克斯韦速率分布律

（1）曲线的特征是从坐标原点出发，随速率增大开始上升，经过一个极大值（对应的速率为 v_p）后下降，并渐近于横坐标轴。这表明气体分子速率可取大于零的一切可能的有限值。

但分子处在速率很小和速率很大处单位速率间隔中的概率较低，处在中等速率附近处单位速率间隔内的概率较高，而处在 v_p 附近单位速率间隔中的概率最高。v_p 称为**最概然速率**（most probable speed）。

（2）图 4-5 中，小矩形面积 $=f(v)\,dv \approx \frac{dN}{Ndv}\cdot dv=\frac{dN}{N}$，它表示速率分布在 $v \sim v+dv$ 间隔内分子数占总分子数的百分比，或表示每一个分子速率分布在该速率间隔内的概率。

（3）曲线下的总面积就是曲线下所有窄条矩形面积的总和，即

$$\int_0^{\infty} f(v)\,dv = 1$$

它表示在整个速率 $(0,\infty)$ 范围，分布在所有速率间隔内的分子数百分比的总和等于 1，这表明分布函数必须满足归一化条件。

4.3.4 三种分子速率

利用麦克斯韦速率分布函数 $f(v)$，可以导出反映分子运动状态具有代表性的三种速率的统计平均值。

一、最概然速率

在平衡态下，温度为 T 的一定量气体中，与 $f(v)$ 的极大值相对应的速率 v_p，称为最概然速率。

现在，我们来阐明最概然速率的物理意义。如果把气体分子的速率分成许多相等的速率间隔，则气体在一定温度下，分布在 v_p 所在区间内的分子数占总分子数中的百分比最大，或分子速率在 v_p 所在区间内的概率最高。据此，可求出 v_p，令

$$\left.\frac{\mathrm{d}f(v)}{\mathrm{d}v}\right|_{v=v_{\mathrm{p}}}=0$$

对(4-11)式进行求导并取极值，则得最概然速率为

$$v_{\mathrm{p}}=\sqrt{\frac{2kT}{m_0}}=\sqrt{\frac{2RT}{M}}\approx 1.41\sqrt{\frac{RT}{M}} \tag{4-13}$$

当 $v=v_{\mathrm{p}}$ 时，分布函数最大值为

$$f(v_{\mathrm{p}})=\frac{1}{\mathrm{e}}\sqrt{\frac{8m_0}{\pi kT}}=\frac{1}{\mathrm{e}}\sqrt{\frac{8M}{\pi RT}}$$

二、平均速率

在平衡态下，N 个气体分子速率的算术平均值，称为**平均速率**(mean speed)，用 $\bar{v}$ 表示。设 ΔN_i 代表气体分子速率在间隔 $v\sim v+\Delta v$ 内的分子数，则按照算术平均值的计算方法，有

$$\bar{v}=\frac{v_1\Delta N_1+v_2\Delta N_2+\cdots+v_N\Delta N_N}{N}=\frac{\sum_i v_i\Delta N_i}{N}$$

由于分子速率可以在(0～∞)之间连续取值，$\bar{v}$ 可由积分运算求出，

$$\bar{v}=\frac{\int_0^\infty v\mathrm{d}N}{N}=\frac{\int_0^\infty vNf(v)\mathrm{d}v}{N}=\int_0^\infty vf(v)\mathrm{d}v$$

将(4-11)式代入上式，积分可得

$$\bar{v}=\sqrt{\frac{8kT}{\pi m_0}}=\sqrt{\frac{8RT}{\pi M}}\approx 1.60\sqrt{\frac{RT}{M}} \tag{4-14}$$

三、方均根速率

方均根速率(root-mean-square speed)$\sqrt{\overline{v^2}}$ 是指分子速率平方平均值的平方根。首先求出分子速率平方的平均值

$$\overline{v^2}=\frac{\int_0^\infty v^2\mathrm{d}N}{N}$$

同理把(4-12)式代入上式，积分可得

$$\overline{v^2}=\frac{3kT}{m_0}$$

由此得方均根速率 $\sqrt{\overline{v^2}}$，即

$$\sqrt{\overline{v^2}}=\sqrt{\frac{3kT}{m_0}}=\sqrt{\frac{3RT}{M}}\approx 1.73\sqrt{\frac{RT}{M}} \tag{4-15}$$

以上三种速率中，方均根速率最大，平均速率次之，最概然速率最小，它们的大小次序不因温度及气体的种类而变化，见图 4-6。

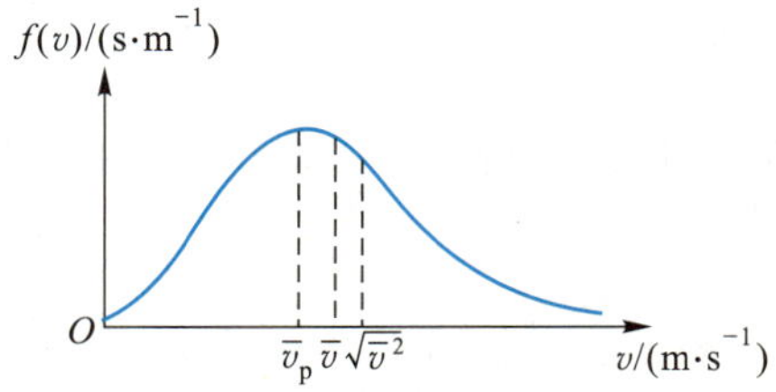

图 4-6 麦克斯韦三种速率分布

三种统计速率都反映了大量分子作热运动的统计规律，它们都与温度$\sqrt{T}$成正比，与分子质量$\sqrt{m_0}$（或$\sqrt{M}$）成反比，且$\sqrt{\overline{v^2}}>\bar{v}>v_p$，三者之比为$\sqrt{\overline{v^2}}:\bar{v}:v_p=1.23:1.13:1$。在室温下，对中等质量的分子来说，三种速率数量级一般为几百米每秒。

三种速率可应用于不同问题的研究中。例如：

$\sqrt{\overline{v^2}}$——用来计算分子的平均平动动能，在讨论气体压强和温度的统计规律中使用。

$\bar{v}$——用来讨论分子的碰撞，计算分子运动的平均距离、平均碰撞次数等。

v_p——由于它是速率分布曲线中极大值所对应的速率，所以在讨论分子速率分布时常被使用。

【例 4-4】 假设某星体为由氦原子核在空间均匀分布形成的气团，试确定氦原子核的最概然速率为 $10^6\ \mathrm{m\cdot s^{-1}}$，$10^3\ \mathrm{m\cdot s^{-1}}$，$1\ \mathrm{m\cdot s^{-1}}$时，星体的温度分别为多高？

【解】 由 $v_p=\sqrt{\dfrac{2kT}{m_0}}$ 得

$$T=\frac{m_0}{2k}v_p^2=\frac{M}{2R}v_p^2$$

其中 M 为摩尔质量，R 为摩尔气体常量。将 $M=4.0\times10^{-3}\ \mathrm{kg\cdot mol^{-1}}$，$R=8.31\ \mathrm{J\cdot mol^{-1}\cdot K^{-1}}$，$v_{p1}=10^6\ \mathrm{m\cdot s^{-1}}$，$v_{p2}=10^3\ \mathrm{m\cdot s^{-1}}$，$v_{p3}=1\mathrm{m\cdot s^{-1}}$代入上式，则得最概然速率分别为以上三种情况时，星体的温度分别为 $T_1=2.407\times10^8\mathrm{K}$，$T_2=2.407\times10^2\mathrm{K}$，$T_3=2.407\times10^{-4}\mathrm{K}$。

4.3.5 玻耳兹曼能量分布律

麦克斯韦速率分布律是讨论理想气体在平衡态中没有外力场作用下分子按速率分布的情况。这时虽然各个分子的速率不同，但分子在空间分布是均匀的，气体分子在空间的密度是一样的。德裔奥地利物理学家玻耳兹曼(L. Boltzmann)在此基础上,研究了气体在保守力场(如重力场)中分子在空间中分布的规律。如果气体分子处于外力场中,气体分子受到两种相互对立的作用,无规则热运动将使分子均匀地分布于它们所能达到的空间,外力场将使分子聚集在势能最低的地方。这两种作用达到平衡时,分子在空间的分布将不再是均匀的。这时单位体积中的分子数与分子的势能有关。

若以 n_0 表示在势能 $E_p=0$ 处的分子数密度,则势能 E_p 处的分子数密度 n 满足

$$n=n_0 e^{-\frac{E_p}{kT}} \tag{4-16}$$

这个关系式称为玻耳兹曼分子按势能分布定律,简称玻耳兹曼分布律。

玻耳兹曼分布律不仅对气体分子成立,对所有微粒(固体、液体、气体的分子和原子以及作热运动的任何微粒)都成立,是一条应用范围很广,具有普遍意义的规律。

由(4-16)式可求出气体分子在重力场中按高度分布的规律。在重力场中,(4-16)式里的势能 E_p 即为重力势能。取 z 轴竖直向上,并取 $z=0$ 处的势能为零,则 $E_p=m_0gz$,n_0 即为 $z=0$ 处单位体积中的分子数。于是分布在高度 z 处单位体积中的分子数为

$$n=n_0 e^{-\frac{m_0gz}{kT}} \tag{4-17}$$

由(4-17)式可知,在重力场中,气体分子的数密度 n 随高度的增大按指数规律减小。(4-17)式还表明,分子的质量 m_0 越大,n 减小得越迅速;气体的温度 T 越高,n 减小得越缓慢。图 4-7 给出了在两种不同温度下,气体分子数密度随高度变化情况的示意图。

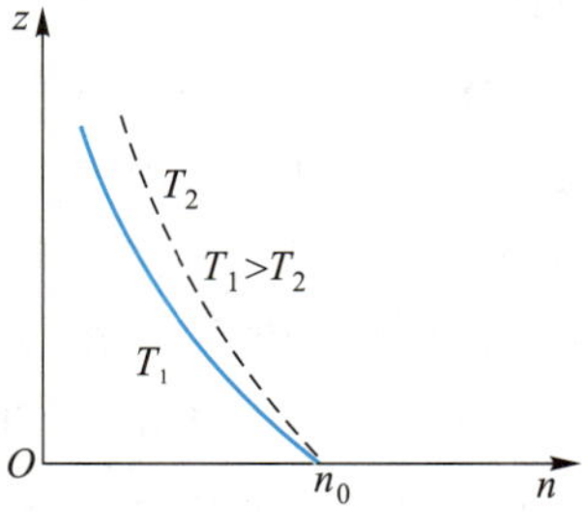

图 4-7 重力场中气体分子按高度的分布

对于理想气体,当温度一定时,压强 $p=nkT=n_0kTe^{-\frac{m_0gz}{kT}}$,有

$$p=p_0 e^{-\frac{Mgz}{RT}} \tag{4-18}$$

式中 $p_0=n_0kT$,表示 $z=0$ 处的压强,M 为气体的摩尔质量。(4-18)式称为等温气压公式,它表明大气压强随高度按指数规律减小。由于大气的温度是随高度变化的,所以只有在高度相差不大的范围内,计算结果才与实际情形相符。

§4.4 液体的表面现象

4.4.1 表面张力

物质从气态形式到液态形式，一个很大的变化是分子间距离的缩短，分子力作用显著增加，表现出气体所没有的分子的内聚力与自由表面。液体内部分子的运动没有方向性，各个方向的物理性质是完全相同的，即各向同性。但是在液体的表面，无论是液体与气体之间的自由表面、两种不能混合的液体之间的界面，还是液体与固体之间的界面，各个方向的性质就不再相同。表现出来的宏观现象也随其物理性质而定，我们先讨论液体与气体之间自由表面的性质。

观察荷叶上的小水珠和玻璃板上的小滴水银等，都能发现液体的表面有收缩成表面积最小的趋势。说明液体表面存在着一种收缩张力，这种张力称为**表面张力**(surface tension)。表面张力的产生缘于分子力。

液体分子间的平均距离 r_0 约为 10^{-10} m 数量级，当两分子间的距离大于 10^{-9} m 时，引力很快趋于零。以 10^{-9} m 为半径作一球面，可以认为，只有在这个球面内的分子对位于球心的分子有作用力，分子引力作用的范围是半径为 10^{-9} m 的球面，称为分子作用球，分子作用球的半径称为分子作用半径。

在图 4-8 所示的液面下，厚度等于分子作用半径的液体薄层称为液体的表面层。分别以表面层内分子 A 和液体内部分子 A′为球心作分子作用球，分析在表面层内分子与液体内部分子的受力情况。液体内部的分子 A′所受周围分子的引力在各个方向上大小相同，合力为零。而在表面层内的分子 A，分子作用球的一部分处在液面外的液体蒸气和空气中，由于气体分子的密度比液体分子的密度小得多，所以球内下半部分子对它的引力大于上半部分子对它的引力，其合力等于图中 efg 部分的分子对 A 引力的矢量和，合力垂直于表面层指向液体内部，而且分子 A 越接近液面，合力越大。由此可见，处于液体表面层的分子都受到一个指向液体内部的力的作用。在这些力的作用下，使液体表面层处于一种特殊的紧张状态，在宏观上像一个被拉紧的弹性薄膜而具有表面张力，液体的表面张力是表面层内大量分子受到分子引力的宏观表现。

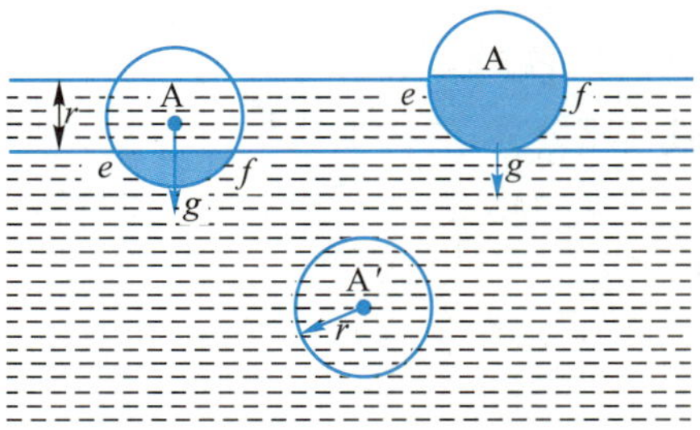

图 4-8 液体表面层分子所受的力

表面张力的大小可以用表面张力系数 α 来描述。设想在

液面上作一长为 L 的线段，则张力的作用表现在线段两边液面以一定的拉力 $\boldsymbol{F}$ 相互作用，而力的方向沿液面恒与线段垂直，大小与线段的长度 L 成正比，即

$$F=\alpha L \tag{4-19}$$

比例系数就是液体的表面张力系数 α，物理意义为液面上单位长度的张力，单位是 $N \cdot m^{-1}$。

应该指出，液面的张力与弹性膜的张力在本质上是不一样的。弹性膜的张力随面积的增加而增加，而液面的张力却不受面积变化的影响。这是因为弹性膜分子间的距离随膜的面积的增加而变大，导致张力变大。而对液膜来说，尽管它的面积增大，液面分子间的距离却由于液面分子的补充而维持不变。

4.4.2 表面能

由于所有位于表面层的液体分子都受到垂直于液面并指向液体内部的分子引力的作用，这些引力分别被一些十分靠近的分子的斥力所平衡，使其能够停留在液体的表面层。如果要把液体内部的分子移到表面层，就必须反抗表面层下面的分子对它的引力而做功，从而增加了被提升分子的势能。可见表面层的分子比液体内部的分子具有更多的势能，我们将液体表面分子比内部分子所多出的势能总和称为液体的表面能（surface energy）。显然要增大液体的表面积，就要把液体内部的一些分子拉到液体表面层，使液体的表面层的能量增大。任何一个系统要处于稳定，必须使其能量减少，因此，只要有可能，表面层的分子就要往液体内部迁移，使表面积缩到最小。

下面我们从外力做功的角度考察表面张力系数与液体表面能的关系。图 4-9 为金属框 $ABCD$，上面有一层液体薄膜，金属框的一边 BC 长为 L，可以自由滑动，由于表面张力的作用，薄膜要收缩。只有用力 $\boldsymbol{F}$ 拉着才能保持 BC 不动。

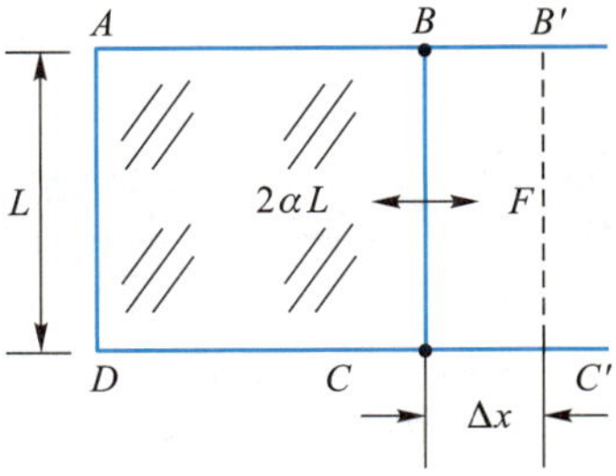

图 4-9 表面张力与表面能

如果图中可滑动边 BC 在 $\boldsymbol{F}$ 力的作用下向右匀速移动了一段距离 Δx，达到图中 $B'C'$ 的位置，由于液膜有上、下两个表面，因此增加的液膜表面积 $\Delta S=2L\Delta x$，外力 $F=2\alpha L$，这时外力所做的功为 $A=F\Delta x$，增加液体单位表面积所做的功为

$$\frac{A}{\Delta S}=\frac{F\cdot\Delta x}{2L\cdot\Delta x}=\frac{2\alpha L}{2L}=\alpha(J\cdot m^{-2}) \tag{4-20}$$

这也就是增加单位液体表面积所增加的势能。由(4-20)式可知，表面张力系数 α 在数值上等于增加单位液面时外力所做的功，从能量角度看，其大小等于增加单位液体表面积时所增加的表面能。

表面张力系数 α 与液体的性质有关，不同液体的表面张力系数可以有很大的差别，一般密度小、容易蒸发的液体的表面张力系数较小，同一种液体的 α 值随温度的升高而减小。表 4-1 给出了一些液体的 α 值。

表 4-1　不同液体与空气接触时的表面张力系数 α

液体	温度/℃	$\alpha/(J\cdot m^{-2})$
丙酮	20	0.023 7
甲醇	20	0.022 6
苯	20	0.022 8
氯仿	20	0.027 1
甘油	20	0.063 4
水银	15	0.487
肥皂液	20	0.025
乙醚	20	0.017
溴化钠	熔点	0.103
水	0	0.075 6
水	20	0.072 8
水	30	0.071 2
水	100	0.058 9

4.4.3 表面活性物质和表面吸附

当液体中掺入杂质时，液体的表面张力系数会发生变化。有的溶质能使溶液的表面张力系数减小，有的反而使其增大。能使液体表面张力系数减小的物质称为该液体的表面活性物质，常见的水的表面活性物质有肥皂、胆盐、有机酸、酚醛等。溶于溶剂后使液体的表面张力系数增大的物质称为表面非活性物质，水的表面非活性物质有食盐、糖类、淀粉等。

表面活性物质溶于溶剂后，由于溶剂分子与溶质分子之间的吸引力小于溶剂分子之间的吸引力，所以位于表面层中的溶剂分子受到使它趋于液体内部的力大于表面层中溶质分子对它的吸引力，结果使溶剂分子尽可能地进入液体的内部，表面层中溶质的浓度增大，只是由于扩散现象，溶质浓度的增大有一定限度。这样就减少了液体的表面能,增加了系统的稳定性。由于表面活性物质容易聚集于液体的表面层,所以少量的表面活性物质就可以在很大程度上影响液体的表面性质,显著降低表面张力。如果在溶剂中加入表面非活性物质,表面非活性物质将尽可能离开表面层进入液体内部,以减少表面能,结果就使得表面非活性物质在液体内部的浓度大于表面层。

在某些情况下,表面层可以完全由溶质组成,表面活性物质在溶液的表面层聚集并延展成薄膜的现象称为表面吸附。水面上的油膜就是常见的表面吸附现象。固体也和液体一样,表面能有趋于最小的倾向。因为固体的表面积是不能改变的,所以不能通过缩小表面积来降低表面能,但固体可以像液体那样通过在其表面吸附一层表面活性物质来达到这个目的,这被称为固体吸附。固体表面对被吸附物质的分子引力非常大,许多物质的分子都能被固体表面吸附,例如吸附在玻璃表面的水蒸气分子,要在400 ℃的真空中才能完全除去。单位体积固体的吸附能力与它的表面积成正比,吸附能力随温度升高而减弱,多孔和粉状物质的表面积大,吸附能力就强,多孔活性炭和粉状白陶土都是很好的吸附剂,医药上常用来吸附胃肠道中的细菌、色素以及其他毒素等。

4.4.4 弯曲液面的附加压强

液体表面层很像一个拉紧的弹性膜。在肥皂泡、小液滴、固体与液体接触的地方,液面都是弯曲的。由于表面张力的存在,使弯曲液面内无限接近液面处液体的压强 $p_{内}$ 与液面外的压强 $p_{外}$ 之间存在着压强差 $\Delta p=p_{内}-p_{外}$,此压强差称为弯曲液面下的附加压强。对于球面形的液面来说,可以证明其附加压强为

讲课视频:弯曲液面的附加压强

$$\Delta p=p_{凹}-p_{凸}=\frac{2\alpha}{R} \tag{4-21}$$

其中 α 为表面张力系数,R 为球面半径。$p_{凹}$ 为液面凹侧的压强,$p_{凸}$ 为液面凸侧的压强。

对于中空的球形液膜(例如肥皂泡),由于液膜有内、外两个表面,且液膜很薄,可以认为液膜内、外表面半径相等,均为 R,所以其内外压强差为 $\Delta p=\frac{4\alpha}{R}$。

由(4-21)式可知,球形液膜的曲率半径越大,附加压强就越小,因而其内部的压强就越小,图 4-10 所示的实验直观地验证了这个结论。先分别在连通器的两端吹出

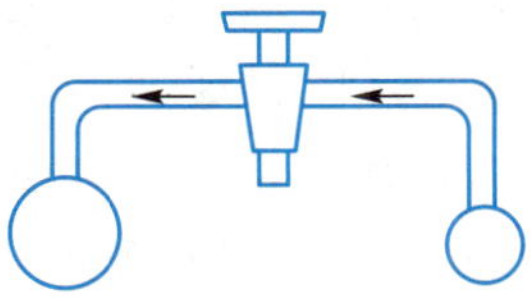

图 4-10 球形液膜附加压强

两个大小不同的肥皂泡，然后使两泡连通，这时能看到大泡逐渐增大，小泡越来越小。表明小泡内的压强大于大泡内的压强，因此一旦两泡连通，在压强差的作用下，小泡内的气体将不断流向大泡。

【例 4-5】 水沸腾时，形成半径为 10^{-3} m 的蒸汽泡。求此泡内外的压强差。

【解】 由表 4-1 查得 100 ℃水的表面张力系数为 0.058 9 $N \cdot m^{-1}$。设泡外的压强为 p_0，根据（4-21）式可知，泡内的附加压强即泡内外的压强差为

相关链接：表面活性物质在肺呼吸过程中的作用

$$p-p_0=\frac{2\alpha}{R}=\frac{2\times 0.0589}{10^{-3}}\ \mathrm{N\cdot m^{-2}}=1.18\times 10^{2}\ \mathrm{N\cdot m^{-2}}$$

4.4.5 毛细现象

一、接触角

除液滴外，另一个造成液面弯曲的常见原因是液面与固体的接触。在液体和固体接触处取一液体薄层，厚度为分子引力的有效作用距离（取固、液分子间和液体分子间有效作用距离较大者），这个液体薄层称为附着层。附着层内分子既受固体分子作用，又受液体分子作用，而处于一种特殊受力状态。液、固分子间的相互吸引力称为附着力，液体分子间的相互吸引力称为内聚力。

（1）如图 4-11（a）所示，当附着力大于内聚力时，附着层内的分子受到的合力 $\boldsymbol{F}$ 指向固体，附着层内分子的势能比液体内部分子的势能低，液体内部的分子要尽量挤入附着层，使附着层有扩展趋势，液体与固体接触处的液面沿着固体的表面向上延伸，形成弯曲的液面，这种状况被称为液体润湿固体。

（2）如图 4-11（b）所示，当内聚力大于附着力时，附着层内的分子受到的合力 $\boldsymbol{F}$ 指向液体内部，液体内部分子的势能比附着层内分子的势能低，附着层的分子要尽量挤入液体内部，使附着层有收缩趋势，液体与固体接触处的液面沿着固体的表面向下收缩，形成弯曲的液面，这种状况被称为液体不润湿固体。

由此可见，润湿和不润湿是液体与固体接触处发生的边界现象，液体是否润湿固体，取决于两种物质分子力之间的作用。为表明液体对固体润湿或不润湿的程度，引入接触角的概念。在液体与固体接触处作液体表面的切线和固体表面的切线，此两切线在液体内部所夹的角 θ，称为**接触角**（contact angle）（图 4-12），接触角的大小只与固体和液体的性质有关。

动画：润湿程度与毛细现象

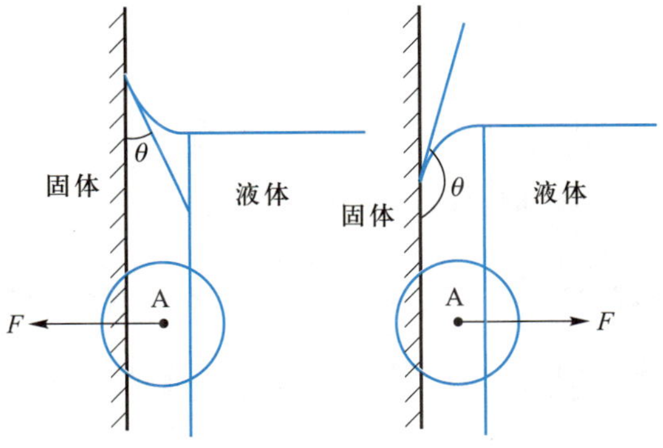

图 4-11　附着层中分子所受的力

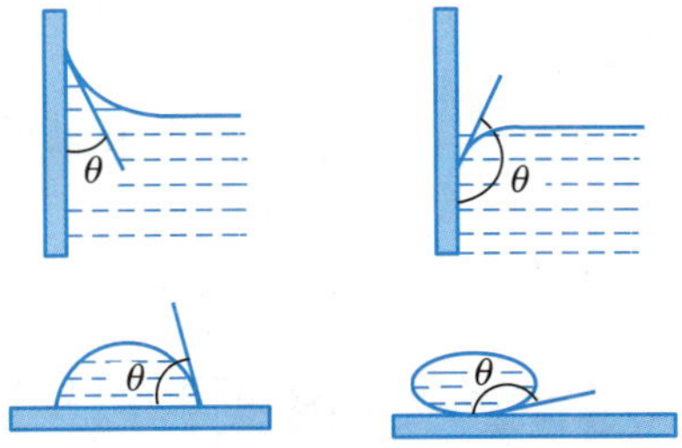

图 4-12　接触角

当接触角 θ 为锐角时，液体润湿固体。$\theta=0$ 时，液体将延展到全部固体表面，表示完全润湿。θ 为钝角时，液体不润湿固体。$\theta=\pi$ 时，表示完全不润湿。水几乎能完全润湿洁净的玻璃表面（$\theta\approx0$），但不能润湿石蜡（$\theta=107°$）；水银不润湿玻璃（$\theta=138°$），但能润湿干净的铜、铁等金属。

二、毛细现象

将很细的玻璃管插入水中，管中的液面会升高；但将玻璃管插入水银中，管中的液面却降低。这种润湿管壁的液体在细管中上升，不润湿管壁的液体在细管中下降的现象，称为**毛细现象**（capillarity）。

讲课视频：毛细现象

毛细现象由表面张力和接触角所决定。根据弯曲液面的附加压强和接触角，可计算出液体在毛细管中上升或下降的高度。

如图 4-13 所示，将两端开口的毛细管插入液体中，管内稳定后的液面与管壁的接触角为锐角 θ，液面呈凹形，因此液面下的压强 p_B 低于液面外的大气压强 p_0。设液面的曲率半径为 R，毛细管内管径为 r，液体的密度为 ρ。由（4-21）式得

$$p_0-p_B=\frac{2\alpha}{R}$$

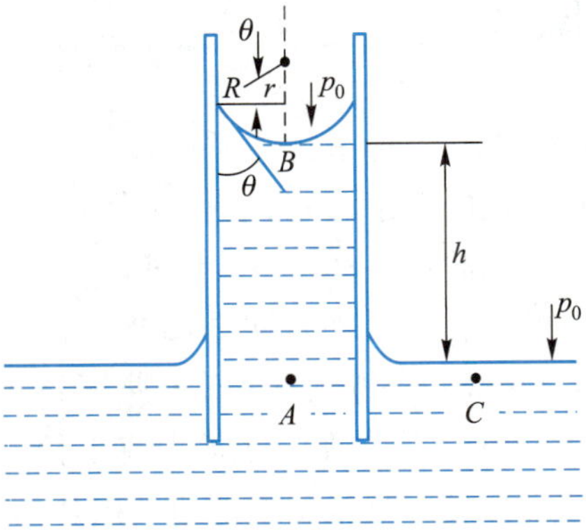

图 4-13　毛细现象

管内 A 点的压强 p_A，应等于管外同一水平液面处的压强 p_0，因此有

$$p_A=p_B+\rho gh=p_0$$

整理两式，有

$$h=\frac{2\alpha}{\rho gR}$$

将 $r=R\cos\theta$ 代入得

$$h=\frac{2\alpha\cos\theta}{\rho g r} \tag{4-22}$$

上式表明，接触角决定毛细管中的液面是上升还是下降。当 $\theta<\frac{\pi}{2}$ 时，液面上升；当 $\theta>\frac{\pi}{2}$ 时，液面下降。液面上升（或下降）的高度与液体的表面张力系数成正比，与毛细管的半径成反比。利用此式可以测定液体的表面张力系数。

在自然界和日常生活中有许多毛细现象的例子。如植物茎内的导管就是植物体内的极细的毛细管，它能把土壤里的水分吸上来。又如砖块吸水、毛巾吸汗、粉笔吸墨水都是常见的毛细现象，在这些物体中有许多细小的孔道，起着毛细管的作用。

有些情况下，毛细现象是有害的。例如外科手术中用的缝线都经过蜡处理，否则在缝合刀口时，由于一部分缝线露于体表，未经蜡处理的缝线中会有无数缝隙，相当于无数个毛细管将体内外连通，容易造成细菌感染。在砸实的地基中毛细管又多又细，它们会把土壤中的水分引上来，使室内潮湿，建房时在地基上面铺油毡，就是为了防止毛细现象造成的潮湿。如果要保存地下的水分，就应当锄松地面的土壤，破坏土壤表层的毛细管，可以减少水分的蒸发。

4.4.6 气体栓塞

液体在细管中流动时，如果管中有空气泡，液体的流动将受到阻碍，气泡多时可发生堵塞，这种现象称为**气体栓塞**。图 4-14(a)所示均匀细管中有一段润湿性液柱，中间有一个气泡，在左右两端的压强相等时，气泡两端的液面形成同样的凹弯月面，且曲率半径相等，因此两边的附加压强大小相等，方向相对，因此液柱不流动。如果细管的左端增加压强 Δp（$p_{左}=p_{右}+\Delta p$），则左边的曲率半径变大（设为 R），右边的曲率半径变小（设为 r），使得气泡左右两边的附加压强大小不一。这时若气泡内压强为 p，则 $p-p_{左}=\frac{2\alpha}{R}$ 与 $p-p_{右}=\frac{2\alpha}{r}$ 大小不等。当 $\frac{2\alpha}{r}-\frac{2\alpha}{R}=p_{左}-p_{右}=\Delta p$ 时，因气泡两弯曲液面的曲率半径不同而产生的附加压强差值恰好与左右两侧压强差值相等，液柱刚好处于平衡状态，我们将差值 $\frac{2\alpha}{r}-\frac{2\alpha}{R}$ 定义为临界值 δ，如图 4-14(b)所示。当管中有 n 个气泡时，则只有当管两端的压强差 $\Delta p\geqslant n\delta$ 时，液体才开始带动气泡移动，如图 4-14(c)所示。

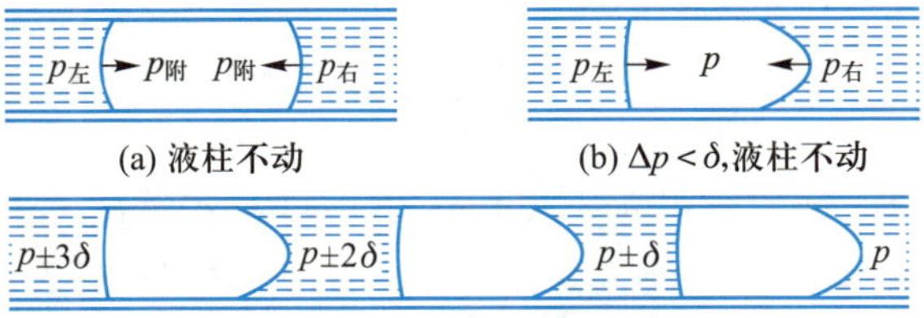

(a) 液柱不动　(b) $\Delta p<\delta$,液柱不动

(c) $\Delta p\geqslant n\delta$,液柱开始移动

图 4-14　气体栓塞

给病人输液时,要经常注意防止输液管路中发生气体栓塞现象。人体中的血管从心脏到四肢和脏器越来越细,血液中要是有了气泡,那么在小血管、微血管等处很可能发生气体栓塞,进行静脉注射时应注意注射器中不能留有气泡。此外潜水员从深水中升上来,或病人和工作人员从高压舱中出来,都应有适当的缓冲时间,否则在高压时溶于血液中过量气体,在正常压强下会迅速释放出来形成气泡,容易产生气体栓塞。

思考题

4-1　什么是热力学系统的平衡态?气体在平衡态时有何特征?当气体处于平衡态时还有分子热运动吗?

4-2　何谓理想气体?这个概念是怎样在实验的基础上抽象出来的?从微观结构看,它与实际气体有何区别?

4-3　试从能量角度说明下列各量的物理意义:

(1) $\frac{1}{2}kT$;(2) $\frac{3}{2}kT$;(3) $\frac{i}{2}kT$;(4) $\frac{3m}{2M}RT$。

4-4　一容器内储有某种气体,如果容器漏气。那么容器内气体分子的平均动能是否会变化?气体的内能是否会变化?

4-5　气体分子的最概然速率、平均速率和方均根速率分别是怎样定义的?它们的大小分别由哪些因素决定?

习题

4-1　有 N 个粒子,当 $0<v<v_0$ 时,其速率分布函数 $f(v)=c$;当 $v>v_0$ 时,$f(v)=0$。(1)作出速率分布曲线;(2)由 v_0 求常量 c;(3)求粒子的平均速率。

4-2　已知速率分布函数为 $f(v)$,求速率在 $v_1\sim v_2$ 区间内的分子的平均速率。

4-3　求速率在 $v_p\sim1.01v_p$ 之间和 $2v_p\sim2.01v_p$ 之间的气体分子数的占总数的百分比。(提示:以 $\mathrm{d}v=0.01v_p$ 计算。)

习题答案

4-4 某种气体分子在温度 T_1 时的方均根速率等于温度为 T_2 时的平均速率，求$\frac{T_1}{T_2}$。

4-5 一热气球的容积为 2 200 m^3，气球本身和负载质量共 725 kg，若其外部温度为20 ℃，要想使气球上升，其内部空气最低要加热到多少摄氏度？

4-6 一氢气球在 20 ℃充气后，压强为 1.2 atm，半径为 1.5 m。到夜晚时，温度降为10 ℃，气球半径缩为 1.4 m，其中氢气压强减为 1.1 atm。求已漏掉了多少氢气。

4-7 某些恒星的温度达到 10^8 K 的数量级，在这样的温度下原子已不存在，只有质子存在，试求：(1) 质子的平均动能；(2) 质子的方均根速率。

4-8 一容器被中间的隔板分成相等的两半。一半装有氦气，温度为250 K；一半装有氧气，温度为 310 K。两者压强相等。求去掉隔板、两种气体混合后的温度。

4-9 设地面大气是等温的，温度为 $t=5.0$ ℃，海面上的气压为 $p_0=1.0\times10^5$ Pa，今测得某山顶的气压 $p=7.8\times10^4$ Pa，求山高。（已知空气的平均摩尔质量为 2.897×10^{-2} $kg\cdot mol^{-1}$。）

4-10 水蒸气分解为同温度的氢气和氧气，内能增加了百分之几？

4-11 吹一个直径为 10 cm 的肥皂泡，设肥皂液的表面张力系数 $\alpha=40\times10^{-3}$ $N\cdot m^{-1}$。试求吹此肥皂泡所做的功，以及泡内外的压强差。

4-12 一个 U 形玻璃管的两竖直管的直径分别为 1 mm 和 3 mm。试求两管内水面的高度差。（提示：设上液面接触角为 0°，水的表面张力系数 $\alpha=7.3\times10^{-2}$ $N\cdot m^{-1}$。）

4-13 在半径 $r=0.30$ mm 的毛细管中注入水，在管的下端形成一半径 $R=3.0$ mm 的水滴，求管中水柱的高度。

参考文献

第五章　静　电　场

观察和记录电闪雷鸣等自然现象，发现摩擦过的琥珀能吸引轻微物体，是早期人类对电现象观察和探索的开始。

人类对电现象的观察可追溯到很久以前。我国在公元前 8 世纪就有关于雷电的记载，公元前 6 世纪希腊学者泰勒斯观察到摩擦过的琥珀能吸引微小物体。然而对电的系统研究则是始于 1785 年库仑对静止点电荷相互作用的实验研究，他通过实验建立了库仑定律。其后，电流被发现。欧姆定律建立。1820 年电流的磁效应被发现。1831 年法拉第发现电磁感应现象，并提出场和力线的概念，用于描述电场和磁场。麦克斯韦集前人之大成，并创造性地提出感应电场及位移电流的假说，建立了完整的电磁理论，并预言了电磁波的存在。所有这些电磁现象的发现及理论的建立，对人类社会文明的进步起到了极大的促进作用，是现代社会赖以生存和发展的基础。

§5.1　库仑定律

5.1.1 电荷的性质

现在我们知道，物质是由原子构成的，而原子又是由带正电的原子核和带负电的电子组成。在原子核中,中子不带电,质子带正电。质子和电子所带电荷量的绝对值相等。正常情况下物质中所包含的质子数与电子数相等,保持电中性。电荷是粒子的一个属性,它不可能脱离物质而单独存在。大量事实证明,自然界中只存在两种电荷,即正电荷和负电荷,同种电荷间有排斥力,异种电荷间相互吸引。

所谓物质“带电”乃是由于物质内部质子数与电子数的不平衡。失去电子的带正电,获得电子的带负电。电荷的多少,即物质带电的多少用**电荷量**(electric charge)来描述。实验发现,质子或电子具有一个最小的电荷量,这种带电体称为元电荷,所带电荷量以 e 表示,由实验测得为

$$e \approx 1.602 \times 10^{-19}\ \mathrm{C}$$

电荷量的单位是 C(库仑)。一切物质所带的电荷量只能是这一最小单元电荷的整数倍。物质的电荷量是分立的、不连续的,这一性质称为**电荷的量子性**。

现代物理理论的夸克模型预言,组成质子、中子等重粒子的夸克带有 $-\frac{e}{3}$ 或 $\frac{2e}{3}$ 的分数电荷,但实验上尚未发现独立存在的带分数电荷的粒子,也没有发现电荷量比 e 更小的稳定的带电体。

实验表明,在一个与外界无电荷交换的系统内,正、负电荷的代数和保持不变,这就是**电荷守恒定律**(law of conservation of charge)。它是物理学的基本定律之一。现代物理学研究表明,在微观粒子相互作用中,电荷是可产生和消失的。例如,一个正电子和一个负电子在一定条件下相遇会同时消失而产生 γ 光子(称为电子对湮没)。然而,在这类反应中,正、负电荷总是同时成对出现或消失。所以,系统内正、负电荷的代数和依然保持不变。

由狭义相对论(见第十章)可知,带电体的质量会因其运动状态的不同而有所改变,但其所具有的电荷量不会因其运动状态的变化而有所改变,这称为**电荷的相对论不变性**。

5.1.2 库仑定律

动画:试探电荷在点电荷电场中所受作用力

1785 年,库仑通过实验总结出两个静止点电荷间的作用规律,被称为库仑定律。其表述为:

在真空中,两个静止点电荷(形状和大小可以忽略的带电体)间相互作用力的大小与两个点电荷所带电荷量 q_1、q_2 的乘积成正比,与它们之间距离 r 的平方成反比。作用力的方向沿着它们的连线,同号电荷相斥,异号电荷相吸。

如图 5-1 所示，令 $\boldsymbol{F}_{12}$ 表示 q_1 对 q_2 的作用力（库仑力），$\boldsymbol{e}_{12}$ 表示由 q_1 指向 q_2 的单位矢量，则

$$\boldsymbol{F}_{12}=k\frac{q_1q_2}{r^2}\boldsymbol{e}_{12} \qquad (5-1)$$

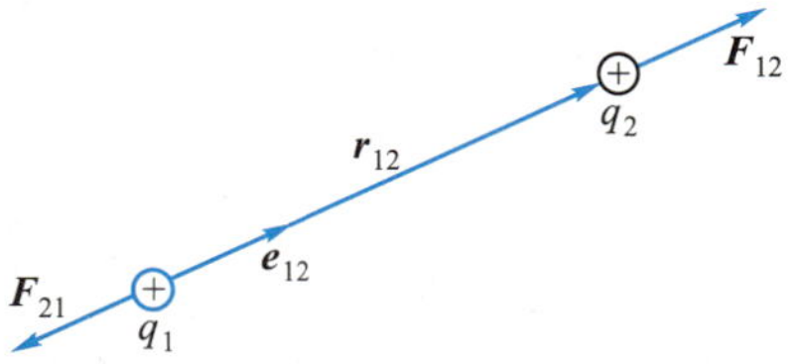

图 5-1 库仑定律

若 $\boldsymbol{F}_{21}$ 为 q_2 对 q_1 的作用力，$\boldsymbol{e}_{21}$ 表示由 q_2 指向 q_1 的单位矢量，则 $\boldsymbol{e}_{21}=-\boldsymbol{e}_{12}$。显然，$\boldsymbol{F}_{21}=-\boldsymbol{F}_{12}$，即两个静止点电荷间的库仑力满足牛顿第三定律。

两个静止点电荷间的库仑力大小 F 为

$$F=k\frac{q_1q_2}{r^2} \qquad (5-2)$$

k 是比例系数，在国际单位制中，k 通常写成 $k=\dfrac{1}{4\pi\varepsilon_0}$的形式。$\varepsilon_0$ 是物理学中一个基本物理常量，称为**真空电容率**（permittivity of vacuum），$\varepsilon_0\approx8.85\times10^{-12}\ \mathrm{C^2\cdot N^{-1}\cdot m^{-2}}$，相应地 $k\approx8.99\times10^9\ \mathrm{N\cdot m^2\cdot C^{-2}}$。

库仑定律是关于一种基本力的实验定律，它是电磁学理论的基础。物质的结构以及化学作用等现象的微观本质也都与库仑力密切相关。因此，库仑定律中分母 r 的指数是否严格地等于 2，一直引起人们的关注。因为，这一平方反比规律的精度不仅关系到电磁学理论的精度，而且与光子静止质量是否为零密切相关，这就涉及物理学中一系列根本问题，关系重大。设库仑定律中分母 r 的指数为 $2\pm\delta$，现在的实验结果表明，$\delta<10^{-16}$，这相当于光子静止质量的上限为 10^{-48} kg。同时，近代物理学与地球物理学的实验表明，r 的数量级在 $10^{-17}\sim10^7$ m 范围内，平方反比规律仍然成立。库仑定律已成为物理学中最精确的实验定律之一。

相关链接：从库仑扭秤到卡文迪什扭秤

静电力叠加原理 库仑定律只讨论了两个静止点电荷间的作用力，当存在两个以上静止点电荷时，实验指出，任何两个点电荷间的作用力并不因其他点电荷的存在而有所改变，多个点电荷对某一点电荷的作用力等于各个点电荷单独存在时对该点电荷的作用力的矢量和。这一结论称为**静电力叠加原理**。需要注意，叠加原理并不是普遍成立的，对于微小距离或极强作用力情形，叠加原理可以不成立。

图 5-2 给出两点电荷 q_1、q_2 对第三个点电荷 q_0 的作用力的叠加情况。由图可见，q_0 受力 $\boldsymbol{F}=\boldsymbol{F}_{10}+\boldsymbol{F}_{20}$。当有更多点电荷 $q_1,q_2,q_3,\cdots$ 存在时，以 $\boldsymbol{F}_1,\boldsymbol{F}_2,\boldsymbol{F}_3,\cdots$ 表示各点电荷单独存在时对 q_0 的作用力，则由叠加原理可知，q_0 受到总的作用力为

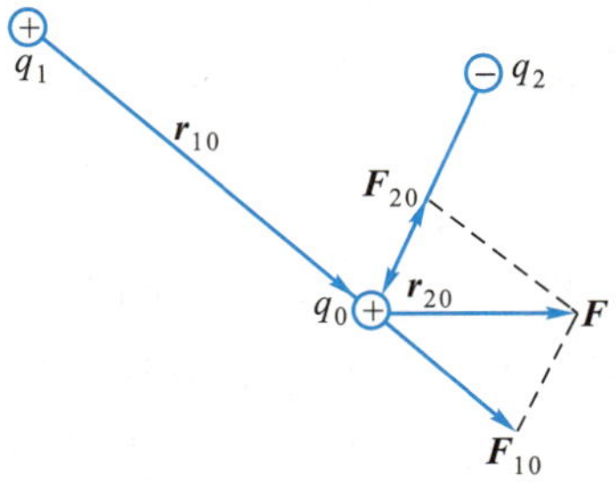

图 5-2 静电力叠加原理

$$F = F_1 + F_2 + \cdots = \sum_i F_i$$

$$= \frac{1}{4\pi\varepsilon_0}\sum_i \frac{q_i q_0}{r_{i0}^2} e_{i0} \quad (5-3a)$$

若带电体电荷连续分布，q_0 受到的总作用力 $\boldsymbol{F}$ 可视为带电体各电荷元 $\mathrm{d}q$ 单独存在时对 q_0 的作用力 $\mathrm{d}\boldsymbol{F}$ 的矢量积分：

$$\boldsymbol{F} = \int \mathrm{d}\boldsymbol{F} = \frac{q_0}{4\pi\varepsilon_0}\int \frac{\mathrm{d}q}{r^2}\boldsymbol{e}_r \quad (5-3b)$$

5.1.3 电场和电场强度

库仑定律给出了两个静止点电荷间的相互作用力规律，但并没有说明这种力是如何在相互不接触的带电体间传递的，是否需要传递时间。对于这个问题，历史上曾存在两种不同的观点。一种观点认为电力不需要任何介质，也不需要时间就能够由一个带电体立即作用到相隔一定距离的另一带电体上，这种观点被称为超距作用；另一种观点认为，电力是近距作用，电力通过一种无所不在的弹性介质——“以太”来传递。现代物理学认为电力是近距作用，但是传递电力的并不是人们假想的“以太”，而是通过电场这种特殊物质传递的。

近代物理学研究表明，电荷在其周围空间激发电场，其基本性质是，处在电场中的电荷会受到它的作用力，称为电场力。任何电荷间的作用力都是通过电场来传递的。与观察者相对静止的电荷所产生的电场称为**静电场**(electrostatic field) 它是不随时间变化的电场。激发电场的电荷通常称为**场源电荷**(charge of field source)。

电场的一个重要性质就是对处在其中的电荷有力的作用，我们可以利用这一性质来描述电场。在电场中引入一个试探电荷 q_0，其所带电荷量应尽可能地小，以使之不会影响被探测的电场，同时为精确探测电场空间各点的性质，q_0 的几何尺度也应尽量地小。q_0 在电场中某点将受到电场作用力 $\boldsymbol{F}$，显然 $\boldsymbol{F}$ 与 q_0 所处位置的电场及 q_0 有关，但比值 $\boldsymbol{F}/q_0$ 则只与该处电场有关，或者说与产生电场的电荷的分布有关。将这一比值定义为**电场强度**矢量，简称场强，用 $\boldsymbol{E}$ 表示：

$$\boldsymbol{E} = \frac{\boldsymbol{F}}{q_0} \quad (5-4)$$

电场强度定义的文字表述为：电场中某点的电场强度矢量，其量值等于单位电荷在该点所受电场力的大小，其方向与正电荷在该点所受电场力的方向一致。在 SI 中，场强的单位是 $\mathrm{N \cdot C^{-1}}$ 或 $\mathrm{V \cdot m^{-1}}$。应该指出，电场是客观存在的，与试探电荷的引入与否无关。

电场中各点的场强可以各不相同，场强 $\boldsymbol{E}$ 应是电场空间位置的单值矢量函数 $\boldsymbol{E}=\boldsymbol{E}(x,y,z)$。空间各点电场强度 $\boldsymbol{E}$ 都相等的电场称为均匀电场或匀强电场。

对于真空中一个孤立点电荷 q 产生的电场，引入试探电荷 q_0，当 q_0 位于与 q 距离为 r 处的 P 点时，根据库仑定律及(5-4)式，P 点场强为

$$\boldsymbol{E}=\frac{1}{4\pi\varepsilon_0}\frac{q}{r^2}\boldsymbol{e}_r \qquad (5-5)$$

式中 $\boldsymbol{e}_r$ 是从 q 指向 P 点的单位矢量。在点电荷的电场中，与场源电荷距离相等的各点场强大小相同，真空中点电荷电场是以场源电荷 q 为中心呈球形对称分布的，如图 5-3 所示。

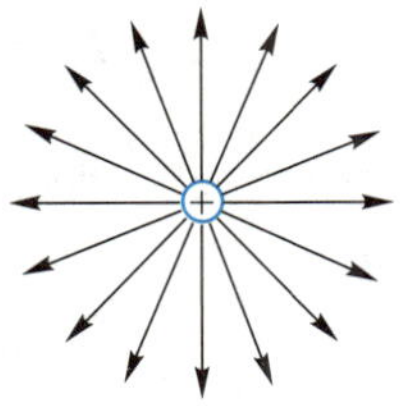

图 5-3　点电荷电场分布

如果静电场由许多点电荷 $q_1,q_2,q_3,\cdots$ 产生，则电场中试探电荷 q_0 所受电场力 $\boldsymbol{F}$，依静电力叠加原理应为各点电荷单独存在时对 q_0 的作用力 $\boldsymbol{F}_1,\boldsymbol{F}_2,\boldsymbol{F}_3,\cdots$ 的矢量和，即

$$\boldsymbol{F}=\sum_i \boldsymbol{F}_i \quad 或 \quad \boldsymbol{F}=\int \mathrm{d}\boldsymbol{F}$$

由场强的定义有

$$\boldsymbol{E}=\frac{\boldsymbol{F}}{q_0}=\frac{\sum_i \boldsymbol{F}_i}{q_0}=\sum_i \boldsymbol{E}_i=\frac{1}{4\pi\varepsilon_0}\sum_i \frac{q_i}{r_i^2}\boldsymbol{e}_i \qquad (5-6a)$$

或

$$\boldsymbol{E}=\frac{\boldsymbol{F}}{q_0}=\frac{\int \mathrm{d}\boldsymbol{F}}{q_0}=\int \mathrm{d}\boldsymbol{E}=\frac{1}{4\pi\varepsilon_0}\int \frac{\mathrm{d}q}{r^2}\boldsymbol{e}_r \qquad (5-6b)$$

(5-6)式表明，点电荷组(或连续分布的电荷)的电场在某点的场强，等于各点电荷(或电荷元)单独存在时在该点产生场强的矢量和，这称为场强叠加原理。

【例 5-1】 求电偶极子中垂线上任一点的电场强度，如图 5-4(a)所示。

【解】 两个相距很近的等量异号点电荷 $+q$ 与 $-q$ 所组成的带电系统称**电偶极子**(electric dipole)。所谓“相距很近”是指这两个点电荷之间的距离比起要研究的场点到它们的距离是足够小的。

从电偶极子的负电荷作一矢量 $\boldsymbol{l}$ 到正电荷，$\boldsymbol{l}$ 称为电偶极子的轴线。将电偶极子中一个电荷的绝对值与轴线的乘积定义为电偶极子的**电偶极矩**(electric dipole moment)，简称电矩。写作 $\boldsymbol{p}=q\boldsymbol{l}$，$\boldsymbol{p}$ 是矢量，它是表征电偶极子整体电性质的物理量。

设 $+q$ 和 $-q$ 到电偶极子中垂线上任一点 P 处的位置矢量分别为 $\boldsymbol{r}_+$ 和 $\boldsymbol{r}_-$。由点电荷电场强度的公式可知，$+q$ 和 $-q$ 在 P 点处的场强 $\boldsymbol{E}_+$、

$\boldsymbol{E}_-$分别为

$$\boldsymbol{E}_+=\frac{1}{4\pi\varepsilon_0}\frac{q}{r_+^2}\boldsymbol{e}_+=\frac{q\boldsymbol{r}_+}{4\pi\varepsilon_0 r_+^3}$$

$$\boldsymbol{E}_-=\frac{1}{4\pi\varepsilon_0}\frac{-q}{r_-^2}\boldsymbol{e}_-=\frac{-q\boldsymbol{r}_-}{4\pi\varepsilon_0 r_-^3}$$

以 r 表示电偶极子中心到 P 点的距离，当 $r\gg l$ 时，可取 $r_+^3\approx r_-^3\approx r^3$，$P$ 点的总场强为

$$\boldsymbol{E}=\boldsymbol{E}_++\boldsymbol{E}_-=\frac{q}{4\pi\varepsilon_0 r^3}(\boldsymbol{r}_+-\boldsymbol{r}_-)$$

由于 $\boldsymbol{r}_+-\boldsymbol{r}_-=-\boldsymbol{l}$，见图 5-4(b)，且 $\boldsymbol{p}=q\boldsymbol{l}$，上式可表示为

$$\boldsymbol{E}=\frac{-q\boldsymbol{l}}{4\pi\varepsilon_0 r^3}=\frac{-\boldsymbol{p}}{4\pi\varepsilon_0 r^3}$$

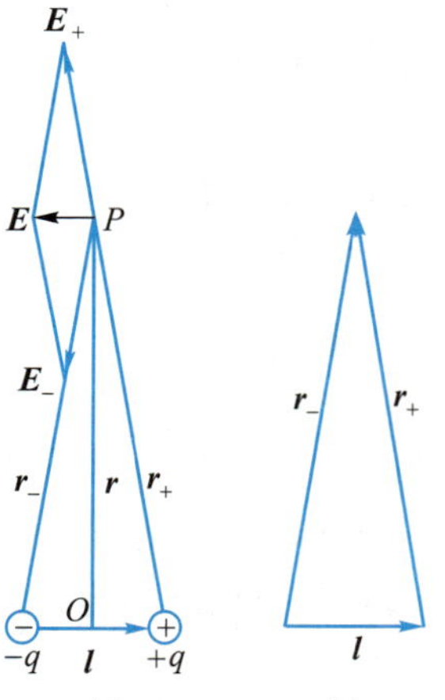

图 5-4 例 5-1 图

此结果表明，电偶极子中垂线上距离电偶极子较远处的电场强度与电偶极子的电矩成正比，与该点离电偶极子中心的距离的三次方成反比，方向与电矩方向相反。

【例 5-2】 一半径为 R 的圆环，其上均匀分布有电荷 Q。试求圆环轴线上任一点 P 的场强（如图 5-5 所示）。

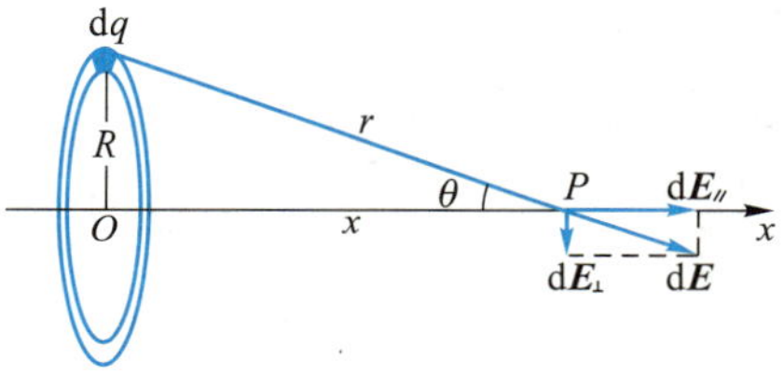

图 5-5 例 5-2 图

【解】 设 P 点在圆环轴线 Ox 上，且距环心 O 为 x。将圆环分割为许多极小的线元 $\mathrm{d}l$，其上所带电荷量为 $\mathrm{d}q$。$\mathrm{d}q$ 至 P 点的距离为 r，则 $\mathrm{d}q$ 在 P 点的场强大小 $\mathrm{d}E=\dfrac{1}{4\pi\varepsilon_0}\dfrac{\mathrm{d}q}{r^2}$，方向如图 5-5 所示。根据圆环上电荷分布的对称性，各电荷元在 P 点产生的场强垂直于轴线的分量互相抵消，而平行于轴线的分量之和就是带电圆环在 P 点的总场强，其大小为

$$E=\int \mathrm{d}E\cos\theta=\int\frac{1}{4\pi\varepsilon_0}\frac{\cos\theta}{r^2}\mathrm{d}q=\frac{1}{4\pi\varepsilon_0}\frac{\cos\theta}{r^2}\int_0^Q\mathrm{d}q=\frac{1}{4\pi\varepsilon_0}\frac{Q}{r^3}x$$

式中 $\cos\theta=\dfrac{x}{r}$。由于 $r^2=R^2+x^2$，故上式又可写成矢量式：

$$\boldsymbol{E}=\frac{1}{4\pi\varepsilon_0}\frac{Qx}{(R^2+x^2)^{3/2}}\boldsymbol{i}$$

式中 $\boldsymbol{i}$ 为沿 Ox 方向的单位矢量。若 $Q>0$，$\boldsymbol{E}$ 沿 Ox 方向；若 $Q<0$，$\boldsymbol{E}$ 指向环心。

在 $x=0$，即环心处的场强 $\boldsymbol{E}=\boldsymbol{0}$；在 $x\gg R$ 处有 $(R^2+x^2)^{3/2}\approx x^3$，即远离圆

环处的场强 $\boldsymbol{E}=\dfrac{1}{4\pi\varepsilon_0}\dfrac{Q}{x^2}\boldsymbol{i}$。这表明在远离圆环处可视圆环为一电荷集中于环心的点电荷。

§5.2 高斯定理

5.2.1 电场线

为了形象直观地描绘电场的分布，在电场中作出一系列假想的曲线，使曲线上每一点的切线方向与该点的场强方向一致，且使通过垂直于场强的单位面积的曲线数目等于该点场强的大小，这些曲线称为**电场线**(electric field line)。图5-6 绘出了几种典型静电场的电场线(虚线所示)。

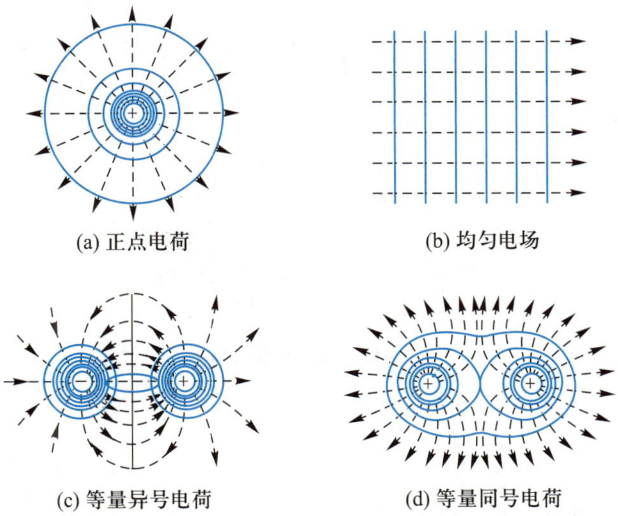

图 5-6 几种典型静电场的电场线(虚线)和等势面(实线)

动画：两电点荷的电场线

电场线可以描绘电场的分布，同样，磁感线可以描绘磁场的分布，而对于稳定流动的理想流体，可用流线来描绘流体中各点流速的分布。这些描绘方式除了直观形象之外，是否还有更深的内涵呢？电场、磁场与流场的这种相似性是否提示我们，在处理这类问题时有相似的方法可循？在第二章中 $v\mathrm{d}S$ 表示流体通过 $\mathrm{d}S$ 的流量。那么，通过类比在电场中 $E\mathrm{d}S$ 表示什么？

5.2.2 电场强度通量

将电场与流场类比，引入电场强度通量（$\boldsymbol{E}$ 通量）的概念。在电场中，通过面积元 $\mathrm{d}\boldsymbol{S}$ 的电场强度通量 $\mathrm{d}\Psi_E$ 等于该点电场强度的大小 E 与 $\mathrm{d}S$ 在垂直场强方向的投影 $\mathrm{d}S_{\perp}=\mathrm{d}S\cos\theta$ 的乘积，即

$$\mathrm{d}\Psi_E=E\mathrm{d}S\cos\theta=\boldsymbol{E}\cdot\mathrm{d}\boldsymbol{S} \tag{5-7}$$

式中 θ 是面积元 $\mathrm{d}S$ 的法线方向与该处电场强度 $\boldsymbol{E}$ 方向的夹角，如图 5-7（a）所示。如果考虑到电场线的数密度等于场强 $\boldsymbol{E}$ 的大小，则电场强度通量可理解为通过某一面积的电场线条数。

对于通过任意非闭合曲面 S 的电场强度通量，如图 5-7（b）所示，可将曲面 S 分割成许多小面积元 $\mathrm{d}\boldsymbol{S}$，先计算通过每一面积元的电场强度通量，然后对整个曲面上所有面积元的电场强度通量相加，当每一面积元无限小，这一求和可由积分表示：

$$\Psi_E=\int_S\mathrm{d}\Psi_E=\int_S E\mathrm{d}S\cos\theta=\int_S\boldsymbol{E}\cdot\mathrm{d}\boldsymbol{S} \tag{5-8}$$

通过闭合曲面 S 的电场强度通量写为

$$\Psi_E=\oint_S\mathrm{d}\Psi_E=\oint_S E\mathrm{d}S\cos\theta=\oint_S\boldsymbol{E}\cdot\mathrm{d}\boldsymbol{S} \tag{5-9}$$

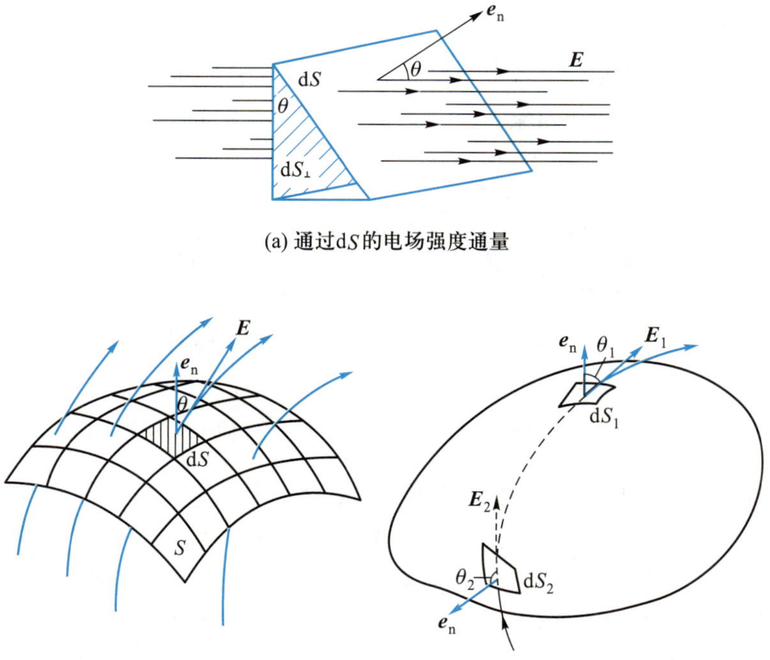

(a) 通过dS的电场强度通量

(b) 通过任意曲面的电场强度通量

(c) 通过闭合曲面的电场强度通量

图 5-7

对于一不闭合的曲面，其总有正反两面，曲面法线的指向可以任意取这一侧面或相反的一面。而闭合曲面将空间划分为内、外两部分，所以规定自曲面内向外的方向为曲面法线的正方向。如图 5-7(c)所示，曲面面积元 $d\boldsymbol{S}_1$ 处的 $\boldsymbol{E}_1$ 与 $d\boldsymbol{S}_1$ 处法线夹角 $\theta<\pi/2$，该处的电场强度通量为正，表示电场线由面内穿出；$d\boldsymbol{S}_2$ 处 $\boldsymbol{E}_2$ 与 $d\boldsymbol{S}_2$ 的夹角 $\theta>\pi/2$，则该处的电场强度通量为负，即电场线进入该曲面内。因此，整个闭合曲面的电场强度通量相当于穿出闭合曲面与进入闭合曲面的电场线的条数之差。

5.2.3 高斯定理

高斯定理是电磁学中的一个重要定理，其表述如下：

通过一个任意闭合曲面 S 的电场强度通量 Ψ_E 等于该面所包围的所有电荷的代数和除以 ε_0，与闭合面外的电荷无关。数学表达式为

$$\Psi_E=\oint_S \boldsymbol{E}\cdot d\boldsymbol{S}=\frac{1}{\varepsilon_0}\sum_{(S内)}q \tag{5-10}$$

高斯定理可由库仑定律和场强叠加原理导出。首先考虑一个静止点电荷 q 的电场。以点电荷 q 为中心，任意长 r 为半径作一球面 S，如图 5-8(a)所示。球面上各点的场强大小均为 $E=\dfrac{1}{4\pi\varepsilon_0}\dfrac{q}{r^2}$，方向沿径矢 $\boldsymbol{r}$ 的方向且与球面法线的夹角 $\theta=0$，由（5-9）式可求得通过球面 S 的电场强度通量为

$$\Psi_E=\oint_S E\cos\theta dS=E\oint_S dS=E4\pi r^2=\frac{1}{4\pi\varepsilon_0}4\pi q=\frac{q}{\varepsilon_0}$$

此结果表明 Ψ_E 与半径 r 无关，只与面内包围的电荷有关。对于以点电荷 q 为中心的任意球面来说，通过它们的电场强度通量都等于 q/ε_0。如果用电场线来描述，这表示通过各球面的电场线条数相等。

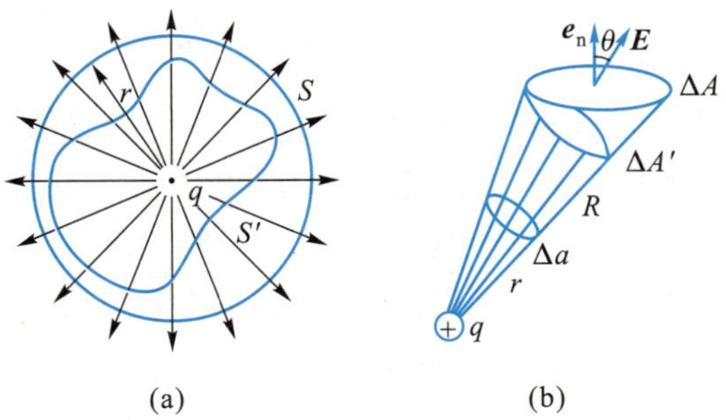

图 5-8 高斯定理的证明

现在设想另一个包围点电荷 q 的非球形的任意闭合曲面 S'，由图 5-8(a)中可见，通过闭合曲面 S 和 S'的电场线数目是一样的，即通过任意闭

合曲面的电场强度通量都等于 q/ε_0。下面给出一个简要的数学证明:我们来看一个由 q 处向外辐射的锥体,如图 5-8(b)所示,它在球面 S 上切出面积元 Δa,距点电荷为 r,场强为 $E(r)$,然后继续向前在 S' 上切出面积元 ΔA,距点电荷为 R。ΔA 在垂直于场强方向的面积为 $\Delta A'=\Delta A\cos\theta$,且 $\Delta A'=\left(\dfrac{R}{r}\right)^2\Delta a$,由点电荷场强的平方反比关系,该处电场强度的大小 $E(R)$ 减小为 Δa 处场强 $E(r)$ 的 $\left(\dfrac{r}{R}\right)^2$,则通过 ΔA 的电场强度通量为

$$\Delta\Psi_E=E(R)\Delta A\cos\theta=E(r)\left(\frac{r}{R}\right)^2\Delta a\left(\frac{R}{r}\right)^2=E(r)\Delta a$$

上式证明通过面积元 Δa 和 ΔA 的电场强度通量是相等的。将这种方法应用于这两个闭合曲面的所有面积元,则得出通过这两个闭合曲面的电场强度通量必然相等。

若点电荷在闭合曲面外,则由图 5-7(c)可看到穿出与穿入此闭合面的电场线条数相同,即闭合曲面内不含电荷时,通过闭合面的总电场强度通量为零。

$$\Psi_E=\oint_S \boldsymbol{E}\cdot\mathrm{d}\boldsymbol{S}=0$$

现在,我们再考虑任意带电体产生的电场。任意带电体可以看成由一系列点电荷 $q_1, q_2, \cdots, q_n$ 构成,在电场中任取一闭合曲面 S,其中,第 1 至第 k 个点电荷在曲面内,第 $k+1$ 至第 n 个点电荷在曲面外。由场强叠加原理可知,高斯面上任一面积元 $\mathrm{d}S$ 处的总场强 $\boldsymbol{E}$ 由各点电荷单独存在时在该处产生的场强 $\boldsymbol{E}_1, \boldsymbol{E}_2, \cdots, \boldsymbol{E}_n$ 的矢量叠加而成,即

$$\boldsymbol{E}=\boldsymbol{E}_1+\boldsymbol{E}_2+\cdots+\boldsymbol{E}_n$$

通过闭合曲面 S 的电场强度通量为

$$\begin{aligned}\Psi_E&=\oint_S\boldsymbol{E}\cdot\mathrm{d}\boldsymbol{S}=\oint_S\boldsymbol{E}_1\cdot\mathrm{d}\boldsymbol{S}+\oint_S\boldsymbol{E}_2\cdot\mathrm{d}\boldsymbol{S}+\cdots+\oint_S\boldsymbol{E}_n\cdot\mathrm{d}\boldsymbol{S}\\&=\Psi_{E1}+\Psi_{E2}+\cdots+\Psi_{Ek}+0\\&=\frac{1}{\varepsilon_0}(q_1+q_2+\cdots+q_k)=\frac{1}{\varepsilon_0}\sum_{i=1}^{k}q_i\end{aligned}$$

至此,我们根据库仑定律和场强叠加原理证明了静电场的高斯定理。高斯定理揭示了场和场源电荷间的关系,说明静电场是有源场,电荷就是它的源。对于静电场,高斯定理是库仑定律的逆定理,二者是等价的(运动电荷的电场中库仑定律不再成立,但高斯定理依然有效),当电荷分布已知时,可通过库仑定律求解电场;而在电场已知时通过高斯定理可求解任一区域的电荷量。需要注意,(5-10)式中场强 $\boldsymbol{E}$ 是全部场源电荷产生的总场强,即高斯面外的电荷对 $\boldsymbol{E}$ 也是有贡献的;但式中的 $\sum\limits_{(S内)}q$ 只与高斯面内的电荷有关,若 $\sum\limits_{(S内)}q=0$ 则表示高斯面上的总电场强度通量为零,并不一定表

示面内没有电荷，也并不一定表示高斯面上各部分曲面的电场强度通量为零。

利用高斯定理可以求解某些电荷分布具有某种对称性的带电体的电场。

【例 5-3】 一均匀带电球壳，半径为 R，总带电量为 Q（如图 5-9 所示）。试求与球心距离为 r 处任一点的场强。

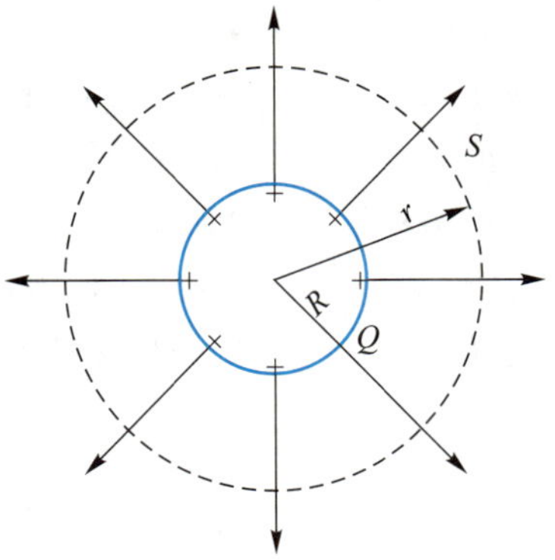

图 5-9 均匀带电球面的 $\boldsymbol{E}$

讲课视频：高斯定理应用例题

【解】 场源电荷均匀分布于球壳上，由此可知，电场的分布应呈球形对称，场强方向必然是径向，与球面法线方向一致 $\cos\theta=1$，且在距球心等远各处的场强大小相等。

以带电球壳的球心为中心，r 为半径作一球形高斯面 S，通过 S 面的电场强度通量为

$$\Psi_E=\oint_S \boldsymbol{E}\cdot\mathrm{d}\boldsymbol{S}=\oint_S E\cos\theta\,\mathrm{d}S$$

$$=E\oint_S \mathrm{d}S=4\pi r^2E$$

若 $r>R$，即高斯面位于带电球壳外部空间，面内包围的总电荷量为 Q，根据高斯定理

$$E4\pi r^2=\frac{1}{\varepsilon_0}\sum q=\frac{Q}{\varepsilon_0}$$

则

$$E=\frac{1}{4\pi\varepsilon_0}\frac{Q}{r^2}\quad 或 \quad \boldsymbol{E}=\frac{1}{4\pi\varepsilon_0}\frac{Q}{r^2}\boldsymbol{e}_r$$

式中 $\boldsymbol{e}_r$ 为径向单位矢量，以上结果表明，均匀带电球壳外部的场强与球壳上全部电荷集中于球心时产生的场强相同。

若 $r<R$，即高斯面位于带电球壳内部空间，由于球壳内没有电荷，则

$$E4\pi r^2=\frac{1}{\varepsilon_0}\sum q=0$$

故

$$E=0$$

上式表明，均匀带电球壳内部电场强度处处为零。

均匀带电球壳的电场中各点的场强与该点距球心的距离 r 的关系曲线如图 5-10 所示。由图可见，在球壳处

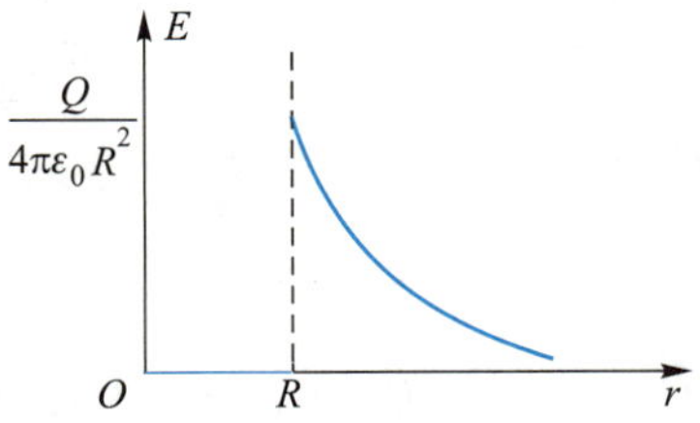

图 5-10 均匀带电球面的 $E-r$ 曲线

($r=R$)场强大小出现突变。

【例 5-4】 有一无限大均匀带电平面,其面电荷密度为 $\sigma(\sigma>0)$,求其周围电场的场强。

【解】 由于场源电荷在无限大平面上均匀分布,所以其电场应均匀对称地分布在其两侧,即场强方向与带电平面垂直、距带电平面等远处的场强大小相等。于是可作一侧面与带电平面垂直,两底面距带电平面等远的正圆柱形高斯面,底面面积为 ΔS,则此高斯面与带电平面相截之面积为 ΔS,如图 5-11(a)所示。高斯面的两底面法线与场强方向相同,$\theta=0$;其侧面$\theta=90°$,所以通过两底面的电场强度通量均为 $E\Delta S$,通过其侧面的电场强度通量则为零。根据高斯定理应有

$$\Psi_E=\oint_S E\cos\theta \mathrm{d}S=2E\Delta S=\frac{1}{\varepsilon_0}\sigma\Delta S$$

故场强 E 为

$$E=\frac{\sigma}{2\varepsilon_0} \tag{5-11}$$

可见,无限大均匀带电平面外的电场是垂直于带电平面的均匀电场,如图 5-11(b)所示,与到平面的距离无关。

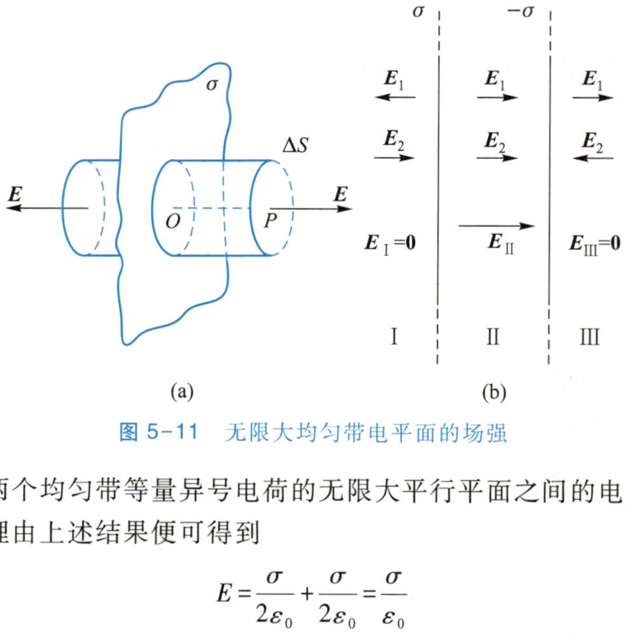

图 5-11 无限大均匀带电平面的场强

对于两个均匀带等量异号电荷的无限大平行平面之间的电场,利用场强叠加原理由上述结果便可得到

$$E=\frac{\sigma}{2\varepsilon_0}+\frac{\sigma}{2\varepsilon_0}=\frac{\sigma}{\varepsilon_0} \tag{5-12}$$

在两个平行带电平面的外部,场强为

$$E=\frac{\sigma}{2\varepsilon_0}-\frac{\sigma}{2\varepsilon_0}=0$$

由上述结果可知,两个均匀带等量异号电荷的无限大平行平面之间的电场是均匀电场,大小为 $E=\dfrac{\sigma}{\varepsilon_0}$,方向垂直带电平面,由带正电平面指向带负电

平面;两个平行带电平面外部的场强为零。

由以上例题可以看出,高斯定理可用于计算具有某种特殊对称性的静电场的场强。具体运用时,首先要根据带电体电荷的分布来分析判断出电场的分布所具有的对称性;然后正确地作出高斯面,使场强垂直或平行于高斯面,并使拟求的场点在与电场垂直的那部分高斯面上,且 E 在该处大小恒定不变,否则不能用高斯定理求解。

相关链接:电泳在生物医学研究中的应用

§5.3 静电场力的功　电势

5.3.1 静电场力所做的功

电场对处于其中的电荷有作用力,若移动这些电荷,电场力必然做功。取一试探电荷 q_0 在点电荷 q 产生的静电场中由 a 移动至 b(图 5-12)。在移动过程中 q_0 受到的静电场力是变化的,故将移动路径分成许多位移单元,先计算 q_0 移动一段位移元 $\mathrm{d}\boldsymbol{l}$ 时电场力所做的功 $\mathrm{d}A$,在此段中可视电场力不变,于是有

$$\mathrm{d}A=\boldsymbol{F}\cdot\mathrm{d}\boldsymbol{l}=q_0\boldsymbol{E}\cdot\mathrm{d}\boldsymbol{l}$$

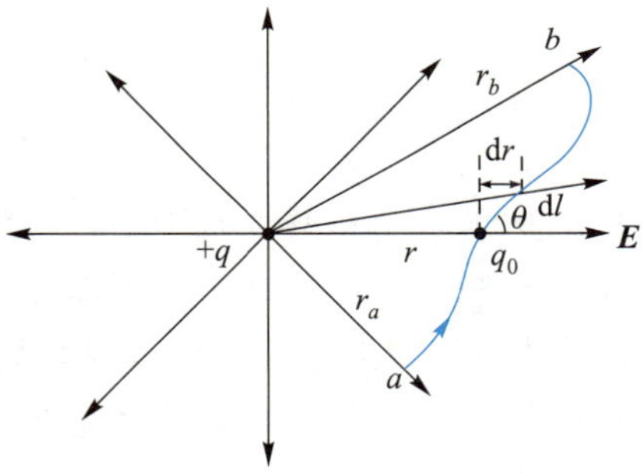

图 5-12　在 $+q$ 的电场中移动试探电荷 q_0

那么在从 a 至 b 移动的全过程中,电场力所做的总功为

$$A_{ab}=\int_a^b \mathrm{d}A=\int_a^b q_0\boldsymbol{E}\cdot\mathrm{d}\boldsymbol{l}=\int_a^b q_0E\cos\theta\mathrm{d}l$$

θ 为 $\mathrm{d}\boldsymbol{l}$ 与场强 $\boldsymbol{E}$ 的夹角,由图 5-12 可知 $\cos\theta\mathrm{d}l=\mathrm{d}r$ 且 $E=\dfrac{1}{4\pi\varepsilon_0}\dfrac{q}{r^2}$,代入上式得

$$A_{ab}=\frac{1}{4\pi\varepsilon_0}q_0q\int_{r_a}^{r_b}\frac{1}{r^2}\mathrm{d}r=\frac{1}{4\pi\varepsilon_0}q_0q\left(\frac{1}{r_a}-\frac{1}{r_b}\right)\qquad(5-13)$$

式中的 r_a 与 r_b 分别表示场源电荷 q 到移动路径的起点 a 与终点 b 的距离。若 $A_{ab}>0$,表明电场力对 q_0 做正功;若 $A_{ab}<0$,表明电场力对 q_0 做负功(外力反抗电场力而对 q_0 做正功)。

由任意带电体形成的静电场,可以看成 $q_1,q_2,\cdots,q_n$ 等许多点电荷单独存在时产生的电场相叠加的结果。根据场强叠加原理及(5-13)式可得该电场对试探电荷 q_0 所做的功应为

$$A_{ab}=\sum_{i=1}^{n}A_{abi}=\sum_{i=1}^{n}\int_{a}^{b}q_0\boldsymbol{E}_i\cdot\mathrm{d}\boldsymbol{l}=\frac{1}{4\pi\varepsilon_0}\sum_{i=1}^{n}q_0q_i\left(\frac{1}{r_{ai}}-\frac{1}{r_{bi}}\right)\tag{5-14}$$

式中的 r_{ai} 与 r_{bi} 分别表示电荷 q_i 与试探电荷 q_0 在起点 a 与终点 b 之间的距离。由(5-13)式和(5-14)式可以看到,试探电荷在任意静电场中移动,电场力对它所做的功只与它的电荷量以及它移动的始、末位置有关,而与所移动的具体路径无关。这是静电场的一个重要特性。它表明静电力与重力一样是保守力;静电场是保守力场,可引入势能的概念。

5.3.2 静电场的环路定理

从前面的分析中可以看出,若使试探电荷 q_0 在静电场中从 a 点出发经任意闭合路径 L 移动,最后回到 a 点,则在此过程中静电场力对 q_0 所做的总功应为零,即

$$A_{aa}=\oint_L q_0\boldsymbol{E}\cdot\mathrm{d}\boldsymbol{l}=0$$

因 $q_0\neq0$,必有

$$\oint_L \boldsymbol{E}\cdot\mathrm{d}\boldsymbol{l}=0\tag{5-15}$$

上式表明,在静电场中场强沿任意闭合路径的线积分等于零。这一结论称为**静电场的环路定理**(circuital theorem of electrostatic field)。它和静电场力做功与路径无关的说法是等效的。它是与高斯定理并列的静电场的基本方程之一,高斯定理说明静电场是有源场,环路定理说明静电场是无旋场,即静电场的电场线是不能闭合的。因此静电场是保守力场,可引入电势的概念。

5.3.3 电势

一、电势能

静电场与重力场同是保守力场。与物体在重力场中具有重力势能一样,电荷在静电场中具有**电势能**(electric potential energy),以 W 表示。电势能可由电场力做功来描述,设一试探电荷 q_0 在静电场中由 a 点移动至 b 点,在此过程中静电力对 q_0 所做的功 A_{ab} 等于电势能的减少,因此有

$$W_a-W_b=A_{ab}=\int_a^b q_0\boldsymbol{E}\cdot\mathrm{d}\boldsymbol{l}\tag{5-16}$$

式中 W_a、W_b 分别表示试探电荷 q_0 在起点 a、终点 b 的电势能,单位是 J(焦耳)。由于电势能是相对量,为说明其大小,必须先假定一个参考位置处的电势能为零。对于分布在有限区域的场源电荷,通常规定 q_0 在无限远处

的电势能为零，即 $W_\infty=0$，于是试探电荷 q_0 在电场中 a 点所具有的电势能等于 q_0 从 a 点移至无限远处时电场力所做的功，即

$$W_a=\int_a^\infty q_0\boldsymbol{E}\cdot\mathrm{d}\boldsymbol{l} \tag{5-17}$$

W_a 为正，表明在此过程中电场力做正功，反之表明电场力做负功。

任何带电体系的建立都是由做功来完成的，例如由两个点电荷构成的带电体系中，如果改变两电荷间的距离，或将其中一个电荷移出这一系统，这一过程必然涉及做功，系统的能量也随之改变。电场力做正功，系统的电势能减小；电场力做负功，系统的电势能增加。因此，电势能是由试探电荷 q_0 与产生静电场的场源电荷所构成的带电体系共同具有的，取决于这一系统中电荷间的相对位置，由于我们研究的是场源电荷静止不动的静电场，那么带电体系的电势能发生变化时，只能是由试探电荷位置移动引起的。

二、电势

(5-17)式给出 q_0 位于电场中某一点的电势能，其值与该点的场强和 q_0 有关，而比值 W_a/q_0 则与 q_0 无关，反映了电场在该点的性质。为此引入电势(electric potential)概念，并将比值 W_a/q_0 定义为 a 点的电势，以 U_a 表示：

$$U_a=\frac{W_a}{q_0} \tag{5-18a}$$

$$U_a=\frac{W_a}{q_0}=\int_a^\infty\boldsymbol{E}\cdot\mathrm{d}\boldsymbol{l}=\int_a^\infty E\cos\theta\,\mathrm{d}l \tag{5-18b}$$

文字表述为：静电场中某一点的电势，在量值上等于单位正电荷在该点的电势能。对于分布在有限区域的场源电荷，无限远处电势能为零，因此还可表述为：静电场中某一点的电势在量值上等于把单位正电荷从该点沿任意路径移到无限远处时电场力所做的功，如(5-18b)式的表达。

电势是表征电场性质的物理量，是由场源电荷决定的，与试探电荷的存在与否无关。和电势能一样，电势的量值与电势零点的选择有关，由(5-18)可知电势零点即是电势能的零点。电势零点选定后，电场中各点的电势就由(5-18)式唯一地确定了，因此，电势是空间位置的标量函数。电势的单位是 V(伏特)，$1\ \mathrm{V}=1\ \mathrm{J\cdot C^{-1}}$。

电场中两点间电势之差称为**电势差**(electric potential difference)或两点间的**电压**(voltage)。

$$U_{ab}=U_a-U_b=\int_a^\infty\boldsymbol{E}\cdot\mathrm{d}\boldsymbol{l}-\int_b^\infty\boldsymbol{E}\cdot\mathrm{d}\boldsymbol{l}=\int_a^b\boldsymbol{E}\cdot\mathrm{d}\boldsymbol{l} \tag{5-19}$$

动画：电势大小的网格模拟

上式表明 a、b 两点间的电势差等于由 a 点沿任意路径到 b 点场强的线积分，在量值上等于将单位正电荷由 a 沿任意路径移到 b 时，电场力所做的功。电势差与电势不同，它是与参考点位置无关的绝对量。

由于 $A_{ab}=q_0\int_a^b \boldsymbol{E}\cdot \mathrm{d}\boldsymbol{l}$,与(5 - 19) 式比较,则有

$$A_{ab}=q_0(U_a-U_b) \tag{5-20}$$

上式给出了静电场力做的功与电势差之间的关系。

如果带电体周围电场分布已知,可根据 (5-18) 式计算电场中各点的电势。例如真空中静止点电荷 q 的场强分布为 $E=\dfrac{1}{4\pi\varepsilon_0}\dfrac{q}{r^2}$,若计算与 q 距离为 r 处的电势可选择沿电场线方向积分以使 $\theta=0$,则 $\mathrm{d}l=\mathrm{d}r$,同时选定无限远处的电势为零,可得

$$\begin{aligned} U &= \int \boldsymbol{E}\cdot \mathrm{d}\boldsymbol{l}=\int_r^{\infty} E\mathrm{d}r=\frac{1}{4\pi\varepsilon_0}\int_r^{\infty}\frac{q}{r^2}\mathrm{d}r \\ &= \frac{1}{4\pi\varepsilon_0}\frac{q}{r} \end{aligned} \tag{5-21}$$

上式为真空中静止点电荷产生的电场中各点电势的表达式,当场源电荷为正时,其周围电场的电势为正,且离电荷越远,电势越低;当场源电荷为负时,其周围电场的电势为负,离电荷越远,电势越高。

当带电体系的电荷分布已知时,可通过先计算场强分布,再根据电势定义(5-18)式求电势的分布;此外还可以在点电荷电势(5-21)式的基础上,应用叠加原理来计算电势的分布。

设带电体系由许多带电体构成,各带电体产生的场强分别为 $\boldsymbol{E}_1$,$\boldsymbol{E}_2$,…,由场强叠加原理可知,总场强 $\boldsymbol{E}=\boldsymbol{E}_1+\boldsymbol{E}_2+\cdots$。根据电势定义(5-18)式,在此电场中某点 P 的电势为

$$\begin{aligned} U_P &= \int_P^{\infty}\boldsymbol{E}\cdot \mathrm{d}\boldsymbol{l}=\int_P^{\infty}(\boldsymbol{E}_1+\boldsymbol{E}_2+\cdots)\cdot \mathrm{d}\boldsymbol{l} \\ &= \int_P^{\infty}\boldsymbol{E}_1\cdot \mathrm{d}\boldsymbol{l}+\int_P^{\infty}\boldsymbol{E}_2\cdot \mathrm{d}\boldsymbol{l}+\cdots \\ &= \sum_i U_i \end{aligned}$$

U_i 为各带电体单独存在时产生的电场在 P 点的电势。故由许多带电体构成的带电体系产生的电场在某点的电势为

$$U=\sum_i U_i \tag{5-22}$$

此式称为电势叠加原理。它表示任意带电体系的电场中某一点的电势等于各带电体单独存在时该点的电势的代数和。如果带电体系由点电荷构成,则由(5-21)式和(5-22)式可得此电场中某点 P 的电势为

$$U=\sum_i \frac{1}{4\pi\varepsilon_0}\frac{q_i}{r_i} \tag{5-23}$$

式中 r_i 为从点电荷 q_i 到 P 点的距离。

对一个电荷连续分布的带电体,可将其视为由许多电荷元 $\mathrm{d}q$ 所构成,把每个电荷元 $\mathrm{d}q$ 当成点电荷,由(5-23)式,用 $\mathrm{d}q$ 替换 q_i,将求和符号变为积分符号,得出电荷连续分布的带电体的电势公式:

$$U=\int\frac{1}{4\pi\varepsilon_0}\frac{\mathrm{d}q}{r}\qquad(5-24)$$

式中 r 为电荷元 $\mathrm{d}q$ 到该点的距离。

【例 5-5】 求电偶极矩为 $\boldsymbol{p}=q\boldsymbol{l}$ 的电偶极子电场中的电势。

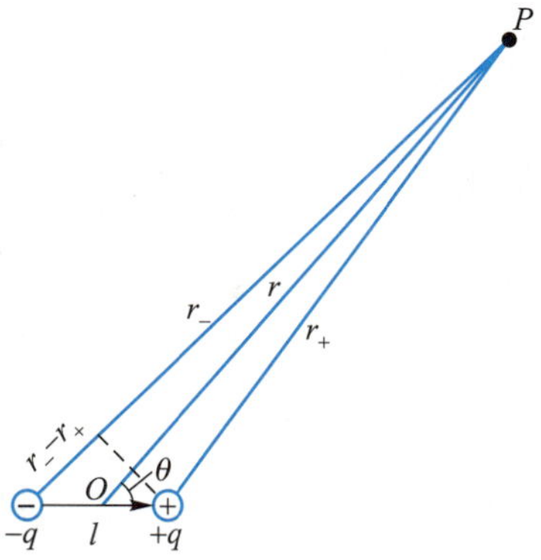

图 5-13 电偶极子电场中的电势

【解】 设电场中任一点 P 到 $+q$ 与 $-q$ 的距离分别是 r_+ 与 r_-，如图 5-13 所示，则两点电荷在 P 点产生的电势分别是 $U_+=\frac{1}{4\pi\varepsilon_0}\frac{q}{r_+}$，$U_-=-\frac{1}{4\pi\varepsilon_0}\frac{q}{r_-}$，根据电势叠加原理，$P$ 点的总电势应是

$$U=U_++U_-=\frac{1}{4\pi\varepsilon_0}q\left(\frac{1}{r_+}-\frac{1}{r_-}\right)=\frac{q}{4\pi\varepsilon_0}\frac{r_--r_+}{r_+r_-}$$

设 r 为电偶极子轴线中心到 P 点的距离，根据电偶极子的定义知 $r_+\gg l$，$r_-\gg l$，$r\gg l$，故可认为 $r_+r_-\approx r^2$，$r_--r_+\approx l\cos\theta$；同时 $p=ql$。代入上式可得

$$U=\frac{1}{4\pi\varepsilon_0}q\frac{l\cos\theta}{r^2}=\frac{1}{4\pi\varepsilon_0}\frac{p\cos\theta}{r^2}\qquad(5-25\text{a})$$

若令 $\boldsymbol{e}_r$ 为从电偶极子中心指向场点 P 的单位径矢，则

$$U=\frac{1}{4\pi\varepsilon_0}\frac{\boldsymbol{p}\cdot\boldsymbol{e}_r}{r^2}\qquad(5-25\text{b})$$

电偶极子电场的电势分布特点如下：

(1) 电偶极子电场中的电势与电矩成正比。尽管 q 或 l 发生变化，只要它们的乘积 p 不变，电场中电势的分布即不变。这说明电偶极矩是表征电偶极子整体电性质的物理量，它决定了电偶极子电场的性质。

动画：两点电荷电场的等势面

(2) 电偶极子电场中的电势与电偶极子至场点的距离 r 的平方成反比。这说明电偶极子的电场比起点电荷的电场，其电势随 r 的变化更快。

(3) 电偶极子电场中电势的分布与方位有关。以电偶极子轴线的中垂面为零势面而将整个电场分为正、负两个对称的区域，正电荷所在一侧为正电势区，负电荷所在一侧为负电势区。

【例 5-6】 求均匀带电圆环轴线上任一点 P 的电势，如图 5-14 所示。已知圆环半径为 R，所带电荷量为 Q。

讲课视频：人体内的电现象

【解法一】 将圆环等分为许多线元 $\mathrm{d}l$，其所带电荷量为 $\mathrm{d}q$，则电荷元 $\mathrm{d}q$ 在 P 点的电势为

$$\mathrm{d}U_P=\frac{1}{4\pi\varepsilon_0}\frac{\mathrm{d}q}{r}$$

由电势叠加原理得整个圆环在 P 点的电势为

$$U_P=\int\mathrm{d}U_P=\int_0^Q\frac{1}{4\pi\varepsilon_0}\frac{\mathrm{d}q}{r}=\frac{1}{4\pi\varepsilon_0}\frac{Q}{r}=\frac{1}{4\pi\varepsilon_0}\frac{Q}{(R^2+x^2)^{1/2}}$$

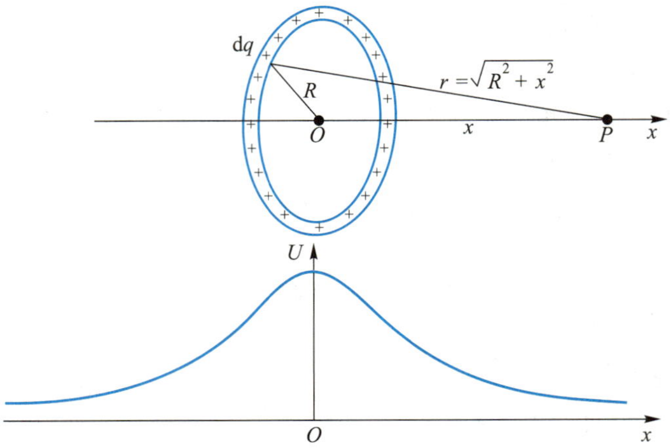

图 5-14 例 5-6 图

或由 $dq=\dfrac{Q}{2\pi R}dl$ 得

$$U_P=\frac{1}{4\pi\varepsilon_0}\int_0^{2\pi R}\frac{Q}{2\pi R}\frac{1}{r}dl=\frac{1}{4\pi\varepsilon_0}\frac{Q}{(R^2+x^2)^{1/2}}$$

【解法二】 由【例 5-2】已知圆环轴线上场强的分布 $\boldsymbol{E}=\dfrac{1}{4\pi\varepsilon_0}\dfrac{Qx}{(R^2+x^2)^{3/2}}\boldsymbol{i}$，方向沿轴线 Ox，于是可选择沿 Ox 方向积分（$\cos\theta=1$），由定义式（5-18）式计算得

$$U_P=\int_P^{\infty}E\cos\theta dl=\int_x^{\infty}\frac{1}{4\pi\varepsilon_0}\frac{Qx}{(R^2+x^2)^{3/2}}dx=\frac{1}{4\pi\varepsilon_0}\frac{Q}{(R^2+x^2)^{1/2}}$$

显然，两种方法解得的结果相同。在 $x=0$ 处，即圆环中心处的电势 $U=\dfrac{1}{4\pi\varepsilon_0}\dfrac{Q}{R}$；在 $x\gg R$ 处，$(R^2+x^2)^{1/2}\approx x$，则有 $U=\dfrac{1}{4\pi\varepsilon_0}\dfrac{Q}{x}$，即在远离圆环处可视圆环为一电荷集中于环心的点电荷。

三、等势面

人们常用等势面来形象地描绘电场中电势的分布和变化规律，在静电场中由电势相等的点所构成的曲面称为**等势面**（equipotential surface）。在画等势面时，规定任意两个相邻等势面间的电势差都相等，这样等势面的疏密程度就表示了电场的强弱。例如点电荷电场的等势面，如图 5-6（a）所示，是以点电荷为球心的一系列同心球面，且球面间的距离随半径的增加而增大，表明场强是逐渐减弱的。

如图 5-6 所示为几种典型静电场的等势面，其中的实线表示等势面，虚线是电场线。从中可以看到静电场的等势面有两个特点：第一，在静电场中沿等势面移动电荷，电场力不做功。因为在等势面上任意两点间的电势差 $U_a-U_b=0$，故移动电荷 q_0 电场力做的功 $A_{ab}=q_0(U_a-U_b)=0$。第二，等势面与电场线互相垂直。因在等势面上任意相距 dl 的两点间有 $dU=E\cos\theta dl=0$，但 $E\neq0$，$dl\neq0$，则必有 $\theta=\pi/2$，即等势面必与电场线垂直。

5.3.4 电场强度与电势的关系

电场强度和电势是从不同角度描述静电场性质的两个物理量，电势的定义（5-18）式给出了电场强度与电势之间的积分关系。现在我们来研究两者之间的微分关系。

在电场中任取相距很近的两等势面上的两点 P_1 和 P_2（图 5-15），P_1 和 P_2 的电势分别为 U_1 和 U_2，从 P_1 到 P_2 的微小位移矢量为 $d\boldsymbol{r}$，电势增量为 dU，则 $U_2=U_1+dU$。根据定义式（5-19）式，这两点间的电势差为

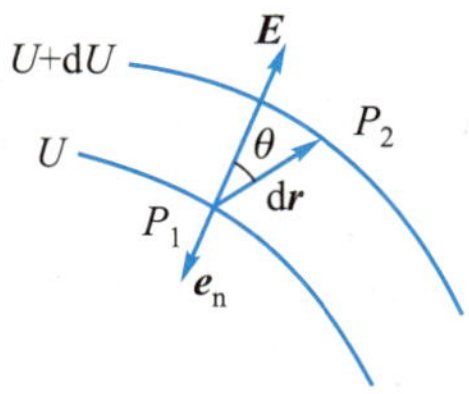

图 5-15 场强与电势的微分关系

$$U_1-U_2=-dU=\boldsymbol{E}\cdot d\boldsymbol{r}=E dr\cos\theta$$

式中 θ 为 $\boldsymbol{E}$ 与 $d\boldsymbol{r}$ 之间的夹角。由此式可得

$$E\cos\theta=E_r=-\frac{dU}{dr} \tag{5-26}$$

式中 $\frac{dU}{dr}$ 为电势函数沿 $d\boldsymbol{r}$ 方向经过单位长度时的变化，即电势对空间的变化率。E_r 是电场强度沿 $d\boldsymbol{r}$ 方向的分量，（5-26）式说明，在电场中某点场强沿某方向的分量等于电势沿此方向的空间变化率的负值。

由（5-26）式可看出，如果改变 P_2 点在等势面上的位置，使 $d\boldsymbol{r}$ 与 $\boldsymbol{E}$ 的方向相同时 $\theta=0$，此时变化率 $\frac{dU}{dr}$ 的绝对值最大，这时

$$E=-\frac{dU}{dr} \tag{5-27}$$

因 $\theta=0$，$d\boldsymbol{r}$ 与 $\boldsymbol{E}$ 的方向相同，$\boldsymbol{E}\cdot d\boldsymbol{r}=U_1-(U_1+dU)=-dU>0$，所以 $dU<0$，表明在沿电场强度矢量 $\boldsymbol{E}$ 的方向上，电势下降，且下降速率最大。那么显然，在沿与电场强度 $\boldsymbol{E}$ 相反的方向上，电势具有最大的增加率。

静电场中沿某一方向电势随距离的增加率最大，则此最大值称为该点的**电势梯度**（electric potential gradient），这一方向就是电势梯度矢量的方向，以单位矢量 $\boldsymbol{e}_n$ 表示之，其方向与该处场强 $\boldsymbol{E}$ 的方向相反。电势梯度矢量记作 grad U，grad U 在数值上等于电势沿 $\boldsymbol{e}_n$ 方向的变化率 $\frac{dU}{dn}$。它与电场强度矢量 $\boldsymbol{E}$ 的关系为

$$\boldsymbol{E}=-\frac{dU}{dn}\boldsymbol{e}_n \tag{5-28}$$

这就是电场强度与电势的微分关系。上式表明,静电场中任意一点的电场强度矢量等于该点电势梯度的负值。负号表示该点场强方向和电势梯度方向相反。这表明在场强的数值较大的区域电势变化得较快,同时也证明了等势面密集的地方电场较强,反之电场较弱。

需要指出的是,场强与电势的关系的微分形式说明,电场中某点的场强取决于电势在该点的空间变化率,而与该点电势数值无直接关系。

电势梯度的单位为 $V\cdot m^{-1}$,电场强度的单位 $V\cdot m^{-1}$ 正是由(5-28)式而来的,它与电场强度的另一单位 $N\cdot C^{-1}$ 是等价的。

由(5-28)式可方便地根据电势分布求出电场强度分布。例如点电荷的电势 $U=\frac{1}{4\pi\varepsilon_0}\frac{q}{r}$,代入(5-28)式便可得到电场强度的大小:

$$E=-\frac{dU}{dr}=-\frac{d}{dr}\left(\frac{1}{4\pi\varepsilon_0}\frac{q}{r}\right)=\frac{1}{4\pi\varepsilon_0}\frac{q}{r^2}$$

读者也可由【例 5-6】中得到的均匀带电圆环轴线上的电势公式利用(5-28)式求电场强度,并与【例 5-2】的结果进行对照。

§5.4 静电场中的电介质

前 3 节讨论了真空中静电场的基本性质。而静电场对自然界中的各种物质的作用以及物质对静电场的反作用则是更为实际而普遍的问题。

自然界中固体、液体、气体等都是由分子、原子组成,虽然在宏观上呈电中性,但它们毕竟是由电子、质子等带电粒子构成的,因此这些带电粒子必然会受到外电场的影响,同时也会对外电场产生反作用,进而形成新的电平衡状态。按导电能力不同,物质可粗略地分为导体、半导体、绝缘体三类。本节将讨论绝缘体,即讨论电介质中的静电场问题。

5.4.1 电介质及其结构

电介质(dielectric)就是绝缘体。这类物质在原子结构上的特点是原子核与核外的价电子之间的相互作用力大,束缚紧,以致电介质内部几乎没有可以自由移动的电荷,在不是很强的外电场作用下不能导电。

电介质中每个分子都是一个复杂的带电系统,有正电荷,有负电荷。它们分布在一个线度为 10^{-10} m 数量级的体积内,而不是集中在一点。但是,在考虑这些电荷在较远处所产生的电场,或是考虑一个分子受外电场的作用时，都可以等效为其中的正电荷集中于一点，称该点为正电荷的“重心”；而负电荷集中于另一点，称该点为负电荷的“重心”。对于中性分子，由于其正、负电荷的电荷量相等，所以可将一个分子等效为一个由正、负点电荷相隔一定距离所组成的电偶极子。在讨论电场中电介质的行为时，可以认为电介质是由大量的电偶极子所组成的。

以 q 表示一个分子中的正电荷或负电荷的电荷量的数值，以 $\boldsymbol{l}$ 表示从负电荷“重心”指到正电荷“重心”的矢量距离，则这个分子的电偶极矩应是 $\boldsymbol{p}=q\boldsymbol{l}$。

按照电介质的分子电结构的不同，可以把电介质分为两大类：极性分子电介质和非极性分子电介质。极性分子电介质分子正、负电荷的重心不重合，这类分子具有固有电偶极矩，如 HCl、H_2O、CO、NH_3、CH_3OH 等。非极性分子电介质，如 He、H_2、N_2、O_2、CO_2 等，在正常情况下，内部的电荷分布具有对称性，因而正、负电荷的重心重合，这样的分子固有电偶极矩为零。极性分子的电偶极矩虽然不为零，但由于所有分子都处在无规则的热运动中，其分子电偶极矩的方向是杂乱无章、排列无序的，因此从电介质整体或从其中任一宏观小体积来看，其内部分子电偶极矩的总矢量和为零。

5.4.2 电介质的极化

当把一块均匀的电介质放到静电场中时，它的分子将受到电场的作用而发生变化，最后达到一个平衡状态。如果电介质是由非极性分子组成，则由于外电场的作用，正、负电荷的重心会分开一段微小距离，因而使分子具有电偶极矩，图 5-16(a)。这种电偶极矩称为感生电偶极矩。感生电偶极矩的方向总与外加电场的方向相同。外电场越强，感生电偶极矩越大。如果电介质是由极性分子组成，这些分子的固有电偶极矩将受到外电场的力矩作用而沿着外电场方向取向，如图 5-16(b) 所示。由于分子的无规则热运动总是存在的，这种取向不可能完全整齐。外电场越强，固有电偶极矩排列越整齐。

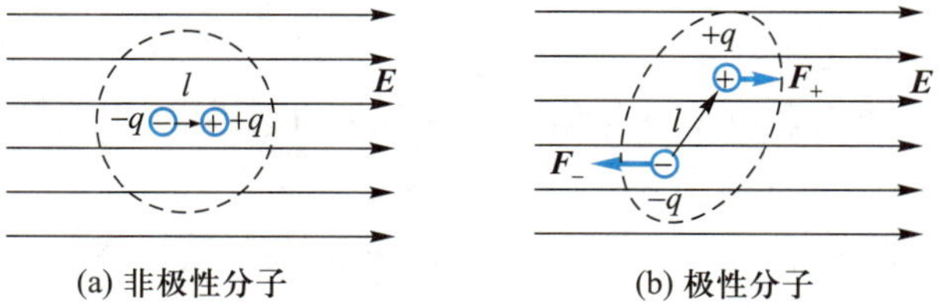

图 5-16

虽然两种电介质受外电场的影响所发生变化的微观机制不同，但其宏观总效果是一样的。在电介质内部的宏观微小的区域内，正负电荷的电荷量绝对值仍相等，因而仍表现为电中性。但是，在电介质的表面上却出现了只有正电荷或只有负电荷的电荷层，如图 5-17 所示，因为它不像导体中的自由电荷那样能用传导的方法引走，所以这种出现在电介质表面的电荷称为面束缚电荷（或面极化电荷）。在外电场的作用下，电介质表面出现束缚电荷的现象，称为**电介质的极化**（polarization）。显然，外电场越强，电介质表面出现的束缚电荷越多。

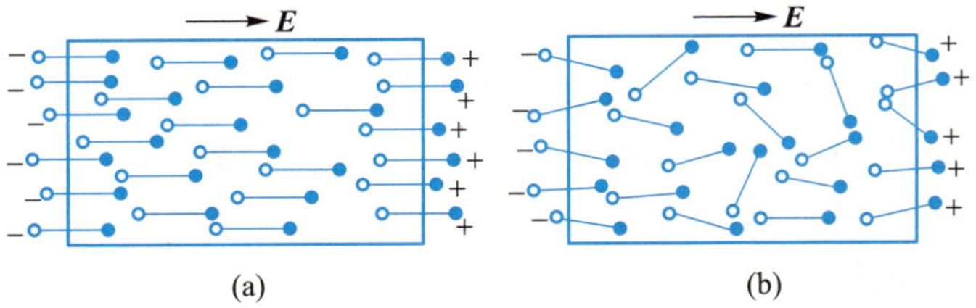

图 5-17 在外电场中的电介质

电介质的电极化状态可用电介质的**电极化强度**来表示。电极化强度的定义是单位体积内分子的电偶极矩的矢量和。以 $\boldsymbol{p}_i$ 表示在电介质中某一小体积 ΔV 内的某个分子的电偶极矩（固有的或感生的），则该处的电极化强度 $\boldsymbol{P}$ 为

$$\boldsymbol{P}=\frac{\sum \boldsymbol{p}_i}{\Delta V} \tag{5-29}$$

对由非极性分子构成的电介质，由于每个分子的感生电偶极矩都相同，所以，若以 n 表示电介质单位体积内的分子数，则有 $\boldsymbol{P}=n\boldsymbol{p}$。

国际单位制中电极化强度的单位是 $\mathrm{C\cdot m^{-2}}$（库·米$^{-2}$），它的量纲与面电荷密度的量纲相同。

由于一个分子的感生电偶极矩随外电场的增强而增大，而分子的固有电偶极矩随外电场的增强而排列得更加整齐，所以，不论哪种电介质，它的电极化强度都随外电场的增强而增大。实验证明：当电介质中的电场 $\boldsymbol{E}$ 不太强时，各种各向同性的电介质的电极化强度大小与该处场强大小成正比，方向与场强方向相同，其关系可表示为

$$\boldsymbol{P}=\chi_e\varepsilon_0\boldsymbol{E} \tag{5-30}$$

式中的χ_e称为极化率。

由于电介质出现束缚电荷是电介质极化的结果，所以束缚电荷与电极化强度之间存在定量的关系。以非极性分子电介质为例，如图 5-18 所示，在电介质表面取面积为 $\mathrm{d}S$、斜向深度为 l（正负电荷重心的距离）的小体积元 $\mathrm{d}V$，$\mathrm{d}\boldsymbol{S}$ 正法线与 $\boldsymbol{P}$ 成 θ 角，则 $\mathrm{d}V=l\mathrm{d}S\cos\theta$。电介质中分子数密度为 n，假定负电荷不动，则正电荷沿 $\boldsymbol{E}$ 的方向发生

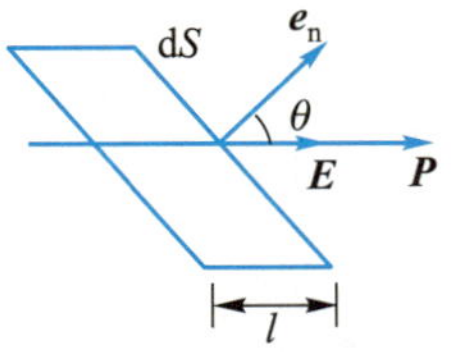

图 5-18 极化电荷的产生

位移 l，因而出现在电介质表面，设分子的正电荷为 q，则 dS 面的极化电荷为

$$dq' = nqdV = nqldS\cos\theta$$

由于 $ql = p$，而 $np = P$，所以

$$dq' = P\cos\theta dS$$

因此，束缚电荷面密度应为

$$\sigma' = \frac{dq'}{dS} = P\cos\theta = \boldsymbol{P}\cdot\boldsymbol{e}_n \tag{5-31}$$

这一关系式表明束缚电荷面密度等于 $\boldsymbol{P}$ 在界面正法线方向的分量。上式虽然是利用非极性分子电介质推导出的，但对极性分子电介质同样适用。

5.4.3 有电介质存在时的静电场

电介质放在电场中时，受电场的作用而极化，产生了束缚电荷，该束缚电荷又会反过来影响电场的分布。有电介质存在时的电场应该由电介质上的束缚电荷和形成原电场的自由电荷共同决定。设自由电荷为 q，它产生的电场用 $\boldsymbol{E}_0$ 表示，电介质上的束缚电荷为 q'，它产生的电场用 $\boldsymbol{E}'$ 表示，则电介质内的总场强为

$$\boldsymbol{E} = \boldsymbol{E}_0 + \boldsymbol{E}' \tag{5-32}$$

以两个无限大带电平行板中的电场为例。两极板上分别充有电荷面密度为 $\pm\sigma$ 的自由电荷，极板间充满某种各向同性的均匀电介质，电介质中的电场由极板上的自由电荷和电介质表面的束缚电荷共同产生。

由高斯定理可知：$E_0 = \dfrac{\sigma}{\varepsilon_0}$，$E' = \dfrac{\sigma'}{\varepsilon_0}$。两者方向相反，$E = E_0 - E'$，而 $\sigma' = P = \chi_e\varepsilon_0 E$，因此

$$E = \frac{E_0}{1+\chi_e}$$

令 $\varepsilon_r = 1+\chi_e$，ε_r 称为电介质的相对电容率，是大于 1 的纯数。真空中 $\varepsilon_r = 1$。则

$$E = \frac{E_0}{\varepsilon_r} = \frac{\sigma}{\varepsilon_0\varepsilon_r} = \frac{\sigma}{\varepsilon} \tag{5-33}$$

式中 $\varepsilon = \varepsilon_0\varepsilon_r$，称为电介质的电容率，其单位与 ε_0 相同。表 5-1 列出了一些电介质的相对电容率。

表 5-1 某些电介质的相对电容率

电介质	ε_r
真空	1
空气(1.013×10^5 Pa,20 ℃)	1.000 59
纯水(25 ℃)	78
纯水(80 ℃)	61
塑料(20 ℃)	3~20
纸(20 ℃)	3.5
二氧化钛(20 ℃)	100
脂肪	5~6
骨	6~10
皮肤	40~50
血液	50~60
肌肉	80~85
神经膜(37 ℃)	7~8

当两个带等量异号电荷的无限大平板间无电介质时,$\varepsilon_r=1$,场强为 $E_0=\dfrac{\sigma}{\varepsilon_0}$。可见,有电介质存在时两平板间电场强度减弱,这正是由于在介质表面产生束缚电荷的影响。当点电荷 q 位于无限大均匀电介质中时,其产生的电场强度的表达式为 $E=\dfrac{1}{\varepsilon_r}\dfrac{q}{4\pi\varepsilon_0 r^2}$;在此电介质中若有另一点电荷 q_0 存在,其所受库仑力表达式为 $F=\dfrac{1}{\varepsilon_r}\dfrac{q}{4\pi\varepsilon_0 r^2}q_0=\dfrac{1}{4\pi\varepsilon}\dfrac{qq_0}{r^2}$,此力比在真空情形下弱。

为方便处理有电介质存在时的电场问题,我们引入一个辅助物理量——电位移 $\boldsymbol{D}$,定义

$$\boldsymbol{D}=\varepsilon_0\boldsymbol{E}+\boldsymbol{P} \tag{5-34}$$

可以证明,通过任意闭合曲面的 $\boldsymbol{D}$ 通量,等于该闭合曲面内所包含自由电荷的代数和,即

$$\oint_S \boldsymbol{D}\cdot \mathrm{d}\boldsymbol{S}=\sum_{S内} q \tag{5-35}$$

这是高斯定理的一般表达式。

对于各向同性的电介质

$$\boldsymbol{D}=\varepsilon_0\boldsymbol{E}+\boldsymbol{P}=\varepsilon_0\varepsilon_r\boldsymbol{E}=\varepsilon\boldsymbol{E} \tag{5-36}$$

$\boldsymbol{D}$ 的引入使束缚电荷不再出现在表达式中,因而问题的处理得以简化。

在交变电场中,电介质的相对电容率与电场变化的频率有关。由于极化过程需要一定时间,当电场变化频率不太高时,电介质的 ε_r 值与在恒定电场中的数值相差不大。当电场频率高到一定程度时,有极分子的

分子电偶极矩就来不及跟随电场的变化而转向，这时取向极化也就不存在了。因此，其 ε_r 值将大大减小。而对于发生位移极化的电介质，由于其极化跟得上电场方向的改变，其 ε_r 值将不受影响。

在交变电场的极化中，电介质分子发生受迫振动从而消耗能量，使得电介质温度升高。这种现象称为**介质损耗**(dielectric loss)。人们利用介质损耗来进行高频加热，例如木材烘干机、微波炉等便以此为原理。由于人体组织主要由蛋白质、脂肪、糖等组成，都是电介质，且大部分电介质是有极分子，因此外加的高频电场可对深部组织加热，发挥治疗作用。此即为高频电疗的原理。

【例 5-7】 已知两块相距为 d 的平行金属板，板上电荷面密度分别为 $\pm\sigma$，将一块相对电容率为 ε_r，厚为 h 的电介质平板平行插入两金属板间，如图 5-19 所示。求电介质平板表面的束缚电荷面密度。

【解】 先求在空隙中的电场 $\boldsymbol{E}_1$。取柱形高斯面 S_1，如图 5-19 所示，柱底面积为 A 且平行于极板。由高斯定理有

$$\oint_S \boldsymbol{E}_1 \cdot \mathrm{d}\boldsymbol{S} = E_1 A = \frac{\sigma A}{\varepsilon_0}$$

$$E_1 = \frac{\sigma}{\varepsilon_0}$$

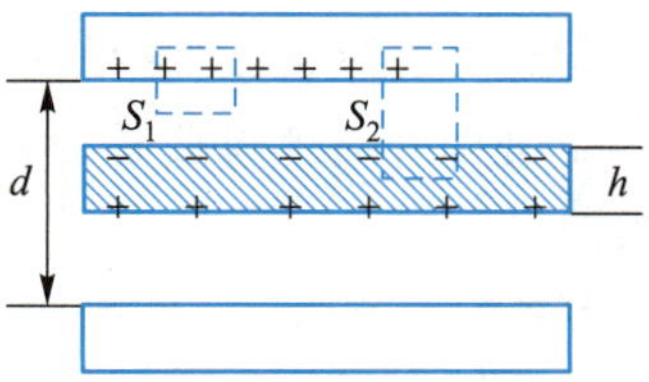

图 5-19 例 5-7 图

此为空隙中的电场强度。

再求在介质中的电场 E_2。取柱形高斯面 S_2，如图 5-19 所示，柱底面积为 A 且平行于极板。由 $\oint_S \boldsymbol{D}\cdot\mathrm{d}\boldsymbol{S}=\sum q$ 及 $\boldsymbol{D}=\varepsilon_0\varepsilon_r\boldsymbol{E}$ 可得

$$\oint_S \boldsymbol{D}\cdot\mathrm{d}\boldsymbol{S} = \oint_S \varepsilon_0\varepsilon_r \boldsymbol{E}_2 \cdot \mathrm{d}\boldsymbol{S} = \sigma A$$

$$E_2 = \frac{\sigma}{\varepsilon_0\varepsilon_r}$$

自由电荷在极板间产生的场强为 $E_0=\dfrac{\sigma}{\varepsilon_0}$；束缚电荷出现在电介质板的上下两个表面，相当于两个带电平板，因此束缚电荷在电介质内产生的场强为

$$E' = \frac{\sigma'}{\varepsilon_0}$$

由 $\boldsymbol{E}=\boldsymbol{E}_0+\boldsymbol{E}'$ 可导出电介质内的场强为

$$E_2 = \frac{\sigma}{\varepsilon_0} + \frac{\sigma'}{\varepsilon_0} = \frac{\sigma}{\varepsilon_0\varepsilon_r}$$

$$\sigma' = \left(\frac{1}{\varepsilon_r} - 1\right)\sigma$$

由于 $\varepsilon_r>1$，σ' 与 σ 符号相反，面向正极板一侧的电介质表面出现负电荷，面向负极板一侧的电介质表面出现正电荷。

相关链接：压电效应

§5.5 静电场的能量

由于电荷间存在力的作用,任何带电体系的建立过程,都必然是外力克服电荷之间相互作用力而做功的过程。在这一过程中某种形式的外部能量将转化为带电体系的能量。因此,任何带电体系都具有一定的能量。由于静电场力做功与路径无关,这一能量具有势能的性质。下面以电容器为例来讨论这一能量如何计算以及它储存在何处。

5.5.1 电容器及其电容

能储存电荷、彼此绝缘而又靠近的导体系统称为电容器(capacitor)。电容器通常由两个彼此接近而又隔离的导体构成,它们被称为电容器的极板。

电容器经过充电(两极板分别与电源正、负极相连)后两极板分别带有等量异号的电荷量$+Q$与$-Q$,它们之间的电势差为U_{AB},其大小与电荷量Q成正比,Q与U_{AB}的比值定义为电容器的电容(capacitance),写作C,即

$$C=\frac{Q}{U_{AB}} \tag{5-37}$$

上式各量均取正值。电容的单位是 F(法拉)。当$Q=1\ \mathrm{C}$,$U_{AB}=1\ \mathrm{V}$时,电容器的电容为1 F。实际常用的单位是 μF(10^{-6} F)或 pF(10^{-12} F)。

电容器是储存电荷的装置,也是储存电能的装置,而电容则是表征电容器储存电荷或电能能力的物理量。

平行板电容器是最常见的,它的两板之间可以是空气,也可以是电介质。两板间的电场强度$E=\frac{\sigma}{\varepsilon}=\frac{Q}{\varepsilon S}$,由(5-28)式知两板之间的电势差$U_{AB}=Ed=\frac{Qd}{\varepsilon S}$,将此式代入(5-37)式有

$$C=\frac{\varepsilon S}{d} \tag{5-38}$$

上式表明:平行板电容器的电容C与两极板的相对面积S成正比,而与两极板之间的距离d成反比。这正是设计可变电容器的原理。因此,电容器的电容值仅取决于电容器本身的结构(形状、大小)与两极板之间的电介质,而与电容器极板所带电荷量、两板间电压以及构成电容器极板的材料无关。

一个平行板电容器,在其两极板间放入电介质之后的电容C和放入电

介质之前的电容 C_0 的比值由（5-38）式可算出：

$$\frac{C}{C_0}=\frac{\varepsilon S/d}{\varepsilon_0 S/d}=\varepsilon_r$$

这正是在实践中测量 ε_r 值所依据的原理。也是 ε_r 被称为相对电容率的原因。

5.5.2 电容器中的电能

一个电容器的能量可以用在整个放电过程中电场力所做的功来量度。当电容器放电(将带有电荷的两极板与负载相连)时,电场力将正电荷从高电势的正极板移到低电势的负极板。在此过程中两极板间的电势差逐渐降低,同时电容器的能量 W 将逐渐释放。当两极板间电势差为 u_{AB}、电场力将正电荷 $\mathrm{d}q$ 由正极板移至负极板时,电场力所做的功为

$$\mathrm{d}A=u_{AB}\mathrm{d}q=-\mathrm{d}W$$

因 $u_{AB}=q/C$,代入上式得电容器的能量改变量为

$$\mathrm{d}W=-\frac{q}{C}\mathrm{d}q$$

那么,对于放电的全过程,电容器释放的总能量,即放电前所储存的能量应为

$$W=\int \mathrm{d}W=-\frac{1}{C}\int_Q^0 q\mathrm{d}q=\frac{1}{2}\frac{Q^2}{C}$$

或

$$W=\frac{1}{2}CU_{AB}^2=\frac{1}{2}QU_{AB} \tag{5-39}$$

式中 Q 与 U_{AB}分别为放电开始前正极板所带的总电荷量及两极板的电势差。从式中还可看出,当两个电容器的极板间电势差相等时,电容器储存的能量与其电容成正比,说明电容 C 是表征电容器储能本领的物理量。

由于在上述推导中没有涉及电容器的形状,所以无论电容器的结构如何,(5-39) 式的结论都是正确的。

5.5.3 静电场的能量与能量密度

电容器充电以后具有电能。那么这些能量是带电体所具有的,还是带电体形成的电场所具有的呢？是储存在电荷所在的电容器极板上,还是储存在极板之间的电场中？为回答这些问题,我们以平行板电容器为例分析上述的能量公式。

由 $E=\dfrac{Q}{\varepsilon S}$，移项得 $Q=\varepsilon SE$，将 $U_{AB}=Ed$ 代入(5-39)式得

$$W=\frac{1}{2}QU_{AB}=\frac{1}{2}\varepsilon\ E^2(Sd)$$

电容器两极板间的体积 $V=Sd$，亦即电容器电场所占有的体积，将其代入上式得

$$W=\frac{1}{2}\varepsilon E^2V \tag{5-40}$$

上式表明电容器的能量与场强的平方及电场的体积成正比。这说明电能 W 是电场所具有，并储存在电场中，而不是集中在极板上的电荷处。所谓带电体系的能量或电容器的能量，实质上是这一带电体系所建立的电场的能量，并储存于该电场之中。虽然（5-40）式只适用于均匀电场，但电场具有能量的结论对任何电场都是普遍成立的。

单位体积的电场能量称为电场的**能量体密度**（energy density），以 w_e 表示：

$$w_e=\frac{W}{V}=\frac{1}{2}\varepsilon E^2 \tag{5-41}$$

上式虽然是从平行板电容器推导出来的，但可以证明它是普遍适用的。它表明电场的能量密度仅与电场中的场强及电介质有关，而且是点点对应的关系。这进一步说明电场是电能的携带者，哪里有电场，哪里就有电能。

在静电场中电场是随着场源电荷的存在而存在的，我们说能量是属于电荷还是属于电场似乎没有什么区别。在交变的电磁场中，由于电磁波可以脱离场源电荷而存在，即当场源电荷不存在时，电场还存在，能量也存在。因此，电场具有能量的观点是在电磁波被发现以后，证明了电磁能量可脱离场源而以波的形式传播时才得以最终确认的。

能量是物质的固有属性，电场能量的存在是电场物质性的重要证明。

对于非均匀电场，其能量密度是随空间各点而变化的。若欲计算某一区域中的电场能量，则需用积分的方法：

$$W=\int_V w_e\mathrm{d}V=\int_V\frac{1}{2}\varepsilon E^2\mathrm{d}V \tag{5-42}$$

【例 5-8】 一空气平板电容器的极板面积为 S，间距为 d，用电源充电后两板上分别带电荷量 $+Q$ 与 $-Q$。断开电源后再将两极板的距离匀速地拉开到 $2d$。求：(1) 外力克服两极板间引力所做的功；(2) 两极板间的引力。

【解】 (1) 外力匀速地拉动极板，任一板上所受到的合力应为零。故外力仅仅用于克服两极板间引力而做功。根据功能原理，此功应等于电容器能量的增量。

电容器的能量在极板被拉开前后应分别是 $W_1=\dfrac{1}{2}\dfrac{Q^2}{C_1}$ 与 $W_2=\dfrac{1}{2}\dfrac{Q^2}{C_2}$，拉

开前后的电容分别为 $C_1=\varepsilon_0\dfrac{S}{d}$，$C_2=\varepsilon_0\dfrac{S}{2d}$，代入上式则有外力所做的功

$$A_{外}=W_2-W_1=\frac{1}{2}\frac{dQ^2}{\varepsilon_0 S}$$

（2）由于电容器两极板间是均匀电场，故两极板间的引力 $\boldsymbol{F}$ 是常力，且大小应与外力相等，则有

$$A_{外}=F_{外}\,d$$

所以

$$F=F_{外}=\frac{A_{外}}{d}=\frac{1}{2}\frac{Q^2}{\varepsilon_0 S}=\frac{1}{2}\frac{\sigma Q}{\varepsilon_0}$$

【例 5-9】 球形电容器两极板分别充电至电荷量为 $\pm Q$，内、外半径分别为 R_1、R_2，两极板间充满电容率为 ε 的电介质。试计算此球形电容器内电场所储存的能量（图 5-20）。

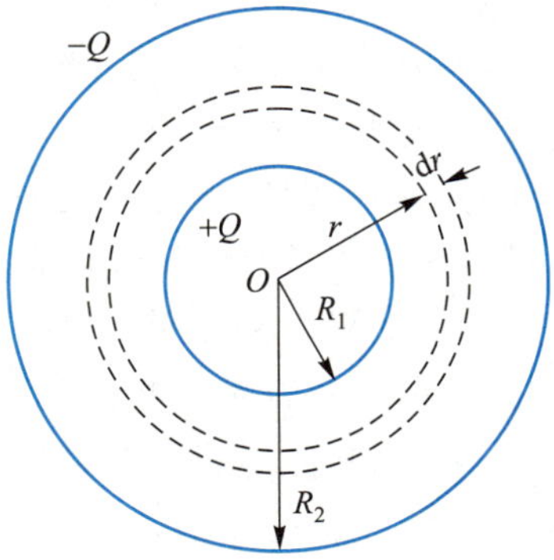

图 5-20 例 5-9 图

【解】 球形电容器的电场只集中在两极板之间，且不是均匀电场，但具有球对称性。利用高斯定理可求得其场强大小为

$$E=\frac{1}{4\pi\varepsilon}\frac{Q}{r^2}\quad (R_1<r<R_2)$$

在半径为 r 处的球面上能量密度相同，

$$w_{\mathrm{e}}=\frac{1}{2}\varepsilon E^2=\frac{\varepsilon}{2}\left(\frac{1}{4\pi\varepsilon}\frac{Q}{r^2}\right)^2\quad (R_1<r<R_2)$$

故处在半径分别为 r 与 $r+\mathrm{d}r$ 的两球面之间电场的能量为

$$\mathrm{d}W=w_{\mathrm{e}}\mathrm{d}V=w_{\mathrm{e}}4\pi r^2\mathrm{d}r=\frac{Q^2}{8\pi\varepsilon r^2}\mathrm{d}r$$

由此根据（5-42）式，电容器电场之总能量为

$$W=\int\mathrm{d}W=\int_{R_1}^{R_2}\frac{Q^2}{8\pi\varepsilon r^2}\mathrm{d}r=\frac{Q^2}{8\pi\varepsilon}\left(\frac{1}{R_1}-\frac{1}{R_2}\right)=\frac{1}{2}Q^2\Big/\left(4\pi\varepsilon\frac{R_1R_2}{R_2-R_1}\right)$$

如果我们把球形电容器的电容公式 $C=4\pi\varepsilon\dfrac{R_1R_2}{R_2-R_1}$ 代入电容器的能量公式（5-39）式，也可得到与上述计算相同的结果：

$$W=\frac{1}{2}\frac{Q^2}{C}=\frac{1}{2}Q^2\Big/\left(4\pi\varepsilon\frac{R_1R_2}{R_2-R_1}\right)$$

思考题

5-1 库仑定律告诉我们,两个静止的点电荷之间的相互作用力大小相同、方向相反。如果有一个静止点电荷和一个运动点电荷,那么它们之间的作用力是否大小相同、方向相反?

5-2 点电荷电场强度的公式为 $E=\dfrac{q}{4\pi\varepsilon_0 r^2}$,从形式上看,当 $r\to0$ 时,$E\to\infty$。你认为这可能吗?请加以解释。

5-3 下列说法是否正确?请举一例加以论述。

(1) 场强相等的区域,电势也处处相等。

(2) 场强为零处,电势一定为零。

(3) 电势为零处,场强一定为零。

(4) 场强大处,电势一定高。

5-4 能否认为电场线代表点电荷在电场中的运动轨迹?

5-5 如果在一空间区域中电势是常量,这一区域内的电场可能如何?如果在某一表面上电势为常量,则这一表面上的电场强度又如何?

5-6 已知在地面上电场强度方向指向地面,试分析在地面以上电势是随高度增加还是减小。

5-7 一只鸟停在一根 30 000 V 的高压输电线上,它是否会受到伤害?

5-8 如果你在平行板电容器的一板上放置比另一板更多的电荷,这些额外的电荷将会怎样?

5-9 平行板电容器的电容值与两板的间距成反比,与两板间的电介质的电容率成正比,若要获得较大的电容值,就要减小两板间距,这种做法可行吗?还应考虑哪些因素?

5-10 在实际工作中,有时把电器的机壳作为电势零点。若机壳未接地,人站在地上,是否可以接触机壳?若机壳接地,情形如何?

习题

习题答案

5-1 试求真空中无限长均匀带电直线外一点(距直线 R 远)的场强。设电荷线密度为 λ。

5-2 真空中有一边长为 a 的正立方体,在其中心点上放置电荷量为 q 的点电荷,如图 5-21 所示。求通过该正立方体其中一个侧面的电场强度通量。

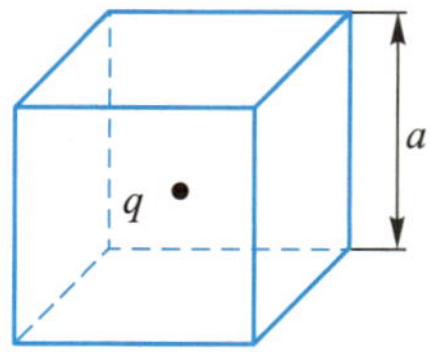

图 5-21 习题 5-2 图

5-3 两个点电荷分别为 $q_1=+2\times10^{-7}$ C 和 $q_2=-2\times10^{-7}$ C，它们相距 0.3 m。求与 q_1 距离为 0.4 m、与 q_2 距离为 0.5 m 处 P 点的电场强度。

5-4 在边长为 a 的等边三角形的两个顶点上分别置有电荷量为 q 的点电荷，求第三个顶点处的电场强度和电势。

5-5 一均匀带电的电介质细棒，所带电荷量为 Q，将其弯成半径为 R 的半圆形，求圆心处的电场强度和电势。

5-6 两个同心球面半径分别为 10 cm 和 30 cm，小球均匀带有正电荷 1.0×10^{-8} C，大球均匀带有正电荷 1.5×10^{-8} C。求离球心分别为（1）20 cm；（2）50 cm 的各点的电势。

5-7 试求真空中无限长均匀带电圆柱面内、外的场强。圆柱的直径为 D，电荷面密度为 σ。

5-8 如图 5-22 所示，真空中两个平行的“无限大”均匀带电平面相距为 d，A 平面上电荷面密度为 σ，B 平面的电荷面密度为 $-2\sigma(\sigma>0)$。求两平面之间和两平面外的电场强度。若以 B 平面处为电势零点，求 A 平面处的电势。

5-9 真空中有一个立方形的高斯面，边长 $a=0.1$ m，位于图 5-23 中所示位置。已知空间的场强分布为

$$E_x=bx,\quad E_y=0,\quad E_z=0$$

常量 $b=1\ 000$ N/(C·m)。（1）试求通过该高斯面的电通量；（2）立方体内的总电荷是多少？

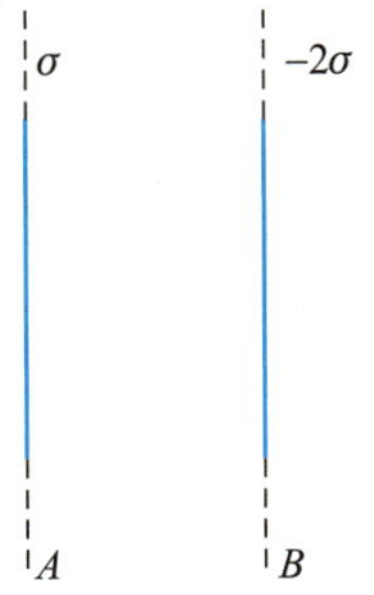

图 5-22 习题 5-8 图

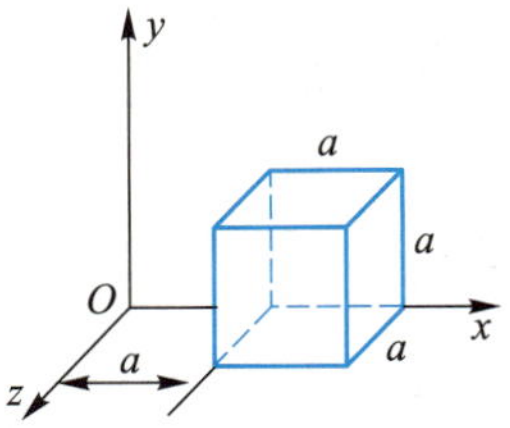

图 5-23 习题 5-9 图

5-10 一平行板电容器，极板间距离为 $d=10$ cm，其间有一半充以相对电容率 $\varepsilon_r=10$ 的各向同性均匀电介质，其余部分为真空，如图 5-24 所示。当两板间电势差为 $U=100$ V 时，（1）电容器中介质内与介质外场强之比是多少？它们和未插入介质之前的场强之比又分别是多少？（2）求介质内、外的电位移和电场强度矢量。

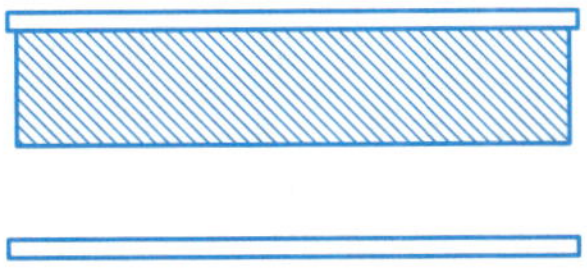

图 5-24 习题 5-10 图

5-11 神经细胞膜内、外侧的液体都是导电的电解液，细胞膜本身是

很好的绝缘体,相对电容率约为 7。在静息状态下膜内、外侧各分布着一层负、正离子。今测得膜内外两侧的电势差为-70 mV, 膜的厚度为 6 nm。求:(1)细胞膜中的场强;(2)膜两侧的电荷面密度。

5-12 如图 5-25 所示,在电矩为 $\boldsymbol{p}$ 的电偶极子的电场中,将一电荷为 q 的点电荷从 A 点沿半径为 R 的圆弧(圆心与电偶极子中心重合,R 远远大于电偶极子正负电荷之间距离)移到 B 点,求此过程中电场力所做的功。

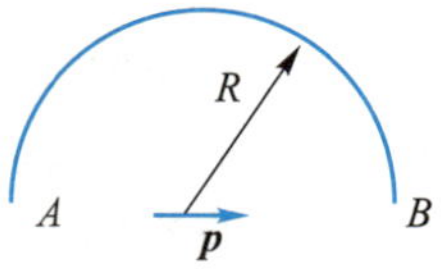

图 5-25 习题 5-12 图

5-13 两个同心的均匀带电球面,半径分别为 $R_1=5.0$ cm,$R_2=20.0$ cm,已知内球面的电势为 $U_1=60$ V,外球面的电势 $U_2=-30$ V。求:(1)内球面上所带电荷量;(2)外球面上所带电荷量。

5-14 为测量电介质的相对电容率,将一块厚度为 1.5 cm 的平板电介质慢慢地插入一电容器,电容器的极板间距离为 2.0 cm。在插入过程中,电容器的电荷保持不变。插入之后,两板间的电势差减小为原来的 60%,求此电介质的相对电容率。

5-15 一空气平行板电容器 $C=1.0$ pF,充电到电荷量为 $Q=1.0\times10^{-5}$ C 后将电源切断。

(1) 求两极板间的电势差和此时的静电场能;

(2) 若将两极板的距离增加一倍,计算距离改变前后静电场能的变化。并解释其原因。

5-16 真空中,在半径为 R 的金属球外,包有一外半径为 R' 的均匀电介质层,设电介质的相对电容率为 ε_r,金属球所带电荷量为 Q。求:

(1) 金属球的电势;

(2) 电介质内静电场的能量。

参考文献

第六章　直　流　电

小磁体悬浮在超导体上。在超导临界温度以下，超导体不仅具有完全导电性（零电阻现象），还具有将磁场完全排斥在外的完全抗磁性，这称为迈斯纳效应。永久磁体自上而下靠近超导体时，完全抗磁性使小磁体的磁感线完全被排斥在超导体之外，产生足以抵消重力的排斥力，使小磁体得以悬空漂浮。

常见的电源有两种：直流电源和交流电源。因此，电路也有两种：直流电路和交流电路。在直流电路中，电流的大小和方向都不随时间变化，而在交流电路中，电流的大小和方向要随时间作周期性的变化。这两种电路各有其特性，但又有相似之处。本章将讨论直流电路的基本规律、复杂电路的计算方法和电容器的充放电过程。

§6.1　电流密度　欧姆定律的微分形式

6.1.1 电流密度

一、电流

形成电流的带电粒子统称载流子（carrier）。含有大量载流子的物体称为导体(conductor)。金属导体中的载流子是自由电子,电解质溶液里的载流子是正、负离子,半导体中的载流子是空穴或电子。导体中的载流子在电场中,除了作无规则热运动以外,还会在电场的作用下沿一定的方向作定向运动(也称漂移运动),这种载流子在电场作用下的定向移动便形成了**电流**(electric current)。一般说来,物体中产生电流的条件是:

(1) 物体内含有可以自由移动的载流子;

(2) 物体内部存在电场,即物体两端存在电势差。

通常规定:正电荷定向移动的方向为电流的方向。电流的大小以单位时间内通过导体截面的电荷量来量度,称为电流。如果在 Δt 时间内通过导体截面的电荷量为 ΔQ,则电流 I 为

$$I=\frac{\Delta Q}{\Delta t} \tag{6-1}$$

电流的单位是 A(安培)。

二、电流密度

电流这个物理量只是描述了单位时间内通过整个导体截面的总电荷量,无法确定导体截面上各处的电流大小、流动方向等具体情况。在大块导体中,比如人体的躯干、四肢等,当有电流通过时,同一截面上不同位置处电流的大小和方向是不同的,这种导体称为容积导体(volume conductor)。如图 6-1 所示为一些容积导体中电流的分布情形。图 6-1(a)表示半球形接地电极附近的电流分布,图 6-1(b)表示电疗时电流通过下肢时的情况,图 6-1(c)表示电解质内两个点电极之间的电流分布。为了描述导体内各点电流的分布,我们引入**电流密度**(current density)这个物理量。

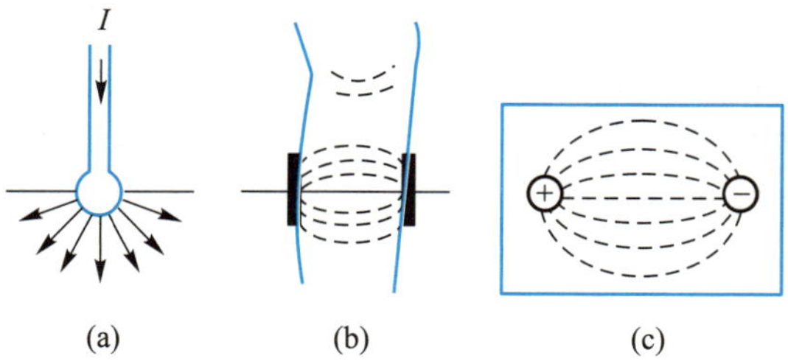

图 6-1 容积导体中的电流分布

某一点的电流密度 $\boldsymbol{J}$ 是一个矢量,其方向为该点电流的方向,其大小为通过该点单位垂直截面的电流大小,即

$$J=\lim\frac{\Delta I}{\Delta S_{\perp}}=\frac{\mathrm{d}I}{\mathrm{d}S_{\perp}} \tag{6-2}$$

电流密度的单位是 $\mathrm{A\cdot m^{-2}}$(安每平方米)。对于任意截面 $\mathrm{d}\boldsymbol{S}$,其上通过的电流为 $\mathrm{d}I=\boldsymbol{J}\cdot\mathrm{d}\boldsymbol{S}$。

6.1.2 连续性方程 电流的恒定条件

引入电流密度的概念以后，我们可以认为 $\boldsymbol{J}$ 在整个空间形成一个分布（导体外部可视为 $\boldsymbol{J}=\boldsymbol{0}$），这个分布称为电流场。在电流场中任取一个闭合曲面 S（设该闭合曲面内的电荷量为 q，并规定 S 面的法线方向指向面外），根据电荷守恒定律，从 S 面内流出的电荷量应等于面内电荷的减少，即流出 S 面的电流等于面内电荷量的减少率：

$$\oint_S \boldsymbol{J}\cdot\mathrm{d}\boldsymbol{S}=-\frac{\mathrm{d}q}{\mathrm{d}t} \tag{6-3}$$

上式称为电流场中的**连续性方程**（continuity equation），它是电荷守恒定律的一种数学表述。

一般说来，电流密度 $\boldsymbol{J}$ 是随时间而变的，它既是空间坐标的函数，又是时间的函数。在特殊情况下 $\boldsymbol{J}$ 可以不随时间变化，这种空间各点的 $\boldsymbol{J}$ 均不随时间变化的电流称为**恒定电流**（steady current）。恒定电流要求电荷的空间分布不随时间变化，因而电荷激发的电场一定是不随时间变化的恒定电场。否则电荷分布发生变化，必然引起电场变化，电流就不可能维持恒定。因此，在恒定电流的情况下，对于任意闭合曲面 S，面内的电荷量均不随时间变化，即 $\frac{\mathrm{d}q}{\mathrm{d}t}=0$，由（6-3）式得

$$\oint_S \boldsymbol{J}\cdot\mathrm{d}\boldsymbol{S}=0 \tag{6-4}$$

（6-4）式称为**电流的恒定条件**。这一结论的物理意义是：在恒定电流的情况下，流入闭合面的电流必然等于从该闭合面流出的电流。

6.1.3 欧姆定律的微分形式

电流密度的概念可以给出欧姆定律一种新的形式。如图 6-2 所示，设在导体中取一个小圆柱体，使其轴线方向与电流方向一致，两端的电势差为 U_1-U_2，其长度 Δl 和横截面 ΔS 均极微小，则通过横截面 ΔS 的电流 ΔI 可以应用欧姆定律及电阻公式 $R=\rho\frac{\Delta l}{\Delta S}$ 求得，即

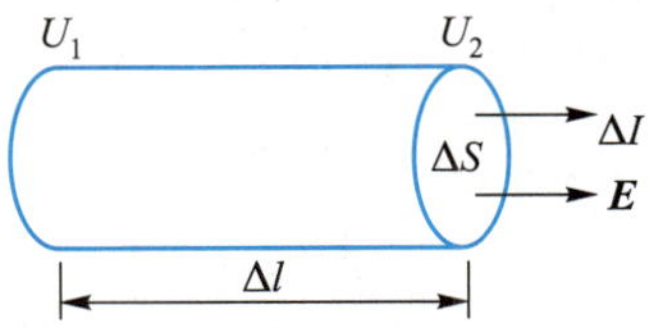

图 6-2 欧姆定律的微分形式

$$\Delta I=\frac{U_1-U_2}{R}=\frac{1}{\rho}\frac{U_1-U_2}{\Delta l}\Delta S$$

根据场强与电势的关系 $U_1-U_2=\Delta U=E\cdot\Delta l$，并令 $\sigma=\frac{1}{\rho}$，可得

$$\Delta I=\sigma\frac{\Delta U}{\Delta l}\cdot\Delta S=\sigma E\cdot\Delta S$$

或

$$\frac{\Delta I}{\Delta S}=\sigma E$$

已知$\frac{\Delta I}{\Delta S}$为电流密度的大小，电流密度的方向为正电荷的运动方向，与场强$\boldsymbol{E}$的方向相同，因此可以把上式写成矢量式：

$$\boldsymbol{J}=\sigma\boldsymbol{E} \tag{6-5}$$

这就是**欧姆定律的微分形式**。它表明，导体中任意一点的电流密度与该处的场强成正比。式中σ是电导率（conductivity），其单位是$S\cdot m^{-1}$（西门子·米$^{-1}$）。它是表征导体中某点导电性质的物理量。当材料均匀且不随时间变化时，导体中各点的σ值完全一样。在恒定电场中，因为各点的场强$\boldsymbol{E}$的大小和方向都不随时间改变，所以各点$\boldsymbol{J}$的大小和方向也不改变，导体中的电流就呈现恒定的分布状态。不仅如此，即使在变化电场中，上式也是成立的，电流密度矢量随场强矢量的变化而变化。当导体材料的电导率或温度不均匀，且随时间而变化时，导体中各点处的σ值并不相同，导体中的电流不再是恒定的了，但（6-5）式同样成立。总之，欧姆定律的微分形式表述了容积导体中各点的电场和电流分布之间的定量关系。它不仅适用于不规则形状的载流导体，而且也适用于一切非恒定情况，因此它比一段导体的欧姆定律$I=U/R$具有更深刻的意义和更广泛的应用。

相关链接：欧姆定律的发现

6.1.4 金属与电解质的导电性

一、金属的导电性

金属导体中的载流子是自由电子，金属导电实际上就是金属中的自由电子沿逆着电场方向的定向移动。如图 6-3 所示，在金属导体中，取微小横截面积ΔS，令其法线与电场方向平行，设导体中自由电子的数密度为n，平均漂移速度为$\bar{v}$，每个电子所带的电荷量为$-e$，则在Δt时间内自由电子所走过的距离为

$$\Delta l=\bar{v}\cdot\Delta t$$

在Δt时间内通过横截面ΔS的电荷量为

$$\Delta q=ne\cdot\Delta S\cdot\Delta l=n-e\bar{v}\cdot\Delta S\cdot\Delta t$$

因此

$$\Delta I=\frac{\Delta q}{\Delta t}=-ne\bar{v}\cdot\Delta S$$

根据电流密度的定义可知

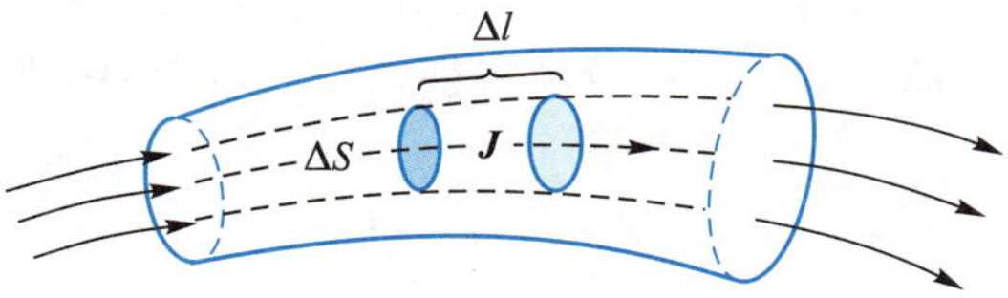

图 6-3 金属的导电性

$$J=-ne\bar{v} \qquad (6-6)$$

可写成如下的矢量形式：

$$\boldsymbol{J}=-ne\bar{\boldsymbol{v}} \qquad (6-7)$$

式中的负号表示电流密度的方向与电子漂移运动的方向相反。此式表明，金属导体中的电流密度与该导体的自由电子密度、自由电子的平均漂移速度成正比。

【例 6-1】 在横截面积为 2.0 mm^2 的铜导线中通有 5.0 A 的电流，设铜线的电子数密度 $n=8.4\times10^{28}\ m^{-3}$，求导线中自由电子的平均漂移速度的大小。

【解】 铜导线中电流密度的大小为

$$J=\frac{I}{S}=\frac{5.0}{2.0\times10^{-6}}\ A\cdot m^{-2}=2.5\times10^{6}\ A\cdot m^{-2}$$

平均漂移速度大小为

$$\bar{v}=\frac{J}{ne}=\frac{2.5\times10^{6}}{8.4\times10^{28}\times1.6\times10^{-19}}\ m\cdot s^{-1}=1.9\times10^{-4}\ m\cdot s^{-1}$$

由此可见，电子的漂移速度是十分缓慢的。

二、电解质的导电性

如果某种物质的溶液能够导电，那么这种物质就称为电解质(electrolyte)。酸、碱、盐的溶液都能导电，因此它们都是电解质。电解质溶液的导电是由带电的正、负离子在电场作用下的定向运动形成的，因此也称为离子导电。

在无外电场的情况下，电解质溶液(电解液)中的离子作无规则热运动，总的定向运动速度为零。有外电场存在时，正、负离子分别沿电场方向与逆电场方向得到一附加的定向迁移运动速度 v_+ 和 v_-，即产生了电流。离子在运动时受到两个力的作用，一个是电场力 ZeE，其中，Z 是离子价数，e 是元电荷；另一个是溶液的摩擦阻力，如果离子定向运动的速度不太大，那么溶液的阻力与离子定向运动的速度成正比，摩擦力的方向与该离子的速度方向相反，就正离子而言，作用于其上的摩擦力等于 $-k_+v_+$(k_+ 是摩擦系数)。若以 m_+ 表示正离子的质量，a_+ 表示它的加速度，则正离子的定向迁移运动方程为

$$m_+a_+=ZeE-k_+v_+$$

上式表明，在速度小的情况下，静电力 ZeE 起主要作用，使离子加速。但

是，当迁移速度增大时，摩擦阻力 k_+v_+ 也增大，直到使离子所受到的合力等于零为止。这时，离子以恒定的速度漂移，所以，离子漂移速度的大小可由下式求得：

$$ZeE-k_+v_+=0$$

$$v_+=\frac{ZeE}{k_+}=\mu_+E \tag{6-8}$$

对负离子，可以写出类似的关系式：

$$v_-=\frac{ZeE}{k_-}=\mu_-E \tag{6-9}$$

式中，k_+、k_- 分别是正、负离子的摩擦系数，μ_+、μ_- 分别称为正、负离子的迁移率。电解质溶液中离子的加速过程是极其短暂的，我们可以认为离子基本上以漂移速度运动。

电解质溶液中的电流是由正、负两种离子迁移产生的，设正、负离子数密度均为 n，则总电流密度等于沿电场方向迁移的正离子和逆电场方向迁移的负离子所产生的电流密度之和，即

$$J=J_++J_-=Zenv_++Zenv_-$$

亦即

$$J=Zen(v_++v_-)$$

将 v_+ 和 v_- 的值代入上式，得

$$J=Zen(\mu_++\mu_-)E \tag{6-10}$$

式中，$Zen(\mu_++\mu_-)$ 是和电解质溶液性质有关的物理量。将(6-10)式与欧姆定律的微分形式对比可知，电解质溶液的电导率为

$$\sigma=Zen(\mu_++\mu_-)$$

上式表明，电解质的电导率与单位体积中的离子数目、离子的电荷量及正、负离子迁移率之和成正比。

相关链接：超导电性

§6.2 电源的电动势

6.2.1 电源及其电动势

要得到恒定电流，必须使导体两端维持恒定的电势差。要做到这一点，只有静电力是不能实现的。如图 6-4 所示，在闭合电路中，假定开始时 a 板带正电，b 板带负电，则 $U_a>U_b$，电路中有电流由 a 流向 b，结果 a 板正电荷减少，电势降低。b 板负电荷被中和，电势升高，a、b 两板的电势差很快趋于零，电流也随之消失。如果能够借助某种非静电力，使流到 b 板的

正电荷经过 bca 的路线仍能回到 a 板，通过非静电力做功，以其他形式的能量补偿焦耳热的损失，保持 U_a-U_b 之值不变，那么电流的大小就不会衰减，电流也就成为恒定电流。这种能够提供非静电力的装置称为**电源**(power supply)。不同类型的电源产生非静电力的物理本质是不同的。比如，电池的物理本质是化学作用，发电机的物理本质是电磁感应，光电池的物理本质是光电效应等。

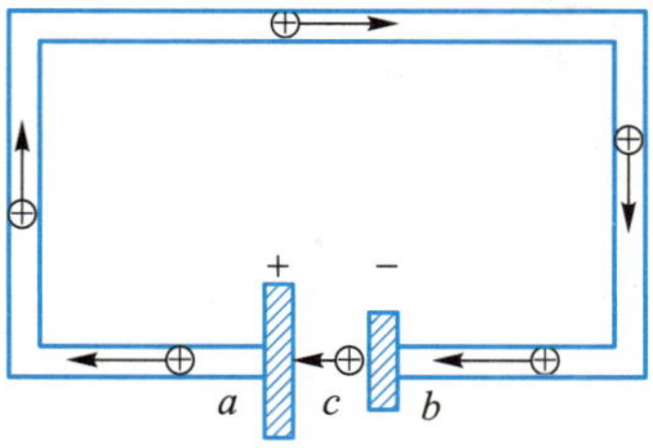

图 6-4 闭合电路

我们用 $\boldsymbol{F}_k$ 表示作用在单位正电荷上的非静电力，电荷 q 所受的非静电力为 $q\boldsymbol{F}_k$。在电源外部只有静电场 $\boldsymbol{E}$，而在电源内部，除了 $\boldsymbol{E}$ 之外，还有 $\boldsymbol{E}_k$，$\boldsymbol{E}_k$ 的方向与 $\boldsymbol{E}$ 相反。电源内部欧姆定律的微分形式应是

$$\boldsymbol{J}=\sigma(\boldsymbol{E}_k+\boldsymbol{E}) \tag{6-11}$$

上式表明，电源内部的电流是静电力和非静电力共同作用的结果。电源都有两个电极，电势高者称正极，电势低者称负极，非静电力由负极指向正极。当电源的两极由导体在外部接通后，在静电力的作用下，导体中形成由正极流向负极的电流。在电源内部，非静电力的作用使正电荷从负极流向正极，电荷的流动形成闭合的循环。

在电源内部，当非静电力使正电荷从负极向正极移动时，要克服静电力做功。在不同的电源内，由于非静电力的不同，将相同的正电荷由负极移动到正极时，非静电力做的功是不同的，电源这种非静电力做功的能力可以用**电源电动势**(electromotive force)表示。电源电动势定义为：把单位正电荷从电源负极经过电源内部移到电源正极时，非静电力所做的功，即

$$\mathscr{E}=\int_{-}^{+}\boldsymbol{E}_k\cdot \mathrm{d}\boldsymbol{l} \tag{6-12}$$

电源的电动势是由电源性质决定的，它与外电路的性质以及是否接通没有关系，它反映了电源内非静电力做功的本领。在分析问题时，为了方便起见，可以将电源内部由负极指向正极的方向定为电动势的方向。电动势的单位是 V(伏特)。

从能量的观点来看，电动势也等于单位正电荷从负极移到正极时由于非静电力作用所增加的电势能，换句话说，电动势就等于从负极到正极非静电力所引起的电势的升高。

6.2.2 一段含源电路的欧姆定律

图 6-5 是某个电路网中的一段含有电源的电路，电路由若干个电源和电阻组成，各部分电流的大小并不相同，电流方向如图所示。这样的电路

称为含源电路。实际工作中往往需要计算含源电路中任意两点的电势差，例如图 6-5 中 a、f 两端的电势差 U_{af}。在直流电路中，相对于电势参考点而言，电路上各点的电势值都是确定的，不随时间发生变化。则 a、f 两点的电势差应等于从 a 点出发到 f 点途经的各元件两端电压的代数和，即

$$U_{af}=U_a-U_f=U_{ab}+U_{bc}+U_{cd}+U_{df}$$

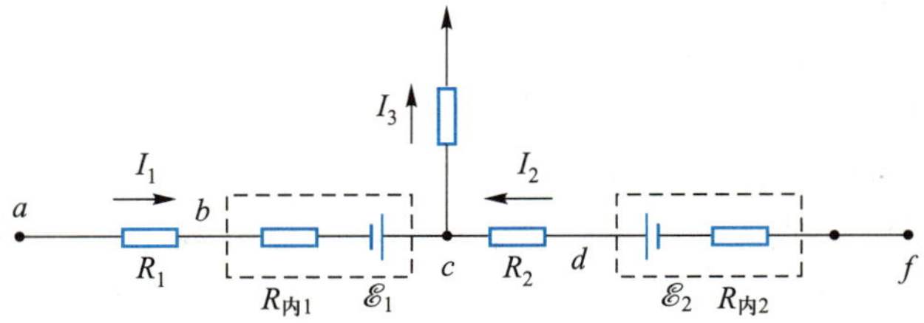

图 6-5 含源电路两端的电势差

电路中由于电流从 a 点流向 b 点，a 点电势高于 b 点电势，因此 $U_{ab}=U_a-U_b=+I_1R_1$；电源两端的电势差由电源电动势和内阻确定，由于电源 $\mathscr{E}_1$ 的正极与 c 点相连，而负极与 b 点相连，若不考虑电源内阻，b 点电势低于 c 点电势；考虑电源内阻后 $U_{bc}=U_b-U_c=-\mathscr{E}_1+I_1R_{内1}$；通过 R_2 的电流从 d 点流向 c 点，c 点电势低于 d 点电势，因此 $U_{cd}=U_c-U_d=-I_2R_2$；同理电源 $\mathscr{E}_2$ 两端的电势差 $U_{df}=U_d-U_f=+\mathscr{E}_2-I_2R_{内2}$。将各元件两端的电势差相加得

$$\begin{aligned}U_{af}&=+I_1R_1+(-\mathscr{E}_1+I_1R_{内1})+(-I_2R_2)+\mathscr{E}_2+I_3R_{内2}\\&=+I_1R_1+I_1R_{内1}+(-I_2R_2)+(-I_2R_{内2})-(\mathscr{E}_1-\mathscr{E}_2)\end{aligned}$$

将电阻（包括电源内阻）两端的电势降落和电源电动势作为代数量，并规定以从 a 点到 f 点的方向为规定方向，即沿着所求电势差起点到终点的方向，若电阻 R（包括 $R_内$）中电流 I 的方向与规定方向相同，则该电阻两端的电势降落取正值，为 $+IR$；若相反，则电势降落取负值，为 $-IR$。将电源电动势从负极沿电源内部指向正极的方向称为电动势的方向，若电动势方向与规定方向相同时，该电源电动势取正值，为 $+\mathscr{E}$；相反时，电源电动势取负值，为 $-\mathscr{E}$。按此规定，a、f 两点的电势差可以写为

$$U_{af}=\sum_i(\pm IR)_i-\sum_j(\pm\mathscr{E}_j) \tag{6-13}$$

上式称为一段含源电路的欧姆定律，即电路中任意两点之间的电势差等于这段电路所有电阻（包括电源内阻）上电势降落的代数和减去所有电源电动势的代数量。

对于闭合电路，绕闭合电路一周电势差为零，故有

$$\sum(\pm\mathscr{E})=\sum(\pm IR)$$

若闭合电路为无分岔的串联电路，通过各元件的电流大小、方向均相同，以电流方向为规定方向，上式化简为

$$I=\frac{\sum(\pm\mathscr{E})}{\sum R}$$

这就是闭合电路的欧姆定律,其中$\sum R$包括电源内阻。

【例 6-2】 在如图 6-6 所示的电路中,已知 $\mathscr{E}_1$、$\mathscr{E}_2$ 分别为 2.0 V 和 4.0 V,电阻 $R_{内1}$、$R_{内2}$、R_1、R_2 的阻值分别为 1.0 Ω、2.0 Ω、3.0 Ω 及 2.0 Ω。试计算:

(1) 电路中的电流;

(2) 电源 $\mathscr{E}_1$、$\mathscr{E}_2$ 的端电压 U_{ac}、U_{ab};

(3) 电源 $\mathscr{E}_2$ 所消耗的化学能功率及其输出的有效功率;

(4) 输入电源 $\mathscr{E}_1$ 的功率及转化为化学能的功率。

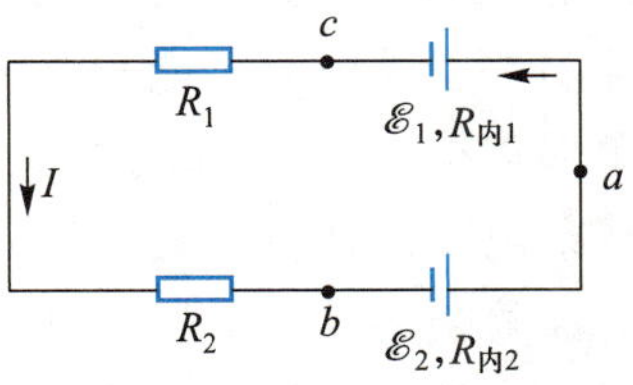

图 6-6 例 6-2 图

【解】 (1) 由于 $\mathscr{E}_1<\mathscr{E}_2$,电流方向为逆时针方向,以此为规定方向,根据闭合电路的欧姆定律,$\mathscr{E}_1$ 方向与规定方向相反,取负值;而 $\mathscr{E}_2$ 方向与规定方向相同,取正值。回路电流为

$$I=\frac{\mathscr{E}_2-\mathscr{E}_1}{R_1+R_2+R_{内1}+R_{内2}}=\frac{4.0-2.0}{3.0+2.0+1.0+2.0}\ \mathrm{A}=0.25\ \mathrm{A}$$

(2) 以经 $\mathscr{E}_1$ 内部由 a 到 c 为规定方向(当然,也可选电源外部电路),根据含源电路的欧姆定律,电流方向与规定方向相同,而电动势方向与规定方向相反。则得电源 $\mathscr{E}_1$ 的路端电压为

$$U_{ac}=U_a-U_c=+IR_{内1}-(-\mathscr{E}_1)=[(0.25\times1.0)+2.0]\ \mathrm{V}=2.25\ \mathrm{V}$$

以经 $\mathscr{E}_2$ 内部由 a 到 b 为规定方向,可得电源 $\mathscr{E}_2$ 的路端电压为

$$U_{ab}=U_a-U_b=-IR_{内2}-(-\mathscr{E}_2)=[-(0.25\times2.0)+4.0]\ \mathrm{V}=3.5\ \mathrm{V}$$

电源 $\mathscr{E}_1$ 的端电压(2.25 V)大于 $\mathscr{E}_1$ 的电动势,$\mathscr{E}_1$ 的电动势的方向与电流方向相反,故该电源 $\mathscr{E}_1$ 处于充电状态,电源 $\mathscr{E}_2$ 处于放电状态。

(3) 电源 $\mathscr{E}_2$ 的化学能功率

$$P_2=I\mathscr{E}_2=0.25\times4.0\ \mathrm{W}=1.0\ \mathrm{W}$$

其输出的有效功率

$$P=IU_{ab}=0.25\times3.5\ \mathrm{W}=0.88\ \mathrm{W}$$

(4) 输入电源 $\mathscr{E}_1$ 的功率

$$P=IU_{ac}=0.25\times2.25\ \mathrm{W}=0.56\ \mathrm{W}$$

其中包括转化为化学能的功率

$$P'=I\mathscr{E}_1=0.25\times2.0\ \mathrm{W}=0.50\ \mathrm{W}$$

§6.3 基尔霍夫定律及其应用

直流电路中，若电路中的各个电阻均以串联或并联的方式相互连接，这种电路称为简单电路。欧姆定律能够解决简单电路的计算问题。若电阻除串并联外还有不能归结为串并联的连接方式（如非平衡的桥式电路、三角形连接、星形连接等），则称为复杂电路，只靠电阻串并联公式无法解决复杂电路的计算问题。

在复杂电路中，由电源和（或）电阻串联而成的通路称为支路（branch），在支路中电流处处相等；3 条或 3 条以上支路的连接点称为节点（node）；几条支路构成的闭合通路称为回路（loop）。与简单电路相比，复杂电路一般有多个支路、节点和回路，如图 6-7 所示的非平衡桥式电路中共有 6 条支路、4 个节点和 7 个回路。求解复杂电路的基本公式是基尔霍夫定律（Kirchhoff law）。

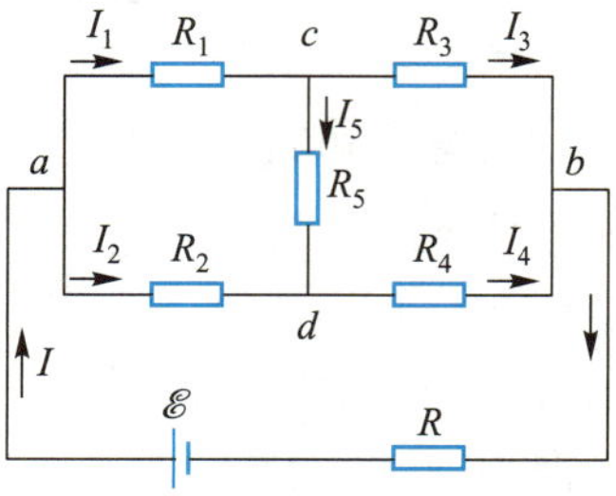

图 6-7 复杂电路

6.3.1 基尔霍夫定律

在已知复杂电路中全部电阻、电源电动势及其内阻的情况下，复杂电路的问题是求解每一支路的电流。这就需要列出与未知量数目相同的、反映各相关物理量关系的独立方程，以解决复杂电路的计算问题。

一、基尔霍夫第一定律

由电流的连续性方程（或电荷守恒定律）可知，电路中任意一点不应有电荷堆积。因此，流入节点的电流之和应等于流出该节点的电流之和。也就是说，流入节点的电流与流出节点的电流的代数和为零，若规定流入节点的电流为正，流出节点的电流为负，则对于复杂电路中的每一个节点有

$$\sum(\pm I)=0 \tag{6-14}$$

这就是基尔霍夫第一定律，也称为节点电流方程。

如果电路中有 n 个节点，那么就可以列出 n 个节点电流方程。值得注意的是，在这 n 个方程中，只有 $n-1$ 个方程是独立的。例如，在如图 6-7 所示的电路中，有 4 个节点，可以列出 4 个节点方程，但其中只有 3 个是独立的，使用时可以任选其三。

在列节点方程时，电路中的实际电流方向往往是未知的，我们可以先

任意假定各支路电流 I_i 的方向，如果计算结果 $I_i>0$，表明该支路实际电流的方向与假设方向一致；如果结果 $I_i<0$，则说明该支路实际电流的方向与假设方向相反。

二、基尔霍夫第二定律

将一段含源电路的欧姆定律(6-13)式应用到复杂电路中的各个回路上，绕回路一周电势差为零，可得

$$\sum(\pm\mathscr{E})=\sum(\pm IR) \tag{6-15}$$

这就是基尔霍夫第二定律，也称为回路电压方程。它表明：沿着回路绕行一周，回路中电源电动势的代数和等于回路中所有电阻（包括电源内阻）上电势降落的代数和。在应用(6-15)式时，首先要选定回路的绕行方向，若电阻 R 中电流 I 的方向与绕行相同时，该电阻上的电势降落取正值；相反时，电势降落取负值。若电动势方向与绕行方向相同时，该电源电动势取正值；相反时，电源电动势取负值。

在应用回路电压方程时，还应注意回路选取的独立性，虽然回路电压方程对复杂电路中任何回路都成立，但是所列出的方程并不一定都是独立的。在如图6-7所示的电路中共有 7 个回路，对每一个回路可以列出一个回路电压方程，但其中只有 3 个方程是互相独立的。为了保证所选回路的独立性，我们在选定回路时，应保证至少有一段支路是在已选过的回路中未曾出现过，而且，所选的全部回路应包括电路的所有支路，这样选定的回路称为独立回路。由独立回路列出的回路电压方程组才是独立且完备的。可以证明，一个具有 n 个节点、p 条支路的复杂电路，总共有 $p-n+1$ 个独立回路，可列出 $p-n+1$ 个独立的回路电压方程。例如图 6-7 所示的电路中 $n=4$，$p=6$，共有 3 个独立回路。

6.3.2 基尔霍夫定律的应用

对于由 n 个节点、p 条支路组成的复杂电路，共有 p 个未知的电流。可以列出 $n-1$ 个独立的节点电流方程和 $p-n+1$ 个独立的回路电压方程，总共可列出 p 个独立方程。独立方程的数目与未知电流的数目相同，因此原则上可以利用基尔霍夫定律解决任何直流复杂电路的计算问题。应用基尔霍夫定律解题的基本步骤如下：

讲课视频：基尔霍夫定律应用

(1) 任意规定各支路电流的正方向；

(2) 数出节点的个数 n，任取其中 $n-1$ 个，列出 $n-1$ 个节点电流方程；

(3) 数出支路的个数 p，选定 $p-n+1$ 个独立回路，任意指定每个回路的绕行方向，列出 $p-n+1$ 个回路电压方程；

(4) 对所列的 p 个方程联立求解；

(5) 根据所得电流值的正负判断各支路实际电流方向。电流值为

正，表示实际电流方向与规定的电流正方向相同；电流值为负，表示实际电流方向与规定的电流正方向相反。

【例 6-3】 在如图 6-8 所示的电路中，已知 $\mathscr{E}_1=4.0\ \text{V}$，$\mathscr{E}_2=2.0\ \text{V}$，$\mathscr{E}_3=3.0\ \text{V}$，$R_1=1.0\ \Omega$，$R_2=0.5\ \Omega$，$R_3=3.0\ \Omega$，$R_4=1.0\ \Omega$。电源的内阻不计。求 I_1、I_2、I_3。

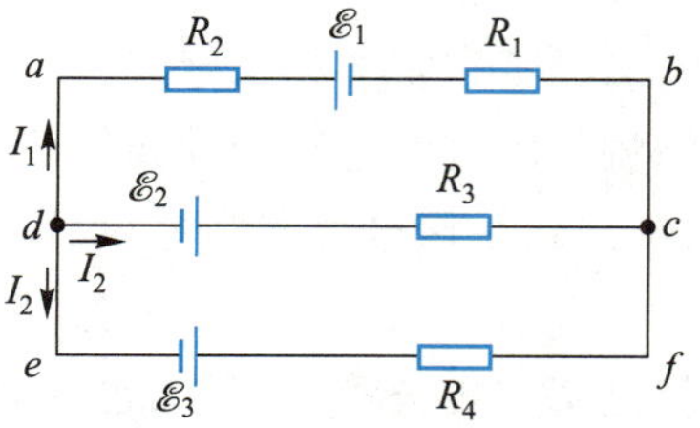

图 6-8　例 6-3 图

【解】 分别规定三条支路的电流正方向如图所示。由于电路有两个节点，只能列出一个独立的节点电流方程。根据基尔霍夫第一定律，对 c 点列出节点电流方程为

$$I_1+I_2+I_3=0 \tag{1}$$

除节点电流方程外，还需要写出两个回路电压方程。根据基尔霍夫第二定律，选定 $adcba$ 和 $adefcba$ 两个回路并规定绕行方向为逆时针方向，分别列出回路电压方程：

$$\mathscr{E}_1+\mathscr{E}_2=I_2R_3-I_1R_2-I_1R_1$$

$$\mathscr{E}_1+\mathscr{E}_3=I_3R_4-I_1R_2-I_1R_1$$

代入数据并整理得

$$6=3I_2-1.5I_1 \tag{2}$$

$$7=I_3-1.5I_1 \tag{3}$$

将(1)、(2)、(3)式联立求解，得

$$I_1=-3.0\ \text{A},\quad I_2=0.5\ \text{A},\quad I_3=2.5\ \text{A}$$

由于 I_1 为负值，表示 I_1 的实际电流方向与规定的正方向相反，实际电流方向为从 b 到 a。

§6.4　电容器的充放电过程

讲课视频：电容器的充放电过程

我们知道，电容器具有储存电荷的能力，直流电不能通过电容器。如图 6-9 所示的电路中，若把开关 S 扳向 a，电容器 C、电阻 R 和电源连接成一个回路。接通的瞬间，电路中有电流流过，这时电源通过 R 对电容器 C 充电(charging)。随着电容器极板上积累的电荷逐渐增多，两极板之间的电势差不断增大，充电电流逐渐减小。当极板间的电势

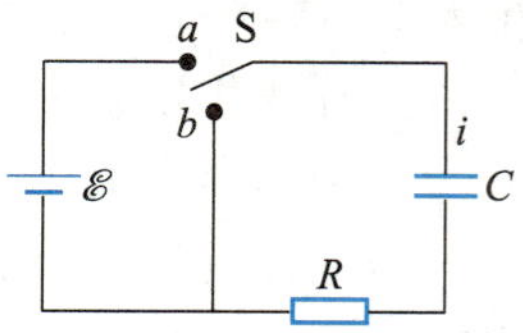

图 6-9　RC 电路

差等于电源电动势 $\mathscr{E}$ 时，充电结束，回路中电流为零。可见，在充电过程中，充电电流 i、电容器上的电压 u_C 都是随时间变化的。反之，充电结束后若把开关扳向 b，电容器通过电阻 R 放电（discharge）。显然，放电过程中，回路中电流 i 和电容器上的电压 u_C 也是随时间而逐渐减小的。这表明在电容器充放电时，电容器上的电压变化不是瞬间完成的，而是经历一个渐变过程。通常电路的电流或电压从零值或某一定值（对应电路的一个稳定状态）过渡到另一定值或零值（对应电路的另一个稳定状态）时，常常需要一个变化过程（尽管这个过程可能很短），这个介于两个稳定状态之间的变化过程称为暂态过程（transient state process）。在电容器的充、放电过程中，电流不是恒定的，但是在充放电过程中的任一时刻，回路中的电流及电势降落仍然遵从基尔霍夫定律。

下面我们讨论 RC 串联电路充放电过程中电容器上的电压和回路中电流随时间变化的规律。

6.4.1 电容器的充电过程

假设在充电过程中的任一时刻 t，电容器上的电荷量为 q，电势差为 u_C，充电电流为 i，则电阻上的电势降落为 iR，如果忽略电源的内阻，由基尔霍夫第二定律，得

$$\mathscr{E}=iR+u_C$$

因为 $i=\frac{\mathrm{d}q}{\mathrm{d}t}=C\frac{\mathrm{d}u_C}{\mathrm{d}t}$，所以上式可写为 $RC\frac{\mathrm{d}u_C}{\mathrm{d}t}+u_C=\mathscr{E}$。这是一个一阶微分方程，它的通解是

$$u_C=\mathscr{E}+A\mathrm{e}^{-\frac{t}{RC}}$$

式中 A 是一常量，将初始条件 $t=0$ 时，$u_C=0$ 代入，可求得 $A=-\mathscr{E}$，将其代入上式，得

$$u_C=\mathscr{E}\left(1-\mathrm{e}^{-\frac{t}{RC}}\right) \tag{6-16}$$

充电电流为

$$i=C\frac{\mathrm{d}u_C}{\mathrm{d}t}=\frac{\mathscr{E}}{R}\mathrm{e}^{-\frac{t}{RC}} \tag{6-17}$$

(6-16)式、(6-17)式表明在充电过程中，电容器两端电压 u_C 随时间按指数规律增长，充电电流 i 随时间按指数规律减小。为了直观表示 u_C、i 随时间的变化关系，画出 u_C-t 和 $i-t$ 曲线，如图 6-10 所示。当 $t=0$ 时，$u_C=0$，i 最大，其值为 $\mathscr{E}/R$。即充电开始时，由于电容器两极板间无电势差，电源电动势全部加在电阻上，所以这时电路中电流最大。当 $t\to\infty$ 时，$u_C=\mathscr{E}$，$i=0$。这表明当充电时间足够长时，电容器两端的电势差等于电源电动势，充电

电流趋于零。

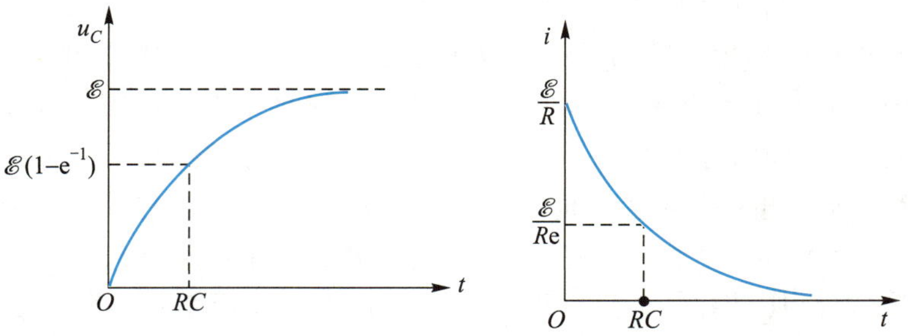

图 6-10 电容器充电时的 u_C-t 曲线和 i-t 曲线

下面讨论 RC 的意义。令 $\tau=RC$,称为 RC 电路的时间常量(time constant),单位是 s,与时间单位相同。当 $t=\tau$ 时

$$u_C=\mathscr{E}(1-e^{-1})=0.632\mathscr{E}$$

$$i=\frac{\mathscr{E}}{R}e^{-1}=0.368\frac{\mathscr{E}}{R}$$

就是说,当时间 $t=\tau$ 时,电容器上的电压达到最大值的 63.2%,而电流 i 降为最大值的 36.8%倍。当 $t=2.3\tau$ 时,$u_C=0.9\mathscr{E}$;$t=3\tau$ 时,$u_C=0.95\mathscr{E}$;$t=4.6\tau$ 时,$u_C=0.99\mathscr{E}$;若 $t>5\tau$,则可认为充电基本结束。因此 τ 实际上是表示充电快慢的一个物理量,由图 6-11 也可以明显看出这一点。τ 越大,i 和 u_C 变化越缓慢,充电时间越长;反之,τ 越小,i 和 u_C 变化越迅速,充电时间越短。

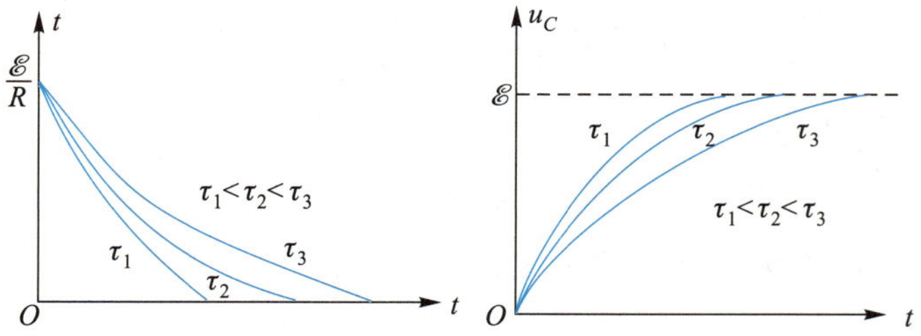

图 6-11 不同 τ 值充电过程的 u_C-t 和 i-t 曲线

6.4.2 电容器的放电过程

在图 6-9 所示的电路中。若将开关扳向 b,使充满电的电容器通过电阻 R 放电,对于放电过程中的任一时刻,可得方程

$$iR+u_C=0$$

将 $i=\frac{dq}{dt}=C\frac{du_C}{dt}$ 代入上式,得

$$RC\frac{\mathrm{d}u_C}{\mathrm{d}t}+u_C=0$$

该微分方程在初始条件 $t=0, u_C=\mathscr{E}$ 下的特解是

$$u_C=\mathscr{E}\mathrm{e}^{-\frac{t}{RC}} \tag{6-18}$$

放电电流为

$$i=\frac{\mathscr{E}}{R}\mathrm{e}^{-\frac{t}{RC}} \tag{6-19}$$

电流方向与充电电流方向相反。可以看出，在放电过程中 u_C 和 i 随时间 t 各自从它们的最大值（$\mathscr{E}, \mathscr{E}/R$）按指数规律衰减到零。放电的快慢同样由电路的时间常量 $\tau=RC$ 决定。

从上面的分析可知，无论是充电还是放电，电容器上的电压均不能突变，只能按指数规律随时间发生变化。电容器的这一特性，在电子技术中用途很多，利用 RC 电路产生锯齿波就是一个突出的例子。

思考题

6-1 两根粗细不同的铜棒串联在一起，两端加上一定电压。设两铜棒的长度相同，那么：(1) 通过两棒的电流大小是否相等？(2) 如果略去分界面的边缘效应，通过两棒的电流密度是否相同？(3) 两棒内的电场强度是否相同？(4) 两棒上的电压是否相同？

6-2 截面积相等的铜棒和铁棒串联在一起，接到直流电路中，问：哪个棒中的电场强度大？

6-3 一个电源内的电流能否超过其短路电流？电源的路端电压是否可超过其电动势？

6-4 电容器在充放电过程中，为什么电路中会出现电流？电容器的隔直流作用如何解释？

习题

习题答案

6-1 灵敏电流计能够测出的最小电流约为 10^{-10} A，如果导线的横截面积为 1 mm^2，导线中每立方厘米内的自由电子数为 8.4×10^{22} 个，那么电子在导线内的漂移速度是多少？电子在导线中漂移 1 cm 需要多少时间？

6-2 阻值为 $R=1\ \Omega$ 的六个相同的电阻，连成如图 6-12 所示的电路，今在 a、b 间加上 1.5 V 的电压，求：(1) 通过每个电阻的电流；(2) 整个电路的电阻。

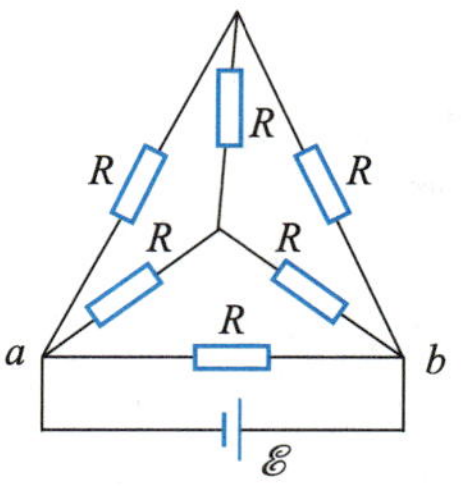

图 6-12 习题 6-2 图

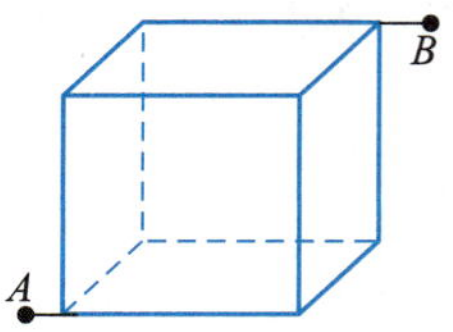

图 6-13 习题 6-3 图

6-3 如图 6-13 所示，十二根长度相等的相同导线组成一个立方体，每根导线的电阻都是 1 Ω，试求 A、B 两点之间的电阻。

6-4 如图 6-14 所示的电路中，b 点接地。$R_1=10\ \Omega$，$R_2=2.5\ \Omega$，$R_3=3\ \Omega$，$R_4=1\ \Omega$，$\mathscr{E}_1=16\ \text{V}$，$R_{内1}=0.4\ \Omega$，$\mathscr{E}_2=2\ \text{V}$，$R_{内2}=0.6\ \Omega$。求：(1) a、b 两端的电压；(2) b、c 两端的电压；(3) a、b、c、d 各点的电势。

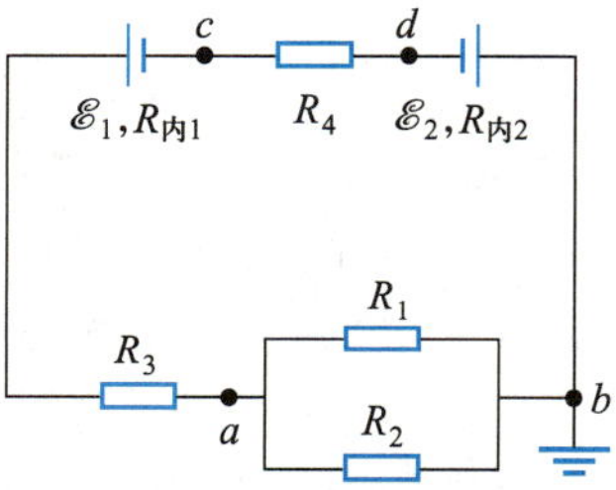

图 6-14 习题 6-4 图

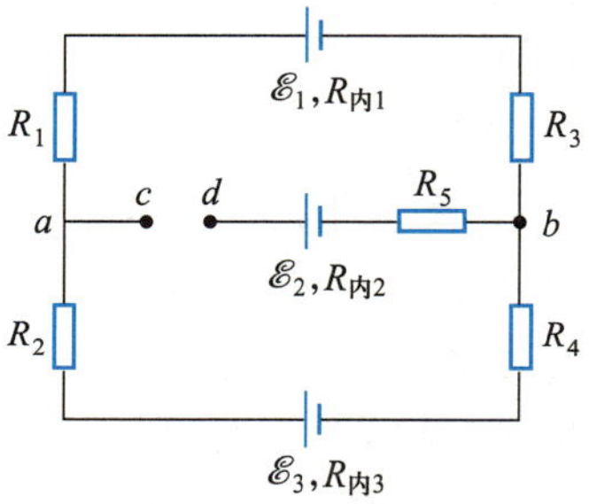

图 6-15 习题 6-5 图

6-5 在如图 6-15 所示的电路中，$\mathscr{E}_1=12\ \text{V}$，$\mathscr{E}_2=9\ \text{V}$，$\mathscr{E}_3=8\ \text{V}$，$R_{内1}=R_{内2}=R_{内3}=1\ \Omega$，$R_1=R_2=R_3=R_4=2\ \Omega$，$R_5=3\ \Omega$，求：(1) a、b 两点的电势差；(2) c、d 两点的电势差；(3) 若 c、d 短路，这时通过 R_5 的电流。

6-6 图 6-16 是加法器的原理图，加法器是一种运算电路，在计算机技术、自动控制技术中应用非常广泛。试证明：(1) 当 $R_i=R$ 时，$U=\dfrac{1}{4}(\mathscr{E}_1+\mathscr{E}_2+\mathscr{E}_3)$；(2) 当 $R_i \ll R$ 时，$U=\dfrac{R_i}{R}(\mathscr{E}_1+\mathscr{E}_2+\mathscr{E}_3)$（其中 U 是 R_i 两端的电压）。

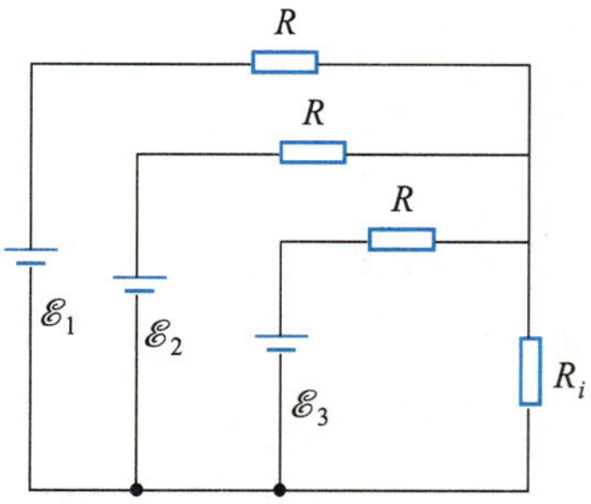

图 6-16 习题 6-6 图

6-7 如图 6-17 所示的电路中，若 $\mathscr{E}_2=12\ \text{V}$，$\mathscr{E}_3=4\ \text{V}$，$R_1=2\ \Omega$，$R_2=4\ \Omega$，$R_3=6\ \Omega$，电流表的读数为 0.5 A，电流方向如图中箭头方向所示，如果忽略电源与电流表的内阻，求电动势 $\mathscr{E}_1$。

6-8 电路如图 6-18 所示。问:(1)当 S 闭合时,电源 $\mathscr{E}$ 输出的电流是多少?(2)当 S 闭合很长时间以后,电流又是多少?(3)求出 S 闭合后通过电源的电流与时间的关系式。

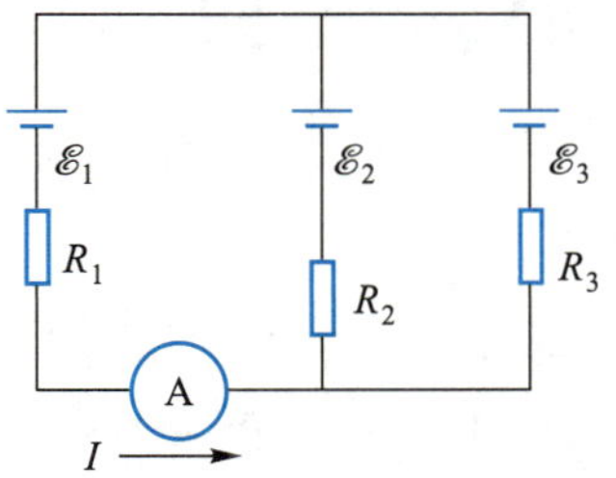

图 6-17 习题 6-7 图

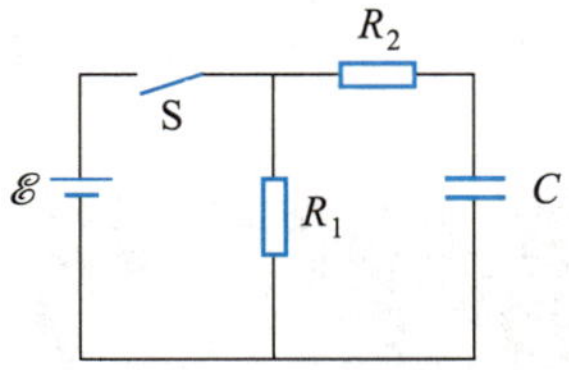

图 6-18 习题 6-8 图

6-9 将 1 000 Ω 的电阻和 1 μF 的电容器串联到 100 V 的电源上,问:(1)电容器上最后电荷量是多少?(2)电路接通 2.3 ms 后电容器上的电荷又是多少?

参考文献

第七章 磁场与电磁感应

北极光是天空中发出弧光的美丽现象，它出现在南极和北极地区。弧光是从高空大气层中发出的，由来自太阳的带电粒子引起。这些带电粒子受地磁场的引导，通常进入地球磁极地区的大气层中。

人类对磁现象的发现要早于电现象，而且人们也观察到闪电能使刀、叉、钢针磁化的现象，但对磁现象的规律及电现象和磁现象之间联系的认识却经历了漫长的过程。1820年奥斯特(H. Oersted)发现电流的磁效应，开创了电磁学研究的新纪元；1831年法拉第(M. Faraday)发现电磁感应现象，揭示了电场和磁场内在联系的一个侧面，迈出了对电磁场统一性认识的关键性的第一步；1862年麦克斯韦(J. Maxwell)位移电流概念及其定理的确定，揭示了电场和磁场内在联系的另一侧面，使电磁场成为一个统一的整体。麦克斯韦建立的电磁场理论，不仅成为统一解释各种电磁现象的理论基础，还预言了电磁波的存在，揭示了光波与电磁波之间的本质联系。

§7.1 磁场 磁感应强度

7.1.1 磁场

通过对静电场的研究，我们知道，在静止电荷的周围空间存在着电场，静止电荷间的相互作用是通过电场来传递的。同样的，电流(或运动电荷)与电流(或运动电荷)之间、磁铁与磁铁之间、电流(或运动电荷)与磁铁之间的相互作用也是通过场来传递的，这种场被称为磁场(magnetic field)。在磁铁和电流(包括运动电荷)的周围空间存在着磁场,磁场是物质存在的一种形式,其物质性表现在磁场对位于其中的另外的磁铁和电流(包括运动电荷)有力的作用,同时磁场具有能量。

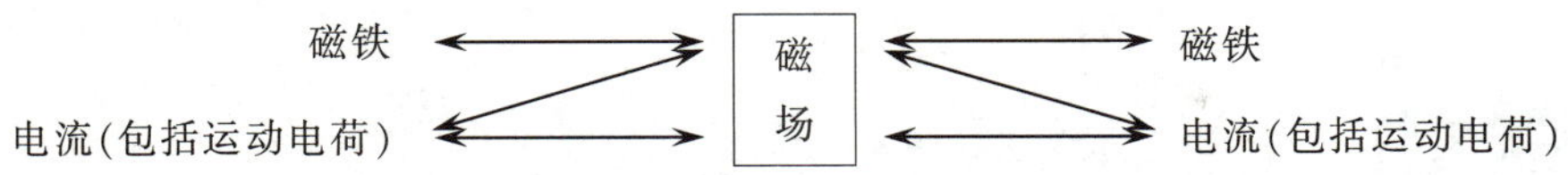

7.1.2 磁感应强度

为了定量地描述磁场,我们引入**磁感应强度**(magnetic induction)$\boldsymbol{B}$,它是一个矢量。我们在磁场中引入一个带正电的运动试探电荷 q,它以速度 $\boldsymbol{v}$ 通过磁场中某定点 P,根据该运动电荷在磁场中的受力情况可定义磁感应强度 $\boldsymbol{B}$ 的方向和大小。实验表明:电荷 q(以相同的速率)沿不同方向通过该点时,所受磁场力的大小不等。特别地,对于定点 P 来说,存在着一个特殊的方向(小磁针置于该点处,其 N 极的指向),当 q 沿此特定方向(或其反方向)运动时,所受磁场力为零。这个特定方向就是 P 点磁感应强度 $\boldsymbol{B}$ 的方向;在定点 P,当电荷 q 以不同于上述特定方向的速度 $\boldsymbol{v}$ 通过该点时,它所受的磁场力方向总是垂直于 $\boldsymbol{v}$ 与磁感应强度 $\boldsymbol{B}$ 所组成的平面;当电荷速度 $\boldsymbol{v}$ 的方向与磁感应强度 $\boldsymbol{B}$ 方向垂直时,作用于电荷 q 的磁场力最大,其大小 F_m 与 vq 的比值 F_m/vq 与电荷的性质无关,而是完全取决于场点本身性质的函数,它如实地反映了磁场的空间分布,我们将磁场中某点的比值 F_m/vq 规定为该点的磁感应强度 $\boldsymbol{B}$ 的大小,即

$$B=\frac{F_m}{vq} \tag{7-1}$$

除了用小磁针 N 极的指向表示磁场中某点磁感应强度 $\boldsymbol{B}$ 的方向外,还可根据右手螺旋定则确定 $\boldsymbol{B}$ 的方向。如图 7-1 所示,右手拇指伸直;四指由 $\boldsymbol{F}_m$ 的方向,沿小于 π 的角度弯向速度 $\boldsymbol{v}$ 的方向,此时拇指的指向即为磁感应强度 $\boldsymbol{B}$ 的方向。

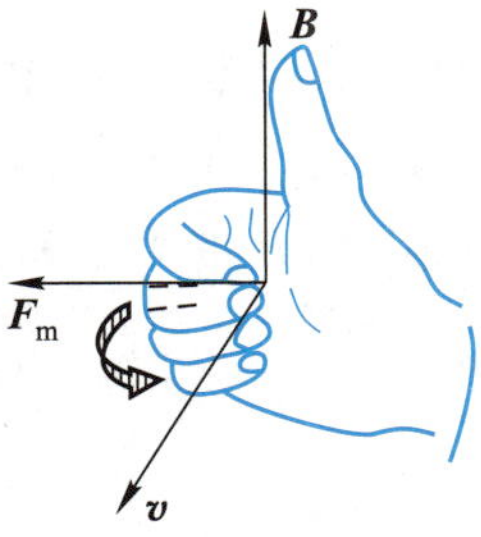

图 7-1　$\boldsymbol{B}$ 的方向

在国际单位制中,磁感应强度的单位是 T(特斯拉),1 T=1 N·A^{-1}·m^{-1}。磁感应强度的另一种非国际单位制单位是 Gs(高斯),1 Gs=10^{-4} T。

产生磁场的磁铁、运动电荷或电流可称为磁场源。实验指出,在空间同时存在若干个磁场源的情况下,它们产生的

磁场服从叠加原理。以 $\boldsymbol{B}_i$ 表示第 i 个磁场源在某处产生的磁场，则在该处的总磁场为

$$\boldsymbol{B}=\sum_i \boldsymbol{B}_i$$

7.1.3 毕奥-萨伐尔定律

1820 年丹麦物理学家奥斯特发现了电流的磁效应，奥斯特对此效应作了定性的陈述和解释，但没有作进一步的定量研究。之后，法国物理学家毕奥(J. B. Biot)和萨伐尔(F. Savart)开始寻找任意电流元对磁极作用力的定量规律，在拉普拉斯(Laplace)的帮助下，很快就得出了电流元在空间产生磁感应强度的定量规律——毕奥-萨伐尔定律。

考虑电流在空间激发磁场时，可以将电流分割成许多电流元 $I\mathrm{d}\boldsymbol{l}$，电流元是矢量，大小等于电流 I 与线元 $\mathrm{d}l$ 的乘积 $I\mathrm{d}l$，它的方向是电流的方向。电流在空间激发磁场的磁感应强度 $\boldsymbol{B}$ 实际上就是组成电流的各电流元在此激发磁场的磁感应强度 $\mathrm{d}\boldsymbol{B}$ 的叠加。

以 $I\mathrm{d}\boldsymbol{l}$ 表示恒定电流的一个电流元，以 $\boldsymbol{r}$ 表示从此电流元指向某一场点 P 的径矢。毕奥-萨伐尔定律指出：电流元 $I\mathrm{d}\boldsymbol{l}$ 在真空中某点 P 所激发的磁场的磁感应强度 $\mathrm{d}\boldsymbol{B}$ 的大小与电流元 $I\mathrm{d}\boldsymbol{l}$ 的大小成正比，与电流元到 P 点的距离 r 的平方成反比，与 $I\mathrm{d}\boldsymbol{l}$ 和径矢 $\boldsymbol{r}$ 的夹角 θ(小于 π)的正弦成正比，即

$$\mathrm{d}B=k\frac{I\mathrm{d}l\sin\theta}{r^2}$$

式中 k 为比例系数，其数值与单位制和磁介质有关。对于真空中的磁场，在国际单位制中，$k=\mu_0/4\pi$，μ_0 称为真空磁导率(permeability of vacuum)，其值 $\mu_0=4\pi\times10^{-7}\ \mathrm{N\cdot A^{-2}}$。于是，上式改写为

$$\mathrm{d}B=\frac{\mu_0}{4\pi}\frac{I\mathrm{d}l\sin\theta}{r^2} \tag{7-2}$$

$\mathrm{d}\boldsymbol{B}$ 的方向垂直于 $I\mathrm{d}\boldsymbol{l}$ 和 $\boldsymbol{r}$ 所组成的平面，并沿矢积 $I\mathrm{d}\boldsymbol{l}\times\boldsymbol{r}$ 的方向，即当右手四指从 $I\mathrm{d}\boldsymbol{l}$ 经小于 π 的角度转向 $\boldsymbol{r}$ 时拇指的方向(图 7-2)。

综合 $\mathrm{d}\boldsymbol{B}$ 的大小和方向，毕奥-萨伐尔定律可写成矢量形式：

$$\mathrm{d}\boldsymbol{B}=\frac{\mu_0}{4\pi}\frac{I\mathrm{d}\boldsymbol{l}\times\boldsymbol{e}_r}{r^2} \tag{7-3a}$$

$\boldsymbol{e}_r$ 为沿矢量 $\boldsymbol{r}$ 方向的单位矢量。

于是，任意电流在 P 点处激发的磁感应强度可表示为

$$\boldsymbol{B}=\int\mathrm{d}\boldsymbol{B}=\int\frac{\mu_0}{4\pi}\frac{I\mathrm{d}\boldsymbol{l}\times\boldsymbol{e}_r}{r^2} \tag{7-3b}$$

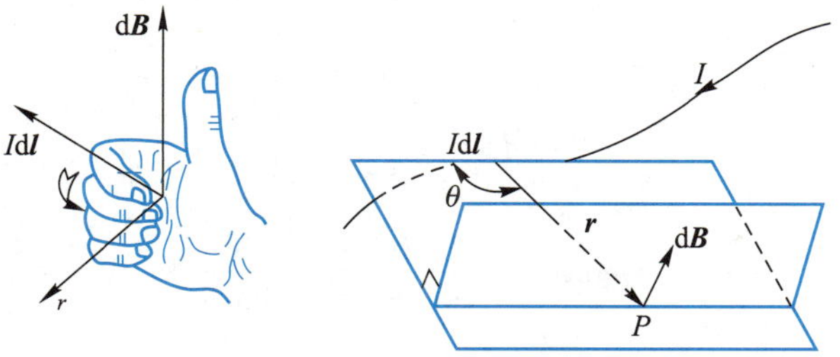

图 7-2 电流元的磁感应强度的方向

对毕奥-萨伐尔定律应注意以下两点：

(1) 由于电流元不能孤立地存在，所以毕奥-萨伐尔定律是根据特殊形状电流对小磁针作用力的实验结果分析得出的，毕奥-萨伐尔定律是由特殊到一般的推广。由该定律出发得出的所有结果都很好地和实验相符，使它的正确性得到间接的验证。

(2) 毕奥-萨伐尔定律(7-3a)式和(7-3b)式只适用于恒定电流。

毕奥-萨伐尔定律(7-3b)式为我们提供了一种根据电流分布求解磁场分布的基本方法。由于(7-3b)式是矢量积分，通常需要分别求解 $\boldsymbol{B}$ 的各个分量。我们将通过下面几例，说明用毕奥-萨伐尔定律求解电流的磁场分布的思路和方法。

讲课视频：毕奥-萨伐尔定律例题

【例 7-1】 直线电流的磁场。真空中有一直导线 CD，长度为 L，通有电流 I，试求此直线电流在其周围任意一点 P 处的磁感应强度 $\boldsymbol{B}$。设 P 点到导线的垂直距离为 r_0。

【解】 建立如图 7-3 所示的坐标系，原点为 P 点在导线上的垂足。考虑直导线上任一电流元 $I\mathrm{d}\boldsymbol{l}=I\mathrm{d}z\boldsymbol{k}$，依据毕奥-萨伐尔定律，该电流元在 P 点产生的磁感应强度大小为

$$\mathrm{d}B=\frac{\mu_0}{4\pi}\frac{I\mathrm{d}z\sin\theta}{r^2}$$

而方向为负 x 轴方向。由图可知，直导线上各电流元在 P 点产生的磁感应

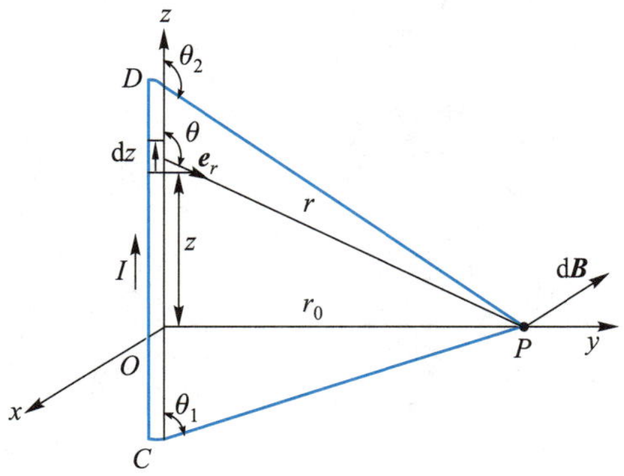

图 7-3 直线电流的磁场

强度方向都相同，所以合磁感应强度 $\boldsymbol{B}$ 的方向也是负 x 轴方向，其大小 B 等于

$$B=\int \mathrm{d}B=\int \frac{\mu_0}{4\pi}\frac{I\mathrm{d}z\sin\theta}{r^2}$$

由于 $z=r_0\cot(\pi-\theta)=-r_0\cot\theta$，$r=\dfrac{r_0}{\sin(\pi-\theta)}=\dfrac{r_0}{\sin\theta}$，所以 $\mathrm{d}z=\dfrac{r_0\mathrm{d}\theta}{\sin^2\theta}$。于是

$$B=\int_{\theta_1}^{\theta_2}\frac{\mu_0 I}{4\pi r_0}\sin\theta\mathrm{d}\theta$$

得

$$B=\frac{\mu_0 I}{4\pi r_0}(\cos\theta_1-\cos\theta_2)$$

对于无限长直电流，可近似取 $\theta_1=0$，$\theta_2=\pi$，于是 $B=\dfrac{\mu_0 I}{2\pi r_0}$。可见，无限长载流直导线周围的磁感应强度的大小与电流成正比，与场点到导线的距离成反比。方向沿着以直导线为中心的圆周的切线，与电流方向组成右手螺旋。

【例 7-2】 圆电流的磁场。真空中有一圆形载流导线，半径为 R，电流为 I，求该圆形导线轴线上的磁场分布。

【解】 建立如图 7-4 所示的坐标系，原点为圆心。考虑圆上任一电流元 $I\mathrm{d}\boldsymbol{l}$，依据毕奥-萨伐尔定律，该电流元在轴线上 P 点处激起的磁感应强度为

$$\boldsymbol{B}=\frac{\mu_0}{4\pi}\frac{I\mathrm{d}\boldsymbol{l}\times\boldsymbol{e}_r}{r^2}$$

由于 $I\mathrm{d}\boldsymbol{l}$ 垂直于 $\boldsymbol{e}_r$，即 $\theta=\pi/2$，所以 $\mathrm{d}\boldsymbol{B}$ 的大小为

$$\mathrm{d}B=\frac{\mu_0}{4\pi}\frac{I\mathrm{d}l}{r^2}$$

而 $\mathrm{d}\boldsymbol{B}$ 的方向垂直于电流元 $I\mathrm{d}\boldsymbol{l}$ 和 $\boldsymbol{r}$ 所组成的平面，且与 x 轴的夹角为 α。

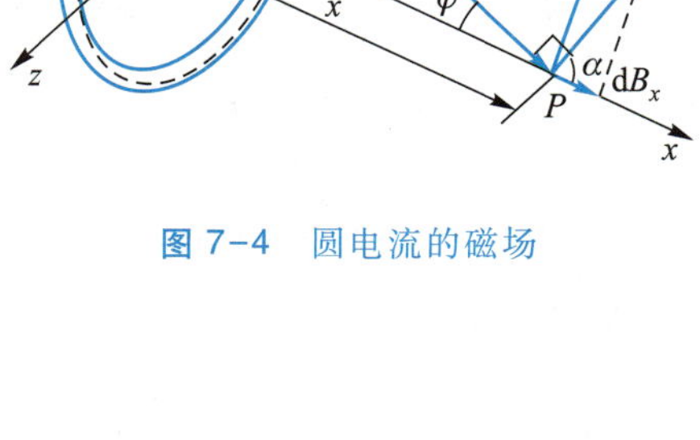

图 7-4 圆电流的磁场

将 d$\boldsymbol{B}$ 分解成平行于轴线的分量 dB_x 和垂直于轴线的分量 d$B_\perp$ 两部分。考虑到圆上任一直径两端的电流元在 P 点产生的磁感应强度对 x 轴是对称的，所以求所有电流元在 P 点产生的磁感应强度矢量和时只保留平行于轴线方向的分量，而垂直于轴线方向的分量为零，即 P 点磁感应强度 $\boldsymbol{B}$ 的大小为

$$B=\int \mathrm{d}B_x=\oint \frac{\mu_0 I\mathrm{d}l\cos\alpha}{4\pi r^2}=\oint \frac{\mu_0 IR}{4\pi r^3}\mathrm{d}l=\frac{\mu_0 IR}{4\pi r^3}\oint \mathrm{d}l$$

因

$$\oint \mathrm{d}l=2\pi R,\quad r=(R^2+x^2)^{\frac{1}{2}}$$

所以

$$B=\frac{\mu_0 R^2 I}{2r^3}=\frac{\mu_0 R^2 I}{2(R^2+x^2)^{\frac{3}{2}}}$$

$\boldsymbol{B}$ 的方向沿 x 轴正向。以右手四指指向电流方向，则拇指指向磁感应强度方向。

当 $x=0$ 时，圆心 O 点的磁感应强度 $\boldsymbol{B}$ 的大小为 $B=\dfrac{\mu_0 I}{2R}$，$\boldsymbol{B}$ 的方向垂直于圆形导线平面，沿 x 轴正向。

7.1.4 磁感线 磁通量

为了形象地描绘磁场中磁感应强度的分布情况，类比静电场中用电场线来表示静电场中电场强度分布的方法，我们引入一系列假想的曲线——**磁感线**(magnetic induction line)作为磁场分布的几何描述，磁感线的分布不但要给出磁场的方向分布，同时也要给出磁场的强弱分布。为此，通常规定：(1) 曲线上每一点的切线方向表示该点磁感应强度 $\boldsymbol{B}$ 的方向；(2) 通过磁场中某点附近垂直于 $\boldsymbol{B}$ 矢量的单位面积上的磁感线数目(磁感线密度)等于该点 $\boldsymbol{B}$ 的大小。实验中可用铁粉来显示磁感线的图形，图 7-5 是一些典型磁场的磁感线图形，它使我们对磁场的空间分布从整体上有一个定性的了解：

(1) 由于磁场中某点的磁场方向是唯一确定的，所以磁场中的磁感线不会相交，这一特性和电场线是一样的。

(2) 磁感线都是围绕电流的闭合曲线(或两头伸向无限远)。磁感线的这一特性与静电场明显不同。

类比电场强度通量，引入**磁通量**(magnetic flux)的概念。通过磁场中某一曲面的磁感线的条数称为通过此曲面的磁通量，用符号 $\varPhi$ 表示，即

动画：条形磁铁产生的磁场

动画：长直电流产生的磁场

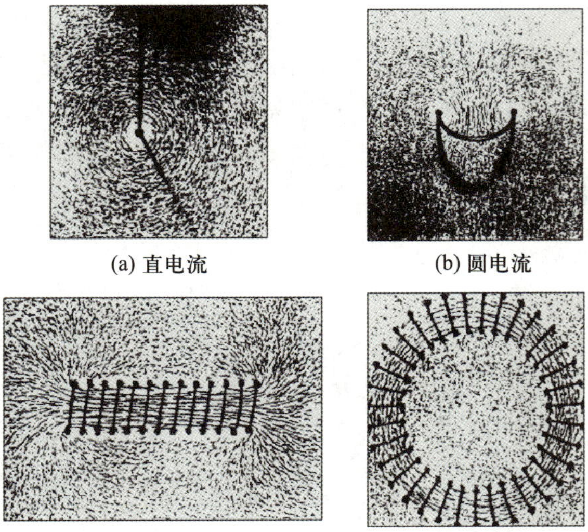

(a) 直电流 (b) 圆电流

(c) 载流螺线管 (d) 载流螺线环

图 7-5 铁粉显示的磁感线

$$\Phi = \int_S \boldsymbol{B} \cdot \mathrm{d}\boldsymbol{S} \tag{7-4}$$

在国际单位制中，磁通量的单位是 Wb（韦伯），1 Wb = 1 T·m^2。

对于闭合曲面来讲，通常规定指向曲面外的方向为法线的正方向。按此规定，穿出曲面的磁通量为正，穿入曲面的磁通量为负。由于磁感线是闭合的，所以对任一闭合曲面而言，有多少条磁感线穿入闭合曲面，就一定有多少条磁感线穿出闭合曲面，即通过磁场中任意闭合曲面的磁通量恒等于零。表示为

$$\Phi = \oint_S \boldsymbol{B} \cdot \mathrm{d}\boldsymbol{S} = 0 \tag{7-5}$$

称为磁场的高斯定理，它是描述磁场性质的基本规律之一，它表明磁场是无源场。

7.1.5 安培环路定理

由毕奥-萨伐尔定律可以导出表示恒定磁场性质的另一基本规律——**安培环路定理**（Ampere circuital theorem）。

设有一通有电流 I 的“无限长”直导线，在与电流垂直的平面内取一闭合回路 L，垂直平面与导线交于点 O，下面我们将沿 L 计算 $\boldsymbol{B}$ 的环路积分 $\oint_L \boldsymbol{B} \cdot \mathrm{d}\boldsymbol{l}$ 的值。

（1）闭合回路 L 包围电流 I。如图 7-6 所示，设 L 的绕行方向和电流

方向符合右手螺旋关系，L 上任一点的磁感应强度的大小 $B=\dfrac{\mu_0 I}{2\pi r}$，方向垂直于径矢 $\boldsymbol{r}$，由于 $\cos\theta\mathrm{d}l=r\mathrm{d}\varphi$，所以

$$\oint_L \boldsymbol{B}\cdot\mathrm{d}\boldsymbol{l}=\oint\frac{\mu_0 I}{2\pi r}\cos\theta\mathrm{d}l=\int_0^{2\pi}\frac{\mu_0 I}{2\pi r}r\mathrm{d}\varphi=\frac{\mu_0 I}{2\pi}\int_0^{2\pi}\mathrm{d}\varphi=\mu_0 I$$

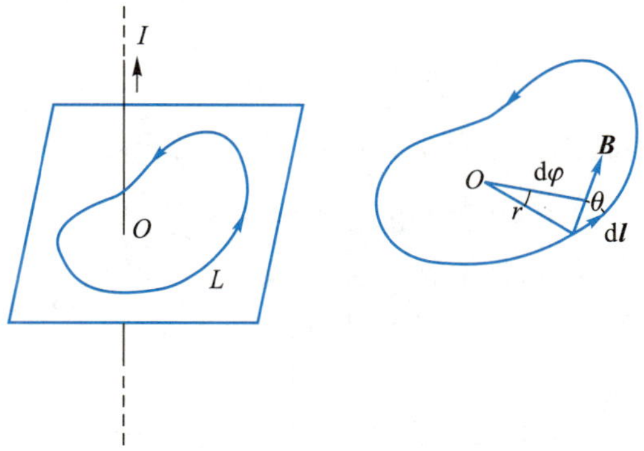

图 7-6 安培环路定理的证明（闭合曲线包围电流）

若 I 反向，则相应的 $\boldsymbol{B}$ 也反向，导致 $\oint_L \boldsymbol{B}\cdot\mathrm{d}\boldsymbol{l}=-\mu_0 I$。

（2）闭合回路 L 不包围电流 I。如图 7-7 所示，分析计算过程同上，于是

$$\oint_L \boldsymbol{B}\cdot\mathrm{d}\boldsymbol{l}=\frac{\mu_0 I}{2\pi}\oint\mathrm{d}\varphi$$

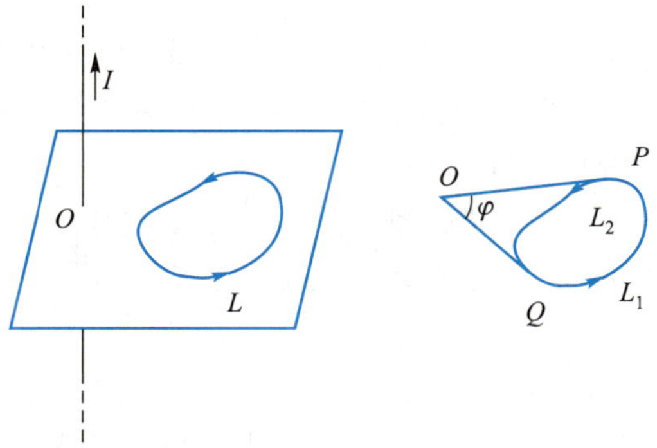

图 7-7 安培环路定理的证明（闭合曲线不包围电流）

但由于从闭合回路 L 上某一点出发，沿 L 绕行一周后，角 φ 的净增量 $\oint\mathrm{d}\varphi=0$，导致

$$\oint_L \boldsymbol{B}\cdot\mathrm{d}\boldsymbol{l}=0$$

可见，$\boldsymbol{B}$ 沿闭合回路 L 的线积分仅与闭合回路包围的电流有关，和所选的

闭合回路的形状无关。可以证明(证明略去)在无限长直导线情况下,即使对非平面闭合回路,上述讨论也适用;而且,对于任意形状的闭合恒定电流,上述 $\boldsymbol{B}$ 的环路积分和电流的关系仍然成立。

(3) 若真空中同时存在多个闭合恒定电流,根据磁场叠加原理可推得,沿任一闭合回路 L 的总磁感应强度 $\boldsymbol{B}$ 的环路积分和电流之间有如下关系:

$$\oint_L \boldsymbol{B}\cdot \mathrm{d}\boldsymbol{l}=\mu_0\sum_{(L内)} I \tag{7-6}$$

$\sum\limits_{(L内)} I$ 是回路 L 所包围的电流的代数和,这就是安培环路定理。安培环路定理的表述为:真空中由恒定电流产生的磁场中,磁感应强度 $\boldsymbol{B}$ 沿任意闭合回路 L 的线积分(即环路积分)等于穿过以闭合回路 L 为周界的任意曲面的所有电流代数和的 μ_0 倍。式中电流的正负规定如下:当穿过回路的电流方向和环路积分的绕行方向符合右手螺旋关系时,电流取正值;反之电流取负值。如图 7-8 的情形,(7-6)式中的电流代数和为 I_1-2I_2。

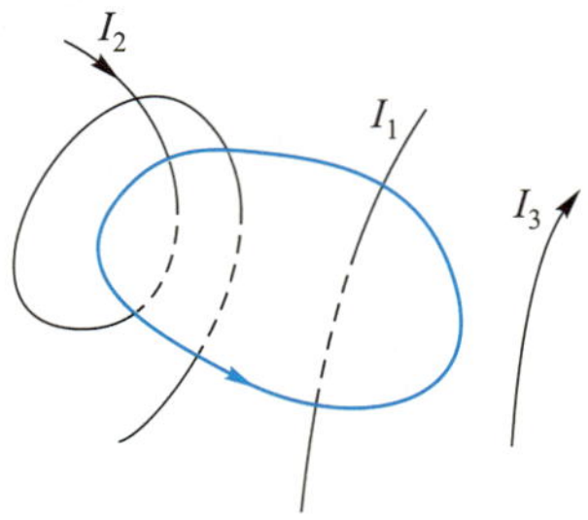

图 7-8 穿过安培环路的电流的正负

需要强调的是:

(1) 安培环路定理只适用于真空中闭合恒定电流的磁场,不适用于一段恒定电流的磁场。对于变化电流的磁场,安培环路定理也不成立。

(2) 安培环路定理表达式中右边的 $\sum\limits_{(L内)} I$ 是闭合回路 L 包围的电流的代数和,而左边的 $\boldsymbol{B}$ 是空间中所有电流产生的磁感应强度的矢量和,当然也包括那些不被 L 所包围的电流产生的磁场,只不过这些电流的磁感应强度沿 L 的环路积分为零而已。

(3) 安培环路定理是描述磁场性质的基本规律之一,它揭示了磁场和激发磁场的源电流之间的基本关系,它表明:磁场是有旋场(非保守场)。

高斯定理和安培环路定理是磁场的两个基本定理,它们全面准确地描述了磁场作为一个矢量场的基本性质:无源、有旋(非保守场)性。对比静电场的有源、无旋(保守场)性,我们可以清楚地看到恒定磁场与静电场在基本性质方面上的不同。

同时,安培环路定理又提供了一种求解某些具有对称性分布电流产生的磁场分布的方法,其分析思路和处理方法与静电场中利用高斯定理求解某些具有对称性分布带电系统的电场分布极其相似:首先要根据电流分布的对称性分析磁场分布的对称性;然后通过选取合适的闭合回路,将作为被积函数的 $\boldsymbol{B}$ 以标量形式从积分号内提出来,从而将对 $\boldsymbol{B}$ 的积分转换成求闭合(或部分)回路的长度;最后达到求磁场分布的目的。下面举例说明安培环路定理的应用。

【例 7-3】 长直载流螺线管内的磁场。设螺线管线圈均匀密绕,通有电流 I,单位长度线圈的匝数为 n,管长为 L,半径为 R,且 L 远大于 R,试求管内中间部分的磁场。

动画:圆电流和螺线管产生的磁场

【解】 因线圈均匀密绕,且 L 远大于 R,所以螺线管内中间部分的磁场可视为均匀磁场,方向与管轴平行,管外磁场很弱,可忽略不计。为求螺线管内中间部分某点 P 的磁场 $\boldsymbol{B}$,可选取过 P 点的矩形曲线 $ABCDA$ 作为闭合积分路径,如图 7-9 所示。

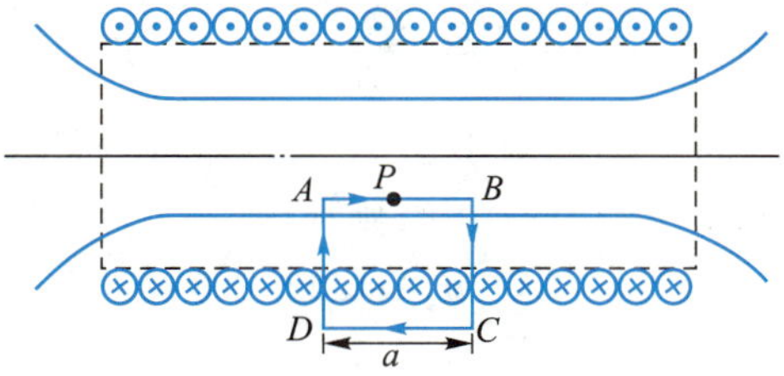

图 7-9 载流长直螺线管的磁场

根据安培环路定理,得

$$\oint_L \boldsymbol{B}\cdot \mathrm{d}\boldsymbol{l} = \int_{AB} \boldsymbol{B}\cdot \mathrm{d}\boldsymbol{l}+\int_{BC} \boldsymbol{B}\cdot \mathrm{d}\boldsymbol{l}+\int_{CD} \boldsymbol{B}\cdot \mathrm{d}\boldsymbol{l}+\int_{DA} \boldsymbol{B}\cdot \mathrm{d}\boldsymbol{l}$$

$$=\int_{AB} \boldsymbol{B}\cdot \mathrm{d}\boldsymbol{l}=Ba=\mu_0 \sum_{(ABCDA内)} I=\mu_0 naI$$

式中 $\int_{CD} \boldsymbol{B}\cdot \mathrm{d}\boldsymbol{l}=0$ 的原因是管外 $\boldsymbol{B}=\boldsymbol{0}$,而 $\int_{BC} \boldsymbol{B}\cdot \mathrm{d}\boldsymbol{l}=\int_{DA} \boldsymbol{B}\cdot \mathrm{d}\boldsymbol{l}=0$ 的原因是 $\boldsymbol{B}$ 和 $\mathrm{d}\boldsymbol{l}$ 垂直,因此

$$B=\mu_0 nI$$

磁感应强度方向与螺线管中电流方向满足右手螺旋定则。

【例 7-4】 载流螺线环的磁场。绕在圆环上的螺线形线圈称为螺线环。均匀密绕的螺线环线圈总匝数为 N,电流为 I,试求环内的磁场分布。

【解】 由于线圈均匀密绕,磁场几乎全部集中在环内,环外磁场近似为零。由于对称性,环内磁感线为一系列与圆环同心的圆,圆平面与圆环的轴线相垂直,圆平面与圆环轴线的交点即为圆心,同一圆上各点 $\boldsymbol{B}$ 的大小相同,如图 7-10 所示。

为求螺线环内某点 P 的磁场 $\boldsymbol{B}$,可选取过 P 点的圆形磁感线作为闭合积分路径 L,其半径为 r,因路径上各点 $\boldsymbol{B}$ 的大小相同,方向都与 $\mathrm{d}\boldsymbol{l}$ 平行,根据安培环路定理,可得

$$\oint_L \boldsymbol{B}\cdot \mathrm{d}\boldsymbol{l} = 2\pi rB=\mu_0 \sum_{(L内)} I=\mu_0 NI$$

于是

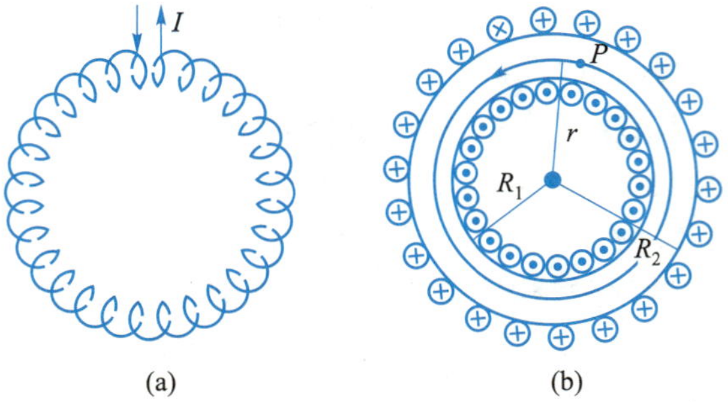

图 7-10 载流螺线环的磁场

$$B=\frac{\mu_0 NI}{2\pi r}$$

可见,螺线环内 r 不同处 $\boldsymbol{B}$ 的大小也不同,内半径处最大,外半径处最小。若螺线环的线圈很细,平均半径为 R,则环内

$$B=\frac{\mu_0 NI}{2\pi R}=\mu_0 nI$$

相关链接:磁场是哪里来的

即当环的平均半径远大于环上线圈的半径时,环内各点的磁感应强度的大小相等。

§7.2 磁场对运动电荷的作用力

7.2.1 洛伦兹力

磁场对运动带电粒子的作用力称为洛伦兹力(Lorentz force)。电荷量为 q 的带电粒子以速度 $\boldsymbol{v}$ 通过磁感应强度为 $\boldsymbol{B}$ 的 P 点时所受的洛伦兹力为

$$\boldsymbol{F}=q\boldsymbol{v}\times\boldsymbol{B} \tag{7-7}$$

洛伦兹力的大小为

$$F=|q|vB\sin\theta \tag{7-8}$$

其中 θ 是 $\boldsymbol{v}$ 与 $\boldsymbol{B}$ 之间小于 π 的夹角。洛伦兹力的方向垂直于 $\boldsymbol{v}$ 和 $\boldsymbol{B}$ 所组成的平面,并与电荷的正负有关:对于正电荷 $q>0$,$\boldsymbol{F}$ 的方向与 $\boldsymbol{v}\times\boldsymbol{B}$ 的方向相同;对于负电荷 $q<0$,$\boldsymbol{F}$ 的方向则为 $\boldsymbol{v}\times\boldsymbol{B}$ 的相反方向。

由于洛伦兹力的方向始终与带电粒子的速度方向垂直,故洛伦兹力对带电粒子永远不做功,它只能改变带电粒子的运动方向,而不能改变带电粒子运动速度的大小。

若电场和磁场并存,则作用于带电粒子上的力应为电场力和洛伦兹力

的矢量和，即

$$\boldsymbol{F}=q\boldsymbol{E}+q\boldsymbol{v}\times\boldsymbol{B}$$

7.2.2 霍耳效应

1879 年，24 岁的美国研究生霍耳（E. Hall）在用铜箔做实验时发现：将通有电流 I 的导体或半导体置于与电流方向垂直的磁场 $\boldsymbol{B}$ 中时，在垂直于电流和磁场的方向上导体或半导体能产生横向电势差 $U_{AA'}$。这种现象被称为霍耳效应（Hall effect），相应的电势差被称为霍耳电势差。实验表明霍耳电势差的数值为

讲课视频：霍耳效应

$$U_{AA'}=R_{\mathrm{H}}\frac{IB}{d} \tag{7-9a}$$

式中 d 为板的厚度；比例系数 R_{H} 为霍耳系数，与材料性质及温度有关。

霍耳效应是载流子受洛伦兹力作用的结果。如图 7-11 所示，将一块宽为 b、厚为 d 的导体板放在磁感应强度为 $\boldsymbol{B}$ 的磁场中，并在导体板中通以纵向电流 I。设导体板内载流子的电荷量为 $q>0$，数密度为 n，平均定向速率（漂移速率）为 v，载流子在磁场中要受到洛伦兹力的作用，其大小为 $F_{\mathrm{m}}=qvB$，于是载流子将向 A 端横向偏转，从而使 A、A' 两侧面上分别有正、负电荷的积累。电荷积累的结果是在导体板内形成一横向电场，阻碍载流子横向偏转。随着 A、A' 上电荷积累的增多，横向电场也不断增大，当电场力与洛伦兹力相平衡时，电子将恢复原来纵向的漂移运动而电流又重新恢复为恒定电流。达到动平衡时，导体板两侧面之间的横向电势差即为霍耳电势差。此时有

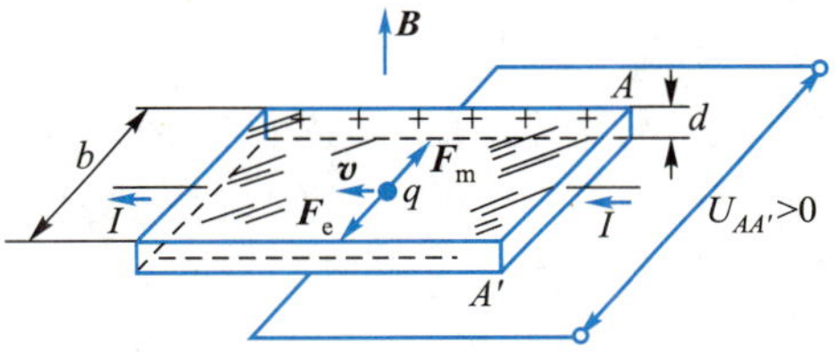

图 7-11　霍耳效应示意图

$$qvB=qE=q\frac{U_{AA'}}{b}$$

即 $U_{AA'}=bvB$，由于 $I=nqvbd$，所以

$$U_{AA'}=\frac{IB}{nqd} \tag{7-9b}$$

对于一定材料，载流子数密度 n 和电荷量 q 都是一定的。比较（7-9a）式和（7-9b）式，可得霍耳系数为

$$R_{\mathrm{H}}=\frac{1}{nq} \tag{7-10}$$

以上讨论的是载流子带正电的情况，所得的霍耳电势差和霍耳系数为

相关链接：霍尔效应的发现

正；若载流子带负电，则产生的霍耳电势差和霍耳系数为负，因此通过霍耳电势差的测定可确定载流子所带电荷的正负。由于半导体内载流子数密度远低于金属内，所以，由（7-10）式可知，半导体的霍耳系数比金属大得多，即半导体能产生很强的霍耳效应。

利用霍耳效应可以判断半导体的种类，计算其载流子数密度，还可测量磁场。

§7.3 磁场对载流导线的作用

7.3.1 安培力

实验发现，将导线置于磁场中，当没有电流通过，即 $I=0$ 时，导线不受力；而当导线中通有电流时，一般来说，载流导线将受到磁场力的作用。

导线中的电流是由其内大量载流子作定向运动形成的，当载流导线位于磁场中时，由于其内作定向运动的载流子都要受到洛伦兹力作用，载流子通过与导线晶格的碰撞，将作用力传递给导线，结果就表现为载流导线受到磁力的作用。

如图 7-12 所示，设通有电流 I 的导线的截面积为 S，其载流子的数密度为 n，载流子的平均定向运动速度（漂移速度）为 $\boldsymbol{v}$，每个载流子的电荷量都是 q（q 可正可负），现在其上任取一长度为 $\mathrm{d}l$ 的电流元 $I\mathrm{d}\boldsymbol{l}$，规定它的方向与电流的方向相同，即与 $|q|\boldsymbol{v}$ 的方向相同。只要 $\mathrm{d}l$ 足够小，就可认为 $\mathrm{d}l$ 范围内的磁场是均匀的，载流子的速度方向也相同，因此每一个载流子所受的洛伦兹力都是 $\boldsymbol{F}_{\mathrm{m}}=q\boldsymbol{v}\times\boldsymbol{B}$，故 $\mathrm{d}l$ 段中的 $nS\mathrm{d}l$ 个载流子所受的洛伦兹力的矢量和为

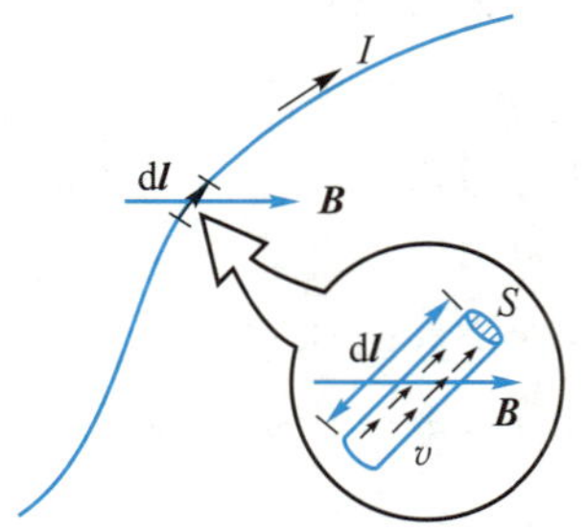

图 7-12 电流元所受的磁场力

$$\mathrm{d}\boldsymbol{F}=nS\mathrm{d}lq\boldsymbol{v}\times\boldsymbol{B}$$

由于 $q\boldsymbol{v}$ 的方向和 $\mathrm{d}\boldsymbol{l}$ 的方向相同，故 $q\mathrm{d}l\boldsymbol{v}=|q|v\mathrm{d}\boldsymbol{l}$。于是上式可改写为

$$\mathrm{d}\boldsymbol{F}=nSv|q|\mathrm{d}\boldsymbol{l}\times\boldsymbol{B}$$

又因 $nSv|q|=I$，所以

$$\mathrm{d}\boldsymbol{F}=I\mathrm{d}\boldsymbol{l}\times\boldsymbol{B} \qquad (7-11)$$

这就是电流元 $I\mathrm{d}\boldsymbol{l}$ 在磁场中所受的作用力，也称安培力，（7-11）式称为安培定律。

有限长载流导线所受的磁场力的作用，等于各电流元所受安培力的矢量和，即

$$\boldsymbol{F}=\int_L \mathrm{d}\boldsymbol{F}=\int_L I\mathrm{d}\boldsymbol{l}\times\boldsymbol{B} \tag{7-12}$$

式中 $\boldsymbol{B}$ 为各电流元所在处的磁感应强度。磁场力 $\boldsymbol{F}$ 是作用在整个载流导线上，而不是集中作用于一点上的。

【例 7-5】 两无限长平行载流直导线的间距为 a，分别通有电流 I_1 和 I_2，如图 7-13 所示。试求其间每单位长度所受的作用力。

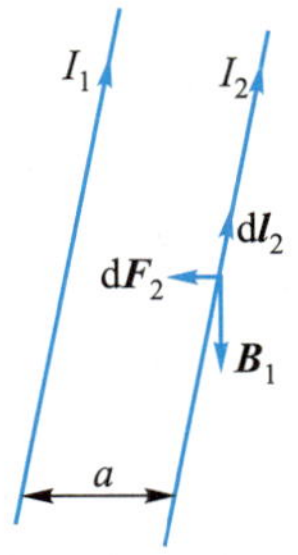

图 7-13 两平行载流导线间的作用力

【解】 考虑在导线 I_2 上某一电流元 $I_2\mathrm{d}\boldsymbol{l}_2$，由例 7-1 的结果知，导线 I_1 在该电流元处产生的 $\boldsymbol{B}_1$ 方向如图所示，大小为

$$B_1=\frac{\mu_0 I_1}{2\pi a}$$

由安培定律(7-11)式知，该电流元所受的安培力 $\mathrm{d}\boldsymbol{F}_2$ 的大小为

$$\mathrm{d}F_2=I_2\mathrm{d}l_2B_1=\frac{\mu_0 I_1 I_2}{2\pi a}\mathrm{d}l_2$$

方向在两平行导线所组成的平面内，且垂直地指向导线 I_1。显然，导线 I_2 上任一电流元所受的作用力的方向都相同，因此导线 I_2 上每单位长度所受力的大小为

$$F=\frac{\mathrm{d}F_2}{\mathrm{d}l_2}=\frac{\mu_0 I_1 I_2}{2\pi a}$$

同理，导线 I_1 上每单位长度所受力的大小也为$\dfrac{\mu_0 I_1 I_2}{2\pi a}$，方向指向导线 I_2。

由此可见，两载有同向电流的平行无限长直导线相互吸引，而两载有反向电流的平行无限长直导线相互排斥。

7.3.2 磁场对载流线圈的作用　载流线圈的磁矩

在磁感应强度为 $\boldsymbol{B}$ 的均匀磁场中，有一刚性平面矩形载流线圈，边长分别为 l_1 和 l_2，电流为 I，为确定线圈的位置，引入法向单位矢量$\boldsymbol{e}_n$，$\boldsymbol{e}_n$的方向与线圈中电流 I 的绕行方向遵循右手定则，如图 7-14 所示，线圈平面的法向单位矢量 $\boldsymbol{e}_n$和 $\boldsymbol{B}$ 之间小于 π 的夹角为 θ。

线圈 AD 边和 BC 边所受力的大小分别为

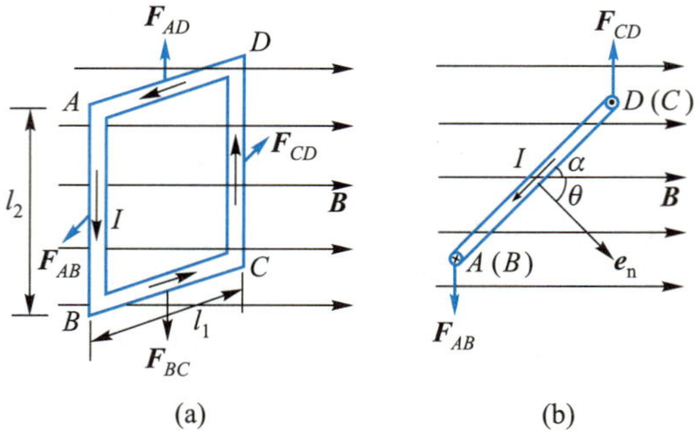

图 7-14 矩形载流线圈在均匀磁场中所受的力矩

$$F_{AD}=Il_1B\sin\left(\frac{\pi}{2}+\theta\right)=Il_1B\cos\theta$$

$$F_{BC}=Il_1B\sin\left(\frac{\pi}{2}-\theta\right)=Il_1B\cos\theta$$

即 $F_{AD}=F_{BC}$，同时它们的方向相反，且作用在同一条直线上，故相互抵消。

线圈 AB 边和 CD 边所受力的大小分别为

$$F_{AB}=Il_2B$$

$$F_{CD}=Il_2B$$

即 $F_{AB}=F_{CD}$，虽然它们的方向相反，但不作用在同一直线上，故两者合力虽为零，但合力矩不为零，形成一对力偶，力偶臂即 $\boldsymbol{F}_{AB}$ 和 $\boldsymbol{F}_{CD}$ 两力线之间的垂直距离 $l_1\sin\theta$，因此磁场作用在线圈上的力矩大小为

$$M=Il_1l_2B\sin\theta=ISB\sin\theta$$

式中 $S=l_1l_2$ 为矩形线圈的面积。若线圈有 N 匝，则线圈所受力矩的大小为

$$M=NISB\sin\theta$$

定义载流线圈的磁偶极矩 $\boldsymbol{m}$

$$\boldsymbol{m}=NIS\boldsymbol{e}_n \tag{7-13}$$

简称磁矩（magnetic moment）。磁矩 $\boldsymbol{m}$ 是描述载流线圈本身整体磁性质的物理量，它完全取决于线圈本身的性质（N，S 和 I），与外磁场的性质无关。在国际单位制中，磁矩的单位是 $A\cdot m^2$。引入磁矩后并考虑到力矩的方向，平面载流线圈在均匀磁场 $\boldsymbol{B}$ 中所受的磁力矩可用矢积表示为

$$\boldsymbol{M}=\boldsymbol{m}\times\boldsymbol{B} \tag{7-14}$$

此力矩总是力图使线圈磁矩 $\boldsymbol{m}$ 转向外磁场 $\boldsymbol{B}$ 的方向——这就是磁场对磁矩的取向作用。

（7-14）式虽然是从矩形线圈推导而来，但可以证明它是任意形状的平面载流线圈在均匀磁场中所受力矩的普适公式，而线圈的磁矩仍由（7-13）式定义。

总之，平面载流线圈在均匀磁场中所受的合力等于零，但合力矩不等于零；如果平面载流线圈处于非均匀磁场中，一般来说，线圈除受到磁力矩

的作用外，往往还受到磁力的作用，于是，线圈不仅会有绕自身轴的转动，还会有整体的移动。

不止载流线圈有磁矩，原子、电子、质子、中子等微观粒子也有磁矩。对于微观粒子来说，磁矩是它们本身的特征之一，是描述它们磁性质的重要物理量。

【例 7-6】 若氢原子中的电子以 $v=2.2\times10^{6}\ \mathrm{m\cdot s^{-1}}$ 的速率在半径 $r=5.3\times10^{-11}\ \mathrm{m}$ 的轨道上绕原子核作匀速率圆周运动。试求该电子的轨道磁矩。

【解】 因为电子速率为 v，轨道半径为 r，所以电子作轨道运动的周期为 $T=\dfrac{2\pi r}{v}$，由于每个周期内通过轨道上任一"截面"的电荷量为 $-e$，所以相应于电子的圆形轨道运动的电流为

$$I=\frac{-e}{T}=-\frac{v}{2\pi r}e$$

又因 $S=\pi r^{2}$，角速度 $\omega=\dfrac{v}{r}$，所以相应的轨道磁矩为

$$\begin{aligned} m &=IS=-\frac{ev}{2\pi r}\pi r^{2}=-\frac{1}{2}evr=-\frac{1}{2}er^{2}\omega \\ &=-\frac{1}{2}\times1.6\times10^{-19}\times2.2\times10^{6}\times5.3\times10^{-11}\ \mathrm{A\cdot m^{2}} \\ &=-0.93\times10^{-23}\ \mathrm{A\cdot m^{2}} \end{aligned}$$

负号表示电子轨道运动的磁矩与电子运动的角速度反向。需要说明的一点是：根据量子力学理论，电子虽不沿确定的轨道运动，但结果相同。

§7.4 物质的磁性

一切物质都是由大量的带电粒子（电子与原子核或微观粒子）组成的，这些带电粒子又都因不断地运动而具有相应的磁矩。一般来说，磁场对物质的作用以及物质对磁场的响应皆源于此。

7.4.1 磁介质的磁化

磁铁能吸引铁屑、指示南北的性质称为磁性。除磁铁外，一般物质通常并无磁性，但有些物质在较强磁场的作用下会具有一定的磁性。物质的磁性从无到有的过程称为**磁化**（magnetization）。所谓磁化，实际上

就是在外磁场作用下大量分子电流从混乱分布到整齐排列的结果。这里所讲的“分子”电流是指由原子内各电子绕核的轨道运动、各电子的自旋运动以及原子核的自旋运动形成的。

凡能被磁化的物质称为磁介质(magnetic medium)。一切实体物质都是磁介质。磁化了的磁介质也要激发附加磁场,从而对原磁场产生影响。

假设没有磁介质(即真空)时,某点的磁感应强度为 $\boldsymbol{B}_0$,加入磁介质后,由于磁介质的磁化而产生的附加磁感应强度为 $\boldsymbol{B}'$,所以该点的磁感应强度 $\boldsymbol{B}$ 就是这两个磁感应强度的矢量和,即

$$\boldsymbol{B}=\boldsymbol{B}_0+\boldsymbol{B}' \quad (7-15)$$

实验表明,不同的磁介质在磁场中磁化的程度不同,附加磁感应强度 $\boldsymbol{B}'$的方向及大小随磁介质而异,我们用比值 B/B_0 来衡量磁介质的磁化程度,即

$$\mu_r=\frac{B}{B_0} \quad (7-16)$$

式中 μ_r 称为磁介质的相对磁导率(relative permeability),它是一个没有量纲的纯数,其数值取决于磁介质的种类和状态。表 7-1 给出了几种磁介质的相对磁导率。

表 7-1 几种磁介质的相对磁导率

磁介质种类		相对磁导率
顺磁质 $\mu_r>1$	氧(气体,293 K)	$1+344.9\times10^{-5}$
	铝(293 K)	$1+1.65\times10^{-5}$
	铂(293 K)	$1+26\times10^{-5}$
抗磁质 $\mu_r<1$	氢(气体)	$1-3.98\times10^{-5}$
	铜(293 K)	$1-1.0\times10^{-5}$
	汞(293 K)	$1-2.9\times10^{-5}$
铁磁质 $\mu_r\gg1$	纯铁	5×10^{3}(最大值)
	硅钢	7×10^{2}(最大值)
	坡莫合金	1×10^{5}(最大值)

7.4.2 顺磁质、抗磁质和铁磁质

习惯上,按照磁介质磁性的强弱和特征将磁介质分成顺磁质、抗磁质和铁磁质三类。

(1) 顺磁质(paramagnetic substance)是指磁化后产生的附加磁场 $\boldsymbol{B}'$ 方向与 $\boldsymbol{B}_0$ 方向相同的磁介质,因此,$B>B_0$,$\mu_r>1$,如氧、氮、锰、铝等。

(2) 抗磁质(diamagnetic substance)是指磁化后产生的附加磁场 $\boldsymbol{B}'$方

向和 $\boldsymbol{B}_0$ 方向相反的磁介质，因此，$B<B_0$，$\mu_r<1$，如氢、氯、铜、汞等。

无论是顺磁质还是抗磁质，磁化后产生的附加磁场 B' 较 B_0 要小得多，对原磁场的影响很小，μ_r 是和 B_0 无关的略大于 1 或小于 1 的常量，因此顺磁质和抗磁质统称为弱磁质。

（3）铁磁质（ferromagnetics）是指以铁为代表的一类磁性很强的磁介质，它们磁化后产生的附加磁场 $\boldsymbol{B}'$ 方向与 $\boldsymbol{B}_0$ 相同，且 B' 较 B_0 要大得多，即 $B\gg B_0$，$\mu_r\gg 1$，而且 μ_r 是随 B_0 变化，如铁、钴、镍及其合金等。铁磁质能显著地增强磁场，故又称为强磁质。

7.4.3 有磁介质存在时的磁场　磁场强度

磁介质放在磁场 $\boldsymbol{B}_0$ 中时，磁介质将被磁化而产生附加磁场 $\boldsymbol{B}'$，这附加磁场反过来又影响空间的磁场分布，此时空间中任一点的磁感应强度 $\boldsymbol{B}=\boldsymbol{B}_0+\boldsymbol{B}'$。由于附加磁场 $\boldsymbol{B}'$ 和磁介质磁化的程度有关，而介质磁化的程度又取决于磁感应强度 $\boldsymbol{B}$，可见，磁介质和磁场的相互影响是非常复杂的。为了简化磁介质中的磁场问题，类比电介质中电场问题的处理方法，我们引入一个适当的辅助量。

对于线性各向同性的磁介质，实验发现

$$\frac{B_0}{\mu_0}=\frac{B}{\mu_0\mu_r}$$

与磁介质无关。设 $\mu=\mu_0\mu_r$ 称为磁导率（permeability），其单位与 μ_0 相同。μ 和 μ_r 都是描述磁介质磁化性质的物理量，只与磁介质有关。

定义辅助量——磁场强度 $\boldsymbol{H}$（magnetic field strength）

$$\boldsymbol{H}=\frac{\boldsymbol{B}}{\mu} \tag{7-17}$$

在国际单位制中，磁场强度 $\boldsymbol{H}$ 的单位是 $\mathrm{A\cdot m^{-1}}$。

可以证明

$$\oint_L \boldsymbol{H}\cdot \mathrm{d}\boldsymbol{l}=\sum_{L内} I_0 \tag{7-18}$$

即磁场强度 $\boldsymbol{H}$ 沿任一闭合路径的环路积分等于穿过以该闭合路径为周界的任意曲面的传导电流的代数和，这一关系称为 $\boldsymbol{H}$ 的安培环路定理。

在无磁介质的情况下，（7-18）式还原为（7-6）式。当磁场中充满均匀、各向同性的磁介质时，磁场中各点的磁感应强度 $\boldsymbol{B}$ 与磁介质有关，而磁场强度 $\boldsymbol{H}$ 则与磁介质无关。于是在处理有磁介质存在的磁场问题时，应先由已知的传导电流 I_0 的分布通过 $\boldsymbol{H}$ 的安培环路定理（7-18）式求出 $\boldsymbol{H}$，再由已知的 μ_r 通过（7-17）式求出 $\boldsymbol{B}$。

需要再次明确的是：磁场强度 $\boldsymbol{H}$ 完全是为了简化磁介质中的磁场问

题而引入的一个辅助量,而磁感应强度 $\boldsymbol{B}$ 才是描述磁场性质的基本物理量。

§7.5 电磁感应

1820 年奥斯特发现了电流的磁效应,第一次揭示出电和磁的联系,之后人们又开始寻找其逆效应,即磁的电效应。直到 1831 年英国科学家法拉第发现了电磁感应现象,即利用磁场产生电流的现象,这一发现更全面地揭示了电和磁的联系,促进了电磁理论的发展,同时也促进了电工技术的长足发展,为人类生活的电气化打下了基础。

7.5.1 电磁感应定律

法拉第的实验表明:当穿过一个闭合导体回路所围面积的磁通量发生变化时,回路中就出现电流。这种现象称为**电磁感应**(electromagnetic induction)现象,回路中的电流称为感应电流。在回路中出现感应电流,表明回路中存在着电动势,它是由磁通量的变化而引起的,称为**感应电动势**(induction electromotive force)。

法拉第发现:在相同条件下,不同金属导体回路中产生的感应电流与导体的导电能力成正比。这表明,感应电动势是电磁感应现象的实质和关键,感应电动势是磁通量变化的直接结果,和导体的性质无关,而感应电流只是闭合导体回路中存在感应电动势的外在表现,和导体的性质有关。即使没有闭合导体回路,即无感应电流,感应电动势仍然有可能存在。

实验表明,闭合导体回路中感应电动势 $\mathscr{E}$ 的大小与穿过回路的磁通量 $\boldsymbol{\Phi}$ 变化率的负值成正比,在国际单位制中,其数学表达式为

$$\mathscr{E}=-\frac{\mathrm{d}\boldsymbol{\Phi}}{\mathrm{d}t} \tag{7-19}$$

上式称为电磁感应定律。式中负号表示感应电动势的“方向”总是反抗引起感应电动势的磁通量的变化。

实际上感应电动势是一个标量,所谓的“方向”,确切地讲应是相对于我们预设方向的正反而已。在确定感应电动势的“方向”时,要先设定导体回路的绕行方向,然后按右手螺旋定则确定回路所围面积的法线正方向 $\boldsymbol{e}_{\mathrm{n}}$,之后我们可以计算出通过回路所围面积的磁通量 $\boldsymbol{\Phi}$,进而可以计算出相应的磁通量的变化率,最后确定出 $\mathscr{E}$ 的正负,$\mathscr{E}>0$ 表示此时感应电动势方向

和回路绕行正向相同,而 $\mathscr{E}<0$ 则表示两者方向相反。

还需指出,(7-19)式只适用于单匝导线构成的回路,若回路由 N 匝线圈串联而成,则(7-19)式中的 Φ 应代之以通过各匝线圈的磁通量的代数和 $\Psi=\Phi_1+\Phi_2+\cdots+\Phi_N$,若通过每匝线圈的磁通量皆为 Φ,则 $\Psi=N\Phi$,称为磁通匝链数或磁链,(7-19)式改写为

$$\mathscr{E}=-\frac{\mathrm{d}\Psi}{\mathrm{d}t} \tag{7-20}$$

由磁通量的计算公式 $\Phi=\int_S \boldsymbol{B}\cdot\mathrm{d}\boldsymbol{S}$ 可知,穿过回路所围面积的磁通量取决于磁感应强度及回路面积的大小和取向,相应的改变磁通量的途径就有两种。通常将由于磁场变化而引起的感应电动势称为感生电动势;而将由导体运动使得回路所围面积大小的变化或面积取向的变化而引起的感应电动势称为动生电动势。当金属导体在恒定磁场中运动时,其中的自由电子将随导体一起运动,每个电子都将受到洛伦兹力的作用而作定向运动。因此,产生动生电动势的非静电力是洛伦兹力。

但洛伦兹力无法解释导体回路保持不动,而由磁场的变化产生感生电动势。这时的感应电流是导体中原来宏观静止的电荷受非静电力作用作定向移动而形成的,而静止电荷所受到的作用力只能是电场力,因此,这时的非静电力也只能是一种电场力。这种电场不是源于静止电荷的静电场,而是源于磁场的变化。麦克斯韦在分析了电磁感应现象之后,作出了如下假设:变化的磁场要在其周围空间激发感生电场 $\boldsymbol{E}_\mathrm{i}$,感生电场对电荷也有力的作用。感生电场力就是产生感生电动势的非静电力。于是由电源电动势的定义,可导出由感生电场力作为非静电力而在一个导体回路中产生的感生电动势为

$$\mathscr{E}_{感生}=\oint_L \boldsymbol{E}_\mathrm{i}\cdot\mathrm{d}\boldsymbol{l} \tag{7-21}$$

由法拉第电磁感应定律可得

$$\oint_L \boldsymbol{E}_\mathrm{i}\cdot\mathrm{d}\boldsymbol{l}=-\frac{\mathrm{d}\Phi}{\mathrm{d}t} \tag{7-22}$$

再由磁通量定义可得到变化的磁场和由其激发的感生电场之间的关系

$$\oint_L \boldsymbol{E}_\mathrm{i}\cdot\mathrm{d}\boldsymbol{l}=-\frac{\mathrm{d}}{\mathrm{d}t}\int_S \boldsymbol{B}\cdot\mathrm{d}\boldsymbol{S}=-\int_S \frac{\partial \boldsymbol{B}}{\partial t}\cdot\mathrm{d}\boldsymbol{S} \tag{7-23}$$

式中 S 为回路 L 所限定的面积。可见,感生电场强度的环路积分一般不等于零,相应地,其电场线是一些涡旋状的闭合曲线,这也是将感生电场称为涡旋电场的原因。

上述基于麦克斯韦感生电场假设而得到的感生电动势表达式,不仅适用于由导体所构成的闭合回路,也适用于真空;也就是说,即使不存在导体回路,没有感应电流,变化磁场周围的感生电场依然存在。感生电动势的实质是变化磁场产生感生电场。感生电动势揭示了电场和磁场内在联系

的一个重要方面，从此意义上讲，感生电动势是真正的电磁感应。

与静止自由电荷产生的有源无旋的静电场不同，感生电场是由变化的磁场产生的无源有旋场；但二者对电荷都有力的作用。

一般地，静电场与感生电场并存，作为静电场和感生电场之矢量和的总电场 $\boldsymbol{E}$ 是有源有旋场；总电场 $\boldsymbol{E}$ 的环路定理为

$$\oint_L \boldsymbol{E}\cdot \mathrm{d}\boldsymbol{l} = -\int_S \frac{\partial \boldsymbol{B}}{\partial t}\cdot \mathrm{d}\boldsymbol{S} \tag{7-24}$$

它是静电场环路定理在非恒定条件下的推广。

7.5.2 自感

当通过导体回路的电流发生变化时，该电流激发的磁场也随之变化，使通过回路自身的磁链也发生变化，进而使回路自身产生感应电动势，这就是所谓的**自感**（self-induction）现象，相应的感应电动势称为自感电动势。现考虑一通有电流 i 的闭合回路，由毕奥-萨伐尔定律可知，电流在空间任一点激发的磁感应强度 $\boldsymbol{B}$ 都正比于该电流 i，相应地，通过回路自身的磁链也正比于该电流 i，即

$$\Psi = Li \tag{7-25}$$

式中比例系数 L 称为自感系数，简称自感，它取决于回路的几何性质（大小、形状和匝数）及其中的磁介质的性质，而与回路中电流无关。在国际单位制中，自感系数的单位是 H（亨利），1 H = 1 Ω·s。

若回路的大小、形状、匝数及其中磁介质的性质都不随时间变化，则 L 为一常量。根据电磁感应定律可得回路中的自感电动势为

$$\mathscr{E}_L = -L\frac{\mathrm{d}i}{\mathrm{d}t} \tag{7-26}$$

式中的负号表明：自感电动势的方向总是要反抗回路本身电流的变化。通常自感由实验测定，只在某些简单情况下可由定义式计算出来。

【例 7-7】 计算一个长直螺线管的自感。设管长为 l，横截面积为 S，单位长度上的匝数为 n，管中充满磁导率为 μ 的磁介质。

【解】 对于长直螺线管，当有电流 i 通过时，管内的磁场分布近似均匀，磁感应强度的大小为 $B=\mu ni$。磁感应强度的方向平行于螺线管的轴线，于是，穿过螺线管的磁链为

$$\Psi = nlBS = \mu n^2 Sli$$

因此螺线管的自感为

$$L = \frac{\Psi}{i} = \mu n^2 Sl = \mu n^2 V$$

式中 V 为螺线管的体积。显然螺线管的自感只与其自身的几何性质及其

中磁介质的性质有关。

7.5.3 *RL* 电路

在如图 7-15 所示的 *RL* 串联电路中，当开关 S 扳向 1 接通电源时，由于自感线圈 L 的存在，电路中将出现自感电动势$\mathscr{E}_L=-L\dfrac{\mathrm{d}i}{\mathrm{d}t}$，使电路中的电流不会发生突变。由基尔霍夫定律可得回路电压方程

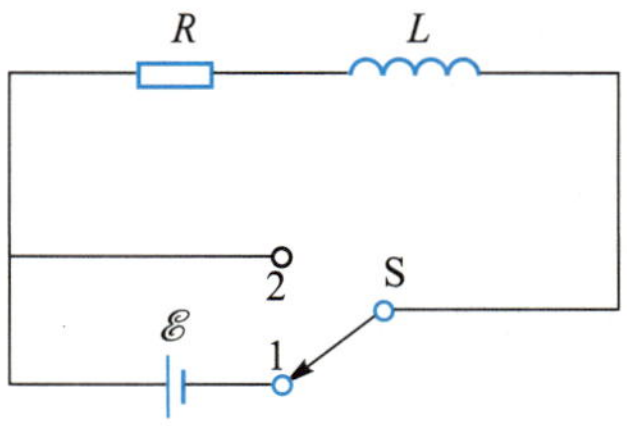

图 7-15 *RL* 电路

$$\mathscr{E}+\mathscr{E}_L=\mathscr{E}-L\frac{\mathrm{d}i}{\mathrm{d}t}=iR$$

分离变量得

$$\frac{\mathrm{d}i}{\dfrac{\mathscr{E}}{R}-i}=\frac{R}{L}\mathrm{d}t$$

考虑到接通电路 $t=0$ 瞬间，电流 $i=0$ 的初始条件，两边积分的结果为

$$i=\frac{\mathscr{E}}{R}\left(1-\mathrm{e}^{-\frac{R}{L}t}\right)=I_0\left(1-\mathrm{e}^{-\frac{t}{\tau}}\right) \tag{7-27}$$

式中 $I_0=\mathscr{E}/R$，而 $\tau=L/R$ 具有时间量纲，称为此电路的时间常量。

可见，接通电源后，电流 i 从 0 随时间 t 按指数规律逐渐增大到稳定值 $I_0=\mathscr{E}/R$，增长的快慢取决于 τ 的大小。当 $t=\tau$ 时，电流将增大为稳定值 $I_0=\mathscr{E}/R$ 的 63%，如图 7-16 所示。

当电路中电流达到稳定值 $I_0=\mathscr{E}/R$ 后，将开关 S 扳向 2，由于自感线圈 L 的存在，自感电动势将阻碍电流的减小。由基尔霍夫定律可得回路电压方程

$$\mathscr{E}_L=-L\frac{\mathrm{d}i}{\mathrm{d}t}=iR$$

考虑到电源断开 $t=0$ 瞬间，电流 $i=I_0=\mathscr{E}/R$ 的初始条件，仍利用分离变量法，得积分的结果为

$$i=\frac{\mathscr{E}}{R}\mathrm{e}^{-\frac{R}{L}t}=I_0\mathrm{e}^{-\frac{t}{\tau}} \tag{7-28}$$

可见，断开电源后，*RL* 串联电路的电流从 $I_0=\mathscr{E}/R$ 随时间 t 按指数规律逐渐衰减到 0，衰减的快慢同样取决于时间常量，当 $t=\tau$ 时，电流将衰减为其起始值 $I_0=\mathscr{E}/R$ 的 37%，如图 7-17 所示。

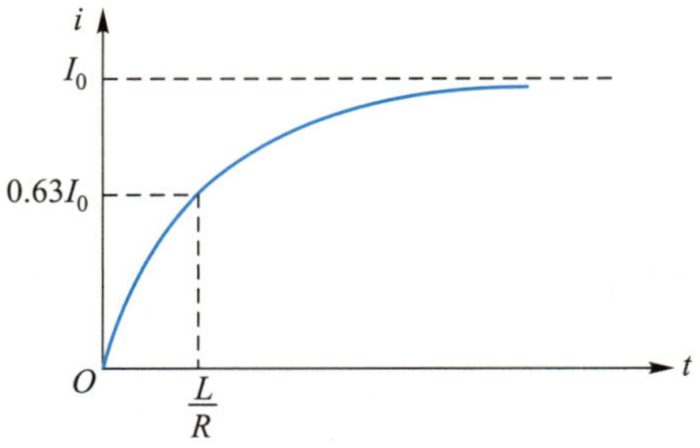

图 7-16 *RL* 电路中电流的增长

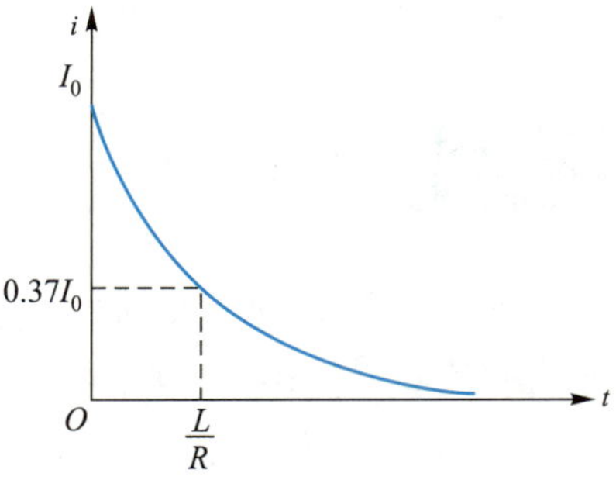

图 7-17 *RL* 电路中电流的减小

7.5.4 磁场的能量

与静电场类似，线圈在通以电流激发磁场的过程中，外界克服感应电动势做功所消耗的能量也转化为磁场的能量。磁能定域在磁场中。

仍考虑图 7-15 中的 *RL* 电路。开关 S 接通电源前，电路中无电流，线圈内无磁场。开关 S 接通电源后，线圈中的电流由 0 逐渐增大至稳定值 I。电流在线圈内建立磁场的过程中，电源所提供的能量，一部分转化为消耗在电阻 R 上的焦耳热，另一部分则用于克服自感电动势做功，变为线圈 L 内的磁场能量。将接通电源时回路的电压方程

$$\mathscr{E}-L\frac{\mathrm{d}i}{\mathrm{d}t}=iR$$

两边同乘 $i\mathrm{d}t$ 后积分，再移项得

$$\int_0^t \mathscr{E}i\mathrm{d}t=\int_0^t i^2R\mathrm{d}t+\frac{1}{2}LI^2$$

式中 $\int_0^t \mathscr{E}i\mathrm{d}t$ 为电源在时间 t 内所做的功，即电源所提供的能量；$\int_0^t i^2R\mathrm{d}t$ 为时间 t 内消耗在电阻 R 上的焦耳热；而 $\frac{1}{2}LI^2$ 即为电源反抗自感电动势而储存在线圈中的磁场能量。

同理可以证明，在开关断开电源时随着线圈 L 中磁场的消失，原储存在线圈 L 中的磁场能量将转化为消耗在电阻 R 上的焦耳热，数值仍为 $\frac{1}{2}LI^2$。

因此，具有自感 L 的线圈在通有恒定电流 I 时的磁场能量为

$$W_\mathrm{m}=\frac{1}{2}LI^2 \tag{7-29}$$

由于磁感应强度是描述磁场性质的物理量，故磁场能量作为磁场的重要物理属性，也应该用磁感应强度来表示。现考虑一长直螺线管，已知其自感系数 $L=\mu n^2 V$，通有电流 I 时，其内磁场的磁感应强度 $B=\mu nI$，此时其内磁场的能量为

$$W_{\mathrm{m}}=\frac{1}{2}LI^2=\frac{1}{2}\left(\mu n^2 V\right)\left(\frac{B}{\mu n}\right)^2=\frac{B^2}{2\mu}V$$

由于长直螺线管内磁场的均匀性，于是其内的磁场能量密度 w_{m} 为

$$w_{\mathrm{m}}=\frac{W_{\mathrm{m}}}{V}=\frac{B^2}{2\mu} \tag{7-30}$$

对于均匀的各向同性介质，因 $H=\dfrac{B}{\mu}$，所以

$$w_{\mathrm{m}}=\frac{B^2}{2\mu}=\frac{1}{2}\mu H^2=\frac{1}{2}BH \tag{7-31}$$

尽管(7-30)式和(7-31)式是从长直螺线管内均匀磁场的特例推得，但可以证明，它们对所有磁场普遍适用。于是，某一磁场所储存的能量为

$$W_{\mathrm{m}}=\int_V w_{\mathrm{m}}\mathrm{d}V=\int_V \frac{1}{2}BH\mathrm{d}V \tag{7-32}$$

【例 7-8】 如图 7-18 所示，同轴电缆中金属芯线的半径为 R_1，共轴金属圆筒的半径为 R_2，中间充以磁介质（磁导率为 μ），现将芯线和圆筒分别和电源两极相接，若金属芯线内的磁场可略去，求此同轴电缆芯线与圆筒间单位长度上的磁能和自感。

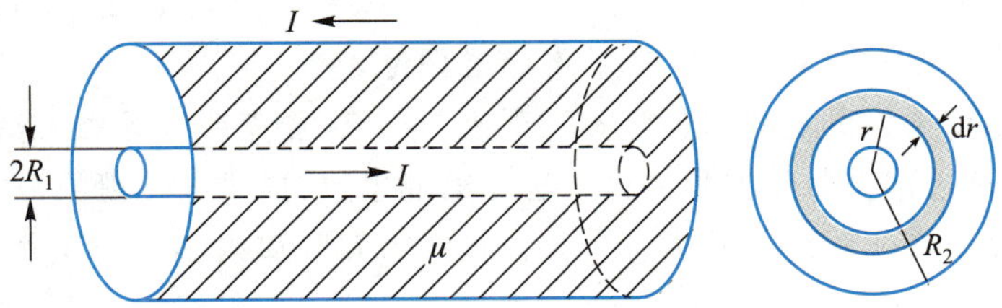

图 7-18 同轴电缆

【解】 设 r 是场点到电缆轴线的距离。在垂直于电缆轴线的平面内，以垂直平面和轴线的交点为圆心，作一个半径为 r 的圆，沿此圆应用 $\boldsymbol{H}$ 的安培环路定理得

$$H=\frac{I}{2\pi r} \quad (R_1<r<R_2)$$

$$H=0 \quad (r<R_1 \text{ 或 } r>R_2)$$

由(7-31)式知，当 $R_1<r<R_2$ 时，磁场的能量密度为

$$w_{\mathrm{m}}=\frac{1}{2}\mu H^2=\frac{\mu I^2}{8\pi^2 r^2}$$

取由半径 r 和 $r+\mathrm{d}r$、长度为一个单位的薄层圆柱壳作为体积元，即 $\mathrm{d}V=2\pi r\mathrm{d}r\times 1$，则单位长度同轴电缆的磁场能量为

$$W_{\mathrm{m}}=\int w_{\mathrm{m}}\mathrm{d}V=\int_{R_1}^{R_2}\frac{\mu I^2}{8\pi^2 r^2}\cdot 2\pi r\mathrm{d}r=\frac{\mu I^2}{4\pi}\ln\frac{R_2}{R_1}$$

相关链接：法拉第与电磁感应

通过和(7-29)式比较的结果可知，单位长度同轴电缆的自感为

$$L=\frac{\mu}{2\pi}\ln\frac{R_2}{R_1}$$

§7.6 电磁场理论

我们知道电学现象和磁学现象都是自然界中的基本现象，但对电学和磁学规律的认识却经历了一个极其漫长的过程。1820 年奥斯特通过实验发现了电流的磁效应，接着安培研究了电流之间的作用力；1831 年法拉第又发现了电磁感应现象，即磁的电效应。奥斯特和法拉第的这两个重要发现揭示了电与磁之间的内在联系。随着电磁学各个局部规律，诸如库仑定律、毕奥-萨伐尔定律、安培定律等，特别是法拉第电磁感应定律的建立和发现，标志着人们对电磁现象的研究已从静止的、恒定的特殊情况扩展到运动的、变化的普遍情况，已从孤立的电作用、磁作用扩展到其间的联系。19 世纪中叶，英国物理学家麦克斯韦将电与磁统一为电磁场，建立了以麦克斯韦方程组和电磁波为标志的电磁场理论。

受法拉第借助场线解释电和磁现象的影响，麦克斯韦运用矢量场的数学语言，通过四个数学方程来诠释法拉第的思想，描述电磁现象，这就是著名的麦克斯韦方程组。其中三个方程曾在第五章和本章前几节中出现过。

1. 电学中的高斯定理

$$\oint_S \boldsymbol{D}\cdot\mathrm{d}\boldsymbol{S}=\sum_{(S内)}q$$

2. 磁学中的高斯定理

$$\oint_S \boldsymbol{B}\cdot\mathrm{d}\boldsymbol{S}=0$$

3. 电场的环路定理（法拉第电磁感应定律的积分形式）

$$\oint_L \boldsymbol{E}\cdot\mathrm{d}\boldsymbol{l}=-\int_S\frac{\partial\boldsymbol{B}}{\partial t}\cdot\mathrm{d}\boldsymbol{S}$$

麦克斯韦方程组的第四个方程是磁学的安培环路定理 $\oint_L \boldsymbol{H}\cdot\mathrm{d}\boldsymbol{l}=\sum_{(L内)}I$ 的修正。麦克斯韦认为在某些情况下安培环路定理不再正确，必须对其加以修正。下面即为安培环路定理失效的一个例子。图 7-19 是一个含有电

容器的电路，闭合圆周路径 L 绕过连接电容器正极板的导线，在电容器充电（或放电）时，有一瞬间电流 I 流经此导线，则极板上将会有电荷量 Q 增加（或减少）。由安培环路定理可知，该电流 I 产生的磁场强度 $\boldsymbol{H}$ 沿曲线 L 的线积分应等于穿过以该闭合路径 L 为周界的任意曲面的电流的代数和。

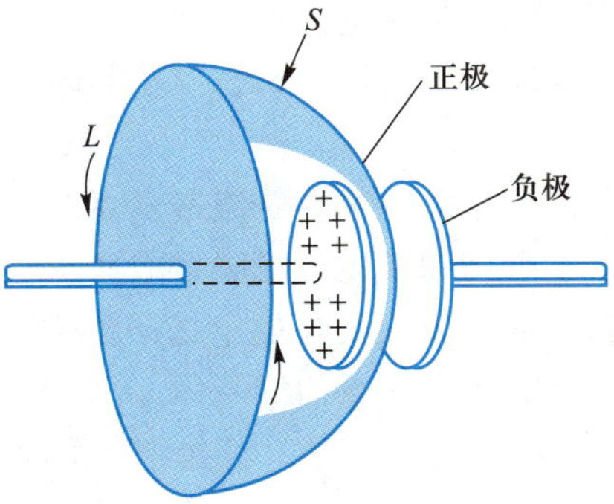

图 7-19 安培环路定理失效的一个例子

对于曲线 L 所包围的圆平面

$$\oint_L \boldsymbol{H}\cdot \mathrm{d}\boldsymbol{l}=I$$

但对于以 L 为周界跨在电容器两极板之间的半球面 S，因电荷堆积在电容器极板上，极间无电流，故

$$\oint_L \boldsymbol{H}\cdot \mathrm{d}\boldsymbol{l}=0\neq I$$

可见，安培环路定理对此电路失效。失效的原因在于电流流进圆平面和半球面 S 组成的封闭空间后就没有流出来。由于电流的只进不出，电荷量积存在闭合包围面内，在电容器两极间激发出电场强度通量，因此有电场线穿出这半球面 S，电位移通量为

$$\Psi=\int_S \boldsymbol{D}\cdot \mathrm{d}\boldsymbol{S}=Q$$

麦克斯韦意识到该电位移通量正是对安培环路定理进行修正时所需要的。

实际上，流入闭合包围面内的电流 I 和从其中流出的电位移通量 Ψ 有关：

$$I=\frac{\mathrm{d}Q}{\mathrm{d}t}=\frac{\mathrm{d}\Psi}{\mathrm{d}t}$$

麦克斯韦认为完整的电路因电容器而中断了电流 I，而$\dfrac{\mathrm{d}\Psi}{\mathrm{d}t}$代表一种假想的电流，可填补延续这一完整的电路，麦克斯韦称其为位移电流：

$$I_\mathrm{d}=\frac{\mathrm{d}\Psi}{\mathrm{d}t} \tag{7-33}$$

由此可见，无论是真实的电流 I 还是位移电流 I_d 都可能流过任一曲面，而且作为全电流 $I+I_\mathrm{d}$ 对任意曲面所包围的区域而言，流进多少将流出多少。于是用全电流 $I+I_\mathrm{d}$ 代替 I 后安培环路定理将修正推广为

$$\oint_L \boldsymbol{H}\cdot \mathrm{d}\boldsymbol{l}=I+I_\mathrm{d}=I+\int_S \frac{\partial \boldsymbol{D}}{\partial t}\cdot \mathrm{d}\boldsymbol{S} \tag{7-34}$$

这就是麦克斯韦方程组中的第四个方程。

位移电流概念的实质是变化的电场与通常由电荷定向移动形成的电流一样也会产生磁场。变化的电场产生磁场是变化的磁场产生感生电场

的逆效应。如果说电磁感应现象和相关理论分析为感生电场提供了物理依据，那么，位移电流则是并没有任何实验支持和相关理论分析情况下所作的大胆理论假设和预言。位移电流和真实电流不同，位移电流在空间不产生焦耳热。

感生电场和位移电流是麦克斯韦电磁场理论的核心概念，它们完整地揭示了电场和磁场内在联系的两个侧面：变化的磁场产生感生电场（感生电动势的实质）；变化的电场产生磁场（位移电流的实质）。使电磁场成为一个具有内在联系的统一体，为电磁场在空间以波动形式传播提供了理论依据。麦克斯韦 1862 年在《论物理力线》一文中首次预言了电磁波的存在。

通过麦克斯韦方程组，可以得出电磁波的波动方程。由方程可知，电磁波的波速由空间介质的电磁性质决定，$u=1/\sqrt{\varepsilon_0\mu_0\varepsilon_r\mu_r}$。在真空中 $\varepsilon_r=1$，$\mu_r=1$，则波速 $u=1/\sqrt{\varepsilon_0\mu_0}=c$。这说明真空中电磁波的波速与光在真空中的速度相同，而且与波源是否运动无关，因此我们有理由相信光就是电磁波。并且，根据麦克斯韦方程组也可以推得 $\boldsymbol{E}$ 与 $\boldsymbol{H}$ 垂直，且均垂直于传播方向，因此电磁波是横波。注意到电磁波在介质中和真空中波速的表达形式存在差别，我们可以发现，介质的折射率 $n=\sqrt{\varepsilon_r\mu_r}$。这就提示我们，光学许多现象的本质可由麦克斯韦电磁理论给予解释。

电磁场作为电磁波的载体具有能量，其能量是由电磁场中的电场分量和磁场分量组成，电磁场的能量密度为

$$w=\frac{1}{2}\varepsilon E^2+\frac{1}{2}\mu H^2 \tag{7-35}$$

1887 年德国物理学家赫兹（Hertz）通过实验系统地证实了麦克斯韦电磁场理论关于电磁波存在的预言，为电磁场理论提供了决定性的证据；1888 年赫兹测量了电磁波的速度，证实它确实等于光速；1888 年 7 月 21 日，赫兹完成了他的著名论文《论电动力学作用的传播速度》，这一天也被人们定为实验证实电磁波存在的纪念日。之后，赫兹还通过实验研究了电磁波的其他诸如衍射和偏振等性质，从而证实了电磁波的横波性。

正是由于赫兹的所有这些实验，证明了电磁波与光的统一性，证实了麦克斯韦电磁场理论各种有关预言的正确性，从此，麦克斯韦的电磁场理论越来越被人们承认和接受。

思考题

7-1 试按下述的几方面比较一下静电场与感生电场。

（1）它们由什么产生？

（2）其中力线的分布怎样？

（3）它们对电荷有何作用？

7-2 在下面三种情况下,能否用安培环路定理求出磁感应强度?为什么?

（1）有限长载流直导线产生的磁场;

（2）圆电流产生的磁场;

（3）两无限长同轴载流圆柱面之间的磁场。

7-3 如图 7-20 所示,在一个圆电流的平面内取一个同心的圆形闭合回路,并使这两个圆同轴,且互相平行。由于此闭合回路内不包含电流,所以把安培环路定理用于上述闭合回路,可得

$$\oint_L \boldsymbol{B}\cdot d\boldsymbol{l}=0$$

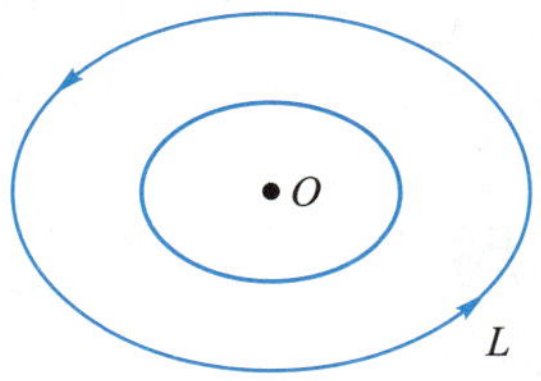

图 7-20 思考题 7-3 图

由此结果,能否说在闭合回路上各点的磁感应强度为零?

7-4 在无限长载流导线的周围任一点,如果不放入实验线圈或磁针,该点处是否存在磁场?该点是否有磁感应强度?有没有磁力?

7-5 从毕奥-萨伐尔定律能导出无限长直通电导线的磁场的公式:

$$B=\frac{\mu I}{2\pi a}$$

当考察点无限接近导线时($a\to 0$),则磁感应强度 $B\to\infty$,这是没有物理意义的,如何解释这一点?

7-6 在均匀磁场中,有两个面积相等、通过电流相同的线圈,一个是三角形的,另一个是矩形的。这两个线圈所受的最大磁力矩是否相等?磁力的合力是否相等?

7-7 如果我们想让一个质子在地磁场中一直沿着赤道运动,我们是向东还是向西发射它呢?

7-8 在磁场方向和电流方向一定的条件下,导体所受的安培力的方向与载流子的种类有无关系?霍耳电势差的正负与载流子的种类有无关系?

7-9 在电磁感应定律 $\mathscr{E}=-\frac{d\Phi}{dt}$ 中,负号的意义是什么?你是如何根据负号来确定感应电动势的方向的?

7-10 如图 7-21 所示,在一长直导线 L 中通有电流 I,$ABCD$ 为一矩形线圈,试确定在下列情况下,$ABCD$ 上的感应电动势的方向:

（1）矩形线圈在纸面内向右移动;

（2）矩形线圈绕 AD 轴旋转;

（3）矩形线圈以直导线为轴旋转。

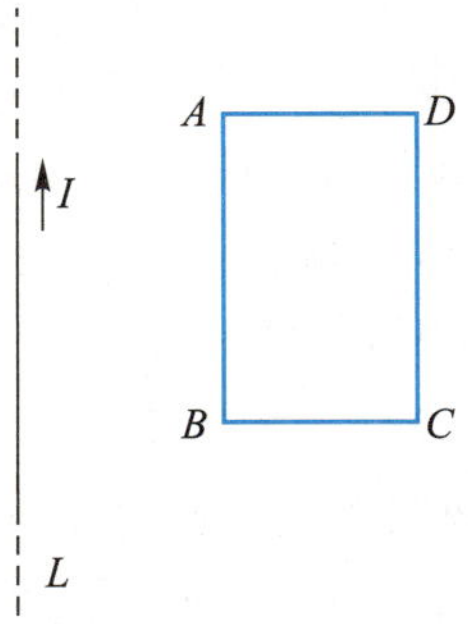

图 7-21 思考题 7-10 图

7-11 在有磁场变化着的空间,如果没有导体,那么,在此空间有没有电场?有没有感应电动势?

7-12 将尺寸完全相同的铜环和铝环适当放置，使通过两环内的磁通量的变化率相等。问这两个环中的感应电流及感生电场是否相等？

7-13 试按下述的几方面比较传导电流与位移电流：

（1）它们由什么引起？

（2）它们所产生磁场的 $\boldsymbol{B}$；

（3）它们可以在哪些物质中通过？

（4）它们是否都能引起热效应？规律是否相同？

习题

习题答案

7-1 求图 7-22 中各图中 P 点的磁感应强度 $\boldsymbol{B}$ 的大小和方向。(1)在水平导线延长线上；(2)在半圆中心处；(3)在正三角形中心。

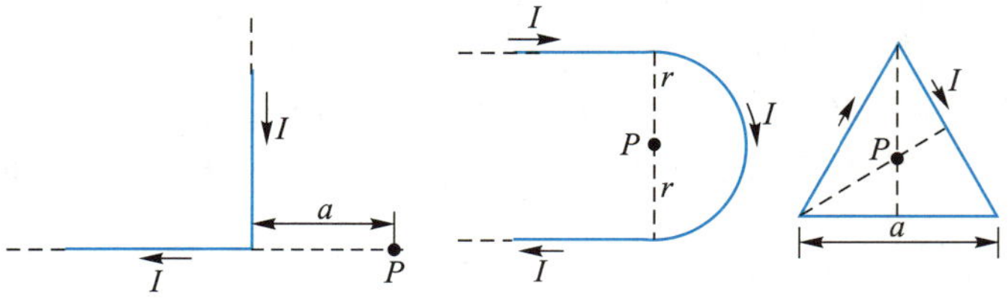

(a) (b) (c)

图 7-22 习题 7-1 图

7-2 两根长直导线互相平行地放置真空中，如图 7-23 所示，其中通以同方向的电流 $I_1=I_2=10$ A。已知 PI_1 垂直于 PI_2，$|PI_1|=|PI_2|=0.5$ m。(1)试求 P 点的磁感应强度；(2)若将 I_1 反向，结果如何？

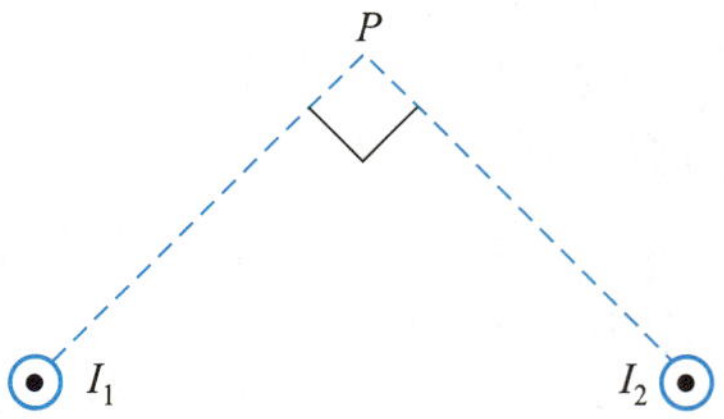

图 7-23 习题 7-2 图

7-3 一无限长载流直圆管，内半径为 a，外半径为 b，电流为 I，电流沿轴线方向流动并且均匀地分布在管的横截面上。试求与轴线相距为 r 处的磁感应强度：(1) $r<a$；(2) $a<r<b$；(3) $r>b$。

7-4 两平行直导线相距 $d=40$ cm，每根导线载有电流 $I_1=I_2=20$ mA，如图 7-24 所示。求：(1)两导线所在平面内与该两导线等距离的一点处的磁感应强度；(2)通过图中斜线所示面积的磁通量（设 $r_1=r_3=10$ cm，$l=25$ cm）。

7-5 如图 7-25 所示，有一根金属直导线，长为 0.7 m，质量为 10 g，用两根细线使其水平挂在 $B=0.4$ T 的均匀磁场中，且导线与磁场 $\boldsymbol{B}$ 方向垂直。(1)当绳中张力为零时，试求导线中电流的大小和方向；(2)在什么条件下，导线会向上运动？

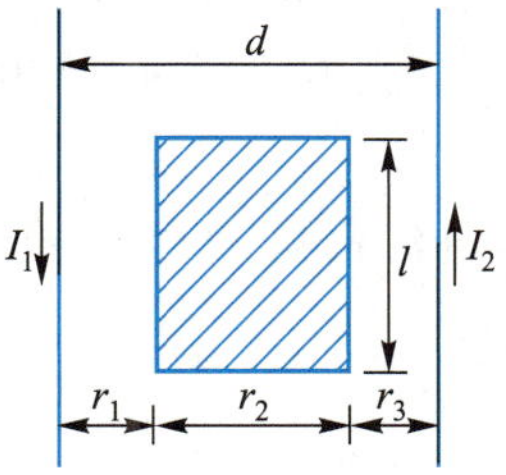

图 7-24　习题 7-4 图

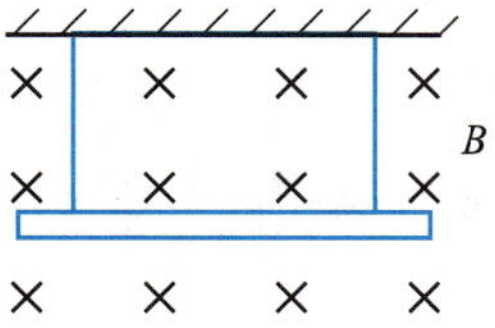

图 7-25　习题 7-5 图

7-6　利用霍耳元件可以测量磁场的磁感应强度，设一霍耳元件用金属材料制成，其厚度为 0.15 mm，载流子数密度为 $10^{24}\ m^{-3}$，将霍耳元件放入待测磁场中，测得霍耳电势差为42 μV，测得电流为 10 mA。求此时待测磁场的磁感应强度大小。

7-7　如图 7-26 所示，一根无限长直导线载有电流 $I_1=30$ A，矩形回路与它共面，且矩形的长边与直导线平行。回路中载有电流 $I_2=20$ A，矩形的长为 $l=12$ cm，宽为 $b=8$ cm，矩形靠近直导线的一边距直导线为 $a=1$ cm，试求 I_1 作用在矩形回路上的合力。

7-8　如图 7-27 所示，一半径 $R=0.01$ m 的半圆形闭合线圈，载有电流 $I=10$ A，放在 $B=0.05$ T 的均匀磁场中，磁场方向与线圈平面平行。试求线圈所受磁力矩的大小和方向。

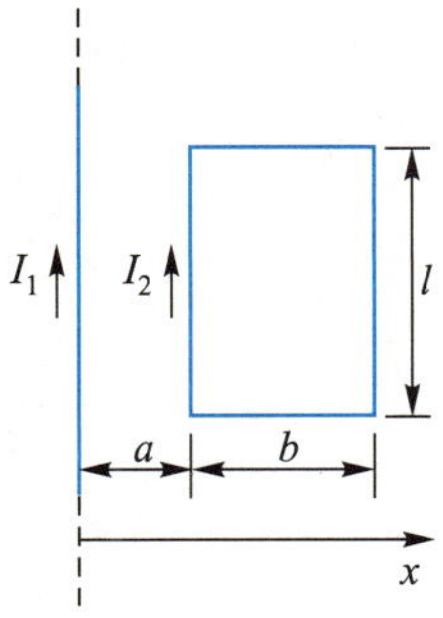

图 7-26　习题 7-7 图

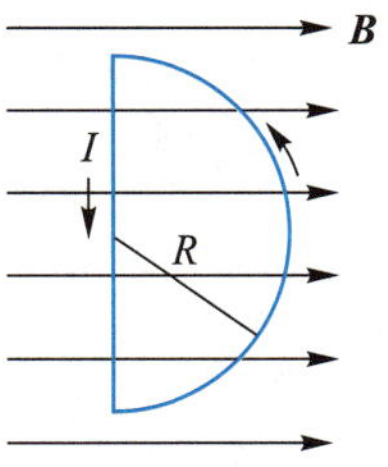

图 7-27　习题 7-8 图

7-9　一空心长直螺线管，长为 0.50 m，横截面积为 10.0 m^2，若螺线管上密绕线圈3 000 匝，问：(1) 自感为多大？(2) 若其中电流随时间的变化率为 10 $A\cdot s^{-1}$，自感电动势的大小和方向如何？

7-10　一长直导线 AB 通有电流 $I=5$ A，导线右侧有一矩形线圈 $cdef$，如图 7-28 所示。$a=6$ cm，$b=15$ cm，$l=20$ cm。线圈共有 1 000 匝，以速度 $v=3\ m\cdot s^{-1}$ 向右运动（速度方向与导线

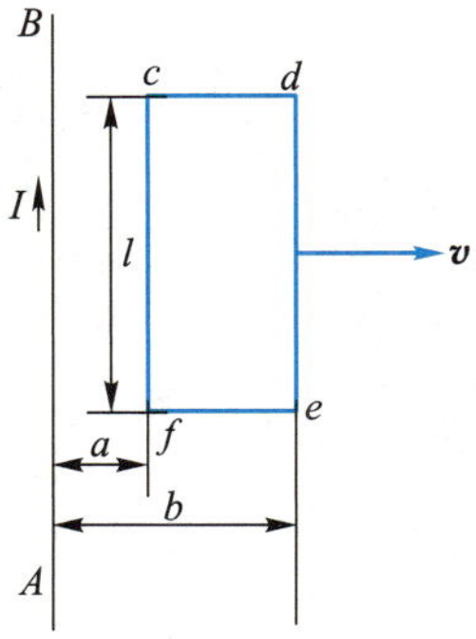

图 7-28　习题 7-10 图

AB 垂直)。求:(1)当线圈运动到如图所示位置时的感应电动势;(2)若线圈在如图所示的位置不动,导线 AB 中通以交流电 $I=5\sin 100\pi t$ (A)时,线圈中的感应电动势。

7-11 一无限长直导线,截面各处的电流密度相等,总电流为 I。试证:单位长度导线内所储藏的磁场能量为$\dfrac{\mu I^2}{16\pi}$。

参考文献

第八章　波动光学

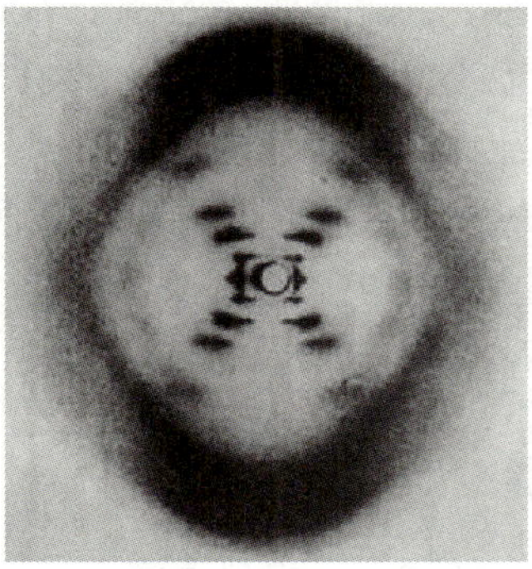

富兰克林用 X 射线拍摄到的脱氧核糖核酸(DNA)分子衍射图。从照片中,她发现 DNA 具有双链螺旋结构,并且测量出这种螺旋体的直径和螺距。这对沃森和克里克构建 DNA 分子双螺旋结构模型具有极其重要的意义。直到现在,X 射线衍射方法仍然是解析生物分子结构最常用、分辨率最高的主要方法。

光是一种电磁波。可见光在真空中的波长范围在 400~750 nm 之间。虽然在整个电磁波谱中光波仅占很窄的一部分,它却对人类的生命和生存、人类生活的进程和发展,起着巨大的作用和影响。本章将以光的波动性质为基础,讨论光的干涉、衍射、偏振等现象,进而说明这些现象的规律及其应用。

§8.1　光的干涉

干涉是波动所特有的现象。满足一定条件的两束光重叠时,在叠加区域光的强度呈现稳定的明暗分布,这种现象称为光的干涉(interference of light)。

8.1.1 光的相干性

干涉是波的一种叠加效应。两列频率相同、振动方向相同、相位差恒定的波在空间相遇时就会发生干涉。对于机械波或无线电波来说,这些条件是比较容易满足的,但是对光波来说,由两个独立光源发出的光很难产生干涉现象。例如,房间里用两盏灯照明时,墙上不会出现明暗相间的干涉条纹。这与光源发光的机理有关。

近代物理学表明,光源发光是其中大量分子或原子在能级跃迁时辐射电磁波的结果。一个原子在一次能级跃迁中,所辐射的光波持续时间约为 10^{-9} s,相应的发射出来的光波波列长度在米的量级。一个原子每一次发光只能发射出一个长度有限、频率一定、振动方向一定的波列。我们所看到的光,不是一个无限长的连绵不断的简谐光波,而是光源内大量分子、原子发出的一些断断续续、相互独立的波列组合,见图 8-1。由于原子的激发和辐射过程是不可控制的,尽管在有些条件下,可以使这些波列的频率基本相同,但是不同波列的振动方向和初相位各不相同,完全是随机的。当这样的两列光波叠加时,在空间形成的干涉图样每秒变化 10^8 次以上,这种变化无论是人眼,还是仪器都不能观察或接收到。因此,两个普通光源发出的光或同一光源不同部分发出的光是无法产生干涉现象的。

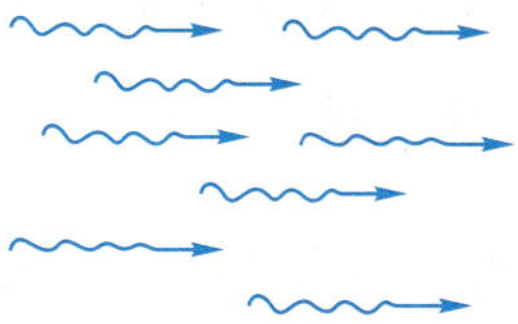

图 8-1 普通光源发光

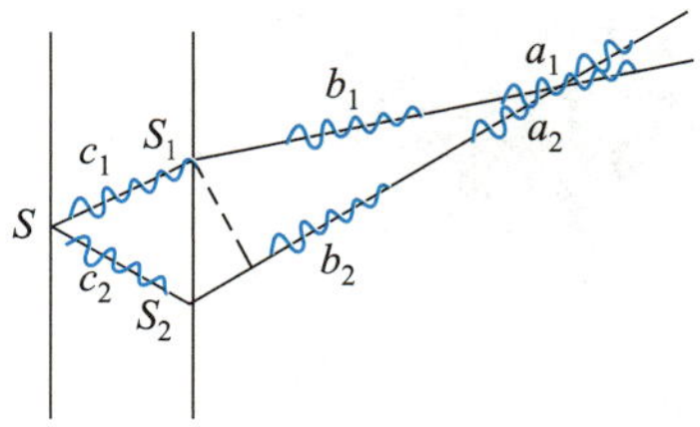

图 8-2 相干光的获得

要研究光的干涉现象,首先要解决如何获得相干光的问题。利用某些方法将同一光源上同一点发出的光波分成两束,在空间经过不同的路径再重叠起来,见图 8-2,由于这两束光中发生重叠的部分(a_1 和 a_2),实际上是来自光源中同一原子的同一次发光,因此它们必然满足相干条件而成为**相干光**(coherent light)。

8.1.2 杨氏双缝干涉实验

动画:杨氏双缝干涉

1802 年托马斯·杨(T. Young)首先完成了光的干涉实验,并测定了光的波长,这为建立光的波动学说奠定了实验基础。

杨氏双缝干涉的实验装置如图 8-3 所示,S 为单色光源,S_1 和 S_2 为两个对称放置的相距很近的平行狭缝,自光源 S 发出的光在双缝 S_1 和 S_2 处形成新的光振动中心。由于狭缝 S_1 和 S_2 相对于 S 对称放置,所以无论光源 S 发出的光在振动方向或相位上发生什么变化,S_1 和 S_2 都会发生同样的变

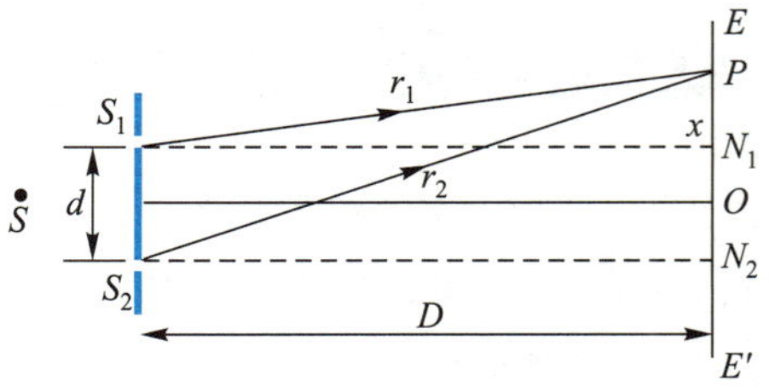

图 8-3 杨氏双缝干涉实验

化。S_1 和 S_2 相当于两个相干光源,它们发出的光波在双缝右侧的空间叠加,在屏上形成了稳定的干涉图样。

下面我们根据波的干涉条件,对这一实验进行定量分析。在图 8-3 中,设 S_1 和 S_2 相距为 d,双缝到屏的距离为 D,P 为屏上任意一点,r_1 和 r_2 分别为从 S_1 和 S_2 到 P 点的距离。

由波的干涉条件可知,在光波叠加区域,光振动是加强还是减弱完全取决于两光振动的相位差。由于 S_1 和 S_2 相对于 S 对称放置,S_1 和 S_2 的振动相位显然是相同的,因而从 S_1 和 S_2 发出的光到达屏上任意一点的相位差仅由波程差(几何路程差)$\Delta r=r_2-r_1$ 决定。根据波动方程,我们知道相位差与波程差的普遍关系为

$$\Delta\varphi=\frac{2\pi}{\lambda}(r_2-r_1)=\frac{2\pi}{\lambda}\Delta r \tag{8-1}$$

当两光波的波程差

$$\Delta r=\pm k\lambda \quad (k=0,1,2,\cdots) \tag{8-2a}$$

时,相位差为

$$\Delta\varphi=\frac{2\pi}{\lambda}\Delta r=\pm 2k\pi \quad (k=0,1,2,\cdots)$$

两束光在 P 点处的合振幅最大,强度达到极大,这是形成明纹的条件。$k=0$ 的明纹称为零级明纹或中央明纹,与 $k=1,2,\cdots$ 对应的明纹,分别称为第一级、第二级……明纹,它们对称分布于中央明纹两侧。

当两光波的波程差

$$\Delta r=\pm(2k-1)\frac{\lambda}{2} \quad (k=1,2,3,\cdots) \tag{8-2b}$$

相位差为

$$\Delta\varphi=\frac{2\pi}{\lambda}\Delta r=\pm(2k-1)\pi \quad (k=1,2,3,\cdots)$$

两束光在 P 点处的合振幅最小,强度极小,这是形成暗纹的条件。k 为暗纹的级次。波程差为其他值的各点,光强介于最明和最暗之间。

由干涉的明、暗纹条件,可以推知屏幕上干涉条纹中心的位置。在图 8-3 中,令 N_1 和 N_2 分别为 S_1 和 S_2 在屏上的投影,O 为 N_1 和 N_2 的中点,并令 $|OP|=x$,则有

$$D^2+(x-d/2)^2=r_1^2$$
$$D^2+(x+d/2)^2=r_2^2$$

两式相减,得

$$2dx=r_2^2-r_1^2=(r_2-r_1)(r_2+r_1)=\Delta r(r_2+r_1)$$

考虑到 $D\gg d$,$D\gg x$,$r_1+r_2\approx 2D$,因此波程差为

$$\Delta r=\frac{dx}{D}$$

利用(8-2a)式和(8-2b)式可以得到屏幕上明纹、暗纹中心的位置为

$$x=\pm k\frac{D}{d}\lambda \quad (k=0,1,2,\cdots) \quad \text{明纹}$$

$$x=\pm\left(k-\frac{1}{2}\right)\frac{D}{d}\lambda \quad (k=1,2,3,\cdots) \quad \text{暗纹} \tag{8-3}$$

相邻明纹或相邻暗纹之间的距离称为条纹间距，从(8-3)式可以求得条纹间距为

$$\Delta x=D\frac{\lambda}{d} \tag{8-4}$$

从上面的分析中可知：双缝干涉条纹是在中央明纹两侧对称分布、明暗相间、等间距排列的平行直条纹。由于光的波长很短，在通常的双缝干涉实验中，两缝之间的距离必须足够小，屏与缝的距离 D 足够大，使得干涉条纹间距 Δx 大到人眼可以分辨，才会观测到干涉条纹。在单色光入射的情形下，若已知 D、d 的数值，测出条纹间距 Δx，根据(8-4)式可以求出入射光的波长。如果用白光入射，则除了 $k=0$ 的中央明纹因各单色光重合而显示为白色外，其他各级明纹将因入射光波长不同，极大所出现的位置相互错开而变成彩色条纹。

【例 8-1】 在双缝干涉实验中，以单色光照射到间距为 $d=0.2$ mm 的双缝上，缝到屏之间的距离 $D=1.0$ m，若从第一级明纹到同侧的第四级明纹之间的距离为 7.5 mm。求：(1) 单色光的波长；(2) 条纹间距及条纹间距与波长之比。

【解】 (1) 由双缝干涉明纹的条件(8-3)式，得

$$\Delta x_{14}=x_4-x_1=(4-1)\frac{\lambda D}{d}$$

$$\lambda=\frac{d}{(4-1)D}\Delta x_{14}=\frac{0.2\times10^{-3}}{(4-1)\times1}\times7.5\times10^{-3}\ \text{m}=5.0\times10^{-7}\ \text{m}=500\ \text{nm}$$

(2)

$$\Delta x=D\frac{\lambda}{d}=1\times\frac{500\times10^{-9}}{0.2\times10^{-3}}\ \text{m}=2.5\times10^{-3}\ \text{m}$$

$$\frac{\Delta x}{\lambda}=\frac{D}{d}=\frac{1}{0.2\times10^{-3}}=5.0\times10^{3}$$

本例题中，条纹间距是所用光波波长的 5 000 倍。我们知道，波长反映了光波的空间周期性，而条纹间距反映了光强分布的周期性。虽然人们无法像观察水波那样直接观察光波的空间周期性，但是光的干涉技术将光波的空间周期性转化为干涉强度的周期性，以稳定的干涉图样呈现出来供人们观察和测量。

8.1.3 劳埃德镜实验

继杨氏双缝干涉实验后，劳埃德(Lloyd)设计了另一种观察干涉现象的实验装置。如图 8-4 所示，在这个装置中，单色缝光源 S_1 与平面反射镜平行放置。S_1 发出的光的一部分①直接照射到屏上，另一部分②经过平面镜反射后再照射到屏上。这两部分光也是相干光，在屏上的重叠区域也能产生干涉图样。如果把缝光源 S_1 和它的虚像 S_2 看成是两个相干光源，在叠加区域产生干涉图样，则关于杨氏双缝干涉实验的分析同样适用于劳埃德镜实验。

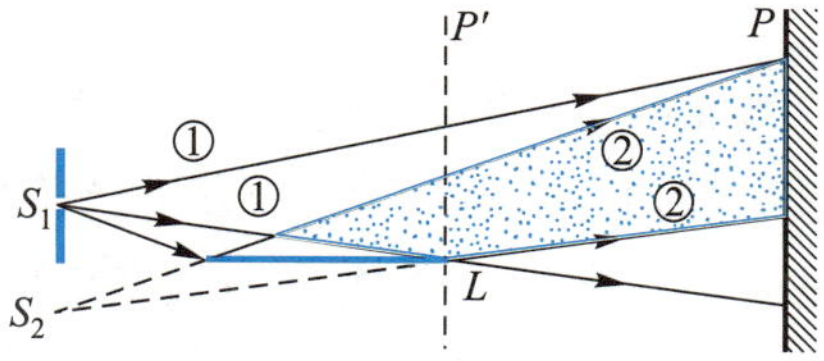

图 8-4 劳埃德镜实验

在劳埃德镜实验中，如果将屏平移到镜端 L 处，在接触处未经反射的光和刚刚反射的光相叠加。根据前面波程差的计算，$\Delta r = |S_2L| - |S_1L| = 0$，在 L 点应为明纹。但是，与预期相反，实验显示在波程差为零的 L 处不是明纹，而是暗纹。这说明两相干光在 L 点光振动的相位差为 π。由于入射光的相位没有变化，所以只能是反射光的相位变化了 π。

进一步的实验表明，光从光疏介质(折射率 n 小)射向光密介质(折射率 n 大)时，反射光的相位有 π 的变化，这相当于反射光与入射光之间附加了半个波长的波程差，即相当于光多走了半个波长，习惯上称这种现象为半波损失(half-wave loss)。劳埃德镜实验的重要意义之一就是在实验中观察到了半波损失现象。

8.1.4 光程与光程差

以上所讨论的都是两束相干光在同一介质中传播的情形。在这种情况下，只要计算出两束光在相遇点的几何路程差，就可以确定两束光的相位差。但是，当两束光分别在不同介质中传播时，由于同一束光在不同介质中的频率不变而波长不同，这时就不能只按几何路程差来计算相位差了。例如，在图 8-5 所示的情形中，光源 S_2 发出的光到达 P 点的几何路程为 r_2，但是在所经过的路途中有一段长为 d，折射率为 n 的介质，此时这束光的相位变化不仅与 r_2 有关，而且还与 d 和 n 有关。为了解决这类问题，我们引入**光程**(optical path)的概念。

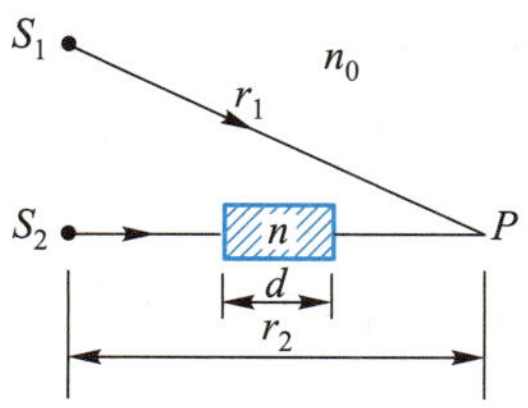

图 8-5 光程

光在传播过程中,沿传播方向光振动的相位逐点落后。以 λ'表示光在介质中的波长,由波动方程可知,当光在介质中传播距离 r 时,光振动相位落后的数值为

$$\Delta\varphi=\frac{2\pi}{\lambda'}r$$

频率为 ν 的单色光在不同介质中传播时,频率不变,由于传播速度不同,因而波长也不同。以 λ 表示光在真空中的波长,n 表示介质的折射率,光在介质中的波长 λ'与光在真空中的波长 λ 之间的关系为

$$\lambda'=\frac{\lambda}{n}$$

因而有

$$\Delta\varphi=\frac{2\pi}{\lambda'}r=\frac{2\pi}{\lambda}nr$$

这一公式表明:同一频率的光,在折射率为 n 的介质中通过 r 的距离所发生的相位变化,与其在真空中通过 nr 的距离时所发生的相位变化相同。依据这一点,我们把光波在某一介质中所经历的几何路程 r 与介质折射率 n 的乘积 nr 称为光程,写为

$$\delta=nr \tag{8-5}$$

因而相位差与光程差的关系为

$$\Delta\varphi=\frac{2\pi}{\lambda}\delta \tag{8-6}$$

引入光程这一概念以后,就可以把光在不同介质中传播的路程,按照相位差变化相同,来折算为该单色光在真空中传播的路程,从而可以统一地利用光在真空中的波长 λ 来计算光的相位变化。例如,在图 8-5 中,从光源 S_1 和 S_2 发出的两束光到达 P 点的相位差为

$$\Delta\varphi=\frac{2\pi}{\lambda}[n_0(r_2-d)+nd-n_0r_1]$$

在光学实验装置中,经常要用到透镜。透镜的插入,对光路中的光程会产生什么影响呢?从图 8-6 中可以看出,从物点 S 发出的光经透镜 L 后能会聚成一个明亮的像点 S',而平行光通过透镜后也能会聚于焦平面上形成一亮点。这说明同相位的光经过透镜后到达会聚点时仍是同相位的。对此,可以作如下的定性解释:从物点 S 到像点 S'的各条光线,具有不同的几何路程,但它们在透镜玻璃中传播的路程也不相同。几何路程较长的光线在玻璃中传播的路程较短,而玻璃的折射率总是大于空气的折射率,折算成光程以后,各条光线将具有相同的光程。因此,薄透镜只改变光的传播方向,但不产生附加的光程差,通过薄透镜的近轴光线具有等光程性。

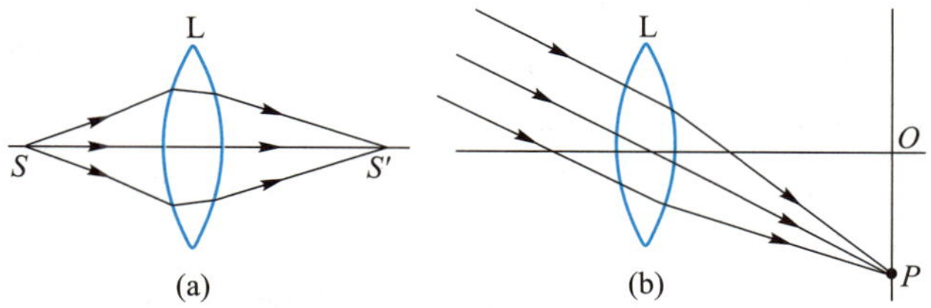

图 8-6 薄透镜的等光程性

8.1.5 薄膜干涉

薄膜干涉现象在日常生活中很普遍。光波在进入透明介质膜时，在膜的前、后表面都会发生反射。这些反射光来自同一入射光，因而是相干光。它们在相遇处发生干涉，这种干涉称为**薄膜干涉**(film interference)。

图 8-7 是研究平行平面薄膜干涉的示意图。在折射率为 n_1 的介质中，有一折射率为 n_2(且 $n_2>n_1$)、厚度 d 均匀的透明薄膜，这类似于空气中的肥皂膜。为简单起见，假设单色光源发出的光线①几乎垂直入射在薄膜上，在入射点 A 分成反射光和折射光两部分，折射光在下界面 B 点被反射后又从上界面 C 点射出。这样在薄膜上、下两个界面反射形成的两束光②和③是同一入射光的两部分，因经历了不同路径而有恒定的相位差，如果垂直于薄膜观察，这两束光将在观察者的眼睛中会聚而产生干涉现象。当两束光的相位差为 2π 的整数倍时，干涉加强，观察者看到薄膜上的 AC 区是亮的；当两束光的相位差为 π 的奇数倍时，干涉减弱，观察者看到 AC 区是暗的。

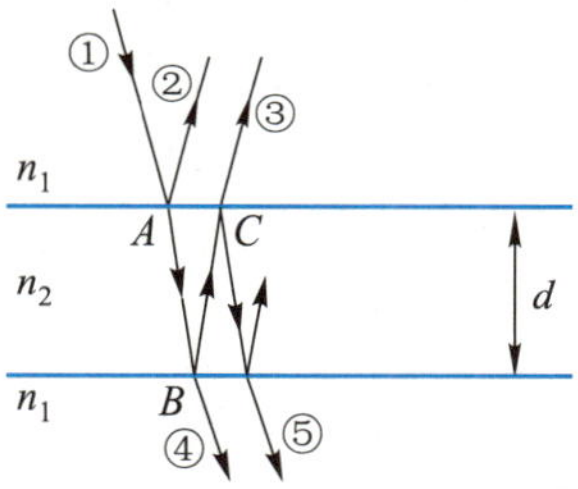

图 8-7 薄膜干涉

动画：薄膜的等倾干涉

由于光束③比光束②多横穿了两次薄膜，而且入射光在上界面反射时发生半波损失，所以光束②和③的光程差为

$$\delta=2n_2d+\frac{\lambda}{2} \tag{8-7}$$

于是，平行平面薄膜反射光干涉的明、暗纹条件为

$$\delta=2n_2d+\frac{\lambda}{2}=\begin{cases}k\lambda \quad (k=1,2,\cdots) & \text{明纹}\\(2k-1)\dfrac{\lambda}{2} \quad (k=1,2,\cdots) & \text{暗纹}\end{cases} \tag{8-8}$$

透射光也有干涉现象，由于不存在半波损失，两条透射的相干光④和⑤之间的光程差为

$$\delta'=2n_2d \tag{8-9}$$

比较(8-8)式和(8-9)式可知，对某一入射光而言，反射光的光程差与透射光的光程差恰好相差 $\lambda/2$，即当反射光干涉加强时，透射光却干涉减弱，这正是能量守恒定律所要求的。

我们在日常生活中看到的油膜、肥皂膜所呈现的彩色，就是一种光的干涉现象。太阳光中包含各种波长的光波，当阳光照射在油膜上时，经油膜上、下表面反射的光为相干光，在油膜的一些地方红光得到加强，另一些地方绿光得到加强，看起来油膜呈现出彩色条纹。

讲课视频：薄膜干涉例题

【例 8-2】 如图 8-8 所示，在一折射率为 n 的玻璃基片上均匀渡一层折射率为 n_1 的透明介质膜。波长为 λ 的单色光由空气垂直入射到介质表面上，如果想使在介质上、下表面反射的光干涉相消，介质膜至少应该多厚？（设 $n_0<n_1<n$）

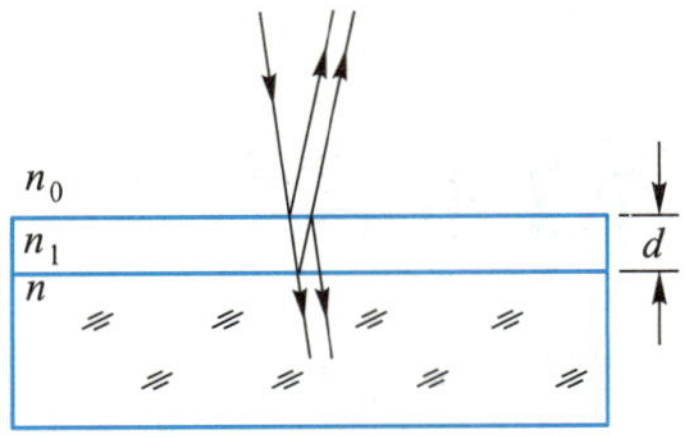

图 8-8　增透膜

【解】 设介质膜厚度为 d，由于 $n_0<n_1<n$，在介质膜的上、下两界面的两束反射光都有 π 的相位跃变，可以不必考虑附加的光程差，因而两反射光干涉相消的条件为

$$2n_1d=(2k-1)\frac{\lambda}{2}\quad(k=1,2,\cdots)$$

使 $k=1$，得到介质膜的最小厚度为

$$d=\frac{\lambda}{4n_1}$$

根据能量守恒定律，反射光减少，因此透射光加强了。这种能减少反射光强度而增加透射光强度的薄膜，称为增透膜。显微镜、照相机的镜头，眼镜的镜片都镀有增透膜。目前常使用的镀膜材料为折射率 $n_1=1.38$ 的氟化镁。

相关链接：光学相干断层扫描

与增透膜的作用相反，有些光学器件需要减少其透射率，以增加反射光的强度，这就要利用增反膜。可以想到，利用适当厚度和折射率的介质膜，就可以做到这一点。宇航员头盔镀有对红外线具有高反射率的多层膜，以屏蔽宇宙空间中极强的红外线照射。

§8.2　光的衍射

前面，我们讨论了来自两个分立相干光源（双缝）的光波之间的干涉。然而，来自单个光源的各部分光波之间也将发生干涉，这种干涉称为衍射，各种波都会发生衍射。

8.2.1 光的衍射现象

通常光在均匀介质中都是沿直线传播的。但是光在传播过程中,若遇到尺寸与光的波长差不多的障碍物时,光就不再遵循直线传播的规律,而会绕过障碍物的边缘传播,并在阴影区内形成明暗相间的条纹,我们称这种现象为光的衍射(diffraction of light)。

通常按照观察的方式把光的衍射现象分为两类:当光源和(或)接收屏到障碍物的距离为有限远时,所发生的衍射称为菲涅耳(Fresnel)衍射;当光源和接收屏到障碍物的距离均为无限远或等效于无限远时,所发生的衍射称为夫琅禾费(Fraunhofer)衍射。从理论上看,夫琅禾费衍射是菲涅耳衍射的一种特殊情形,但是实际上却更为人们所重视,这是因为夫琅禾费衍射的理论计算较为简单,应用价值大,而实验上又便于实现。本书中我们仅介绍夫琅禾费衍射。

图 8-9 为实验室中观察夫琅禾费衍射的实验装置。光源 S 位于透镜 L_1 的焦点处,从光源 S 发出的光经透镜 L_1 后成为平行光,垂直照射到衍射孔上;接收屏 P 位于透镜 L_2 的焦平面上,衍射光经透镜 L_2 后会聚于焦平面处的观察屏。这样到达障碍物的光和衍射光都是平行光,满足夫琅禾费衍射条件。

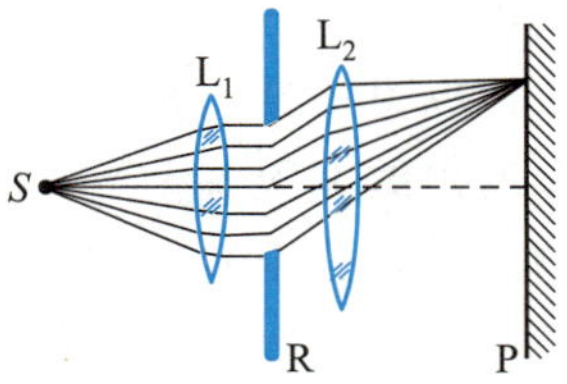

图 8-9 夫琅禾费衍射实验

8.2.2 惠更斯-菲涅耳原理

惠更斯为了说明波在空间各点逐步传播的机制,提出了惠更斯原理。这一原理可以定性地解释光的衍射现象,但是却不能定量地给出衍射光在各个方向上的强度分布。菲涅耳基于光的干涉原理,认为不同子波之间可以产生干涉,对惠更斯原理作了补充,成为惠更斯-菲涅耳(Huygens-Fresnel)原理:波所到达的任意点都可以视为新的振动中心,它们发出球面子波,空间任意点 P 的光振动是所有这些子波在该点的相干叠加。

根据惠更斯-菲涅耳原理,衍射问题实际上就是波前上所发出的无数子波的相干叠加问题。在图 8-10 中,波阵

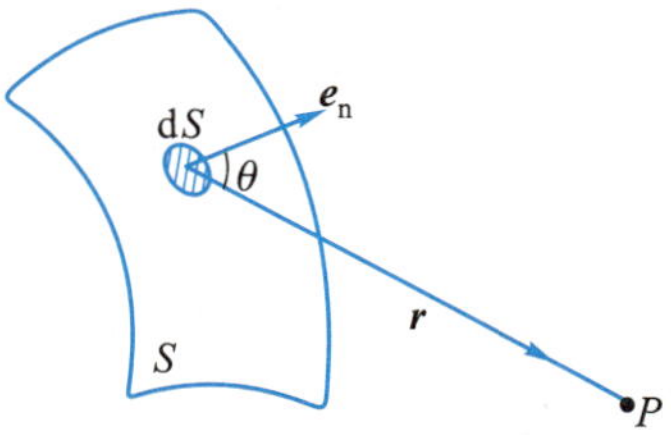

图 8-10 惠更斯-菲涅耳原理

面 S 上任一面元 dS 都是发出球面子波的子波源。对于给定的面元 dS,它在空间任一点 P 产生光振动,光振动的振幅与面元的面积 dS 成正比,与面元到 P 点的距离 r 成反比,并与面元的法线 $\boldsymbol{e}_n$ 与 $\boldsymbol{r}$ 的夹角 θ 有关;P 点的振动相位由面元所在处光振动的初相位及面元到 P 点的距离 r 决定。整个波阵面 S 上所有面元发出的次级子波,在 P 点相互干涉,构成了 P 点总的光振动。显然,如果已知某时刻的波前 S,就可以计算出空间任意一点 P 处的光矢量。

惠更斯-菲涅耳原理是研究光的衍射现象的理论基础。根据这一原理计算衍射图样中的光强分布,在数学上是一个积分问题,一般情况下,这一积分是相当复杂的。

8.2.3 单缝衍射

当一束平行光照射到宽度与光的波长相当的狭缝时,会绕过缝的边缘向阴影区传播,这就是单缝衍射。研究单缝衍射条纹形成的原因,不仅有助于理解夫琅禾费衍射的规律,而且也是理解其他衍射现象的基础。

讲课视频:单缝衍射视频

动画:单缝的夫琅禾费衍射图样和光强分布曲线

根据惠更斯-菲涅耳原理,单缝衍射条纹是由单缝处波面上的各个子波源发出的无限多个子波相干叠加形成的,其结果是明纹还是暗纹,取决于相应平行光中各光束之间的光程差。而分析无限多条光线的光程差,其难度是可想而知的。为此,菲涅耳提出了半波带法,其构思之巧妙,在于不需要繁杂的数学推导,便能得知衍射条纹分布的概貌。

图 8-11 为单缝夫琅禾费衍射实验的光路示意图。AB 为单缝的截面,缝宽为 a。当单色平行光垂直入射于狭缝时,到达单缝处的波阵面 AB 上的各点都有相同的振动相位。对于沿入射方向传播的光线,它们被透镜 L 会聚于焦点 O。由于薄透镜不引起附加的光程差,所以它们到达点 O 时仍保持相同的相位而相互干涉加强。这样观察屏上在正对狭缝中心的 O 处将是一条明纹的中心,这条明纹称为中央明纹。

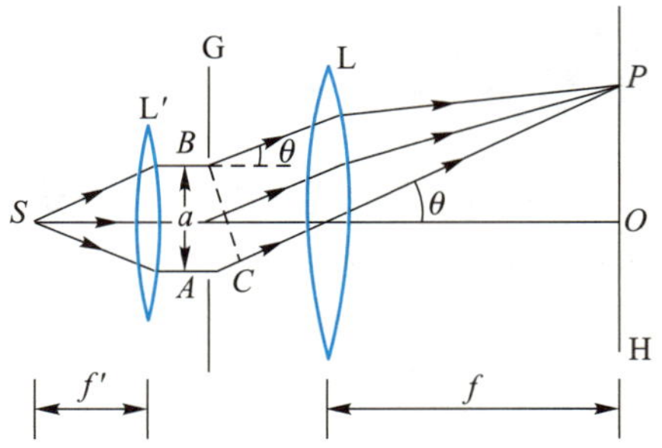

图 8-11 单缝夫琅禾费衍射

对于沿与入射方向成 θ 角方向传播的子波,它们经透镜 L 后会聚于 P 点,θ 称为衍射角。值得注意的是,这束光中各子波到达 P 点的光程并不相等,振动相位也就各不相同。由于从垂直于该光束的 BC 面上的各点到达 P 点的光程是相等的,那么从 AB 发出的各次级子波到达 P 点的光程差,就只是产生于由 AB 面到 BC 面的路程之间。例如 A、B 两点发出的子

波到达 P 点的光程差 $|AC|=|AB|\sin\theta$，其他任意两条光线的光程差都小于 $|AC|$。

菲涅耳提出的半波带法巧妙地解决了计算这些光线光程差的问题。对于单缝来说，将单缝处的波面 AB 分割成许多宽度相等且平行于单缝的条带，并使相邻两带上对应点发出的次级子波到达 P 点的光程差为半个波长，这样的条带称为半波带。

在半波带法中，由于各波带的面积相等，所以各波带在 P 点引起的光振幅近似相等。而两相邻的波带上任意两个对应点发出的光线到 P 点的光程差总是 $\lambda/2$，相位差总是 π，在 P 点合成的结果为相互抵消。可见，对于某个确定的衍射角 θ（与 P 点对应），如果单缝处的波阵面恰好能分成偶数个半波带，则由于所有波带的作用成对地相互抵消，合振幅为零，P 点将出现暗纹；如果单缝处的波阵面恰好能分成奇数个半波带，则由于偶数个波带的作用相互抵消，只留下一个波带的作用，P 点将出现明纹，而且衍射角 θ 越大，半波带的个数越多而面积越小，因此明纹光强越小。

从图 8-12 可以看出，衍射角 θ 不同，则单缝处波面 AB 分割出的半波带的个数不同，半波带的个数由单缝两边缘处所发射光线之间的光程差 $|AC|=a\sin\theta$ 决定，当 $|AC|$ 等于半波长的偶数倍时，单缝处波面可以分割出偶数个半波带；当 $|AC|$ 等于半波长的奇数倍时，单缝处波面可以分割出奇数个半波带。

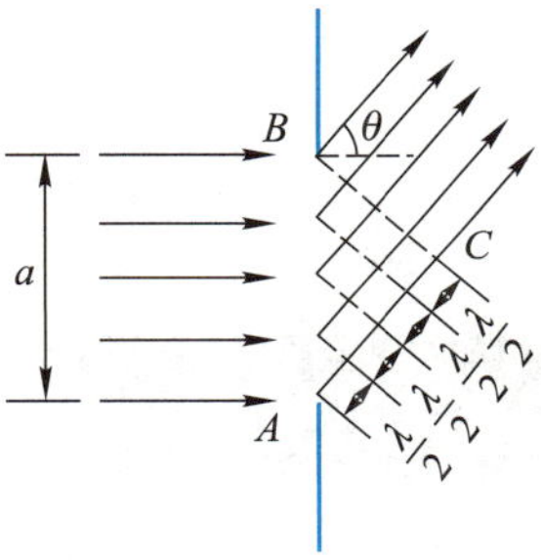

图 8-12 半波带

因此，我们得到单色光垂直入射到单缝时，单缝衍射图样的分布规律：

$$\begin{cases} a\sin\theta=0,\text{中央明纹中心} \\ a\sin\theta=\pm 2k\dfrac{\lambda}{2}=\pm k\lambda,\text{暗纹中心} \end{cases} \tag{8-10}$$

式中 $k=1,2,\cdots$分别对应于第一级、第二级……暗纹。正负号表示条纹对称分布于中央明纹两侧。

【例 8-3】 在单缝夫琅禾费实验中，光的波长为 λ，透镜焦距为 f，单缝宽度为 a，求：(1) 中央明纹的宽度；(2) 其他明纹的宽度。

【解】 由图 8-11 的几何关系，可以求出条纹的宽度。由于衍射角 θ 很小，于是在屏上，条纹中心距屏中心 O 的距离为

$$x=f\tan\theta\approx f\theta$$

结合(8-10)式，第一级暗纹与中心的距离为

$$x_1=\theta_1 f=\frac{\lambda}{a}f$$

考虑到相邻暗纹之间的距离为明纹的宽度，因此中央明纹的宽度为

$$l_0=2x_1=2\frac{\lambda}{a}f$$

其他明纹的宽度为

$$l=\theta_{k+1}f-\theta_k f=\left[\frac{(k+1)}{a}\lambda-\frac{k}{a}\lambda\right]f=\frac{\lambda f}{a}$$

可见，除中央明纹外，其他所有明纹的宽度是相同的，而中央明纹的宽度是其他明纹宽度的两倍。

图 8-13 为单缝衍射光强分布，从中可以看出，单缝衍射图样中各极大处的光强是不同的，中央明纹强度最大，其他明纹光强迅速下降，随着条纹级数 k 的增加，明暗条纹的分界越来越不明显，因此实验中一般只能看到中央明纹附近的若干条明、暗条纹。

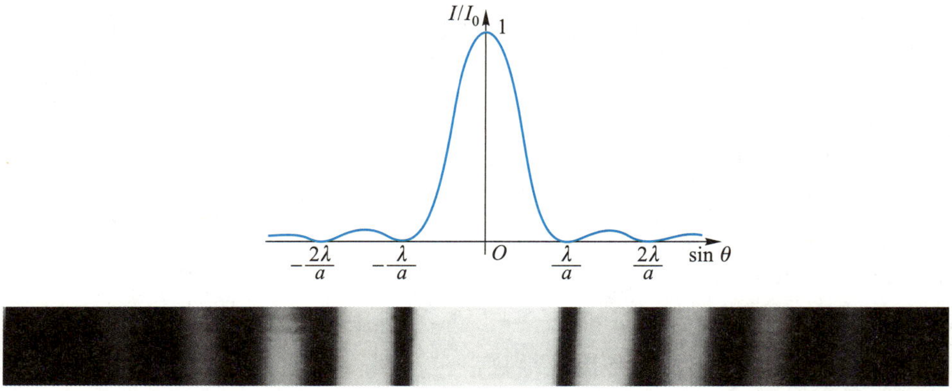

图 8-13　单缝衍射光强分布

单缝衍射图样是一组平行于狭缝的明暗相间的条纹。对于缝宽一定的单缝，不同波长的单色光形成的明纹位置不同。如果用白光照射，中央明纹是白色的，两侧依次为一系列由紫到红的彩色条纹。

对于给定波长的单色光来说，单缝宽度 a 越小，各级条纹间距越大，衍射作用越明显；反之，a 变大，条纹变得狭窄而密集，当单缝很宽（$a\gg\lambda$）时，各级衍射条纹都收缩于中央明纹附近而分辨不清，只能观察到一条明纹，这就是线光源 S 通过透镜所成的像，是由单缝射出的平行光沿直线传播所引起的。可见，当障碍物的线度比光的波长大很多时，可以认为光是沿直线传播的，因此几何光学是波动光学在 $\lambda/a\to0$ 时的极限情形。

8.2.4 圆孔衍射　光学仪器的分辨率

一、圆孔衍射

上面讨论了光通过狭缝时的衍射现象。同样，光通过小圆孔时，也会产生衍射现象。单色平行光垂直照射到小圆孔上，在透镜的焦平面上，呈现出与圆孔大小有关的衍射图样，其中心是一个圆形亮斑，周围是明、暗交替的同心圆环，见图 8-14(a)。中央亮斑称为艾里(Airy)斑，集中了约84%的衍射光能量。图 8-14(b)为圆孔衍射的光强分布曲线。当圆孔换为其他形状的开口时，衍射图样也随之而变。光学仪器中的透镜、光阑等都相当于透光的小孔，将人眼看作光学仪器时，透光孔径是瞳孔。所以研究圆孔衍射具有重要意义，它对于分析光学仪器的成像质量是至关重要的。

动画：圆孔的夫琅禾费衍射图样和光强分布曲线

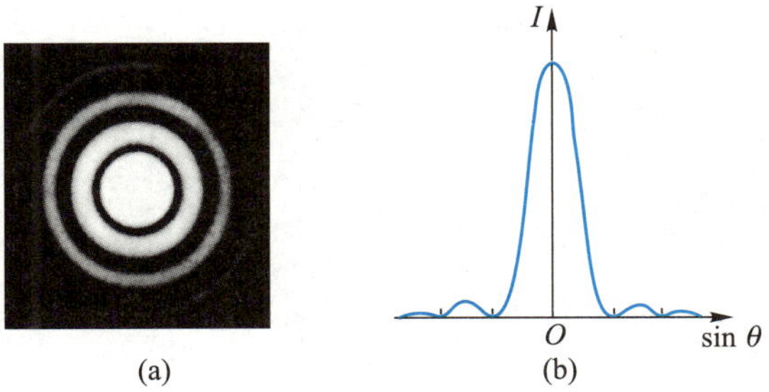

图 8-14 圆孔衍射

图 8-15 是表示圆孔和艾里斑角位置的示意图，理论计算表明，第一级暗纹(艾里斑)的角位置与圆孔直径 D、入射光波长 λ 的关系为

$$\sin\theta=1.22\frac{\lambda}{D} \quad (8-11a)$$

考虑到 θ 很小，用 θ 代替 $\sin\theta$，于是有

$$\theta=1.22\frac{\lambda}{D} \quad (8-11b)$$

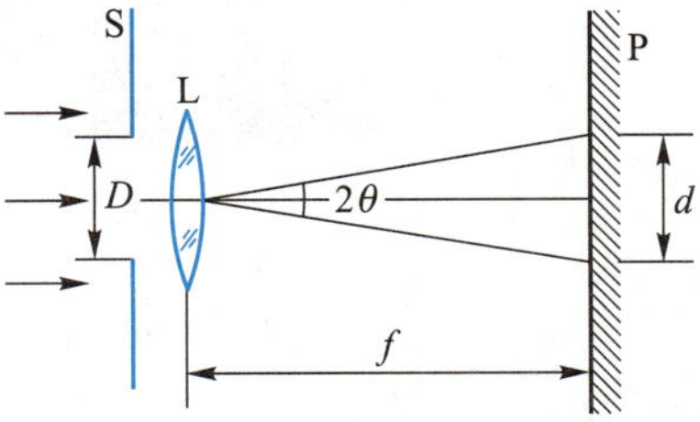

图 8-15 圆孔衍射和艾里斑

艾里斑的直径，即第一级暗纹的直径为

$$d=2\theta f=2.44\frac{\lambda}{D}f \quad (8-12)$$

可见，艾里斑的大小与圆孔直径 D 成反比，与入射光波长 λ 成正比。D 越小，艾里斑越大，衍射作用越明显。

二、光学仪器的分辨率

利用几何光学的规律讨论各种光学仪器的成像问题时，人们总认为只要适当地选择透镜焦距，就可以得到所需要的放大率，就能把微小物体放大到清晰可见的程度。实际上，即使所成的像很大，像的清晰程度也不一定增加。这是因为物体通过光学仪器成像时，由于光的衍射作用，物点所成的像不是一个几何点，而是有一定大小的艾里斑。对于相距很近的两个物点，与之对应的两个艾里斑就会相互重叠而无法分辨。可见，由于光的衍射，光学仪器的分辨能力受到了限制。

对于两个强度相等的非相干点光源来说，若它们之间的距离恰好使其形成的两衍射图样重叠中心处的光强，约为单个衍射图样中央最大光强的80%，则这两个物点的像恰好能被分辨，这一判定准则称为**瑞利判据**（Rayleigh criterion），见图 8-16。图 8-16（a）（b）（c）分别显示了可以分辨、恰可分辨和不能分辨的三种情况。

动画：两光点的分辨

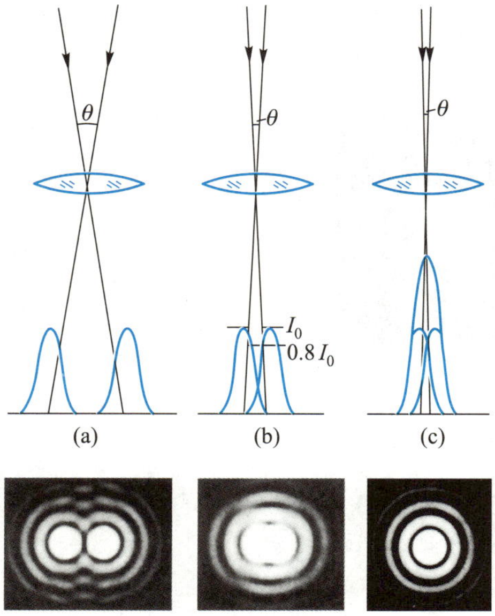

图 8-16 瑞利判据

在满足恰可分辨的条件时，在两个物点所形成的衍射图样中，一个艾里斑的中心恰好与另一个艾里斑的边缘相重合。在这一临界情况下，两物点对透镜中心所张的角称为**最小分辨角**（angle of minimum resolution），其值为

$$\theta_0 = 1.22\frac{\lambda}{D} \tag{8-13}$$

决定人眼分辨能力的是瞳孔直径 D，它是可调的，白昼小而黑夜大，其正常范围是 2~8 mm，据此可以估算出人眼的最小分辨角。取可见光中人眼最敏感的黄绿色光，波长 $\lambda = 5.5\times10^{-7}$ m，则人眼的最小分辨角

$$\theta = 1.22\frac{\lambda}{D} = 1.22\times\frac{550\ \text{nm}}{3\ \text{mm}} = 2.2\times10^{-4}\ \text{rad}$$

这与视网膜上感光细胞分布的密度相一致，即两个物点的像落在相邻的两个感光细胞上。由最小分辨角可计算出，正常人眼可分辨明视距离 25 cm 处间隔 0.06 mm 的两条刻线。这一生理光学数据是十分重要的，是助视光学仪器设计的依据。

宇航员在太空中能否用肉眼直接分辨出万里长城？对于这一问题，我们可以从人眼的分辨能力进行分析。即使长城的宽度达到 10 m，由人眼的最小分辨角可以计算出常人用肉眼可识别长城的最远距离约 45 km，人眼分辨能力强的侦察员大概可在 62 km 远处识别长城。但这些距离都远远低于一般公认的太空高度，何况长城宽度一般都小于 5 m。因此，人类在太空中不可能用肉眼直接看到长城。这是由于光的波动性质限制了人眼的分辨能力。

光学仪器有一定的放大能力，帮助人眼更好地分辨物体的细节。但是光学仪器放大了像点之间的距离，同时也放大了艾里斑。因此借助光学仪器观察细小物体时，不仅要有一定的放大率，还要有足够的分辨能力，才能把微小的物体放大到清晰可见的程度。经计算可知，光学显微镜的最小分辨距离不小于 200 nm。近些年来，超高分辨率技术的发展突破了这一限制。可见光的超高分辨率荧光显微技术（super-resolution fluorescene microscope）的分辨率已经达到 20 nm，可用于活体细胞成像研究。电子具有波动性（见第十一章），当加速电压为几十万伏时，电子的波长约为 10^{-3} nm，最小分辨距离可达 10^{-2} nm。因此电子显微镜有很好的分辨能力。这为研究分子结构提供了有力的工具。

相关链接：中国天眼

8.2.5 衍射光栅

平行排列的许多等宽且间隔相等的狭缝称为**光栅**（grating）。设透光狭缝的宽度为 a，两狭缝之间不透光部分的宽度为 b，$a+b=d$ 称为光栅常量，它表示光栅的空间周期性。实际的光栅通常在 1 cm 内有成千上万条狭缝，一般光栅常量为 10^{-5} ~ 10^{-6} m 的数量级。

光栅有许多透光狭缝，根据单缝衍射和双缝干涉的规律，可以想到，当一束平行单色光照射到光栅上时，同一个缝自身发出的光要产生衍射，而从不同的缝发出的光又要发生干涉，因此光栅的衍射条纹是衍射和干涉的总效果。

图 8-17 为光栅衍射实验示意图，平面单色光波垂直入射到光栅上。由于投射到光栅各缝的平行光都来自同一光源，各缝透过的光是相干的，

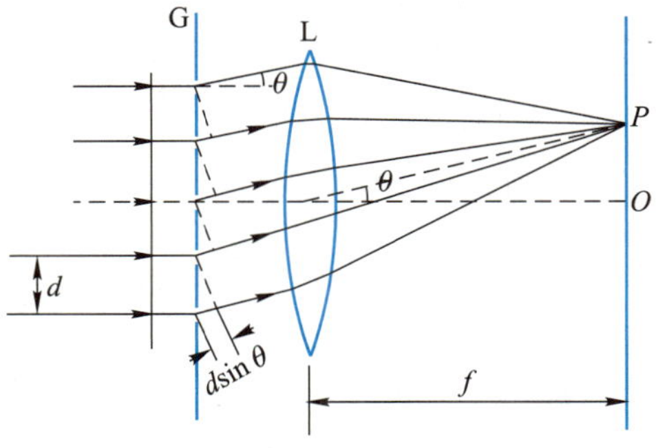

图 8-17 光栅衍射

所以屏上任一点 P 处的光振动是各缝引起的光振动的相干叠加。当衍射角为 θ 时,光栅上相邻狭缝发出的光到达 P 点的光程差都是相等的,这一光程差为 $d\sin\theta$。由光的干涉条件可知,当 θ 满足

$$d\sin\theta=\pm k\lambda \quad (k=0,1,2,\cdots) \tag{8-14}$$

时,所有狭缝发出的光到达 P 点时都是同相的,它们将干涉加强而在 P 点形成明纹。(8-14)式称为光栅方程,式中对应于 $k=0$ 的条纹称为中央明纹,$k=1,2,\cdots$ 的明纹分别称为第一级、第二级……明纹,正负号表示各级明纹对称分布在中央明纹两侧。

显然,单从光束干涉来考虑屏上的光强分布是不够的,而必须同时考虑单缝衍射的作用。图 8-18 为光栅衍射光强分布图。图 8-18(a)是假定狭缝在各方向的衍射光强度都相等而得出的干涉光强分布曲线;实际上从每一条缝发出的光,在不同 θ 方向的衍射光强度是不同的,见图 8-18(b),因此,不同 θ 方向的衍射光相干叠加而形成的光强也不同,图 8-18(c)显示了光栅衍射的总光强分布。

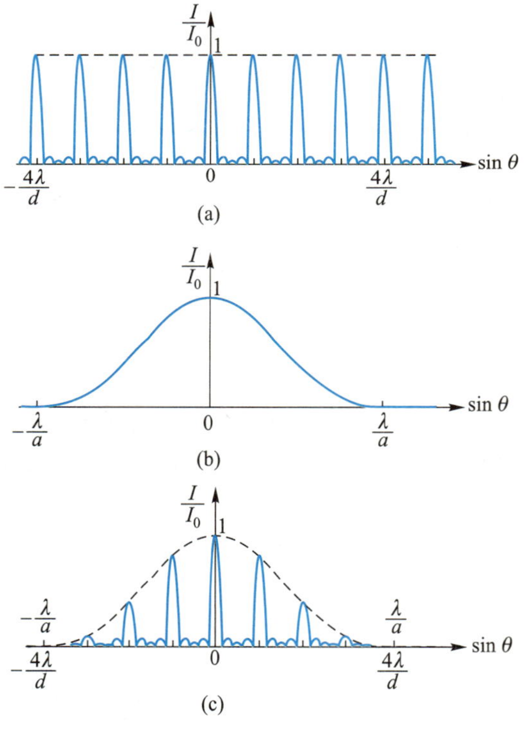

图 8-18 光栅衍射光强分布

由于光的衍射作用,光强在某些方向上可能为零,所以在这些方向,即使满足光栅方程(8-14)式,这些明纹也不会出现,因为在这些方向根本就没有衍射光,其相干叠加为零叠加,即在本该出现明纹的地方,不是明纹,而是暗纹。这种现象称为缺级(missing order)现象。在缺级处有

$$d\sin\theta=\pm k\lambda \quad (k=0,1,2,\cdots)$$

$$a\sin\theta=\pm k'\lambda \quad (k'=1,2,3,\cdots)$$

如果某 θ 角同时满足这两个方程，则 k 级明纹缺级，两式相除，得到缺级条件为

$$k=\frac{d}{a}k' \quad (k'=1,2,3,\cdots) \tag{8-15}$$

【例 8-4】 用一块光栅常量 $d=2\times10^{-6}$ m、缝宽 $a=1\times10^{-6}$ m 的光栅，观察波长 $\lambda=590$ nm 的光谱线，问平行光垂直入射时，最多能看到第几级谱线？实际能看到几条光谱线？

【解】 由光栅方程得

$$k=\frac{d\sin\theta}{\lambda}$$

k 的最大可能取值对应于 $\sin\theta=1$ 的情形：

$$k_{max}=\frac{d}{\lambda}\sin\frac{\pi}{2}=\frac{2\times10^{-6}}{590\times10^{-9}}=3.4$$

最多只能看到第 3 级谱线。由

$$\frac{d}{a}=\frac{2\times10^{-6}}{1\times10^{-6}}=2$$

可知，该光栅存在缺级现象，即

$$k=\frac{d}{a}k'=2k'$$

所缺级次为±2 级。因此只能看到 0 级、±1 级和±3 级共 5 条谱线。

由于每厘米光栅上有几百条甚至上万条狭缝，所以它的衍射图样为很亮很窄的明纹，利用光栅方程可以比较精确地测定光波波长。

若用白光照射光栅，由光栅方程可知，不同波长的单色光将产生各自的衍射条纹，这时除中央明纹由各色光混合为白光外，其两侧的各级明纹都由紫到红对称排列，这些彩色光带，称为衍射光谱。因此光栅和棱镜一样可以作为分光器件。

相关链接：全息照相

§8.3 光的偏振

光的干涉和衍射现象揭示了光的波动性，光的偏振现象则进一步从实验上证实了光的横波性质，它们有力地证明了光的电磁理论的正确性。

电磁波中起感光作用的主要是电场强度矢量，因此又将电场强度矢量称为光矢量。由于电磁波是横波，所以光波中光矢量的振动方向总是与光的传播方向垂直。在垂直于光传播方向的平面内，光矢量可能有不同的振

动状态，这些振动状态就是光的偏振态。

8.3.1 自然光与偏振光

相对于光的传播方向而言，光振动的分布具有轴对称性。这种光称为**自然光**（natural light）。

在普通光源中，各个分子或原子发出的光的波列不仅初相位各不相同，而且光振动的方向也是完全随机的，没有哪一个方向的光振动更占优势。因此，普通光源发出的光是自然光。

由于自然光中没有任何方向的光振动更占优势，所以我们用任意两个相互垂直且等振幅的振动来表示自然光，如图 8-19 所示。值得注意的是，这两个相互垂直的光振动之间没有固定的相位差，因此不能合成为一个光振动。

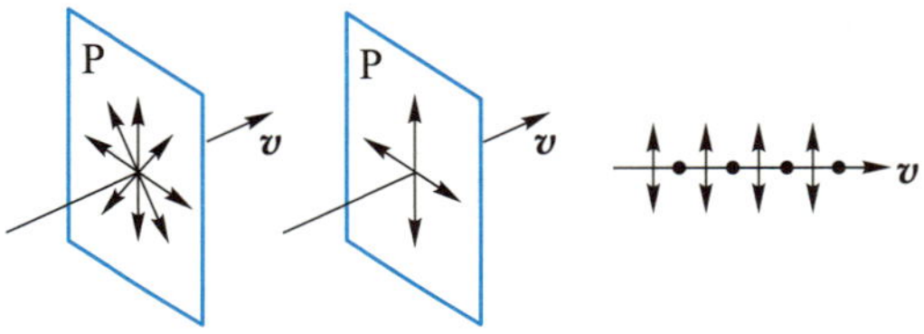

图 8-19 自然光的图示

如果光的振动方向始终保持在某一个固定方向，则这种光称为**线偏振光**（linear polarized light）或完全偏振光。振动方向和传播方向所决定的平面称为振动面。图 8-20 表示的是线偏振光，上图表示线偏振光的振动面与纸面一致，下图表示线偏振光的振动面与纸面垂直。自然光经反射、折射或被吸收后，可能只保留某一方向的光振动而成为线偏振光。

部分偏振光（partially polarized light）是介于自然光与线偏振光之间的一种偏振光。部分偏振光中，各方向的光振动都有，但不同方向光振动的振幅不同，在某一方向上振幅最大，而与之正交的方向上振幅最小。这种偏振光各方向的光振动之间也没有固定的相位关系。图 8-21 为部分偏振光的图示，上图表示垂直纸面的光振动较强，下图表示在纸面内的光振动较强。

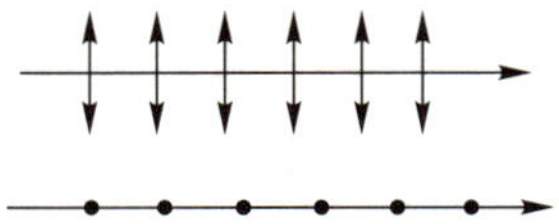

图 8-20 线偏振光的图示

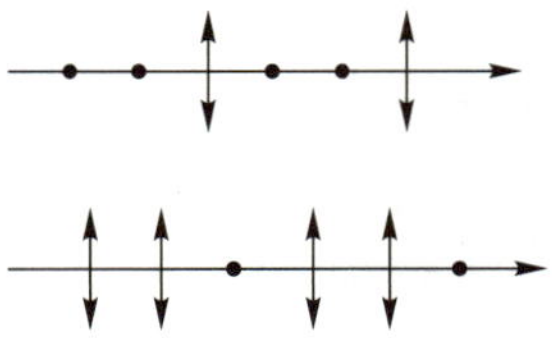

图 8-21 部分偏振光的图示

还有两种偏振光，这两种光的特点是：光在传播过程中，任何时刻都仅有一个方向的光振动，但是随着光的传播，这个光矢量在垂直于光传播方向的平面内，按一定频率旋转。在旋转过程中，如果光矢量的大小不断改变，其端点轨迹将是一个椭圆，这种光称为**椭圆偏振光**（elliptically polarized light）；在旋转过程中，如果光矢量的大小保持不变，其端点轨迹将是一个圆，这种光称为**圆偏振光**（circularly polarized light）。根据光矢量旋转方向的不同，又分为左旋光和右旋光。

8.3.2 偏振光的获得与检验

普通光源发出的光是自然光，将自然光变为偏振光的过程称为起偏，所用的光学器件称为起偏器；检验某束光是否为偏振光的过程称为检偏，所用的光学器件称为检偏器。偏振片是常用的偏振器件。

某些物质能吸收某一方向的光振动，而只让与这个方向垂直的光振动通过，将这种物质涂在透明薄片上，就成为偏振片（polaroid）。偏振片只允许某一特定方向的光振动通过，这一方向称为偏振化方向或透振方向。偏振片既可以用来使自然光变成偏振光，又可以用来检验一束光是否为偏振光。自然光通过偏振片时垂直于偏振化方向的光振动被吸收，而成为振动方向与偏振片的偏振化方向平行的偏振光，并且透射光强减为入射光强的一半。

在图 8-22 中，P 表示偏振片的偏振化方向，A_0 表示入射线偏振光的振幅，A_0 与偏振片的偏振化方向之间的夹角为 α。由于偏振片只允许沿其偏振化方向的光振动通过，所以透过偏振片的光矢量的振幅 A 与 A_0 的关系为

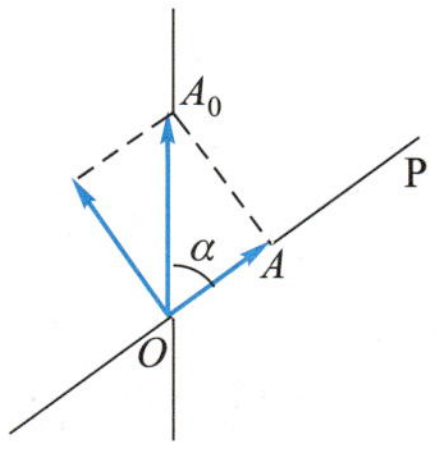

图 8-22 马吕斯定律

$$A=A_0\cos\alpha$$

由于光强与其振幅的平方成正比，若入射线偏振光的光强为 I_0，则透过偏振片的光强 I 为

$$I=I_0\cos^2\alpha \tag{8-16}$$

这一公式称马吕斯定律，是 1808 年马吕斯（E. L. Malus）在实验中发现的。由此式可知，当 $\alpha=0$ 或 $180°$ 时，$I=I_0$，光强最大；当 $\alpha=90°$ 或 $270°$ 时，$I=0$，没有光从偏振片射出，这种情形称为消光（extinction）；当 α 取其他值时，光强介于 0 和 I_0 之间。这就是偏振片可以用来检验偏振光的原理。

【例 8-5】 如图 8-23 所示，在两块正交的偏振片（偏振化方向互相垂直）P_1、P_3 之间插入另一偏振片 P_2，光强为 I_0 的自然光垂直入射于 P_1，求：当以光的传播方向为轴转动 P_2 时，透过 P_3 的光强与转角 α 之间的关系。

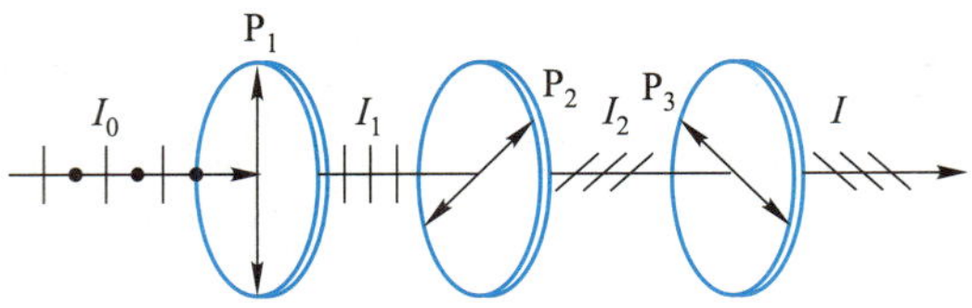

图 8-23

【解】 透过各偏振片的光振幅矢量如图 8-24 所示，其中 α 为 P_1 和 P_2 偏振化方向间的夹角。由于各偏振片只允许沿其偏振化方向的光振动通过，所以透过各偏振片的光振幅的关系为

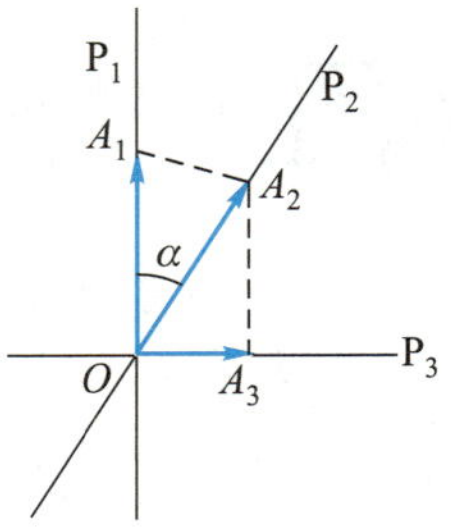

图 8-24

$$A_2=A_1\cos\alpha$$

$$A_3=A_2\cos\left(\frac{\pi}{2}-\alpha\right)=A_1\cos\alpha\cos\left(\frac{\pi}{2}-\alpha\right)$$

$$=A_1\cos\alpha\sin\alpha=\frac{1}{2}A_1\sin 2\alpha$$

由于光强与振幅的平方成正比，于是光强为

$$I_3=\frac{1}{4}I_1\sin^2 2\alpha$$

而 $I_1=\frac{1}{2}I_0$，因此

$$I_3=\frac{1}{8}I_0\sin^2 2\alpha$$

人眼只是对光的强度和频率敏感，对光的振动方向是无法分辨的。由马吕斯定律可知，一束光照射到偏振片上，隔着偏振片边观察边旋转偏振片，若旋转过程中透射光强不变，始终为 $I_0/2$，则这束光为自然光；在旋转偏振片的过程中，若透射光强按马吕斯定律变化，并有消光位置，可以断定这束光为线偏振光；而对于部分偏振光，旋转偏振片时，透射光强变化，但不会出现消光现象。这样，用一块偏振片，就可以区分自然光、线偏振光和部分偏振光。不过，仅用偏振片不能将自然光和圆偏振光区分开，也不能将部分偏振光和椭圆偏振光区分开。

8.3.3 反射和折射时光的偏振

实验表明，自然光在两种各向同性透明介质的分界面上反射和折射时，反射光和折射光都是部分偏振光。反射光中垂直于入射面的光振动较多,而折射光中平行于入射面的光振动较多,如图 8-25 所示。

反射光和折射光的偏振化程度与入射角有关,实验发现,当入射角等于某一特定值 i_0 时,反射光是线偏振光,其光振动垂直于入射面,而折射光仍是部分偏振光,见图 8-26。这个特定的入射角 i_0 满足:

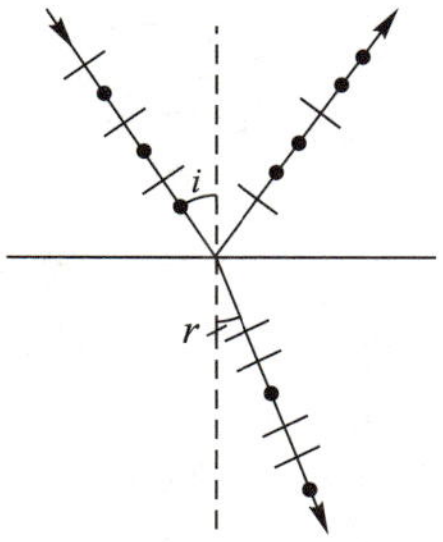

图 8-25 反射和折射时光的偏振

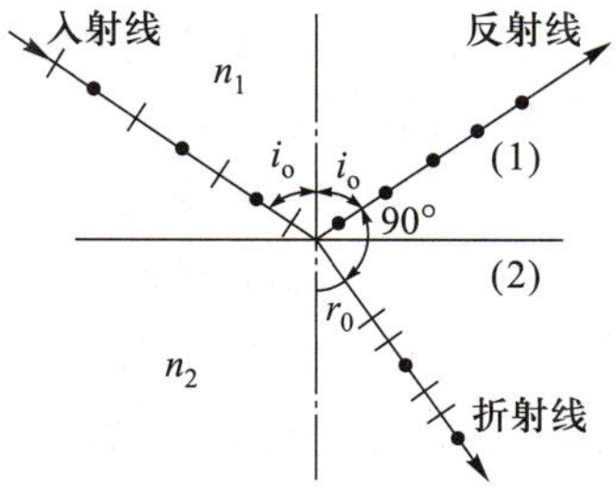

图 8-26 布儒斯特定律

$$\tan i_0=\frac{n_2}{n_1} \tag{8-17}$$

式中 n_1 和 n_2 分别为两种介质的折射率,这一关系是布儒斯特(D. Brewster)于 1815 年在实验中发现的,称为布儒斯特定律,此时的入射角 i_0 称为起偏角(polarizing angle)或布儒斯特角。

当入射角为起偏角时,有

$$\tan i_0=\frac{\sin i_0}{\cos i_0}=\frac{n_2}{n_1}$$

应用折射定律

$$\frac{\sin i_0}{\sin r_0}=\frac{n_2}{n_1}$$

因此

$$\sin r_0=\cos i_0$$

即

$$i_0+r_0=\frac{\pi}{2}$$

这说明,当光线以布儒斯特角入射时,反射光和折射光的传播方向互相垂直。

利用反射和折射时的偏振现象,可以获得偏振光。当自然光在空气和光学玻璃分界面上以布儒斯特角入射时,反射光的强度约占入射光强度的 7.5%,大部分光能透过玻璃。因此,仅靠一块玻璃的反射来获得偏振光,其强度是很弱的。如果把许多平行的玻璃片叠放在一起构成玻璃片堆,就可以利用透射光来获得较强的偏振光。如图 8-27 所示,自然光以布儒斯特角入射到玻璃片堆上空气和玻璃的分界面时,光在各层玻璃面上反射和折射。对于每一个玻璃和空气的分界面,入射角都是布儒斯特角,这样折射光中垂直入射面的分量因多次反射而减少,当玻璃片足够多时,透射光就接近线偏振光了;同时由于反射光线的增加,反射光也得到加强。

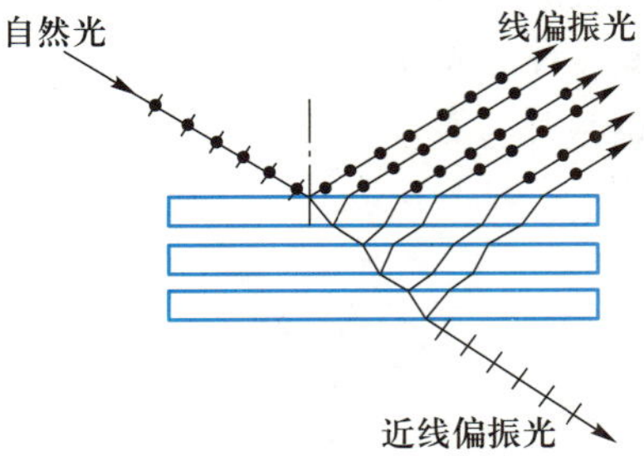

图 8-27 玻璃片堆产生线偏振光

由于反射光是部分偏振光,我们可以通过偏振片消除对我们不利的反射光。例如在海边沙滩上拍摄景物时,海面上的强烈反射光会使景物炫目不清。在照相机镜头前加上偏振滤光镜,通过转动偏振滤光镜使其偏振化方向与反射光振动最强的方向垂直,就可以有效地消除反射光,使成像清晰,层次丰富。

散射光一般也是部分偏振光,用偏振片制成太阳镜可以有效减弱太阳光通过大气时的散射光。

§8.4 双折射现象

光通过各向异性的晶体时,光的偏振状态会发生变化,这种变化是和双折射现象同时发生的。

8.4.1 双折射现象

我们把光学介质分为各向同性介质和各向异性介质。顾名思义,沿各方向光学性质均相同的介质为各向同性介质;光学性质随方向而异的介质为各向异性介质。

一束光线在两种各向同性介质的分界面上发生折射时,只有一束折射光,其方向由折射定律给出。但是,当一束光射入各向异性介质(如方解石晶体)时,将有两束折射光,这种现象称为**双折射**(birefringence)。实验表明,其中一束折射光总是遵守折射定律,称为**寻常光**(ordinary light),简称 o 光;另一束折射光不遵守折射定律,称为**非常光**(extraordinary light),简称 e 光,如图 8-28(a)所示。当入射光垂直晶体表面时,入射角为零,o 光沿原方向前进,而 e 光一般不沿原方向前进,如图 8-28(b)所示。

把一块普通玻璃放在有字的纸上,透过玻璃可以看到一个字成一个像,如果把一块方解石晶体放在纸上,透过方解石观察,则可以看到每一个字都成双像。如果旋转方解石晶体,可以看到这两个像中一个不动,这是

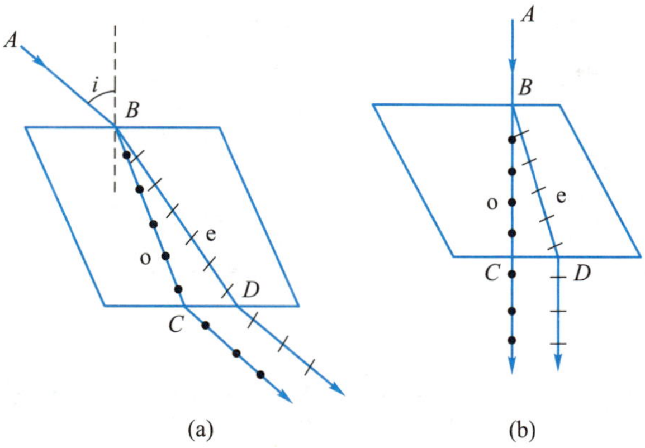

图 8-28 寻常光和非常光

o 光成的像;另一个像绕着不动像运动,它是 e 光成的像。

研究发现,在晶体内部存在着某些特殊的方向,光沿这些方向传播时,不发生双折射。晶体内部这个特殊方向称为晶体的光轴(optical axis)。需要指出的是,光轴是一个方向,并不限于某一条特定的直线。

只有一个光轴的晶体称单轴晶体,方解石、石英、红宝石等是单轴晶体;有两个光轴的晶体称双轴晶体,云母、硫黄、蓝宝石等是双轴晶体。我们仅讨论单轴晶体的情形。

在晶体中,某光线的传播方向和光轴方向所决定的平面称为该光线的主面(principal plane)。一般情况下,o 光和 e 光各有其主面。晶体表面的法线和晶体内部的光轴组成的平面称为晶体的主截面(principal section)。

实验中发现:o 光和 e 光都是线偏振光,不过它们光矢量的振动方向不同,o 光的光振动方向垂直于 o 光的主面,而 e 光的振动方向平行于 e 光主面。一般情形下,o 光的主面和 e 光的主面不一定重合,因此 o 光和 e 光的振动方向不一定垂直。而且 e 光的主面也可能不与入射面重合,即 e 光的折射方向不在入射面内。当入射面与晶体的主截面重合时,o 光和 e 光都在入射面内,因此 o 光的主面、e 光的主面和晶体的主截面三者重合,此时 o 光和 e 光的振动方向互相垂直。

研究表明:产生双折射现象的原因是晶体对 o 光和 e 光具有不同的折射率。o 光在晶体内各方向上的折射率相等,我们用 n_o 表示;而 e 光在晶体内各方向上的折射率不等,e 光在垂直于光轴方向的折射率称为 e 光的主折射率,用 n_e 表示。沿光轴方向,o 光和 e 光有相同的折射率;在其他方向,e 光的折射率介于 n_o 和 n_e 之间。表 8-1 列出了几种晶体的折射率。

由于介质的折射率与光的传播速度有关,所以可知 o 光在晶体内沿各方向传播速度相同,而 e 光在晶体内沿不同方向传播速度不同。

表 8-1 几种单轴晶体的折射率(对波长为 599.3 nm 的光)

晶体	n_o	n_e
石英	1.544 3	1.553 4
方解石	1.658 4	1.486 4
电气石	1.669	1.638
冰	1.309	1.313

8.4.2 惠更斯原理在双折射现象中的应用

解释光的双折射现象,需要借助光的电磁波理论。应用惠更斯原理,用作图法可以确定 o 光和 e 光的传播方向,从而说明光的双折射现象。

根据惠更斯原理,在各向同性的介质中,光沿各方向的传播速度相同,因此波面是球面;在各向异性介质中,o 光沿各方向的传播速度相同,e 光的传播速度随传播方向而异,因而 o 光的波面是球面,e 光的波面是对于光轴旋转对称的椭球面。由于两种光沿光轴方向传播速度相等,所以两波面在光轴方向相切。

图 8-29 给出了单轴晶体的波面。我们用 v_o 表示 o 光的速度,v_e 表示 e 光在垂直于光轴方向的速度。在图 8-29(a)中,椭球面在球面之内,在光轴方向与球面相切。这表示除光轴方向外,o 光传播速度大于随方向而变的 e 光传播速度。这类晶体称为正晶体(如石英)。在图 8-29(b)中,球面在椭球面之内,并于光轴方向与球面相切。这表示除光轴方向外,o 光传播速度小于随方向而变的 e 光传播速度。这样的晶体称为负晶体(如方解石)。

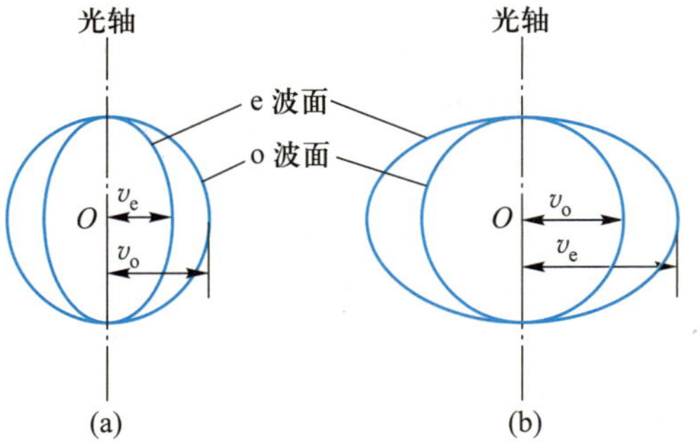

图 8-29 单轴晶体的波面

下面,我们根据惠更斯原理,用作图法来确定单轴晶体中 o 光和 e 光的传播方向。在图 8-30(a)中,光轴 G 在入射面内,并与晶体表面成一角度。AB 是入射自然光在晶体表面处的波面,从 A、B 两点发出的 o 光分别在晶体中产生两个球形子波波面，波面的半径为 $v_o\Delta t$，而 e 光产生两个椭球形子波波面；椭球形子波波面的长、短半主轴分别为 $v_e\Delta t$ 和 $v_o\Delta t$。o 光与 e 光子波波面在光轴方向相切。由 o 光和 e 光的子波波面形成各自新的波面，o 光新波面与其子波波面相切于 D 点，e 光新波面与其子波波面相切于 E 点，直线 AD 给出了晶体中 o 光的传播方向，直线 AE 给出了晶体中 e 光的传播方向，显然直线 AD 和 AE 不重合，产生了双折射现象。注意，此时 e 光的传播方向并不与 e 光的新波面垂直。由于纸面是晶体主截面，所以 o 光的振动方向垂直于纸面，e 光的振动方向平行于纸面。

在图 8-30(b)中，平行自然光垂直入射到晶体，光轴在入射面内，并与晶体表面平行。在这种情况下，尽管 o 光和 e 光的传播方向相同，但两者的波面并不重合。o 光和 e 光以不同速度沿同一方向传播，到达同一位置时，它们之间产生了附加相位差，其大小与晶体的厚度及 n_e-n_o 有关，波片就是利用这种性质制成的。

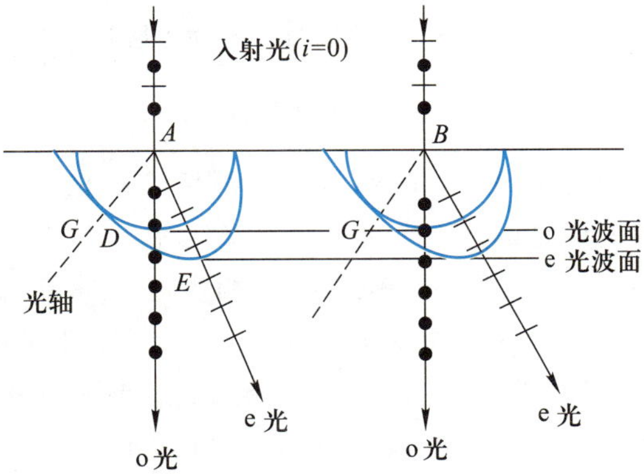

(a)

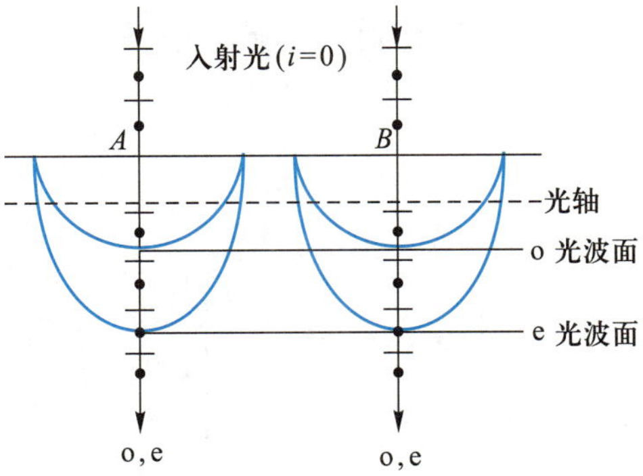

(b)

图 8-30 单轴晶体中 o 光和 e 光的传播方向

8.4.3 波片

当一束平行光正入射到光轴与晶体表面平行的双折射晶体上时，从晶体中射出的 o 光和 e 光虽然没有分开，但两者有一定的相位差，利用这一特性可以制成使 o 光和 e 光产生各种相位差的波片。

波片是从单轴晶体上切割下来的薄片，其表面与晶体的光轴平行。设波片的厚度为 d，o 光的折射率为 n_o 而 e 光的主折射率为 n_e，o 光和 e 光从波片中射出时的相位差为

$$\Delta\varphi=\frac{2\pi}{\lambda}(n_o-n_e)d$$

适当选取波片的厚度 d，使 o 光和 e 光产生 $\pi/2$ 的相位差，这时

$$(n_o-n_e)d=\frac{\lambda}{4} \tag{8-18}$$

这样的波片称为 1/4 波片(quarter-wave plate)。

若波片的厚度 d 可以使 o 光和 e 光产生 π 的相位差，这时

$$(n_o-n_e)d=\frac{\lambda}{2} \tag{8-19}$$

这样的波片称为半波片(half-wave plate)。显然，1/4 波片和半波片都是对特定波长的单色光而言的。

我们已经知道，频率相同、振动方向互相垂直、有固定相位差的两个简谐振动能够合成圆运动或椭圆运动。根据这一原理，利用 1/4 波片可以产生圆偏振光，也可以检验一束光是否为圆偏振光或椭圆偏振光。

晶片 C 是厚度为 d 的 1/4 波片，一束线偏振光垂直射入波片 C，偏振光的振动方向与晶体光轴之间的夹角为 α，见图 8-31。线偏振光射入晶体后，产生双折射，o 光的振动方向垂直于晶体光轴，e 光的振动方向与晶体光轴方向一致。1/4 波片的厚度恰可以使出射的 o 光和 e 光的相位差为 $\pi/2$，因此形成了椭圆偏振光。当 $\alpha=45°$ 时，o 光和 e 光的振幅相等，合成光为圆偏振光。

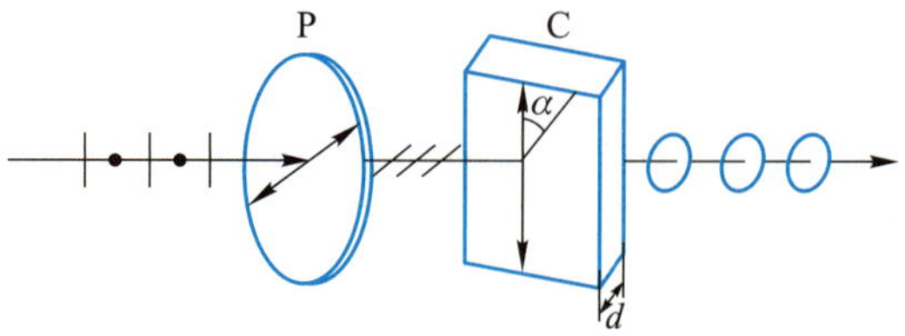

图 8-31　利用波片产生椭圆偏振光

值得注意的是，自然光通过 1/4 波片时，虽然也发生双折射，但是 o 光和 e 光之间没有固定的相位差，因此不会形成椭圆偏振光或圆偏振光。

用偏振片无法将自然光和圆偏振光区分开，因为它们通过偏振片后光强变化的规律相同，借助于 1/4 波片就可以解决这一问题。自然光通过 1/4 波片后仍为自然光，而圆偏振光通过 1/4 波片后，组成圆偏振光的两个分量的相位差又增加了 $\pi/2$，则出射光变为线偏振光，这时就可以用偏振片来检验了。

§8.5 旋光现象

1811 年，法国物理学家阿拉戈（D. F. Arago）发现，线偏振光在晶体中沿光轴方向传播时，光的振动面会发生旋转，这种现象称为**旋光效应**（optical rotation effect），如图 8-32 所示。能够使线偏振光振动面发生旋转的物质称为旋光物质。石英晶体、松节油、糖溶液、乳酸等都是旋光物质。

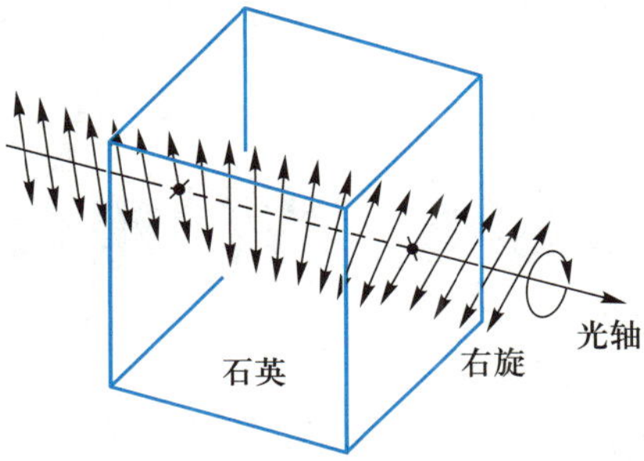

图 8-32 旋光现象

根据旋光物质使线偏振光振动面旋转方向的不同，旋光物质分为左旋和右旋两种类型。迎着光的传播方向看，使光的振动方向沿逆时针方向旋转的物质称为左旋物质，沿顺时针方向旋转的称为右旋物质。

实验表明，对于波长一定的线偏振光，振动面旋转的角度 φ 与物质的厚度 l 成正比，其旋光规律为

$$\varphi=\alpha l \tag{8-20}$$

式中 α 称为旋光率（specific rotation），它与物质的种类及光的波长有关。例如石英对 $\lambda=589$ nm 的黄光，$\alpha=21.75(°)/\mathrm{mm}$。

在溶液中，线偏振光振动面旋转的角度 φ 还与溶液的浓度 C 成正比，即

$$\varphi=[\alpha]Cl \tag{8-21}$$

$[\alpha]$ 称为溶液的比旋光率。蔗糖水溶液在 20 ℃时，对 $\lambda=589$ nm 的黄光，其比旋光率为 $[\alpha]=66.46(°)/(\mathrm{dm\cdot g\cdot mm^{-3}})$。

若溶液的比旋光率是已知的，则由（8-21）式可以计算出溶液的浓度。这种测定溶液浓度的方法迅速可靠，在化学及药物分析中有广泛的应用。樟脑、可卡因、尼古丁和糖等许多化合物，都可以用这种方法进行检验。

由于物质的旋光率随入射光波长而变化，所以当白光入射时，不同色光因偏振面旋转的角度不同而分散开，这种现象称为**旋光色散**（rotatory dispersion)。此时,以光的出射方向为轴旋转检偏器,可以观察到出射光的颜色是逐渐变化的。

同一种旋光物质,也有左旋和右旋之分,它们的化学成分相同,但是化学结构互为空间镜像,且旋光性分为左旋和右旋,它们称为旋光异构体。例如蔗糖分子,左旋和右旋蔗糖分子的原子组成一样,都是 $C_6H_{12}O_6$,但是空间结构互为镜像。令人不解的是,天然的糖,无论是从甘蔗还是从甜菜里榨出来的糖以及生物体内的葡萄糖,都是右旋的;而实验室里人工合成的糖总是产生数目相等的左旋糖和右旋糖。进一步的研究表明:生物体可以制造和消化右旋糖,但是,却不能制造和消化左旋糖,也就是说左旋糖对生物体没有意义。

科学家在研究中发现,旋光现象与物质分子的不对称性有关。由于生物体中几乎所有大分子都具有不对称性,所以对旋光现象的研究,为我们了解生物分子的结构与功能提供了很多重要的信息。

§8.6 光的吸收与散射

光通过介质时,一部分光被介质吸收,另一部分光被散射,从而使沿原传播方向的光强不断减弱。下面我们将分别讨论这两种现象。

8.6.1 光的吸收

光通过物质时,光的能量被组成物质的微观粒子所吸收,从而使光的强度不断减弱,这种现象称为**光的吸收**(absorption)。

单色平行光在均匀介质中传播,经过介质薄层 $\mathrm{d}x$ 后,光强变化了 $\mathrm{d}I$,见图 8-33。实验表明:

$$-\mathrm{d}I=kI\mathrm{d}x$$

负号表示光强是减小的。

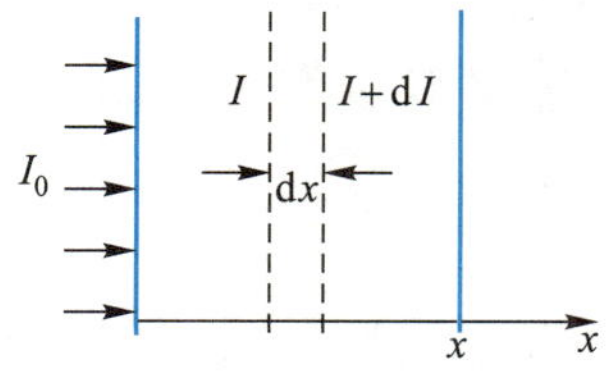

图 8-33 光的吸收

同种物质,在相当宽的光强范围内,吸收系数 k 为一常量。在这种情况下,设入射光强为 I_0,通过厚度为 x 的介质层后的光强为 I,对上式积分,得

$$I=I_0e^{-kx} \tag{8-22a}$$

上式称为朗伯(J. H. Lambert)定律。式中 k 为物质对光的吸收系数,其含义为光传播单位距离光强的相对减弱。吸收系数由物质的性质决定,并与

光的波长有关。k 越大,物质对光的吸收越强烈,光强减弱得越迅速,表现为物质对光的透明性降低。

比尔(Beer)在实验中发现,光通过溶液时,吸收系数 k 与溶液浓度 C 成正比,即

$$k=\beta C$$

式中 β 与溶液浓度 C 无关,由吸收物质的分子特性决定。由此,朗伯定律写为

$$I=I_0 e^{-\beta Cx} \tag{8-22b}$$

称为朗伯-比尔定律。适用于单色光入射、物质分子的吸收不受邻近分子影响,即稀溶液的情况。

朗伯-比尔定律的重要应用是测定溶液浓度。同样强度的单色光,分别通过同样厚度的某种标准浓度溶液和同种类的未知浓度溶液,由于溶液浓度不同,对光的吸收也就不同,从而透射光的强度不同,据此可以测出待测溶液的浓度,这种方法称为比色法,是药物分析中常用的方法。

所有的物质都是对某些波长范围内的光透明,而对另一些波长范围内的光不透明。例如,普通玻璃对可见光是透明的,对紫外线和红外线是不透明的,这是因为玻璃对可见光的吸收很小,而对紫外线和红外线有强烈的吸收。

在某一给定波段内,若物质对光的吸收很少并且吸收系数 k 几乎不变,这种吸收称为一般吸收;若物质对某些波长的光吸收得很强烈,并且吸收系数 k 随波长急剧变化,这样的吸收称为选择吸收,任何一种物质都存在这两种吸收。

在可见光范围内,对一般吸收来说,光通过物质后只是光强减小,而不改变颜色;而对选择吸收来说,白光通过物质后,将变为彩色光。在日光照射下物体所呈现的各种颜色,就是物体对可见光波段的光选择吸收的结果。

8.6.2 光的散射

光在光学性质均匀的介质中通过时,仅限于沿传播方向存在光强,在其他方向是看不到光的。但是,当光通过不均匀的透明介质时,则从各个方向都可以看到光的路径,这是介质中的不均匀性使光射向四面八方的结果,这种现象称为**光的散射**(scattering)。

引起光散射的机制是多种多样的,这是因为散射的生成及其特点与介质不均匀性的尺度密切相关。按照介质不均匀结构的性质,散射分为分子散射和丁达尔(J. Tyndall)散射。

光在介质中通过时,介质中的原子或分子在光的作用下,形成振动的

偶极子,而作受迫振动,从而发出次级子波。这些次级子波的频率与入射波相同,其叠加的结果取决于这些大量的散射单元分子的位置分布。如果这些散射单元的位置分布是规则的,这些次级子波的相位差恒定,它们就是相干光而发生相干叠加。沿传播方向的光振动加强,而其他方向的光振动则完全抵消,结果使光沿这一确定方向继续传播。然而,事实上分子热运动将造成分子密度的局部涨落,这些作为散射单元的大量分子的位置将是随机分布的,因此子波之间所发生的将是非相干叠加,沿传播方向以外其他方向的光不能被完全抵消,从而形成了射向四面八方的散射光。这种宏观上看来均匀纯净的介质中,由分子局部密度的涨落引起的散射称为分子散射。由于分子本身线度很小,其发射的次级子波强度小,所以分子散射十分微弱;分子热运动导致了分子密度的局部涨落,因此分子散射与温度有关。

在混浊介质中,存在着大量尺度在波长($\sim 10^{-7}$ m)量级的不均匀杂质微粒,这些微粒是一个个的衍射单元,衍射作用十分显著,由于微粒间的距离远大于光的波长,且布朗运动使杂质微粒的位置呈现无规则分布,从而导致了次级子波之间发生非相干叠加,形成了射向四面八方的散射光。这种混浊介质中悬浮颗粒的无规则排布引起的散射称为丁达尔散射。光在胶体、乳浊液以及含有烟、雾或灰尘的大气中的散射就是这种散射。

瑞利(J. W. S. Rayleigh)研究了线度比光的波长小的微粒的散射,于1871年提出散射光强度与入射光波长的四次方成反比,称为瑞利定律,即

$$I_s \propto \frac{1}{\lambda^4} \tag{8-23}$$

根据瑞利定律,白光中波长较短的蓝、紫色光所受到的散射较强,而波长较长的红、黄色光受到的散射较弱。因此散射光中蓝、紫色光的成分较多,天空看起来呈蓝色,而透射光中红、黄色光成分较多,落日看起来呈红色。

光通过介质时,不仅介质的吸收会使透射光强减弱,散射也会使透射光强减弱。严格地讲,透射光强 I 与入射光强 I_0 之间的关系为

$$I = I_0 e^{-(k+h)x} \tag{8-24}$$

其中 k 为真正的吸收系数,h 为散射系数。

以上所讨论的散射现象中,散射光与入射光波长相同,称为瑞利散射。还有一种散射,散射光与入射光波长不同,称为拉曼(C. V. Raman)散射。

1928年,拉曼发现,单色光通过某些介质时,散射光中,除了有与入射光频率 ν_0 相同的散射光(瑞利散射)以外,在每一条原始入射光谱线旁都伴有频率为 $\nu_0 \pm \nu_1, \nu_0 \pm \nu_2, \cdots$ 的散射线;这些频率的差值 $\Delta\nu$ 与入射光波长无关,而与散射介质有关。后来的研究发现,拉曼散射的频率是由入射光频率 ν_0 和散射介质分子的固有频率 $\nu_1, \nu_2, \cdots$ 叠加而成的。这些固有频率

是由分子的振动能级和转动能级之间的跃迁所决定的。

拉曼散射的光强很弱(只有入射光强的 10^{-7}),但是激光问世以后,由于激光器能够产生高强度、高单色性和方向性极好的激光束,照射到少量样品上就可以获得足够强的散射光谱,通过对光谱的分析,可以判断、了解散射介质分子的能级结构、运动状态、跃迁性质等,激光从而成为研究分子结构的重要方法。

相关链接:光学信息处理

思考题

8-1 什么是相干光?怎样获得相干光?用两条平行的细灯丝代替双缝干涉实验装置的狭缝 S_1 和 S_2,是否能观察到干涉条纹?在双缝实验的 S_1 和 S_2 后面,分别放上红色和绿色滤光片,能否观察到干涉条纹?

8-2 在双缝干涉实验中,单色自然光照射在双缝上,在缝的后面,分别放置偏振片。(1)若两偏振片的偏振化方向相互平行,干涉条纹有何变化?(2)若两偏振片的偏振化方向相互垂直,干涉条纹又有何变化?(3)双缝后面的两偏振片的偏振化方向相互垂直,且在其中一偏振片后面再放一片光轴和偏振片的偏振化方向成 45°的 1/2 波片,干涉条纹又有何变化?

8-3 隐形飞机之所以很难被敌方雷达发现,是由于这种飞机表面覆盖了一层电介质,从而使入射的雷达波反射极弱。试说明这层电介质是如何减弱反射波的。

8-4 一束平行光垂直入射在衍射光栅上,若把光栅垂直于光的入射方向平移一下,谱线是否移动?若入射光相对光栅转动一个角度 θ,谱线是否改变?

8-5 双缝干涉的明纹条件和单缝衍射的暗纹条件在形式上是相同的,但条纹却是一明一暗,为什么?

8-6 光的干涉和衍射有什么区别与联系?

8-7 有时人们看到并排竖立着几行无线电天线塔,这些天线的作用就好像是衍射光栅。为什么人们希望这些天线起衍射光栅的作用?

8-8 若人眼能感知的电磁波段不是 500 nm 附近,而是移到毫米级,而人眼瞳孔仍保持 3 mm 左右的孔径。那么人们观察到的外部世界将是一幅什么景象?

8-9 某束光可能是(1)自然光;(2)部分偏振光;(3)椭圆偏振光;(4)圆偏振光;(5)线偏振光,你如何利用实验确定这束光究竟是哪一种光?

8-10 一束光入射到两种透明介质的分界面上,发现只有透射光,而没有反射光,试说明这束光是怎样入射的?其偏振状态如何?

8-11 在立体电影中,是将两个像投射到屏幕上,观众戴上特殊的眼镜,就可以将两个像分选出来,这是如何实现的?

8-12 有人提议汽车挡风玻璃和车灯应安装偏振片,以减少夜间行车时迎面射来的耀眼灯光。这样做行吗?应如何安排它们的偏振化方向?

8-13 线偏振光入射于单轴晶体时,是否也会发生双折射现象?为什么?

8-14 试说明圆偏振光、旋光现象以及双折射现象的主要区别?

8-15 散射有几种?它们有什么不同?

8-16 朗伯-比尔定律的适用条件是什么?物质对光的吸收系数与哪些因素有关?

习题

习题答案

8-1 在双缝干涉实验中,已知两缝相距 5.0×10^{-4} m,缝与屏的垂直距离为 1.0 m,屏上某点 P 与中央明纹中点相距 8.0×10^{-4} m。(1)如果 P 点正好落在某明条纹中央,所用光源的最长波长是多少?(2)如果 P 点正好落在某暗条纹中央,所用光源的最长波长又是多少?

8-2 用折射率为 $n=1.58$ 的很薄的云母片覆盖在双缝实验中的一条缝上,这时屏上的第 7 级明纹移到原来的零级明纹的位置上。如果入射光的波长为 550 nm,此云母片的厚度是多少?

8-3 白光垂直照射在空气中一厚度为 380 nm 的肥皂膜上。设肥皂膜的折射率为 1.33。试问该膜的正面呈现什么颜色?背面呈现什么颜色?

8-4 折射率为 1.50 的玻璃上,覆盖了一层厚度均匀的油膜($n=1.30$),单色平面光垂直照射在油膜上,若所用光源的波长可以连续变化,在 500 nm 和 700 nm 这两个波长处观察到反射光消失,而在这两波长之间没有其他的波长发生相消干涉,求油膜的厚度。

8-5 有一单缝,宽度为 0.10 mm,在缝的后面放一焦距为 50 cm 的会聚透镜。用波长为 546 nm 的平行绿光垂直照射单缝。(1)求位于透镜焦面处的屏上中央明纹的宽度;(2)如把此装置浸入水($n=1.33$)中,中央明纹的宽度如何变化?

8-6 一波长为 500 nm 的平行单色光,垂直照射到宽度为 2.5×10^{-4} m 的单缝上,紧靠缝后放一会聚透镜,用来观察衍射条纹。如果屏上中央明纹两侧的第 3 级暗纹之间的距离为 3.0×10^{-3} m,求透镜的焦距。

8-7 在通常的亮度下,人眼瞳孔的直径约为 3.0 mm,人眼的最小分辨角是多大?若黑板上画有两条平行线,相距 1 cm,问人离黑板多远恰能分辨这两条平行线?(以视觉最灵敏的波长为 550 nm 的黄绿光来讨论。)

8-8 月球距地面约 3.86×10^{8} m,月光的中心波长为 550 nm,若用直径为 5.0 m 的天文望远镜观察月球,则能分辨月球表面上的最小距离为多少？

8-9 每毫米有 500 条狭缝的光栅，当用波长为 589.3 nm 的黄光垂直入射时，最多能观察到第几级光谱？

8-10 有两条平行狭缝，中心相距 6.0×10^{-4} m，每条狭缝的宽度为 2.0×10^{-4} m。如以单色光垂直入射，问由双缝干涉所产生的哪些级的明纹将因单缝衍射而消失？

8-11 氢原子可见光谱分布在 410.1～656.2 nm 的范围内。当氢灯发出的平行光垂直入射到光栅上时，屏上的谱线将从第几级开始发生重叠？

8-12 一线偏振光和自然光的混合光束，垂直照射在偏振片上，以光的传播方向为轴旋转偏振片时，发现透射光强的最大值为最小值的 5 倍。求此光束中自然光和线偏振光的光强之比。

8-13 使自然光通过两个偏振化方向成 60°角的偏振片，设每个偏振片吸收 10%的可通过光，求通过后的光强与原光强之比。

8-14 自然光射到平行平板玻璃上，反射光恰为线偏振光，且折射光的折射角为 32°。求：(1) 自然光的入射角；(2) 玻璃的折射率；(3) 玻璃后表面的反射光、透射光的偏振状态。

8-15 纯蔗糖在 20 ℃ 时对钠光的比旋光率为 66.5(°)/($\mathrm{dm\cdot g\cdot mm^{-3}}$)。今有一未知纯度的蔗糖溶液，浓度为 20% $\mathrm{g\cdot mm^{-3}}$，溶液厚度为 2.0 dm，使一线偏振光产生 25°的转角，求该蔗糖的纯度。

8-16 设海水的吸收系数为 2 $\mathrm{m^{-1}}$，而人眼所能觉察的光强为太阳光强度的 10^{-18}，试问在海洋水面下多深处，人还能看到光？

8-17 在一个长为 30 cm 的管子中，充有某种含烟气体，此含烟气体能使 50%的入射光强通过。若将烟粒完全除去，则能透过 92%的光强。假设烟粒对光只有散射而没有吸收，试计算吸收系数和散射系数。

8-18 用比色法测量溶液浓度，测得待测溶液的透光度为 60%，若浓度为 1 $\mathrm{mol\cdot L^{-1}}$标准溶液的透光度为 40%，求待测溶液的浓度？

参考文献

第九章 几何光学

桂林漓江风光，水中的倒影源自水面对光线的反射作用。

光学中以光线概念为基础，研究光的传播与成像规律的一个重要分支是几何光学（geometrical optics）。几何光学中，把组成物体的物点看成几何点，把其发出的光束看成互相关联的无数几何光线的集合，光线传播的路径和方向代表光能传播的路径和方向。光具有波动性，这种几何光线只是一种理想模型和近似处理方法。在研究对象的几何尺寸远大于光的波长，光的波动性不显著的情况下，几何光学理论可以获得与实际情况基本相符的结果。

由于许多实际情况要求并不是那么严格，用几何光学处理起来非常简便，因此几何光学在光学仪器的初级设计中得到广泛应用。

§9.1 几何光学的三个基本定律

人们在长期的实践和研究中，总结归纳出了三条几何光学的实验定律，它们是整个几何光学的基础。

（1）光线的直线传播定律：光在均匀介质中沿直线方向传播。

（2）光的独立传播定律：两束光在传播途中相遇时互不干扰，仍按各自的途径继续传播，而当两束光会聚于同一点时，在该点上光的能量是简单的相加。

（3）反射和折射定律：光入射到两种介质的分界面上时，其传播方向发生改变，如图 9-1 所示。反射光线 OB 和折射光线 OC 都在入射光线 AO 和界面法线 PQ 所组成的入射面内，并且反射角 i_1' 和折射角 i_2 与入射角 i_1 的关系为

$$i_1' = i_1 \tag{9-1}$$

$$n_1 \sin i_1 = n_2 \sin i_2 \tag{9-2}$$

式中 n_1 和 n_2 分别为入射介质与折射介质的折射率。

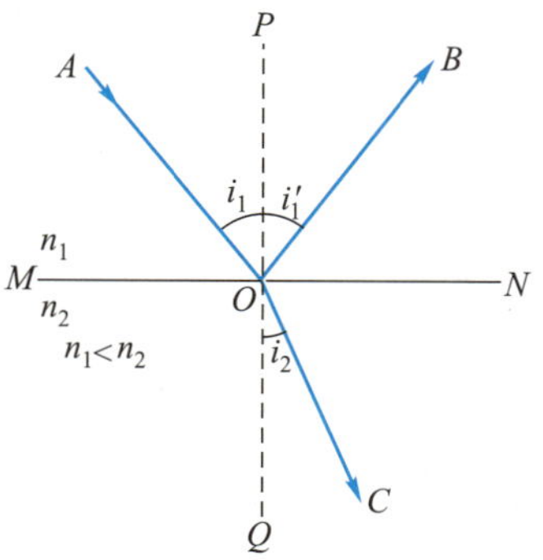

图 9-1 光的反射与折射

动画：光的反射和折射

相关链接：光导纤维

若光线从光密介质入射到光疏介质，即 $n_1>n_2$ 时，由（9-2）式知，有 $i_2>i_1$，即折射角总是大于入射角，并随入射角的增大而增大。折射角最大为 90°，此时 $\sin i_2=1$，若入射角再增大，则发生全反射。折射角为 90°时对应的入射角称为临界角 i_c。

§9.2 球面折射

9.2.1 单球面折射

讲课视频：单球面折射

当光线通过两种介质的分界面时，会产生反射和折射现象。如果两种介质的分界面为球面的一部分，那么光线在球面上发生的折射，称为单球面折射。大多数光学系统的折射面是球面，它的折射规律是一般光学系统成像的基础。

在图 9-2 中，MN 为单球面，C 为球面的曲率中心，r 为曲率半径，球面左右两侧的折射率分别为 n_1、n_2，并假定 $n_2>n_1$。通过 C 的直线 OCI 为主光轴（primary optic axis）；主光轴与球面的交点 P 为顶点，位于主光轴上的点光源 O 发出的近轴光线中，沿主光轴进行的光线不改变方向，而沿近轴任意方向的光线 OA，经球面折射后与主光轴上交于 I，I 点就是 O 的像。

以 u 代表物距 $|OP|$，v 代表像距 $|PI|$，入射光线 OA 和它的折射光线 AI 应服从折射定律：

$$n_1 \sin i_1 = n_2 \sin i_2$$

由于 OA 为近轴光线，AP 的长度比 u、v、r 都小得多，因此角度都很小，

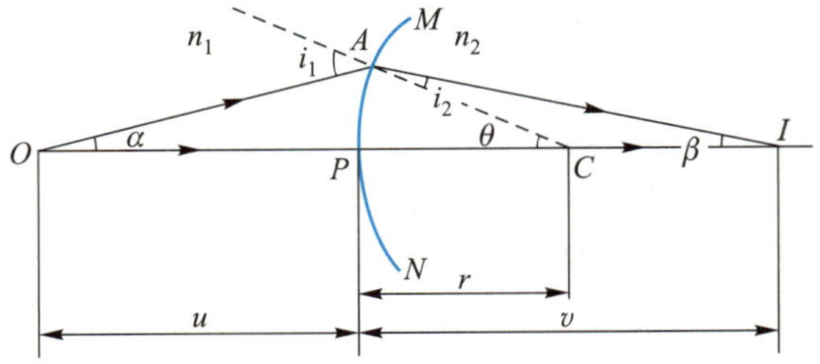

图 9-2 单球面折射

sin i_1 和 sin i_2 与 i_1 和 i_2 的值分别近似相等，上式可写成

$$n_1 i_1 = n_2 i_2$$

由于 $i_1=\alpha+\theta, i_2=\theta-\beta$，有

$$n_1(\alpha+\theta)=n_2(\theta-\beta) \tag{9-3}$$

因 α、β、θ 都很小，所以有

$$\alpha\approx\tan\alpha=\frac{|AP|}{u},\quad \beta\approx\tan\beta=\frac{|AP|}{v},\quad \theta\approx\tan\theta=\frac{|AP|}{r}$$

代入(9-3)式，可得

$$\frac{n_1}{u}+\frac{n_2}{v}=\frac{n_2-n_1}{r} \tag{9-4}$$

这就是单球面的成像公式。该公式只适用于近轴光线，即角度 α 不能太大，否则来自同一点的光线经球面折射后不能成一点像。从(9-4)式可以看出，在近轴光线成像条件下，物距 u 和像距 v 对于给定的球面有一一对应的关系，即若将物放在 O 点，其像必在 I 点，反之若将物放在 I 点，其像必在 O 点，物和像的这种关系称为共轭，物像共轭正是光路可逆的必然结果。

(9-4)式对一切凸球面和凹球面都适用，式中的 u、v、r 必须遵守如下的符号规定：实物、实像的距离取正，虚物、虚像的距离取负；实际入射光线对着凸面时 r 取正，实际入射光线对着凹面时 r 取负。此外，n_1、n_2 的顺序以实际入射光的行进为准。

当点光源位于主光轴上某点 F_1 时，由该点发出的光线经球面折射后成为平行于主光轴的出射光线，其像点在主光轴上的无限远处，此时的物点就称为第一焦点，用 F_1 表示。如图 9-3(a)所示，F_1 就是第一焦点，F_1 至球面顶点距离称为第一焦距，用 f_1 表示，它的大小可通过将 $v=\infty$ 代入(9-4)式求出，即

$$f_1=\frac{n_1}{n_2-n_1}r \tag{9-5}$$

当点光源位于无限远处，如果它发出的平行于主光轴的光线，经单球面折射后会聚于主光轴上某一点 F_2，该点称为第二焦点，用 F_2 表示。如图 9-3(b)所示，从 F_2 至球面顶点的距离称为第二焦距，用 f_2 表示，它的

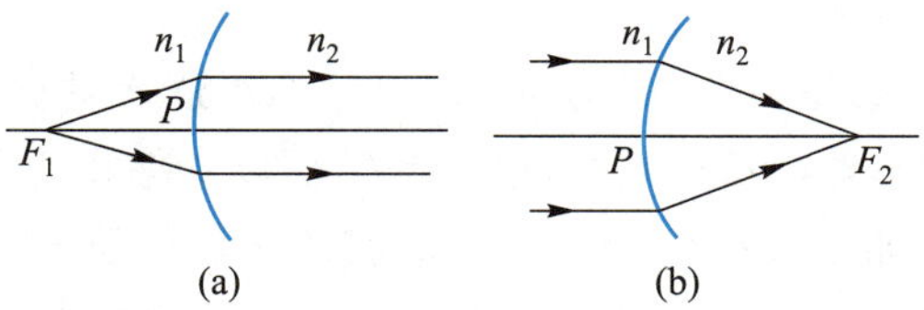

图 9-3 单球面折射的焦点与焦距

大小可通过将 $u=\infty$ 代入(9-4)式求出,即

$$f_2=\frac{n_2}{n_2-n_1}r \tag{9-6}$$

焦距(focal length)f_1 和 f_2 可正可负。当 f_1 和 f_2 为正时,焦点(focal point)F_1 和 F_2 为实焦点,折射面是会聚光线的;当 f_1 和 f_2 为负时,焦点 F_1 和 F_2 为虚焦点,折射面是发散光线的;由(9-5)式和(9-6)式可以看出,同一折射球面的 f_1 和 f_2 是不相等的,其比值为两侧介质折射率之比。

焦距 f_1 和 f_2 是衡量球面折射本领的物理量。折射球面的曲率半径 r 越大,焦距 f_1 和 f_2 就越长,折射本领就越小。因此我们常用介质的折射率与该侧焦距的比值来表示折射本领,称为折射面的焦度(focal power),用 Φ 表示,单位为 D(屈光度),即

$$\Phi=\frac{n_1}{f_1}=\frac{n_2}{f_2}=\frac{n_2-n_1}{r} \tag{9-7}$$

由此可知,折射面的焦度 Φ 与折射面的曲率半径 r 成反比,与两侧介质折射率之差成正比。即 r 越大,Φ 越小,折射本领越小;n_1、n_2 之差越大,Φ 越大,折射本领越强。

【例 9-1】 一条鱼从正上方看似乎在水中 1.5 m 深处,空气的折射率为 1.0,水的折射率为 4/3,鱼的实际深度为多少?

【解】 由题意知 $n_1=4/3$,$n_2=1.0$,$v=-1.5\ \text{m}$,$r=\infty$,代入(9-4)式可得

$$\frac{4/3}{u}+\frac{1}{-1.5\ \text{m}}=\frac{1-4/3}{\infty}$$

解得

$$u=2.0\ \text{m}$$

因此鱼位于水下 2 m 深处,比看起来要深。

9.2.2 共轴球面系统

如果一个光学系统由两个或两个以上的折射球面组成,而且这些球面的曲率中心和各球面顶点都在同一条直线上,此系统称为共轴球面系统(co-axial spherical system)。

一、逐次成像法

在共轴球面系统中解决成像问题时，可采用逐次球面成像法，即先求出物体经第一个单球面折射后所成的像，然后以此像作为第二个折射面的物（实物或虚物，如果第一个折射面所形成的实像位于第二个折射面的后面，则对第二个折射面来说，这像就称为“虚物”），再求出它通过第二个折射面后所成的像，以此类推，直到求出经最后一个折射面后所成的像为止，该像即为整个球面系统所成的像。

【例 9-2】　一玻璃球（$n=1.5$）的半径为 10 cm，将一点光源置于球前 40 cm 处，求近轴光线通过玻璃球后所成的像。

【解】　对于第一折射面来说，$n_1=1$，$n_2=1.5$，$u_1=40\ \text{cm}$，$r=10\ \text{cm}$，代入公式（9-4）可得

$$\frac{1}{40\ \text{cm}}+\frac{1.5}{v_1}=\frac{1.5-1}{10\ \text{cm}}$$

解得

$$v_1=60\ \text{cm}$$

如图 9-4 所示，若没有第二折射面，第一折射面所成的像 I_1 应在 P_1 点右侧 60 cm 处。由于 I_1 在第二折射面后面（右侧），所以 I_1 对于第二折射面是一个虚物，物距为 $u_2=-(60-20)\ \text{cm}=-40\ \text{cm}$，这时 $n_1=1.5$，$n_2=1$，$r=-10\ \text{cm}$，代入公式（9-4）可得

$$\frac{1.5}{-40\ \text{cm}}+\frac{1}{v_2}=\frac{1-1.5}{-10\ \text{cm}}$$

解得

$$v_2=11.4\ \text{cm}$$

因此最后所成的实像在玻璃球后 11.4 cm 处。

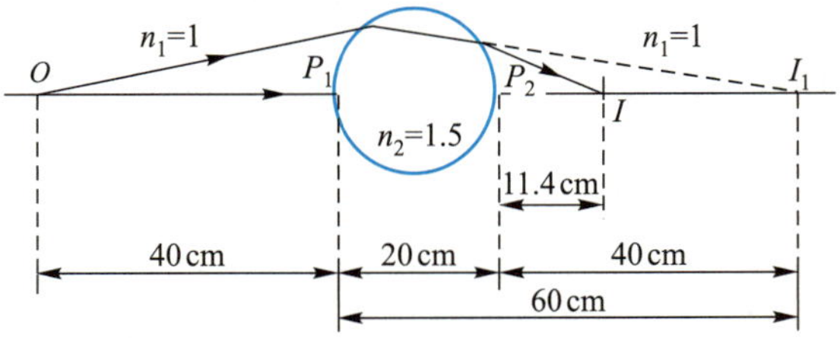

图 9-4　玻璃球成像（例 9-2 图）

二、共轴球面系统的三对基点

从前面的讨论可以看到，一个共轴球面系统，不论它包含多少个折射面，它的作用不外乎会聚或发散光线，原则上可采用逐次成像法计算来解决它的成像问题，但一般来说这样做比较麻烦。如果利用共轴球面系统的三对基点（cardinal point），则可大大简化求像的过程，只要知道三对基点的位置，就可以用作图法或计算法求出物与像间的关系。

1. 三对基点

共轴球面系统有三对基点，包括一对焦点、一对主点和一对节点。

一对焦点：把点光源放在主光轴的某一点上，若它的光束通过共轴球面系统（以下简称系统）后变为平行光束，如图 9-5(a) 中的光线①，与主光轴的交点 F_1 就是系统的第一焦点。平行于主光轴的光束，通过系统后与主光轴的交点 F_2 就是系统的第二焦点，如图 9-5(a) 中的光线②所示。

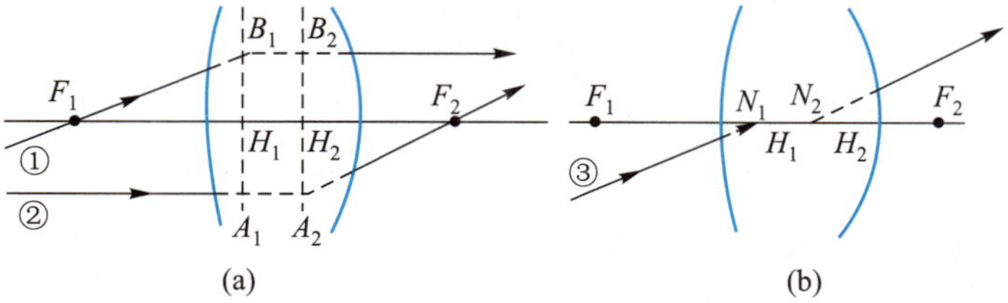

图 9-5 共轴球面系统的三对基点

一对主点：在图 9-5(a) 中，通过 F_1 的入射光线①的延长线和通过系统后平行于主光轴的出射光线的反向延长线（图中虚线）相交于 B_1 点，过 B_1 点作一垂直于主光轴的平面，与主光轴交于 H_1 点，这一点就称为系统的第一主点。平面 B_1H_1 称为第一主平面。同样，平行于主光轴的入射光线②的延长线与出射光线的反向延长线相交于 A_2 点，过 A_2 点作一垂直于主光轴的平面，与主光轴交于 H_2 点，这一点就称为系统的第二主点。平面 A_2H_2 称为第二主平面。

由此可以看出，不管光线在系统中的实际光路如何，在效果上只等于在主平面上发生一次折射。因此，可以将 F_1 与 H_1 间的距离作为第一焦距 f_1；将物体到 H_1 的距离作为物距 u；将 F_2 与 H_2 间的距离作为第二焦距 f_2；将像到 H_2 的距离作为像距 v。这样作图就简单多了。

一对节点：在系统的主光轴上还有两个特殊点 N_1 和 N_2，以任意角度向 N_1 入射的光线，都以同一角度由 N_2 射出，光线不改变方向，只发生平移，如图 9-5(b) 中的光线③，N_1 和 N_2 称为系统的一对节点。

2. 作图法求像

只要知道三对基点在系统中的位置，根据三对基点的特性，可以利用下列三条光线中的任意两条，用作图法求出物体通过系统后所成的像，如图 9-6 所示。

讲课视频：人眼屈光系统

如果系统前后介质的折射率相同（如将折射系统置于空气中），则 $f=f_1=f_2$，N_1 和 H_1 重合，N_2 和 H_2 重合。在这种情况下，物距 u、像距 v 及焦距 f 之间的关系为

$$\frac{1}{u}+\frac{1}{v}=\frac{1}{f}$$

式中 u、v 和 f 都是从相应的主平面算起。

相关链接：眼睛

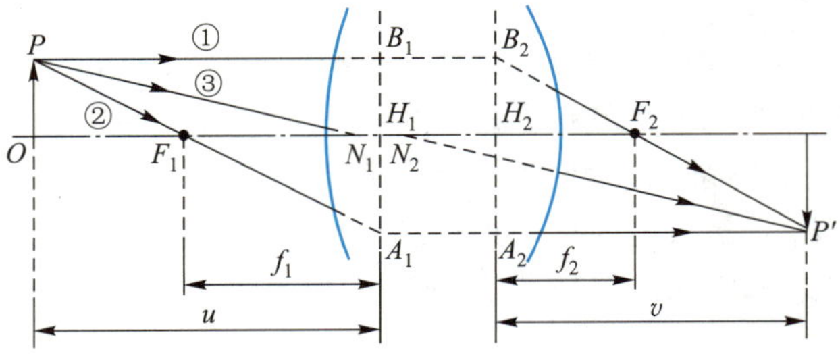

图 9-6 作图法求像

§9.3 透镜

透镜(lens)是由两个共轴折射面组成的光学系统,两个折射面之间是均匀的透明介质。常用的是球面透镜,透镜的两个折射面都是球面,或其中一个是球面,另一个是平面。此外,还有非球面透镜,如柱面、椭球面透镜。透镜的两个折射面与主光轴(它是连接透镜两球面曲率中心的直线)交点的距离称为透镜的厚度。若透镜的厚度与焦距相比可以忽略时,则称其为薄透镜(thin lens),厚度不可忽略者为厚透镜(thick lens)。薄透镜按结构分类,可分为凸透镜和凹透镜两大类;按光学性质分类,可分为会聚透镜和发散透镜两大类。

9.3.1 薄透镜

一、薄透镜公式

如图 9-7 所示,若将折射率为 n 的薄透镜置于折射率为 n_0 的介质中,由点光源 O 发出的光经透镜折射后成像于 I 处。以 u_1、v_1、r_1 和 u_2、v_2、r_2 分别表示第一折射面和第二折射面的物距、像距和曲率半径。以 u、v 分别表示透镜的物距和像距。由于是薄透镜,这些量均可以从光心算起,则 $u=u_1$, $u_2=-v_1$, $v=v_2$,代入(9-4)式可得

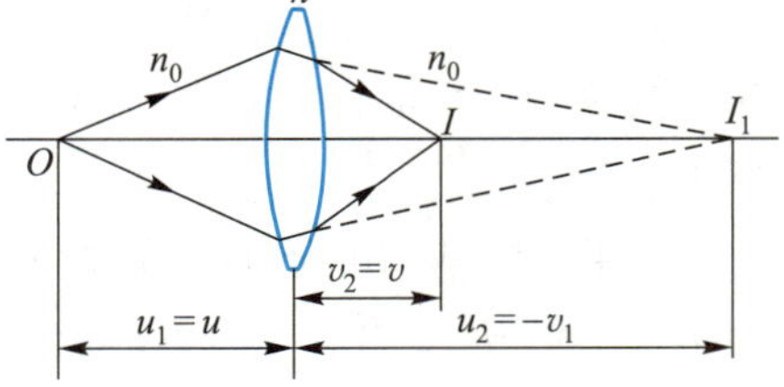

图 9-7 薄透镜成像

动画:薄透镜成像

$$\frac{n_0}{u}+\frac{n}{v_1}=\frac{n-n_0}{r_1}$$

及

$$\frac{n}{-v_1}+\frac{n_0}{v}=\frac{n_0-n}{r_2}$$

两式相加后得

$$\frac{1}{u}+\frac{1}{v}=\frac{n-n_0}{n_0}\left(\frac{1}{r_1}-\frac{1}{r_2}\right) \tag{9-8}$$

若透镜处在空气中，这时 $n_0=1$，则上式可简化为

$$\frac{1}{u}+\frac{1}{v}=(n-1)\left(\frac{1}{r_1}-\frac{1}{r_2}\right) \tag{9-9}$$

以上两式称为薄透镜成像公式。只要遵守(9-4)式中的符号规定，(9-8)式和(9-9)式对各种形状的凸透镜和凹透镜都是适用的。

薄透镜也有两个焦点，当薄透镜两侧的介质相同时，由(9-8)式可以证明，两个焦距相等，其值为

$$f=\left[\frac{n-n_0}{n_0}\left(\frac{1}{r_1}-\frac{1}{r_2}\right)\right]^{-1} \tag{9-10}$$

若透镜处在空气中，这时 $n_0=1$，则上式可简化为

$$f=\left[(n-1)\left(\frac{1}{r_1}-\frac{1}{r_2}\right)\right]^{-1} \tag{9-11}$$

将 f 值代入薄透镜成像公式可得

$$\frac{1}{u}+\frac{1}{v}=\frac{1}{f} \tag{9-12}$$

这就是常用的透镜成像公式。

透镜的焦距越短，它对光线的会聚或发散的本领越强，因此，通常用焦距的倒数 $\frac{1}{f}$ 来表示透镜的会聚或发散的本领，称为透镜的焦度，用 Φ 表示，即 $\Phi=\frac{1}{f}$。当焦距以米为单位时，焦度的单位为 D(屈光度)。会聚透镜的焦度为正，发散透镜的焦度为负。在眼镜业中，焦度的单位是度，它们之间的关系为:1 屈光度等于 100 度。

【例 9-3】 求图 9-8 平凸透镜在空气中的焦距。设透镜的折射率为 1.50。

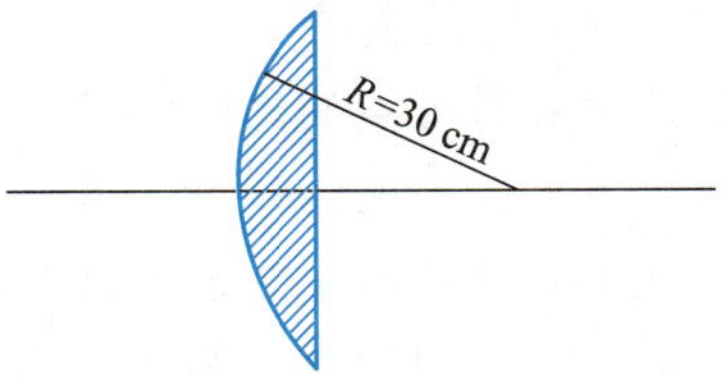

图 9-8　平凸透镜(例 9-3 图)

【解】 先假设光线从凸面入射，这时 $r_1=30\ \text{cm}$，$r_2=\infty$，$n=1.50$，代入(9-11)式中可得

$$f=\left[(1.5-1)\left(\frac{1}{30}-\frac{1}{\infty}\right)\right]^{-1}\text{cm}=60\text{ cm}$$

再假设光线从平面入射，这时 $r_1=\infty$，$r_2=-30$ cm，$n=1.50$，代入(9-11)式中可得

$$f=\left[(1.5-1)\left(\frac{1}{\infty}-\frac{1}{-30}\right)\right]^{-1}\text{cm}=60\text{ cm}$$

由此可见，无论光线从哪一面入射，焦距都为 60 cm，第一焦距和第二焦距相等。

二、薄透镜的组合

由两个或两个以上的薄透镜组成的共轴系统称为薄透镜组。例如，显微镜的目镜和物镜是由薄透镜组合而成的透镜组。透镜组的成像可依次应用薄透镜成像公式来解决，即先求出第一透镜所成的像，将这像作为第二透镜的物（实物或虚物），再求出第二透镜所成的像，依此类推，得出最后一个透镜的像，便是透镜组的像。

下面我们来讨论两个薄透镜密切接触时，物距 u 和像距 v 的关系。如图 9-9 所示，假设透镜组的厚度仍然可以忽略不计，物体 O 通过第一透镜成像于 I_1，相应的物距 u 和像距 v_1 的关系为

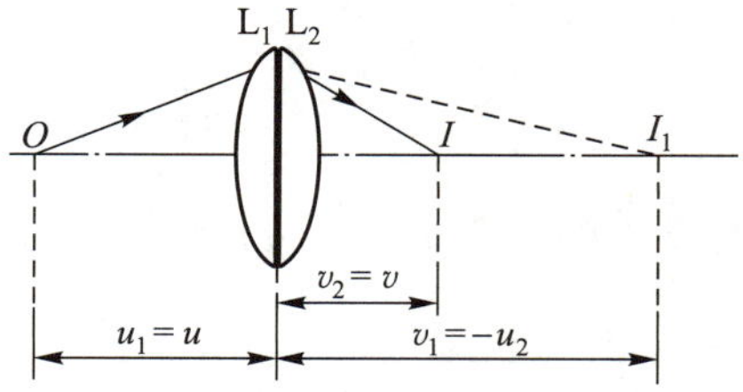

图 9-9 薄透镜的组合

$$\frac{1}{u}+\frac{1}{v_1}=\frac{1}{f_1}$$

对于第二个透镜，$u_2=-v_1$（虚物），故有

$$\frac{1}{-v_1}+\frac{1}{v}=\frac{1}{f_2}$$

两式相加得

$$\frac{1}{u}+\frac{1}{v}=\frac{1}{f_1}+\frac{1}{f_2}$$

或

$$\frac{1}{u}+\frac{1}{v}=\frac{1}{f}$$

式中 f 表示透镜组的等效焦距。如果用 Φ_1、Φ_2 和 Φ 分别表示第一透镜、第二透镜和透镜组的焦度，则有

$$\Phi=\Phi_1+\Phi_2$$

此关系常被用来测定透镜的焦度。例如，要测定一个近视镜片（凹透镜）的焦度时，可以使已知焦度的凸透镜和它密切接触，找出等效焦度为零的组合（即光线通过透镜组后既不会会聚也不会发散），即

$$\Phi_1+\Phi_2=0 \quad \text{或} \quad \Phi_1=-\Phi_2$$

即凹透镜的焦度在数值上和凸透镜的焦度相等。

【例 9-4】 两个透镜 L_1 和 L_2 组成共轴透镜组，两者的焦距分别为 $f_1=15.0\ \text{cm}$ 与 $f_2=25.0\ \text{cm}$，它们之间的距离 $d=70.0\ \text{cm}$，若一物体在 L_1 前 20.0 cm 处，求此透镜组所成的像在何处。

【解】 对于薄透镜 L_1，其物距和焦距分别为 $u_1=20.0\ \text{cm}$，$f_1=15.0\ \text{cm}$，代入薄透镜公式得

$$\frac{1}{20.0\ \text{cm}}+\frac{1}{v_1}=\frac{1}{15.0\ \text{cm}}$$

解得

$$v_1=60.0\ \text{cm}$$

对于薄透镜 L_2，其物距和焦距分别为 $u_2=70.0\ \text{cm}-60.0\ \text{cm}=10.0\ \text{cm}$，$f_2=25.0\ \text{cm}$，代入薄透镜公式得

$$\frac{1}{10.0\ \text{cm}}+\frac{1}{v_2}=\frac{1}{25.0\ \text{cm}}$$

解得

$$v_2=-16.7\ \text{cm}$$

显然此透镜组所成的像为一虚像，位于第二薄透镜前 16.7 cm 处。成像光路图如图 9-10 所示。

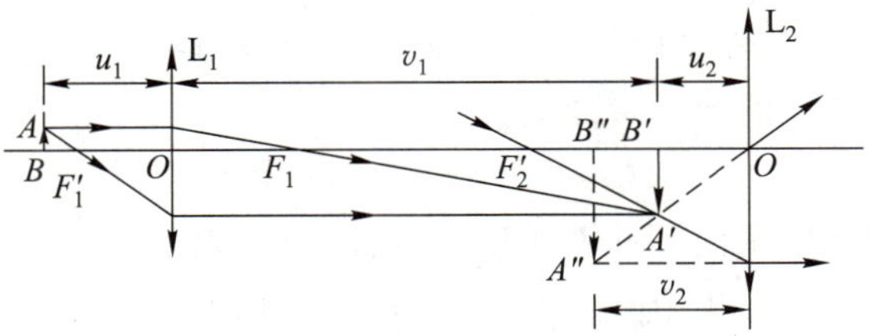

图 9-10 例 9-4 图

【例 9-5】 上例中若两透镜间的距离 $d=45.0\ \text{cm}$，求此透镜组所成的像又在何处。

【解】 根据上例，第一薄透镜成像情况不变，对于第二薄透镜，其物距 $u_2=45.0\ \text{cm}-60.0\ \text{cm}=-15.0\ \text{cm}$，是一虚物，将 u_2 代入薄透镜公式可得

$$\frac{1}{-15.0\ \text{cm}}+\frac{1}{v_2}=\frac{1}{25.0\ \text{cm}}$$

解得

$$v_2=9.40\ \text{cm}$$

此透镜组所成的像为一实像，位于第二薄透镜 9.40 cm 处。成像光路如图 9-11 所示。

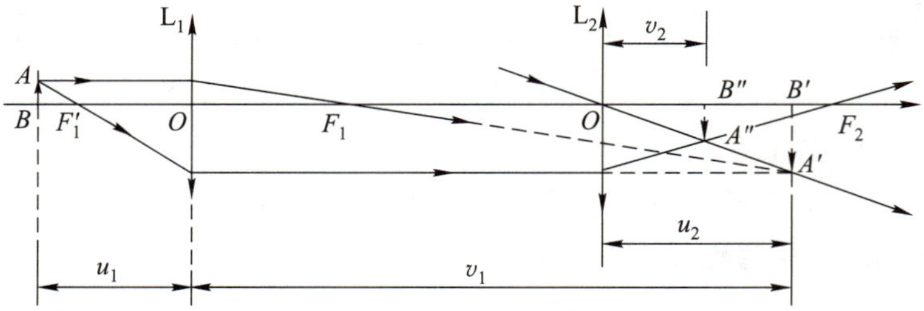

图 9-11 例 9-5 图

9.3.2 柱面透镜

柱面透镜(cylindrical lens)又称圆柱镜，简称柱镜，它的表面是圆柱面的一部分，如图 9-12 所示，柱面透镜有两面都是圆柱面的，也有一面是平面、一面是圆柱面的。柱面透镜也可分为凸柱镜和凹柱镜。它在眼科临床和眼镜店配镜工作中，用来矫正非正视眼中的单纯性散光。因此了解柱面透镜的成像原理是必要的。

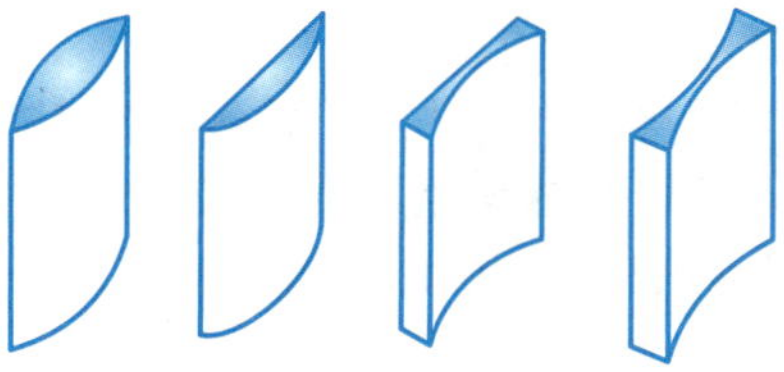

图 9-12 柱面透镜

柱面透镜的横截面和球面透镜的截面一样，对于同一水平面上入射的光束有会聚和发散作用，如图 9-13(a)所示。但在垂直方向的截面就像是一块平板玻璃，因此在垂直平面上入射的光束通过它时不改变行进方向，如图 9-13(b)所示。这样，一个点光源发出的光线经柱面透镜后所成的像就变成一条平行于透镜纵轴的直线，如图 9-13(c)所示。

相关链接：眼睛的屈光不正与矫正

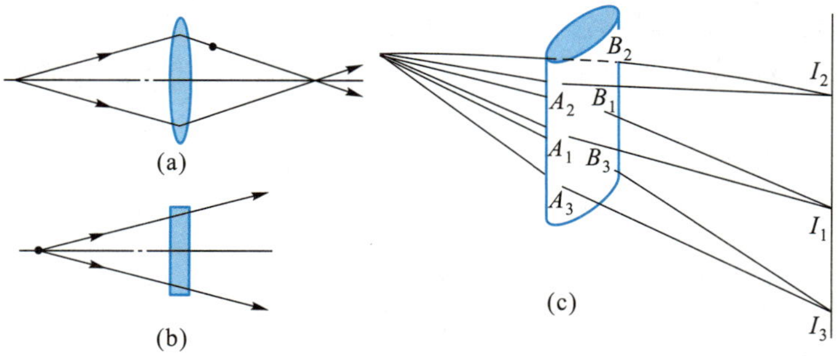

图 9-13 柱面透镜成像

9.3.3 透镜的像差

在透镜成像过程中,只有在严格的单色光和近轴光束下,才可以获得完善的像。但在实际的光学系统中,是很难做到的,这样就会使像出现偏差,这种实际所成的像与理论上的差异称为像差(aberration)。产生像差的原因很多,这里只简单介绍球面像差和色像差及矫正方法。

一、球面像差

如图 9-14 所示,在主光轴上有一单色点光源 O,所发出的光束射向透镜,近轴光束通过透镜后相交于 I,经过透镜边缘部分的光束由于受到较大的偏折相交于 I',其他光束则分别交于 I 和 I'之间的各点。因此,当射向透镜的光束较宽时,出射光束并不相交于一点,这种像差称为**球面像差**(spherical aberration)。如果用一个光阑遮去透镜边缘部分的光线,或者采用凸凹透镜进行合理的组合,就可以消除或部分消除球面像差。

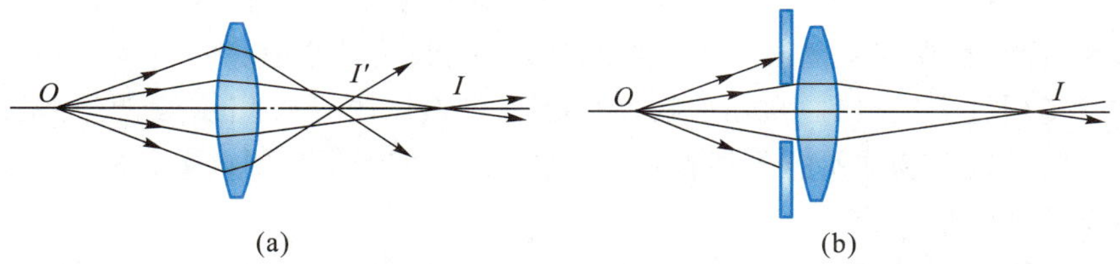

图 9-14 球面像差

二、色像差

不同颜色的光在同一介质中的折射率是不相同的。而对常用的光学材料,波长越短,光线偏折得越多。因此,当一束白光通过透镜后,紫光偏折得最多,红光偏折得最少,如图 9-15 所示,因此不能形成一清晰的点像,而是形成一个带有颜色的光斑。这种现象称为透镜的**色像差**(chromatic aberration)。如用照相机拍摄出来的相片出现的紫边现象。

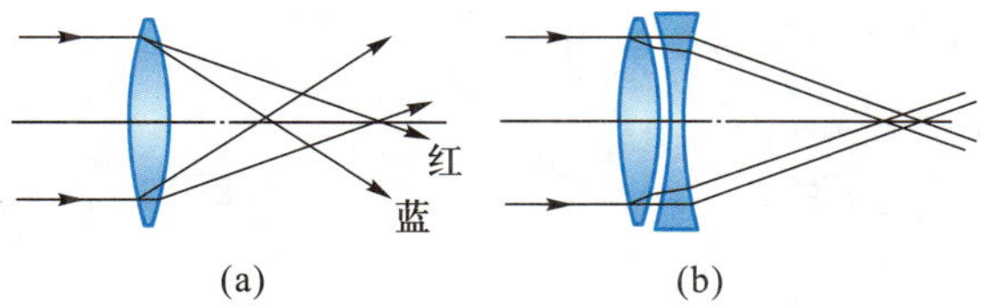

图 9-15 色像差

纠正色像差常用的方法是采用单色光源,或是将折射率不同的会聚透镜和发散透镜组合起来,使一个透镜的色散被另一透镜所抵消。例如,利用冕牌玻璃的色散能力较火石玻璃弱的特性,在冕牌玻璃的凸透镜上胶合一块合适的火石玻璃的凹透镜,使通过凸透镜产生的色散大部分被凹透镜所抵消,便可达到消除色像差的目的。

§9.4 放大镜 光学显微镜

9.4.1 放大镜

为了看清微小物体或物体的细节,人要把物体移近眼睛,以增大视角(从物体的两端射到眼中节点的两条光线所夹的角),使物体在视网膜上成一个较大的像。但眼睛的调节能力有限,不能使距离小于近点(眼前10~12 cm)的物体成像于视网膜上。因此常借助于会聚透镜来增加视角,用于这一目的的会聚透镜称为**放大镜**(magnifier)。

由透镜成像原理可知,当物体放在凸透镜焦点以内时,成放大、正立的虚像,像与物在透镜的同一侧,这就是放大镜的成像原理。

使用放大镜时,通常是把物体放在其焦点以内靠近焦点处,使光线经放大镜折射后变成平行光线再进入眼内,这样眼睛不需要调节便能在视网膜上得到清晰的像。

在图 9-16(a)中,把物体 y 放在明视距离(眼前 25 cm)处,用眼睛直接观察时的视角为 β;利用放大镜观察同一物体时,视角增大到 γ,如图 9-16(b)所示。通常用 $\frac{\gamma}{\beta}$ 来衡量放大镜放大视角的能力,称为角放大率(angular magnification),用 α 表示,即

$$\alpha=\frac{\gamma}{\beta} \tag{9-13}$$

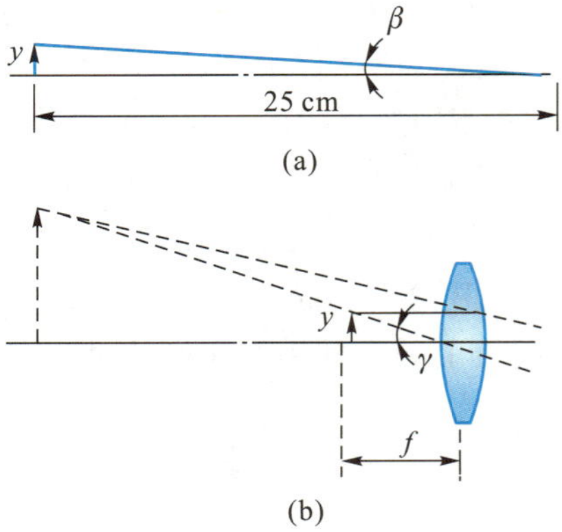

图 9-16 放大镜原理

一般利用放大镜所观察的物体都很小,因此上式也可写成

$$\alpha=\frac{\tan\gamma}{\tan\beta}$$

由图 9-16 中可以看出

$$\alpha=\frac{\tan\gamma}{\tan\beta}=\frac{y/f}{y/25}=\frac{25}{f} \tag{9-14}$$

式中 f 是放大镜的焦距,以 cm 为单位。此式表明,放大镜的角放大率与其焦距成反比,焦距越短,角放大率就越大。但不能无限地缩短透镜的焦距来提高放大镜的放大倍数。由于焦距很短的透镜很难磨制,加之像差的限

制,单一凸透镜的放大镜放大倍数为几倍,由透镜组构成的放大镜,其角放大率也只有几十倍。

9.4.2 光学显微镜

光学显微镜(microscope)是1609年伽利略发明的。最简单的光学显微镜只包括两个凸透镜,用一个直立金属圆筒,下端装一个焦距极短的物镜,上端装一个焦距较长的目镜。为了消除像差,物镜和目镜分别由数个透镜组合而成。图9-17中左边的小透镜 L_1 代表第一个透镜组,是焦距极短的会聚透镜,为物镜;右边的大透镜 L_2 代表第二个焦距较长的会聚透镜组,为目镜。被观察的物体 y 置于物镜焦点 F_1 稍外,得到倒立放大实像 y' 于目镜的焦点 F_2 稍内处;再经目镜折射产生放大虚像 y'' 于明视距离处。目镜的作用是让眼睛可以更靠近 y',以增加视角。

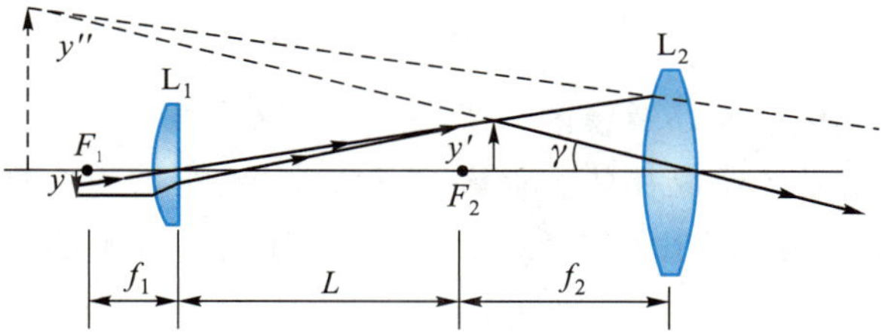

图 9-17 光学显微镜光路示意图

根据角放大率的定义,如果使用显微镜后所成虚像的视角为 γ,不用显微镜时物体在明视距离处的视角为 β,则显微镜的角放大率为

$$M=\frac{\gamma}{\beta}\approx\frac{\tan\gamma}{\tan\beta}$$

从图9-17可知,$\tan\gamma=\frac{y'}{f_2}$,$f_2$ 是目镜的焦距,$\tan\beta=\frac{y}{25\ \text{cm}}$,代入上式,得

$$M=\frac{\tan\gamma}{\tan\beta}=\frac{y'}{f_2}\frac{25\ \text{cm}}{y}=\frac{y'}{y}\frac{25\ \text{cm}}{f_2}=m\alpha \tag{9-15}$$

式中 $m=\frac{y'}{y}$ 是物镜的线放大率,$\alpha=\frac{25\ \text{cm}}{f_2}$ 是目镜的角放大率,即显微镜的放大率等于物镜的线放大率与目镜的角放大率的乘积。

由于物体被放在靠近物镜的焦点处,所以物镜的线放大率 $\frac{y'}{y}$ 近似地等于 $\frac{L}{f_1}$,L 是像 y' 到物镜的距离,即像距。于是(9-15)式又可写成

$$M=\frac{L}{f_1}\frac{25\ \text{cm}}{f_2}=\frac{L}{f_1f_2}25\ \text{cm} \qquad (9-16)$$

通常显微镜的物镜和目镜的焦距 f_1 和 f_2 与镜筒的长度比较起来都是很小的，因此 L 就可以近似地视为显微镜镜筒的长度。显然，显微镜的镜筒越长，物镜和目镜的焦距越短，它的放大率就越大。

思考题

9-1 把平凸透镜翻转过来成为凸平透镜，像的位置是否改变？为什么？

9-2 判断下列说法是否正确：(1) 虚物只能成虚像；(2) 凸透镜只能成实像；(3) 薄透镜在不同介质中焦距不一样。

9-3 薄凸透镜是否一定是会聚的？薄凹透镜是否一定是发散的？

9-4 下列几种情况对一个凸透镜和凹透镜来说，哪些是可能的，哪些是不可能的？(1) 实物实像；(2) 实物虚像；(3) 虚物实像；(4) 虚物虚像。

9-5 将物体放在凸透镜的焦平面上，透镜后放一块与主光轴垂直的平面反射镜，最后的像成在什么地方？其大小、虚实如何？这个装置中平面镜的位置对像有什么影响？你能否据此设计出一种测凸透镜焦距的简便方法吗？

9-6 为什么要用视角放大率 $M=\frac{\gamma}{\beta}$ 来描述助视仪器的放大本领，而不用线放大率 $m=\frac{y'}{y}$？

习题

习题答案

9-1 一只坛子装了 100.0 cm 深的甘油，观察者观察坛底好像提高了 32.5 cm，求甘油的折射率。

9-2 如图 9-2 所示，光导纤维是由圆柱形的玻璃芯和玻璃包层组成，其折射率分别为 n_1 和 $n_2(n_1>n_2)$。设在垂直端面外介质的折射率为 n_0。证明光线能在纤维内芯和包层间发生全反射的入射光线最大孔径角 θ_m 满足

$$n_0\sin\theta_m=\sqrt{n_1^2-n_2^2}$$

9-3 折射率为 1.5 的月牙形透镜，凸面的曲率半径为 15 cm，凹面的曲率半径为 30 cm，如果用平行光束沿光轴对着凹面入射。(1) 求空气中的折射光线的相交点；(2) 如果将此透镜放在水中，问折射的交点又在何处？

9-4 眼睛的光学结构可简化为一折射单球面,共轴球面的曲率半径为 5.55 mm,内部平均折射率为 4/3,计算两个焦距。若月球在眼睛节点所张的角度为 1°,问视网膜上月球的像有多大?眼睛节点到视网膜的距离取 15 mm。

9-5 将折射率为 1.50、直径为 10 cm 的玻璃棒的两端磨成凸的半球面,左端的半径为 5 cm 而右端的半径为 10 cm。两顶点间的棒长为 60 cm,在左端顶点左方 20 cm 处有一物(在光轴上)。(1)作为右端面的物是什么?(2)右端面的物距为多少?(3)此物是实的还是虚的?(4)最后所成的像在何处?

9-6 将折射率为 1.5,直径为 8.0 cm,端面为凸半球形的玻璃棒,置于液体中,在棒轴上离端面 60 cm 处有一物体,成像在棒内 1.0 m 处,求液体的折射率。

9-7 直径为 8 cm 的玻璃球,中心处镶有一小红星,求观察者看到小红星的位置。

9-8 一极地探险者在用完了火柴后,用冰制作了一个透镜聚焦阳光来点火,若他制作的是曲率半径为 25 cm 的平凸透镜,此透镜应离火绒多远?(设冰的折射率为 1.31。)

9-9 一透镜将一物成像在离透镜 12 cm 的屏幕上,当把此透镜背离物体移远 2 cm 时,屏幕必须向物移近 2 cm,以便重新对它聚焦,此透镜的焦距是多少?

9-10 一弯月形薄透镜两表面的曲率半径分别为 5 cm 和 10 cm,其折射率为 1.5,若将透镜的凹面朝上且盛满水,求水与透镜组合后的等效焦距。

9-11 将焦距为 10 cm 的凸透镜和焦距为 40 cm 的凹透镜放在同一光轴上,两者相距10 cm,在凸透镜前 20 cm 处放一物体(在光轴上),求最后像的位置,并作图。

9-12 把一物放在会聚透镜前方适当距离处时,像落在离透镜 20 cm 处的屏幕上。现将一发散透镜放在会聚透镜与屏幕中间,我们发现,为了得到清晰的像必须把屏幕向离开透镜的方向移远 20 cm。这个发散透镜的焦距是多少?

9-13 眼睛不调节时能看清的物点到眼睛之间的距离称为远点。视力正常者的远点在无限远处,即平行光进入眼睛后刚好会聚于视网膜上。眼睛最大程度调节时能看清的物点到眼睛之间的距离称为近点,视力正常者的近点约为 10~12 cm。与正常眼相比较,近视眼的近点近,远视眼的近点远,这就是近视眼和远视眼名称的来历。某人眼睛的远点为 2 m,他应佩戴怎样的眼镜?

9-14 一远视眼的近点为 1.0 m,要看清眼前 25 cm 处的物体,问需要佩戴怎样的眼镜?

9-15 一显微镜物镜焦距为 10.0 mm，目镜焦距为 25.0 mm，两镜间距为 180 mm。若物体最后成一虚像于明视距离处，求物距及显微镜的放大率。

参考文献

第十章　狭义相对论基础

坐落在华盛顿美国国家科学院中的爱因斯坦雕像。其左手拿着的书上刻着三个爱因斯坦提出的著名公式：$R_{\mu\nu}-\frac{1}{2}g_{\mu\nu}R=-\kappa T_{\mu\nu}$（广义相对论的基本方程——引力场方程），$eU=h\nu-A$（光电效应方程）和 $E=mc^2$（质能方程）。此照片由高等教育出版社杨再石教授2004年12月摄于华盛顿（承蒙杨再石教授惠赠）。

爱因斯坦（A. Einstein）创立的相对论（relativity）是20世纪物理学最伟大的成就之一。狭义相对论（special relativity）指出物理理论对一切惯性参考系都是相同的，揭示了空间与时间的内在联系以及质量与能量的内在联系。广义相对论（general relativity）进一步指出物理定律对一切参考系都是等价的，更深入地揭示了时空性质与运动的物质之间不可分割的联系。相对论不仅由大量实验所证实，而且已经成为近代科学技术不可缺少的理论基础。它从根本上改变了传统的时间、空间观念，建立了崭新的时空观。法国物理学家朗之万（P. Langevin）认为爱因斯坦对于科学的贡献深入到了人类思想基本概念的结构中，他的伟大是可以同牛顿比拟的。德国物理学家普朗克（M. Planck）把爱因斯坦誉为“20世纪的哥白尼”。

§10.1　爱因斯坦相对性原理

在数学中，一个理论体系的所有结论都可以从一组公理或假设出发，经过一系列逻辑推导得出。有些理论体系对应于客观存在，有些则不然，但它们内部各命题都不相矛盾。我们处理物理问题有时也这么做，如果选择了合适的假设,就可导出某个理论并通过实验来验证它。爱因斯坦所做的实际上就是这种工作的理论部分。通过两个看似简单的假设,再加上对实验测量的仔细考虑,他创立了狭义相对论。当然,得出这两个假设之前,爱因斯坦对过去的实验和理论是经过了深入思考的。了解爱因斯坦创立狭义相对论的背景,或许有助于理解这个理论。

在 19 世纪末,经典物理的几个重要支柱已经确立。其中最重要的两个是牛顿力学和麦克斯韦电磁理论。麦克斯韦理论描述了包括光在内的所有电磁现象,特别是他预言了光在真空中的速度是 $c=3.00\times10^{8}\ \mathrm{m\cdot s^{-1}}$,但他并没有指出光在什么参考系中才有此速度。爱因斯坦意识到这个预言与牛顿力学相矛盾。在牛顿力学中,速度以简单的矢量法则进行叠加。如果牛顿力学是正确的,那么两个相对运动的观察者测量到的光速将是不同的。爱因斯坦曾想过这个问题:如果一个人以光速运动,那么光波对他来说是什么样子的呢?他推断,如果这种运动是可能的,那么光波对他而言将是静止的,即电磁场只是在不同的位置大小不同,并不随时间变化。爱因斯坦意识到这个结论不符合麦克斯韦理论。因此要么这个理论是错误的,要么人无法以光速运动。他的结论是后者,即人无法以光速运动,并且光对于任何观察者而言都应该以速度 c 传播。麦克斯韦理论是正确的,而经典的速度叠加原理对光而言则不成立了。

19 世纪初的杨氏双缝实验验证了光的波动性。我们知道任何类型的机械波都依赖于介质传播,因此最初人们很自然地认为光也依赖于介质传播,而光的速度则是相对于这种介质而言的。在 19 世纪 80 年代中期,美国科学家迈克耳孙(A. A. Michelson)和莫雷(E. W. Morley)做了一系列实验来测量光的速度。他们做的实验后来被称为迈克耳孙-莫雷实验。实验得到的结果令人吃惊:光在真空中的速度并不依赖于地球相对太阳的运动!这个结果的最终结论是光波与机械波不同,它的传播可以不依赖于介质。接下来的数年中有许多科学家试图在牛顿理论的框架下解释这个实验,但都没有取得成功。

直到 1905 年,爱因斯坦发表了第一篇狭义相对论的论文,才有了正确的结论。当时他对迈克耳孙-莫雷实验几乎一无所知,只是从麦克斯韦方程中发现了光速的唯一性,并且把这作为狭义相对论的基本假设之一。值得一提的是,爱因斯坦从 16 岁就开始认真思索相对论的问题,当他发表自己的理论时,只是瑞士伯尔尼的一个专利审查员。更不可思议的是,同一年里他还发表了其他两篇重要的论文。一篇是有关布朗运动的,文章中他提出了测量原子大小的方法;在另一篇论文中他用光量子解释了光电效应,这对量子力学理论的诞生起了关键性作用。他在 1921 年获得诺贝尔物理学奖就是由于他的第三篇论文。

某些经典意义上的“相对论”仍然正确。其实,人们很早就认识到不存在绝对的运动,所有的运动都是相对于某一参考系而言的。最简单的参考系就是那些没有作加速运动的参考系。牛顿第一定律只在这种参考系中才成立,人们称这种参考系为惯性参考系(简称惯性系)。在惯性系中,除非有外力的作用,否则静止的物体永远保持静止,而运动的物体则永远以不变的速率沿一条直线运动。

物理定律在惯性系中具有最简单的形式。比如地球就是一个近似的惯性参考系。只是由于地球的自转,我们能观察到非惯性力——科里奥利力,这使得描述地球上物体的运动变得复杂。因为净力 $\boldsymbol{F}$ 并不等于 $m\boldsymbol{a}$,而是等于 $m\boldsymbol{a}$ 加上一个非惯性力,这就不像在惯性系中描述那么简单。物理定律不仅在惯性系中最简单,而且在所有惯性系中,它们都应该有相同的形式。因为没有绝对的运动,也就没有哪个参考系更为“优越”。

图 10-1 爱因斯坦(1879—1955)是 20 世纪最伟大的物理学家。他不仅创立了现代的相对论,使我们对于宇宙有了全新的认识,对于量子力学他同样有着许多重要的贡献

爱因斯坦(图 10-1)根据这些思想提出了狭义相对论的两个简单假设。第一个假设为:

假设 I 物理定律在所有的惯性参考系中都完全相同,并且形式最简单。

和许多基本命题一样,这个假设包含的内容要比看上去所表述的多得多。我们将会发现相对论中动量和能量的定义都应该作某些修正,以符合这个假设,修正的结果之一是著名的质能方程 $E=mc^2$。这种形式上的修正对理解物理概念并没有太大影响,重要的是实验能验证这些理论的结果。

与第一个假设同样重要,爱因斯坦的第二个假设为:

假设 II 光在真空中速率为常量,不依赖光源与观察者之间的相对运动。

下面一节讨论这两个假设导致的时空观的变革。

§10.2 狭义相对论的时空观

两个事件的时间间隔大小是否依赖于观察者?对于一个过程,比如赛跑,直观上我们认为所花的时间对跑步的人和旁观者来说都是一样的,如果说有不同的话,那也是因为计时精度有限。但如果真的仔细考察一下计时过程，即时间“测量”过程，我们会发现时间间隔的测量结果依赖于观察者相对于测量对象的运动。

10.2.1 同时性

先考虑一下如何给一个过程计时。比如用秒表，怎么开始和停止计时呢？一种办法是以接收到某事件中发出的光为准，这种事件可以是发令枪喷出烟雾，可以是开灯，也可以是关灯。

现在设想用开关灯的方法来测量两个闪光的时间间隔。如图 10-2 所示，车厢两端有两个闪光灯，中间有一个观察者 A，车厢相对于地面的观察者 B 向右运动。观察者 A 经过 B 这一瞬间两个闪光灯发光，这时两个闪光灯相对于观察者来说是等距离的。由于假设Ⅱ，观察者 B 测量闪光到达的时间间隔为零，即同时到达。她判断两个闪光同时发生。

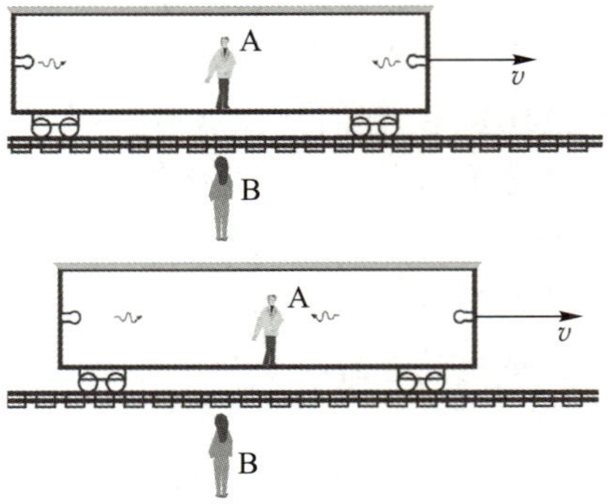

图 10-2 观察者 B 站在站台上，同时接收到两个闪光。她会发现与车厢一起运动的观察者 A 并非同时接收到这两个闪光，同时性不是绝对的

再来看观察者 A 是否同时接收到这两个闪光，由于光在传播过程中 A 向右运动，因此容易想象右边闪光灯发出的光到达 A 所走的路程较左边的要短，根据假设Ⅱ，它比左边的闪光要更早到达观察者 A。因此在观察者 A 看来，两个闪光不是同时发生的。从这里可以看出观察者的相对运动会影响他们对事件是否同时发生的判断。同时性不是绝对的！

上面这个例子实际上是个“思想实验”，我们也许会错误地猜想，只要闪光灯同时发光，那么处于正中间的两个观察者就会同时接收到闪光。仔细分析发现情况并不是这样。爱因斯坦就非常擅长“思想实验”。他非常细致地分析了观察过程是如何进行的，而抛开了那些看似显然的东西。“思想实验”的正确性当然还得用实际的实验来检验。爱因斯坦的天才就在于“思想实验”总能被实际实验所确认。

总之，如果观察者测量（如通过接收闪光的方法）到两个事件是同时发生的，那么这两个事件就被定义为“同时”。一般而言两个事件不会对所有参考系的观察者都同时。

10.2.2 时间延缓

对时间间隔测量和同时性的考虑会自然地导出一个重要的相对论效应,即时间延缓(time dilation)。比如设想高速飞行的飞船上的一个宇航员和一个地球观察者,要测量飞船上光发射并被反射回来的时间间隔,如图10-3所示。比较宇航员和地球观察者对这个时间间隔的测量,结果会是如何呢?这个问题的答案将引出一个有趣而且意义深远的结论,我们将发现这两个人的测量结果不同:宇航员的测量结果小于地球观察者的结果。原因如下:宇航员所在参考系中光传播的距离小于地球参考系中光传播的距离,而两个参考系中光速都是一样的,因此地球参考系中光走过较长的距离自然要花较长的时间。

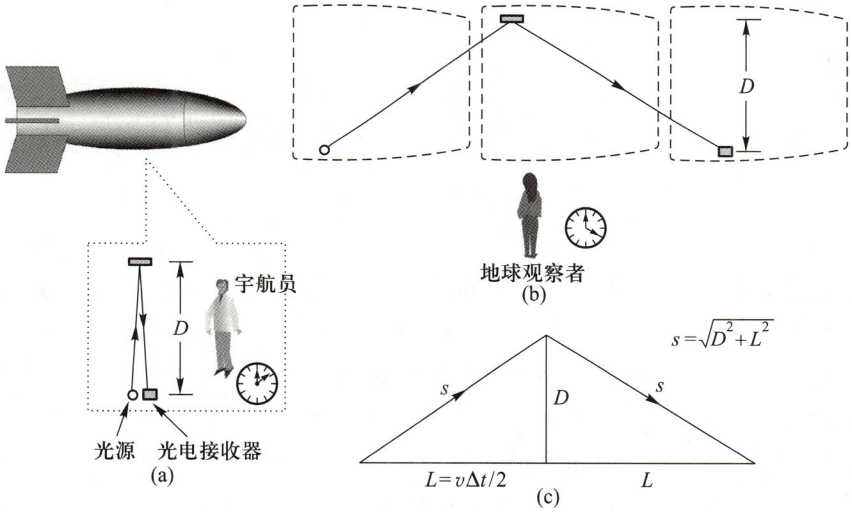

图10-3 (a)一个宇航员使用电子表测量光经过飞船的时间,光在飞船参考系中传播了$2D$的距离;(b)地球上一个观察者看到的是光传播了更长的路径,长度为$2s$,花的时间为Δt;(c)$2D$与$2s$的关系可从对这几个三角形的分析中得到

为了定量验证这种时间间隔测量对参考系的依赖性,考虑各参考系中光走过的路径。如图10-3(c)所示。宇航员看到光反射前后共走过$2D$的距离,即飞船宽度的两倍。地球观察者看到光传播的距离为$2s$。因为飞船以速度$\boldsymbol{v}$相对于地球向右运动,所以在地球参考系看来,光必须向右上运动到反射镜上,反射后向右下运动,再到达光接收器。时间等于距离除以光速c,因此宇航员测量到的时间是

$$\Delta t_0=\frac{2D}{c}$$

我们把相对于某个过程(在这里就是光发射和接收两个事件)静止的参考系对该过程测出的时间间隔称为固有时(proper time)。在这个例子中,宇

航员测量到的即为固有时。地球观察者测量到的时间为

$$\Delta t=\frac{2s}{c}$$

为了找到 Δt_0 与 Δt 之间的关系,考虑图 10-3 中由 D 和 s 组成的三角形。此三角形的第三边为 L,即在光穿越飞船时间内宇航员相对于地球运动的距离。在地球观察者看来

$$L=\frac{v\Delta t}{2}$$

根据勾股定理

$$s=\sqrt{D^2+(v\Delta t/2)^2}$$

代入 Δt 的表达式可得

$$\Delta t=\frac{2s}{c}=\frac{2\sqrt{D^2+(v\Delta t/2)^2}}{c}=\sqrt{(\Delta t_0)^2+\frac{v^2}{c^2}(\Delta t)^2}$$

因此

$$\Delta t=\frac{\Delta t_0}{\sqrt{1-\frac{v^2}{c^2}}}=\gamma\Delta t_0 \tag{10-1}$$

这里 $\gamma=1/\sqrt{1-v^2/c^2}$。注意观察(10-1)式,首先相对运动的不同观察者测得的两个事件的时间间隔是不同的,尽管他们都在惯性参考系中;其次,静止参考系中观察者(本例中为宇航员)测量到的时间(即固有时)小于其他观察者测量到的时间。其他参考系中的观察者测量到的时间更长,这种效应被称为时间延缓。地球观察者发现相对于地球运动的系统的时间延缓了,或者说,根据地球观察者的观察,在运动参考系中的时钟变慢了。所有相对于观察者运动的时钟,包括生物钟的运行(如老化),都要比相对于观察者静止的钟走得慢。

请注意,如果相对速度远远小于光速($v\ll c$),那么 v^2/c^2 非常小,这种情况下两个测量结果 Δt_0 与 Δt 几乎是一样的。这说明在低速的情况下,相对论物理趋近于经典物理——在我们的日常生活经验中几乎也就感觉不到相对论效应了。(10-1)式也意味着相对速度不能超过光速。当 v 趋近于 c 时,Δt 趋向于无穷大。这就是说如果飞船以光速飞行,它上面的时间在地球观察者看来是停滞的。

有许多实验证据表明方程(10-1)式是精确成立的。其中一个例子是从太阳或外太空射到地球上的宇宙射线,与高层大气的原子核发生碰撞,产生被称为 μ 子的短寿命粒子。在相对 μ 子静止的参考系中(也称为它的自身参考系),它的半衰期(定义见第十三章)为 1.53 μs,这是固有时。从这些宇宙射线中产生出来的 μ 子速度相互之间差异很大,其中有些接近光速。人们发现 μ 子的寿命正如方程(10-1)所预言的那样,与速度有

关。它速度越大寿命越长。从地球参考系看来它的半衰期延缓了,它的内在“时钟”运行变慢了。本来它在 1.53 μs 就能衰减一半,结果运动起来就“变得”迟迟不衰减。

【例 10-1】 快速的 μ 子能“活”多长时间?

设想一个宇宙射线与高层大气原子核碰撞产生的 μ 子具有速度 $v=0.95c$。如果它以不变的速度飞向地球,并且在自身参考系中有 1.53 μs 的寿命,在地球参考系看来它的寿命为多少?

【解】 在 μ 子自身参考系中,观察者测量到的时间为固有时,所以 $\Delta t_0=1.53\ \mu s$。

根据公式(10-1),在地球参考系看来 μ 子的寿命为

$$\Delta t=\gamma\Delta t_0$$

其中

$$\gamma=\frac{1}{\sqrt{1-\frac{v^2}{c^2}}}=\frac{1}{\sqrt{1-\frac{(0.95c)^2}{c^2}}}=3.2$$

因此

$$\Delta t=\gamma\Delta t_0=3.2\times1.53\ \mu s=4.89\times10^{-6}\ s$$

上述例子中如果把 μ 子设想成宇航员,那么在地球上的观察者看来,宇航员做任何事情的时间都要长 2.2 倍。宇航员能感觉到这一点吗?只要他不看飞船外面的话是不能的。因为 2.2 倍是针对他所在参考系的所有时钟而言的,包括他的手表、心率、细胞代谢率、神经冲动的速率等,因此他无从分辨有无时间延缓。他所有的时钟都相对静止。运动是相对的,如果他往飞船外面看,将会是什么情景呢?

10.2.3 孪生子佯谬

当作为孪生兄弟中哥哥的宇航员相对于地球高速飞行时,时间延缓会导致一个有趣的结论,他会比自己的孪生弟弟更年轻。设想他以高速运动以至于 $\gamma=30$,那么一次在他看来历时 2 年的旅行对他留在地球上的孪生弟弟来说得 60 年。比如他花 1 年时间去远方的一个星球,进行一次简短的探险后再花 1 年时间返回地球。如果他离开时年龄是 40 岁,回来时他应该是 42 岁。但是地球上的所有事物都经历了 60 年,包括他的弟弟,如果还活着的话就应该是 100 岁了。

但运动是相对的,对宇航员来说,飞船是静止的,而地球在运动。如果他往飞船的外面看,他会看到地球上的时钟变慢了($\gamma=30$)。因此他在地球上的弟弟应该只过了 2/30 年,而他自己则长了 2 岁。

问题出在哪儿呢?他们的判断不可能都对!

和所有的悖论一样，前提都不完备，才会引出矛盾的结论。实际上，宇航员的运动与地球上的孪生弟弟的运动是截然不同的。宇航员加速到一个很高的速度，后来在到达远方星球之前减速，为了返回地球，他还得加速和减速。地球上的孪生弟弟则不会经历加速或减速运动。因此两者情形是不对称的，所以说宇航员会观察到同样的效应是不对的。

在 1971 年，美国物理学家 Joseph Hafele 与 Richard Keating 把极为精确的原子钟放在飞机上，作相对来说“高速”的运动，他们观察到了时间延缓效应。实验测量的精度为几纳秒。他们的结果在相对论预言的范围内。

10.2.4 长度收缩

对两个参考系的观察者来说，有一个物理量测量结果是一样的，那就是相对速度。尽管对同一个过程不同参考系的观察者测量出不同的时间，他们对相对速度——即距离除以时间，是认同一致的。这意味着距离或长度的测量也依赖于观察者的运动。为了得到相同的相对速度，他们必须测量出不同的距离。

前面关于 μ 子的例子很好地阐明了这一点。如图 10-4 所示，对地球上的观察者而言，μ 子从产生到衰变以 0.95 c 的速度飞行了 4.87 μs 的时间。因此它飞行的距离是 $L_0=v\Delta t=0.95\times3.0\times10^8\ \mathrm{m\cdot s^{-1}}\times4.87\times10^{-6}\ \mathrm{s}=1.39\ \mathrm{km}$。假设这刚好对应某一云层的厚度，也就是说它刚好能穿越这一云层。对于随 μ 子一起运动的观察者看来，它只存在了 1.53 μs，所以它“感觉”飞行的距离是 $L=v\Delta t_0=0.95\times3.0\times10^8\ \mathrm{m\cdot s^{-1}}\times1.53\times10^{-6}\ \mathrm{s}=0.44\ \mathrm{km}$。因此在他看来，该云层只有 0.44 km 厚，即“收缩”了。这种收缩称为洛伦兹收缩（Lorentz contraction），以纪念荷兰物理学家洛伦兹（H. A. Lorentz）首次提出相对论的长度收缩（length contraction）和坐标变

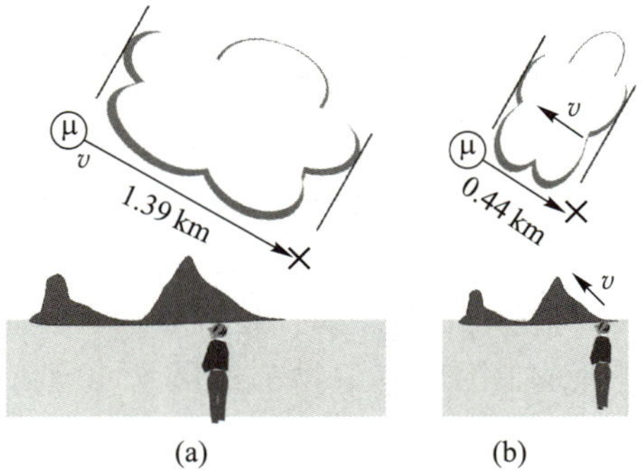

图 10-4 (a) 地球观察者看到 μ 子刚好穿越 1.39 km 厚的云层；(b) μ 子发现自己只走了 0.44 km，云层以及地球上所有其他静止的物体在运动方向上都缩短了

换式(见后文)。

地球参考系测量到的该云层厚度称为固有长度(proper length),因为它相对于地球静止,而 μ 子参考系中的观察者测量到的云层厚度则不是固有长度。根据上述关系,我们可以得到联系不同参考系长度测量结果的方程。考虑地球观察者对相对速度的测量结果:

$$v=\frac{L_0}{\Delta t}$$

再考虑 μ 子观察者对相对速度的测量结果:

$$v=\frac{L}{\Delta t_0}$$

因为 $\Delta t=\gamma\Delta t_0$,所以不难发现

$$L=\frac{L_0}{\gamma}=L_0\sqrt{1-\frac{v^2}{c^2}} \tag{10-2}$$

这就是长度收缩关系式。测量任何运动的长度,我们都会发现结果比在静止参考系中测量的结果小。注意测量运动的长度有两种方法,要么同时对比长度两端的坐标,要么用速度乘以长度两端通过某一点的时间差,前一种方法不需要知道运动速度。

【例 10-2】 宇航员高速运动观察到的星际距离收缩。设想一个宇航员,比如前面孪生子佯谬中的哥哥,乘飞船作星际旅行,相对论因子 $\gamma=30$。(1)他从地球飞到最近的星系——半人马座。地球观察者测量到半人马座的距离是 4.3 l.y.(光年),对地球到半人马座的距离,他的测量结果是多少?(2)他相对于地球的速度是多少?

【解】 光年在天文学中是一个方便的长度单位,即光行进一年的距离。4.3 l.y.是地球与半人马座之间的静止距离,因为地球和半人马座都相对于地球观察者静止(近似)。对宇航员来说,地球和半人马座以相同速度运动,因此他观察到的距离按公式(10-2)收缩了。

(1) 根据公式(10-2)可以得出宇航员测量到的距离为

$$L=\frac{L_0}{\gamma}=\frac{4.3\ \text{l.y.}}{30}=0.143\ \text{l.y.}$$

(2) 把 γ 值代入其定义中,

$$30=\frac{1}{\sqrt{1-\frac{v^2}{c^2}}}$$

解此方程可得他相对于地球的速度 $v=0.9994c$。可见 $\gamma=30$ 时速度非常接近光速。

为什么我们在日常生活中不会注意到长度的收缩?在乘客看来,火车到车站的距离好像和车的运动快慢并无关系。仔细观察(10-2)式我们会

发现在低速($v \ll c$)情况下长度几乎是不变的,这也就是经典物理学所预期的。但长度收缩的确是真实存在的,即使平时感觉不到。比如运动电子产生的电场,由于在运动方向上长度收缩,观察者看到电场在垂直方向上分布变得更强,即电场线更密了,如同在运动方向上被挤压了一样。如图 10-5 所示。当电子高速通过一个探测器(比如线圈)时,它的电场与探测器作用更为快捷,在斯坦福直线加速中心(SLAC)的实验室就可观察到这个效应。事实上,对于一个在加速器中运动的电子来说,是地球和加速器在作高速运动,因此它们的长度也收缩了。这里相对论效应是如此的明显,以至于在地球上看加速管道有 3 km 长,而电子看来只有 0.5 km。这对电子的瞄准有好处,0.5 km 的长度比 3 km 瞄准起来要容易得多,这也被实验所验证。

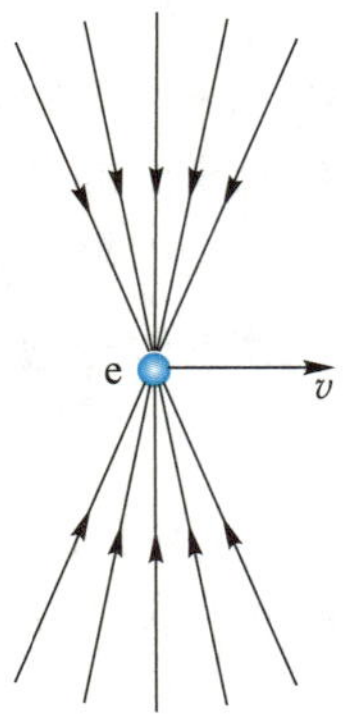

图 10-5 高速运动电子的电场在运动方向上压缩变形。当它高速穿过一个线圈时,实验可证实这一点

假如两个劫匪想利用隧道来劫持一列火车,如图10-6 所示,火车的固有长度是 500 m,隧道的固有长度也是500 m。他们认为如果火车高速运动的话长度会变短,比如变成了 495 m,那么他们就可以同时把隧道的两个口封起来,把火车堵在里面。而火车上的人看来隧道的长度为 495 m,火车是不可能被堵在里面的。到底会发生什么情况呢?

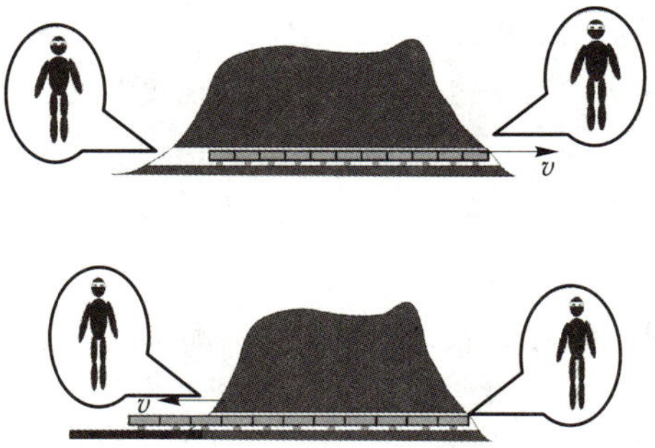

图 10-6 上图为劫匪看到的情形,火车比隧道短,可以把火车截在隧道中;下图是火车上乘客看到的情形,隧道比火车短,隧道两端无法同时被堵住

解答这个问题需要考虑到同时的相对性。在隧道参考系看来劫匪是同时封堵的,可在火车参考系上的乘客看来,封堵实际上是一前一后的。仔细分析(参见后一节)发现乘客看到的是前方的劫匪先堵,后面的后堵。如果前方的劫匪没真堵,那么等后面的劫匪要“与前方劫匪同时”堵截的时候,火车头已经出了隧道口。如果真堵上,那么在乘客看来,火车头停下

来了,可火车尾却接着往里走,完全进入隧道之后,后面的劫匪再堵上。

从这个例子我们又引出另外一个相对论“效应”——自然界不存在绝对的刚体。绝对的刚体就是指弹性系数(或杨氏模量)无限大的物体,即不能被压缩和变形的物体。光速不仅是物体运动的速度上限,也是信息传递速度(比如声波传播的速度)的上限。绝对刚体意味着声波能在其中以无限大速度传播,这在相对论中是不允许的。假如光速不是很大,而只有数十米每秒,比如 20 $m\cdot s^{-1}$。那么世界上一切物体看上去都是软绵绵的,因为声音的速度比这个速度还小,比如只有 2 $m\cdot s^{-1}$。推动一个长为 2 m 的物体的一端,它的另一端要经过 1 s 的时间才能感知到这个推动,因而才能动起来。上面这个例子就生动地反映了这一点,假如前方的劫匪真的把隧道口给堵住了,那么火车前面的人很快就会知道这件事,但后面的人却要一段时间之后才能知道。火车的尾部继续往前走,直到堵的作用(或信息)传到它那个位置为止。因此火车是“软”的。

§10.3 洛伦兹变换与相对论的速度叠加

10.3.1 洛伦兹变换

在物理学中,我们对一个事件(比如光的发射或接收、钟表的对时、粒子的产生或湮没等)的发生可用位置和时间一共四个坐标(x,y,z,t)来描述。不同惯性参考系的观察者应采用不同的坐标来描述同一个事件。在经典物理中,坐标之间的变换满足伽利略变换。习惯上我们选择的自己所在的参考系坐标为(x,y,z,t),而选择相对于我们运动的参考系坐标为(x',y',z',t')。如果选定在 $t=0$ 时刻两个参考系的坐标原点重叠,并且时间都置于 0 时刻,并假设两个参考系的相对运动只发生在 x 轴方向上,那么伽利略变换可表示为

$$\begin{aligned} x' &= x-vt \\ y' &= y \\ z' &= z \\ t' &= t \end{aligned} \tag{10-3}$$

其中 v 为运动参考系相对于我们的运动速度。在相对论中,一个事件在不同惯性参考系中的坐标可用洛伦兹变换(Lorentz transformations)联系起来:

$$x' = \gamma(x-vt)$$

$$y' = y$$

$$z' = z$$

$$t' = \gamma(t - vx/c^2) \tag{10-4}$$

其中

$$\gamma = \frac{1}{\sqrt{1-\frac{v^2}{c^2}}}$$

其逆变换式为

$$x = \gamma(x' + vt')$$

$$y = y'$$

$$z = z'$$

$$t = \gamma(t' + vx'/c^2)$$

篇幅所限，我们在此不对这些变换进行更多解释，实际上，在爱因斯坦提出相对论之前，洛伦兹变换就已经提出来了，但没有人注意到它们的深刻含义。爱因斯坦的两个假设自然地赋予了这些变换以相对论的意义。

注意，经典物理中两个坐标系的时间变换是独立的，而在相对论中，时间的变换跟空间坐标相关。这就是为什么在相对论中时间和空间总是彼此联系在一起、不可分割的原因。

有时我们会为相对论中的许多问题感到困惑，比如事件发生顺序的先后判断，物体长度的判断等。实际上，如果把"过程"视为线段，那么事件则是线段两端的点。学会了对事件点的分析，我们就能得出关于"过程"的结论。比如在前述劫匪劫持火车的问题中，就可通过对事件的分析了解它们在不同参考系发生的顺序。

【例 10-3】 如图 10-6 所示，火车以相对论因子 $\gamma=2$ 的速度向右运动。火车头到达隧道右边出口时，右边劫匪堵住该隧道口。隧道与火车的固有长度都是 500 m，两个劫匪在隧道参考系中同时堵住隧道口。(1) 在他们看来，堵住隧道口时，火车尾运动到什么位置？(2) 在火车上的乘客看来，两个劫匪的动作谁先谁后？

【解】 设左边劫匪堵住隧道口的时空坐标在隧道参考系和火车参考系分别为(x_1, t_1)和(x_1', t_1')，其中假设了隧道沿着 x 方向，由于在 y 和 z 方向上没有发生相对运动，为方便起见，省略了这两个方向上的坐标。火车头到达隧道右边出口与右边劫匪堵住该隧道口两个事件同时同地发生，可看成一个事件，时空坐标在两个参考系中分别为(x_2, t_2)和(x_2', t_2')。不妨以火车头到达隧道右边出口这个事件作为两个参考系时空坐标系对齐的事件，即令 $x_2 = x_2' = 0$，$t_2 = t_2' = 0$。对于第一问，可以有两种方法：第一种方法是用简单的长度收缩公式(10-2)，因为问题很简单，只要了解静止观察者对运动物体长度的测量结果就可以了；第二种方法是把火车尾经过左隧道口看成另一事件(x_3,t_3),找出这个事件发生的时间。然后用左边劫匪堵截的时间和这个时间之差乘以火车运动速度。

(1) 方法一:在劫匪看来,火车长度收缩变成

$$L=\frac{L_0}{\gamma}=\frac{500\ \text{m}}{2}=250\ \text{m}$$

因此此时火车尾应该运动到隧道的中央。

方法二:设火车尾经过左边隧道口的时空坐标在两个参考系中分别为(x_3,t_3)和(x_3',t_3'),隧道长度为 500 m,因此,

$$x_2-x_3=L_0=500\ \text{m}$$

因 $x_2=x_2'=0$,$t_2=t_2'=0$,故

$$x_3=-L_0=-500\ \text{m}$$

根据洛伦兹变换式(10-4)式及其逆变换,要求得 t_3,显然要知道 x_3' 或 t_3'。我们从火车的角度来看,火车头的坐标是 $x_2'=0$,火车尾的坐标始终是 $x_3'=-L_0$。

根据洛伦兹变换

$$x_3'=\gamma(x_3-vt_3)$$

利用 $x_3=-L_0$,可解得

$$t_3=-L_0(1-1/\gamma)/v$$

注意到 $\gamma>1$,所以 $t_3<0$。因此在劫匪看来,火车尾经过左隧道口的时刻早于自己堵截的时刻(0 时刻)。

在 0 时刻,左边劫匪进行堵截,这时火车尾进入隧道的距离为:$v(0-t_3)=L_0(1-1/\gamma)=250\ \text{m}$,因此刚好运动到隧道中央。与方法一结论一致。

(2) 根据洛伦兹变换

$$t_1'=\gamma(t_1-vx_1/c^2)$$

因为两个劫匪在隧道参考系中是同时堵住隧道口,所以 $t_1=t_2=0$。火车长度 $x_2-x_1=L_0=500\ \text{m}$,故

$$t_1'=\gamma(t_1-vx_1/c^2)=-\gamma vx_1/c^2=\gamma vL_0/c^2>0$$

而 $t_2'=0$,因此在乘客看来左边劫匪要晚些行动。

有兴趣的读者可以自己用洛伦兹变换式把时间延缓效应和长度收缩效应推导出来,这里不一一赘述。

10.3.2 相对论的速度叠加

我们先回顾一下经典的速度矢量叠加法则。比如,当飞机在风中飞行的时候,它相对于地面的速度就等于它相对于风(运动的空气)的速度加上风速。

为简单起见,暂时只考虑一维的速度叠加。经典物理学中,一维的速

度叠加和普通的数的运算是一样的。如图 10-7 所示，敞篷小卡车的后车厢上有一人，她先向前扔一块石头，再向后扔一块石头，两块石头相对于小卡车来说都是25 $\mathrm{m\cdot s^{-1}}$。小卡车以 20 $\mathrm{m\cdot s^{-1}}$的速度向路边的行人（静止不动）驶来。我们定义向前为正，v 为小卡车相对于地面的速度，u 为石头相对于行人的速度。u'为石头相对于小卡车的速度。经典的速度叠加法则是这样表述的：

$$u=v+u'$$

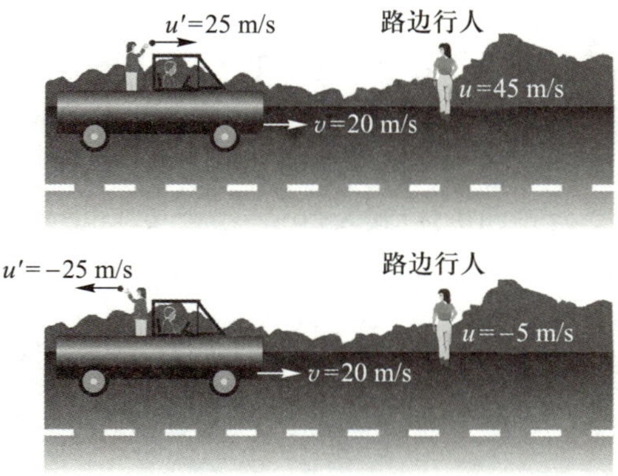

图 10-7 经典的速度叠加法则，上图表示小卡车中石头的投掷方向与小卡车运动方向相同，石头相对于行人速度为两个速度简单相加，下图表示小卡车中石头的投掷方向与小卡车运动方向相反，石头相对于行人速度为小卡车运动速度减去石头投掷速度

这个叠加法则可以由伽利略变换对时间求导数得到，有兴趣的读者可自行推导。如果石头向前扔，那么 $u=20\ \mathrm{m\cdot s^{-1}}+25\ \mathrm{m\cdot s^{-1}}=45\ \mathrm{m\cdot s^{-1}}$。这与我们的直觉相符，石头相对于行人的速度比扔出去的速度更快。如果石头向后扔，那么 $u=20\ \mathrm{m\cdot s^{-1}}-25\ \mathrm{m\cdot s^{-1}}=-5\ \mathrm{m\cdot s^{-1}}$，负号表示石头相对于行人来说也是向后的（图中向左）。

相对论的假设Ⅱ表明经典的速度叠加原理不再适用于光波。因为如上例所示，如果扔出去的不是石头，而是朝前照射的一束光，那么按上面的计算方法会发现光相对于行人的速度要大于 c。这与假设Ⅱ矛盾。

要么光波是个例外，要么经典的速度叠加法则仅适用于低速运动的物体。爱因斯坦发现后者是对的，一维情况下正确的速度叠加法则是

$$u=\frac{v+u'}{1+\frac{vu'}{c^2}} \tag{10-5}$$

这里 v 是两个观察者之间的相对速度，u 是物体相对于某一观察者的速度，u'是物体相对于另一观察者的速度。为了简单起见，通常规定 u 为我们自己（或静止参考系）测量到的速度，别人（或运动参考系）相对于我们以速

度 $\boldsymbol{v}$ 运动，他测量的结果是 u'。注意在低速情况下，vu'/c^2 很小，(10-5)式给出的结果与经典的速度叠加法则很接近。因此经典速度叠加法则是低速情况下相对论速度叠加法则很好的近似，怪不得在已有经验中人们没有察觉到它有什么不对。

【例 10-4】 光速不变。

假设一艘飞船朝地球以 $c/2$ 的速度飞来，并向地球发射一束激光。已知激光离开飞船的速度是 c，计算它到达地球的速度。

【解】 观察者或参考系的相对速度是 $v=0.5c$。而光相对于飞船的速度是 $u'=c$。要计算光相对于地球的速度 u。可使用(10-5)式。把 v 和 u' 的值代入(10-5)式：

$$u=\frac{v+u'}{1+\dfrac{vu'}{c^2}}=\frac{0.5\,c+c}{1+\dfrac{0.5\,c\cdot c}{c^2}}=c$$

此结果与相对论假设Ⅱ完全符合。

只要 v 和 u' 不超过 c，那么叠加之后速度也不可能超过光速。下面例子表明相对论的速度叠加不如经典的速度叠加那么直接和直观。

【例 10-5】 假设飞船以 $0.5c$ 的速度接近地球，并以 $0.75c$ 的速度射出一枚子弹。(1)如果子弹射向地球，请问地球观察者测量到子弹的速度为多大？(2)如果子弹是朝背离地球的方向射出，结果又是如何？

【解】 飞船与地球的相对速度是 $v=0.5c$。对第一问，已知运动参考系观察到的速度为 $u'=+0.75c$；对第二问，$u'=-0.75c$，正负号分别表示 u' 的方向与 v 方向相同和相反。同样可采用(10-5)式。

(1) 根据(10-5)式可得

$$u=\frac{v+u'}{1+\dfrac{vu'}{c^2}}=\frac{0.5c+0.75c}{1+\dfrac{0.5c\cdot 0.75c}{c^2}}=0.909c$$

(2) 类似地，有

$$u=\frac{v+u'}{1+\dfrac{vu'}{c^2}}=\frac{0.5c-0.75c}{1-\dfrac{0.5c\cdot 0.75c}{c^2}}=-0.4c$$

负号表示速度方向是远离地球的(即与 $\boldsymbol{v}$ 反向)。

尽管光速不依赖于相对速度，光的频率和波长却和相对速度有关，这称为相对论多普勒效应(relativistic Doppler effect)。第三章中讨论过声波的多普勒效应，只要声源和观察者有相对运动就会产生多普勒效应。对光或任意电磁波而言，当光源和观察者相背运动时波长要变长(红移)，相向运动时波长要变短(蓝移)。相对论中光的多普勒效应的公式为

$$\lambda=\lambda_s\sqrt{\frac{1+u/c}{1-u/c}} \tag{10-6}$$

这里 λ 是观察到的光波波长，λ_s 是光源发出的光波波长，u 是光源相对于观察者的速度。相背运动时 u 为正，相向运动时 u 为负。多普勒效应被广泛应用于雷达测速和风暴检测。

§10.4 相对论动量和能量

10.4.1 相对论动量

动量是物理学中最重要的概念之一。牛顿第二定律的广义形式就是用动量来表述的。只要系统所受外力为零，动量就会守恒，这使得动量守恒定律成为分析碰撞问题的基本工具。我们将看到在近代物理中动量概念同样重要，因为亚原子结构的许多知识都是通过分析微观粒子之间的碰撞来获得的。这些粒子从加速器中产生，速度接近光速，因此是相对论性的，相对论动量(relativistic momentum)也是守恒的。

相对论的假设 I 说物理定律在所有惯性参考系都是相同的。动量的守恒定律在高速情况下也成立吗？答案是肯定的，只要我们把动量重新定义为经典动量乘以相对论因子 γ。它的方程形式为

$$\boldsymbol{p}=\gamma m_0\boldsymbol{u} \tag{10-7}$$

这里 m_0 为物体的质量，$\boldsymbol{u}$ 为物体相对于观察者的速度，相对论因子 $\gamma=1/\sqrt{1-u^2/c^2}$。如果这样定义 $\boldsymbol{p}$，那么总动量就如同经典物理中的动量那样守恒。我们再次看到，在低速情况下相对论动量与经典动量几乎一致，因为此时 γ 趋近于 1。

相对论动量与经典动量给人的直观感觉是一样的，质量越大，速度越大，动量值越大，不过由于有因子 γ，相对论动量在 u 趋近于 c 时趋向无穷大，如图 10-8 所示。这也表明有质量的物体无法达到光速。

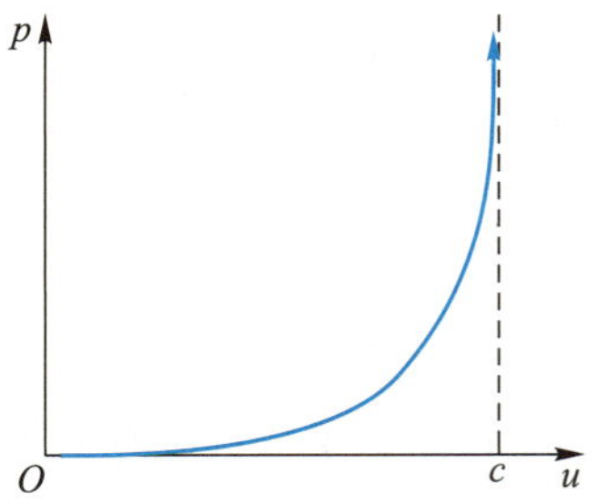

图 10-8 相对论动量随速度变化，在速度接近于光速时，相对论动量趋近于无穷大

(10-7)式有时可理解为质量随速度而变：$m=\gamma m_0$，这个量一般被称为动质量。注意其中 m_0 为相对于物体静止的观察者测量到的质量，因此 m_0 定义为静质量(rest mass)，它可通过万有引力定律用静力学方法来测量。当一个物体相对于观察者运动时，确定其质量的唯一办法是通过碰撞或其他与动量相关的过程。运动物体的质量不能由动

量唯一确定下来，动量和速度都会在碰撞过程中发生变化，只有静质量在这些过程中是确定的。质量随速度增加的想法虽然很吸引人，却不能直接验证；因此我们只关注静质量。我们将看到静质量本身依赖于其中存储的能量（$\Delta m=\Delta E/c^2$）。以后不作特别说明的情况下，质量都是指静质量。

下一节介绍相对论动量和能量的关系。这个关系导出了一个重要的结论：没有质量的物体也可以有动量。

10.4.2 相对论能量

能量守恒定律是物理学中最重要的定律之一。能量不仅有许多不同的形式，而且不同形式之间还可以相互转化，保持总能量恒定。能量概念自从引入就在许多物理问题和人们的实践中起着核心作用。相对论能量（relativistic energy）仍然守恒，只要把它的定义在经典能量的基础上稍作修改。重新定义的能量让人们以一个全新的视角认识物质和能量。

一、总能量与静能

爱因斯坦证明，如果相对论能量作如下定义，那么它也是守恒的：

$$E=\gamma m_0c^2 \tag{10-8}$$

这里 m_0 为物体的静质量，c 为光速，$\gamma=1/\sqrt{1-u^2/c^2}$，$u$ 为物体相对于观察者的速度。下面将讨论这个能量公式的许多相关问题，包括如何在公式中包含动能和势能以及如何与相对论动量联系起来等。但首先应注意到，物体静止时能量并不为零，而具有静能（rest energy）：

$$E_0=m_0c^2 \tag{10-9}$$

这就是著名的爱因斯坦质能方程，它第一次证明了能量与静质量联系在一起。比如，如果物体中储有势能，它的静质量将会增加。反过来也意味着可通过消耗质量来释放能量。爱因斯坦的结果发表后，有相当一段时间人们没有完全认识到上面这两个方程的重要意义，而且起初它们也没有得到广泛的认可。

今天，质能转化的应用，比如核武器和核电站，都是众所周知的。但实际上在爱因斯坦第一次提出相对论能量时，就已经有些质能转化的实例，如早年发现的原子核辐射就曾是一个谜，因为它的能量来源是未知的。爱因斯坦的解释是：这些原子核发生了核反应，质量的一小部分被消耗，转化成了能量并以原子核辐射的形式释放出来。但是消耗的质量太小了，非常难以探测。尽管爱因斯坦很早就提到质量是放射性材料能量的来源，质能转化关系还是许多年以后才得到广泛的认可。

由于静能和质量的联系，我们现在认为质量是能量的一种形式，而不是完全独立的物理概念。我们现在已经知道质能转化是太阳能量的来源，也是原子核衰变的能量来源，还是地球内核保持炙热的原因。

二、存储能量与势能

对一个物体进行加热或对电池充电都会使它们的能量增加，因此也会增加它们的静质量。所有存储的能量都变成了物体的质量。那为什么我们通常没有注意到这一点呢？事实上，质量守恒直到19世纪都被认为是正确的。为什么人们一直都没有发现其实它并不正确？下面这个例子可解释其中的原因。

【例 10-6】 由于能量的注入导致的微小质量增加。

汽车电池能以12.0 V的电压充入600 A·h的电荷量。(1)计算充电前后电池质量的增加；(2)如果电池质量是20 kg，请问质量增加的百分比是多少？

【解】 先找到存储在电池中的能量。因为 $W=qU$，我们可简单地把电荷量与充电电压相乘。然后再利用公式 $\Delta E=W=(\Delta m)c^2$ 计算电池质量的增加。

(1) 因为电荷量等于电流乘以时间，所以

$$q=It=600\ \text{A}\cdot\text{h}$$

由于 $1\ \text{A}=1\ \text{C}\cdot\text{s}^{-1}$，$1\ \text{h}=3\ 600\ \text{s}$，所以

$$q=600\ \text{C}\cdot\text{s}^{-1}\cdot 3\ 600\ \text{s}=2.16\times10^{6}\ \text{C}$$

所以存储的电势能为

$$W=qU=2.16\times10^{6}\ \text{C}\times12.0\ \text{V}$$

注意到 $1\ \text{V}=1\ \text{J/C}$，所以可计算出

$$W=2.59\times10^{7}\ \text{J}$$

质量的增量为

$$\Delta m=\frac{W}{c^2}=\frac{2.59\times10^{7}\ \text{J}}{9.00\times10^{16}\ \text{m}^2\cdot\text{s}^{-2}}=2.88\times10^{-10}\ \text{kg}$$

(2) 质量增加的百分比是

$$\frac{\Delta m}{m}\times100\%=\frac{2.88\times10^{-10}\ \text{kg}}{20.0\ \text{kg}}\times100\%=1.44\times10^{-9}\%$$

由于 c^2 很大，日常生活中遇到的质量增量往往非常小，难以测量到。

三、动能和速度极限

动能即运动的能量。经典物理学中，动能是众所周知的$\frac{1}{2}m_0v^2$。假设外界对系统做的功完全转化为动能，那么相对论动能的形式可从功能原理导出。如果系统开始静止，即动能为零，则功能定理可表述为：净做功=动能。相对论的静能为 $E_0=m_0c^2$，做功把能量增加到 $E=\gamma m_0c^2$，因此，净做功 $=E-E_0=(\gamma-1)m_0c^2$，即相对论动能为

$$E_{\text{kr}}=(\gamma-1)m_0c^2 \tag{10-10}$$

在静止时，如预料那样，因为 $\gamma=1$，所以动能为零。从形式上看相对论动能和经典动能 $(1/2)m_0v^2$ 的形式很不一样，不过我们可以用二项式展开

来验证它们在低速情况下是一致的：

$$\gamma=1+\frac{1}{2}\frac{v^2}{c^2}+\cdots$$

省略号表示(v^2/c^2)的高次方项。因此在低速时

$$\gamma-1=\frac{1}{2}\frac{v^2}{c^2}$$

可见相对论动能与经典动能在低速情况下是一致的。下面讨论在物体速度趋于光速时动能有多大。我们已知 γ 在 v 趋于 c 时变成无穷大。因此要做无穷多的功(也就是说需要无穷大的能量)才能把一个物体加速到光速,因此任何物体都无法被加速到光速。因此光速 c 就成了所有物体的速度极限,如图10-9所示。所有这些都与速度叠加原理是一致的:小于 c 的两个速度的叠加结果总还是小于 c,有兴趣的读者可以自己证明。动能的相对论形式和速度极限已在无数的实验中得到验证。不管有多少能量用来加速一个粒子,它的速度都只能逼近光速,而无法达到。

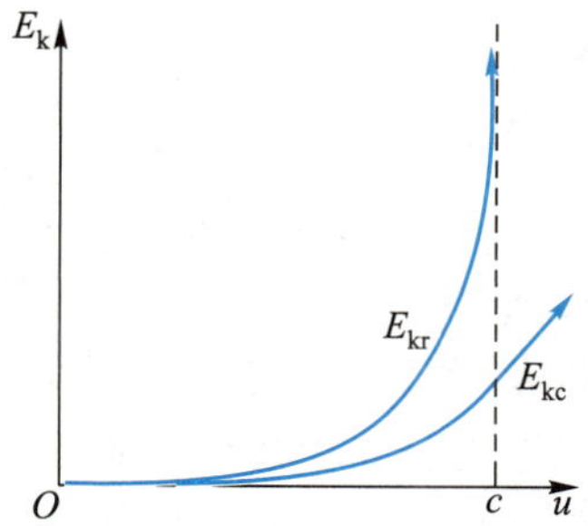

图 10-9 相对论动能与经典动能随速度变化。在速度趋于光速时,相对论动能趋于无穷大,而经典动能仍然有限

【例 10-7】 以 MeV 为单位表示速度为$v=0.99c$ 的电子的动能,并与经典的动能值对比。

【解】 速度在接近光速的时候必须使用动能的相对论形式,可以预计在如此接近光速的情况下相对论的动能计算结果与经典的结果差异较大。

动能的相对论形式为

$$E_{kr}=(\gamma-1)m_0c^2$$

$$\begin{aligned}\gamma&=1/\sqrt{1-v^2/c^2}\\&=1/\sqrt{1-(0.99c)^2/c^2}\\&=7.09\end{aligned}$$

因此电子动能为

$$\begin{aligned}E_{kr}=(\gamma-1)m_0c^2&=(7.09-1)\times9.11\times10^{-31}\ \mathrm{kg}\times9.00\times10^{16}\ \mathrm{m^2\cdot s^{-2}}\\&=4.99\times10^{-13}\ \mathrm{J}\end{aligned}$$

因为 $1\ \mathrm{MeV}=1.60\times10^{-13}\ \mathrm{J}$,所以

$$E_{kr}=4.99\times10^{-13}\ \mathrm{J}\times1\ \mathrm{MeV}/(1.60\times10^{-13}\ \mathrm{J})=3.12\ \mathrm{MeV}$$

电子动能的经典结果为

$$
\begin{aligned}
E_{kc} &= \frac{1}{2}m_0v^2 \\
&= \frac{1}{2}\times 9.11\times10^{-31}\ \mathrm{kg}\times(0.99)^2\times9.00\times10^{16}\ \mathrm{m^2\cdot s^{-2}}\times\frac{1\ \mathrm{MeV}}{1.60\times10^{-13}\ \mathrm{J}} \\
&= 0.251\ \mathrm{MeV}
\end{aligned}
$$

可见在接近光速的情况下必须采用动能的相对论形式才能得出正确的结果，经典的动能形式完全不适用。事实上，在接近光速的时候，影响动能变化的主要因素在于动质量的变化，要把速度提高哪怕是一点点都要付出极大的能量。

把速度增加到非常接近光速有没有现实意义呢？答案是肯定的。我们从粒子加速的实验中学到了许多知识。用来给粒子加速到接近光速的能量可以转化成别的形式，甚至是全新的粒子。关于物质的微观结构以及诸多短寿命粒子的知识都是通过这种方式获得的。将粒子加速到接近光速并让其与其他粒子碰撞，就有可能产生全新的粒子，通过分析这些新粒子我们能了解物质的亚原子结构。这就是当今高能物理研究的重要内容。

10.4.3 相对论能量与动量的关系

我们已知经典的动能和动量是联系在一起的：

$$E_{kc}=\frac{p^2}{2m_0}=\frac{(m_0v)^2}{2m_0}=\frac{1}{2}m_0v^2$$

在相对论中，可从能量和动量的定义中找出它们之间的关系，结果为

$$E^2=(pc)^2+(m_0c^2)^2 \tag{10-11}$$

这里 E 为相对论总能量，p 为相对论动量。它们的关系比经典的要复杂，也包含更多信息。首先，能量与动量和静质量联系在一起。静止的时候，动量为零，能量就等于静能。物体加速时，静质量保持不变，因此方程后面那项也不变，但是动量会变，能量因此也跟着变。在足够高速的时候，静能项与动量项相比可以忽略不计，此时 $E\approx pc$。

如果我们认为动量与质量相互独立，那么(10-11)式无疑给出了无质量粒子的行为。令(10-11)式中的 m_0 为 0，那么 $p=E/c$。可以看到静质量为零的粒子同样有动量。目前发现自然界中有几种无质量粒子，其中包括光子（电磁辐射的量子形式）。(10-11)式给出的另外一个结论是无质量粒子必须以光速 c 运动。尽管本书范围所限我们不能详细讨论(10-11)式的所有推论，但我们能看到它不仅在狭义相对论领域，更在整个近代物理学的发展进程中具有深远意义。

相关链接：广义相对论简介

思考题

10-1 经典物理学在低速情况下是精确的，还是近代物理学的一个很好的近似？

10-2 相对论效应如时间延缓和长度收缩对汽车和飞机也是存在的，为什么我们会对这些效应感到陌生？

10-3 运动会不会影响时钟的快慢？设想观察者与时钟一起运动。

10-4 对谁而言一个过程会显得持续更长时间，是运动的观察者还是静止的观察者？谁测量到的是固有时？

10-5 对谁而言物体的长度更长，是相对于物体静止的观察者还是运动的观察者？谁测量到的长度是固有长度？

10-6 设想一个宇航员以接近光速相对于地球运动。他是否会发现自己的表变慢了？他会发现地球的时钟有什么变化？他是否发现自己的飞船变短了？他观察到的太阳大小是否与我们观察到的一样？他测量自己飞船的速度是否与我们的测量结果一样？

10-7 请解释一下相对论多普勒效应中的“红移”和“蓝移”。

10-8 相对论是如何修正动量守恒定律的？

10-9 相对论是如何修正能量和质量守恒的？

10-10 锅中的水由热变冷之后，如果没有水分子逸出，水的质量有何变化？解释实验观察的结果。

10-11 如果用一束激光照射月球，你可以使投射到月球上的光斑高速移动，甚至超过光速，这是否有悖于相对论？

习题

习题答案

10-1 一艘停下来有 200 m 长的飞船，以 $0.97c$ 的速度飞临地球。地球上的人看到飞船的长度是多少？

10-2 静止的中子在观察者看来寿命是 900 s。如果有人观察到中子寿命是 2 065 s，那么中子相对于他的速度是多大？

10-3 设想一艘以 $0.75c$ 朝地球飞行的飞船上射出一颗子弹，相对于飞船的出射速度是 $0.5c$。(1) 如果子弹对着地球射出，其相对于地球的速度有多大？(2) 如果子弹背离地球射出，其相对于地球的速度又有多大？

10-4 当一个导弹从一艘飞船射向另一艘飞船，它相对于原飞船的速度是 $0.95c$，相对于目标飞船的速度是 $0.75c$，设想原飞船、导弹和目标飞船的飞行在同一直线上。请问这两艘飞船的相对速度是多少？

10-5 一艘朝附近恒星运动的探测器速度是 $0.25c$，它发出无线电波的频率是 1.00 GHz，请问地球上接收到该电波的频率是多少？

10-6 计算质量为 6.68×10^{-27} kg 的氦原子核以 $0.2c$ 运动时的动量。

10-7 一颗质量为 2.00×10^{31} kg 的超新星爆发时释放出 1.00×10^{44} J 的能量。(1)有多少千克质量被消耗掉了？(2)消耗的质量与原质量的比是多少？

10-8 正电子是电子的反粒子，质量与电子相同。当正电子与电子相遇时会发生湮没，把所有的质量转化成能量。(1)假设湮没前正负电子的动能可以忽略不计，计算这个能量值；(2)如果这个能量以动能形式传递给了质子，它的速度有多大？(3)如果这个能量以动能形式传递给另一个电子，它的速度有多大？

10-9 (1)计算消耗 1 kg 质量所产生的能量值；(2)这些能量能把多少千克的物体举到 10.0 km 的高度？

参考文献

第十一章　量子物理基础

金属铜(111)晶面上的铁原子围栏。长期以来,量子力学中的波函数一直停留在理论的概念上。1993年人们用扫描隧穿显微镜第一次在量子围栏中“看到了”电子的波函数。

量子理论的诞生是从研究光的本性开始的。在牛顿看来,光是一种小的颗粒,不同颜色的光的颗粒不同,他主张光具有粒子性。与牛顿同时代的荷兰物理学家惠更斯(C. Huygens)却主张光是一种波动,但因他没有牛顿的声望大,光的粒子说在18世纪一直占统治地位。到了19世纪初英国医生和物理学家杨(T. Young)又提出光不是微粒而是波动的理论,这一理论由于得到了大量实验的证明最终得到认可(见第八章)。到了1864年,英国物理学家麦克斯韦(J. C. Maxwell)提出了电磁场理论,指出光是电磁波,可见光是电磁波中的一个波段,光是波动这一观点再也没有人怀疑了。这就是达到全盛时期的经典物理学的结论。

到了20世纪初,情况发生了变化。为了说明黑体辐射的实验规律,1900年德国物理学家普朗克(M. Planck)改变了经典物理一直认为电磁波在发射和吸收时的能量可连续改变的思想,提出了不连续的能量子假设。1905年爱因斯坦(A. Einstein)为了解释光电效应提出了明确的光子概念,即光是一束光子流。康普顿散射实验进一步证实光子除具有能量外,还具有动量。至此,光具有波粒二象性是不可否认的客观事实。1924年法国物理学家德布罗意(L. V. de Broglie)提出实物粒子的波动性并在3年后被实验证实。1926年,在微观粒子波粒二象性的基础上,经过海森伯(W. Heisenberg)、泡利(W. Pauli)、薛定谔(E. Schrödinger)、狄拉克(P. A. M. Dirac)等人的努力,建立了研究低能微观粒子运动规律的量子力学(quantum mechanics)。

量子力学的建立标志着人类对微观世界认识上的重大突破,它的影响延伸到一切和物质微观结构有关的现代科学技术。例如作为现代信息和通信技术基础的晶体管和集成电路、激光、原子能的释放和利用等，并为一系列学科奠定了理论基础，也包括研究分子构成及生物大分子结构的现代化学和生物学。与牛顿机械论的世界观相反，量子理论认为自然界在微观层次上是由随机性或概率支配的，人们无法知道某一时刻一个微观粒子所处的确切位置以及它下一步将做什么！只能给出这个微观粒子在空间各处出现的概率分布及其随时间的变化。如果说相对论为我们提供了新的时空观，那么量子理论则为我们提供了认识物质世界的新的思维方式和表达方式。

§11.1 黑体辐射

所有物体在 $T\neq 0$ K 的任何温度下都要以电磁波的形式向外辐射能量。在低温下，物体辐射不强，且辐射的电磁波主要是波长较长的红外线或极低温下辐射的微波。例如加热一块铁块，开始温度不太高时，它辐射的电磁波主要在红外波段，所以我们看不到它发光，但可以感到它辐射出的热量。随着温度的升高，不但铁块辐射出的热量逐渐增大，它的颜色也渐渐变成暗红再到发黄直到亮得耀眼。这表明在不同温度下物体发出电磁波的能量按波长有不同的分布。这种能量按波长的分布随温度变化的电磁辐射称为热辐射(thermal radiation)。物体在向外辐射能量的同时，也要吸收照射到它表面上的辐射能。如果同一时间内物体吸收的能量与物体因辐射而损失的能量相等，物体和辐射处于热平衡状态，物体温度保持不变。这时的热辐射称为平衡热辐射。下面只讨论这种平衡热辐射。

11.1.1 辐射出射度和吸收因子

物体辐射的能量与温度 T 和波长 λ 有关，设物体温度为 T 时，单位时间内从物体单位表面积辐射出来的波长在 $\lambda\sim\lambda+\mathrm{d}\lambda$ 间隔内的辐射能量为 $\mathrm{d}E$，实验表明 $\mathrm{d}E$ 与 $\mathrm{d}\lambda$ 成正比，即

$$\mathrm{d}E(\lambda,T)=M(\lambda,T)\,\mathrm{d}\lambda \qquad (11-1)$$

式中 $M(\lambda,T)$ 称为物体的单色辐射出射度(radiant exitance)，简称单色辐出度。它由物体本身的性质和表面情况决定。单位时间内从物体单位表面积辐射出来的包括各种波长的总辐射能称为总辐出度 $M(T)$。根据(11-1)式，有

$$M(T)=\int_0^{\infty} M(\lambda,T)\,\mathrm{d}\lambda \tag{11-2}$$

当辐射能入射到不透明的物体表面时，一部分被物体吸收，另一部分被物体反射。吸收的单色辐射能与入射的单色辐射能的比值称为物体的吸收因子(absorption factor)，用 $\alpha(\lambda,T)$ 表示。如果一种物体在任何温度下都能把入射其上的所有波长的辐射能全部吸收，即该物体的吸收因子 $\alpha(\lambda,T)$ 与 λ、T 无关，恒等于 1，那么这种物体称为绝对黑体(absolute black body)，简称黑体。

虽然不同物体的辐出度和吸收因子由于物体性质和表面情况的不同可能有很大差别，但是基尔霍夫辐射定律指出：在热平衡条件下，任何物体在同一温度 T 下的辐出度 $M(\lambda,T)$ 与吸收因子 $\alpha(\lambda,T)$ 的比值与物体的性质无关，都等于绝对黑体在同一温度下的辐出度 $M_0(\lambda,T)$[绝对黑体的吸收因子 $\alpha_0(\lambda,T)=1$]。因此，确定黑体的辐出度 $M_0(\lambda,T)$ 就成为热辐射研究的中心问题。

11.1.2 黑体辐射的实验规律

由于自然界中没有绝对黑体，即使是最黑的煤烟对太阳光的吸收也不会超过 99%，所以，研究黑体辐射首先需要建立黑体的理想模型。根据黑体 $\alpha_0(\lambda,T)\equiv 1$ 的特性，在由不透明材料制成的任意形状的封闭空腔(空心容器)的表面上开一个小孔 O，如图 11-1 所示，入射到小孔的辐射能通过小孔进入空腔后，将在空腔内发生多次反射，每反射一次，空腔内壁会吸收一部分辐射能。由于小孔很小，射入小孔的辐射能即使能从小孔重新射出，射出的能量也会因为空腔内的多次反射而十分微弱，即入射到小孔的辐射能可视为被全部吸收，因此，这个封闭的空腔就是一个绝对黑体。将开有小孔的空腔加热到不同温度，测量从小孔发出辐射能按波长的分布，就可以得到绝对黑体的辐出度 $M_0(\lambda,T)$ 随波长 λ 和温度 T 的变化曲线，如图 11-2 所示。

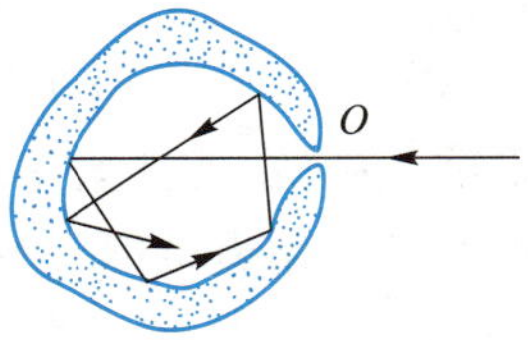

图 11-1 绝对黑体模型

通过实验，总结出两条关于黑体辐射的定量规律。

一、斯特藩-玻耳兹曼定律

黑体的总辐出度(每条曲线下的面积)与热力学温度的 4 次方成正比，即

$$M_0(T)=\sigma T^4 \tag{11-3}$$

式中比例常量 $\sigma=5.67\times10^{-8}\ \mathrm{W\cdot m^{-2}\cdot K^{-4}}$。这表明随温度的升高，黑体总辐出度急剧增加。

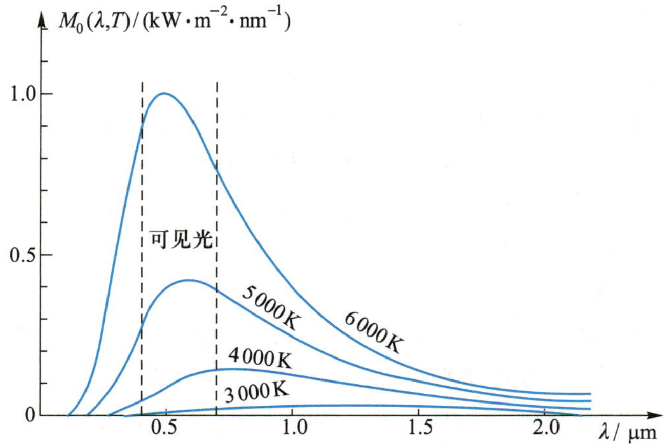

图 11-2 绝对黑体的辐出度

二、维恩位移定律

在任何温度下,黑体辐出度的峰值波长与热力学温度成反比,即

$$\lambda_m T=b \qquad (11-4)$$

式中比例常量 $b=2.898\times10^{-3}\ \mathrm{m\cdot K}$。这表明随着温度升高,黑体辐出度的极大值对应的波长向短波方向移动。

这两条定律只适用于绝对黑体,虽然实际物体都不是绝对黑体,但变化趋势类似。因此,可以利用黑体辐射规律在实际中测定温度。

相关链接:红外热像仪

【例 11-1】 (1)实验测得太阳辐射能谱的峰值波长约为 500 nm,将太阳看作黑体,估计太阳的表面温度;(2)人体皮肤的吸收因子为 0.98,可将人体近似作为黑体,试计算人体辐射能的峰值波长。

【解】 (1) 根据(11-4)式

$$T=\frac{b}{\lambda_m}=\frac{2.898\times10^{-3}}{500\times10^{-9}}\ \mathrm{K}\approx5\ 800\ \mathrm{K}$$

(2) 人体皮肤温度约为 34 ℃,约为 310 K,根据(11-4)式,有

$$\lambda_m=\frac{b}{T}=\frac{2.898\times10^{-3}}{310}\ \mathrm{m}\approx9.4\times10^{-6}\ \mathrm{m}$$

结果表明人体(包括室温下的物体)发出的辐射大部分是肉眼看不见的红外线。因此在无外界照明时,这个温度下黑体的颜色是黑色的,但随着黑体温度的升高,黑体辐射的峰值波长逐渐减小。当黑体温度达到 5 000~6 000 K 时,其辐射的峰值波段在可见光范围,这时黑体呈白色。

11.1.3 普朗克量子假设

在得到了黑体辐出度的实验曲线后,物理学家就试图从理论上给以解

释,但都没有取得成功。其中维恩 1896 年根据经典热力学和麦克斯韦分布律,瑞利和金斯 1900 年根据经典电磁学和能量均分定理分别导出了黑体辐出度的表达式,即维恩公式和瑞利-金斯公式。将这两个公式与实验数据进行比较发现,维恩公式在短波范围与实验结果符合得很好,但在长波范围有较大的偏差;而瑞利-金斯公式在长波范围内还能符合实验结果,在短波范围就和实验值相差甚远,甚至趋于无限大,如图 11-3 所示。虽然两个公式的理论出发点不尽相同,但都是基于经典物理学的普遍规律,现在理论与实验不符,清楚地暴露了经典物理学的不足,预示着黑体辐射问题的解决需要变革经典物理学的传统观念。

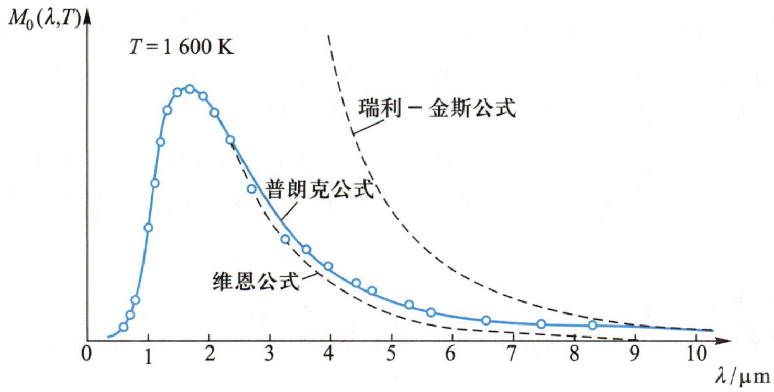

图 11-3 黑体辐射公式与实验比较

动画:黑体辐射的公式对比

1900 年普朗克(M. Planck)利用内插法将适合于短波的维恩公式和适用于长波的瑞利-金斯公式衔接起来,得到普朗克公式。与实验结果比较发现,在所有波段里,普朗克公式与实验都符合得很好,见图 11-3。为了从理论上推导出这个公式,普朗克不得不作出与经典物理格格不入的能量子假设。设想辐射体由大量频率不同的带电谐振子组成,这些谐振子与辐射场不断交换能量而达到热平衡。每个谐振子发射或吸收频率与谐振子振动频率相同的单色辐射,全部谐振子就会发出包含各种频率的连续辐射谱。经典物理认为频率为 ν 的谐振子在一定范围内能量可以取任何值,因此在辐射或吸收时,谐振子与辐射场交换的能量是连续的。但普朗克提出谐振子与辐射场交换的能量只能是某个最小能量 ε_0 的整数倍,即

$$\varepsilon=\varepsilon_0,2\varepsilon_0,3\varepsilon_0,\cdots$$

这个最小能量 ε_0 称为能量子,简称量子(quantum),它与辐射频率成正比:

$$\varepsilon_0=h\nu \tag{11-5}$$

比例系数 h 称为普朗克常量,$h=6.626\times10^{-34}$ J·s。由此,普朗克得到的黑体辐射公式为

$$M_0(\lambda,T)=\frac{2\pi hc^2}{\lambda^5}\frac{1}{e^{hc/kT\lambda}-1} \tag{11-6}$$

根据普朗克公式可以推导出黑体辐射的两条实验规律，圆满地解释了黑体辐射现象。普朗克第一次提出了量子的概念，并引入了一个非常重要的常量——普朗克常量。在随后的几十年内，越来越明显地显示出它的重要性和必要性。借助量子的观念，人们才能进一步理解各种原子过程。

§11.2 光电效应

光电效应(photoelectric effect)是指光特别是紫外光照射到金属表面上时，有电子从金属表面逸出的现象。这种现象19世纪末就已经在实验中发现，就现象的发生而言，并没什么令人惊奇的地方。因为从能量观点来看，光给予电子能量，使电子增加动能以克服金属表面的束缚而逸出。

然而，进一步的实验却发现了一系列经典电磁理论无法解释的现象。

11.2.1 光电效应的实验规律

研究光电效应的实验装置如图11-4所示。当光通过石英窗口照射到抽成真空的光电管内阴极K时，就会有电子从阴极表面逸出，这种电子称为光电子。光电子在电场加速下向阳极A运动，形成光电流。测量光电效应的伏安曲线可以得到以下光电效应的基本规律。

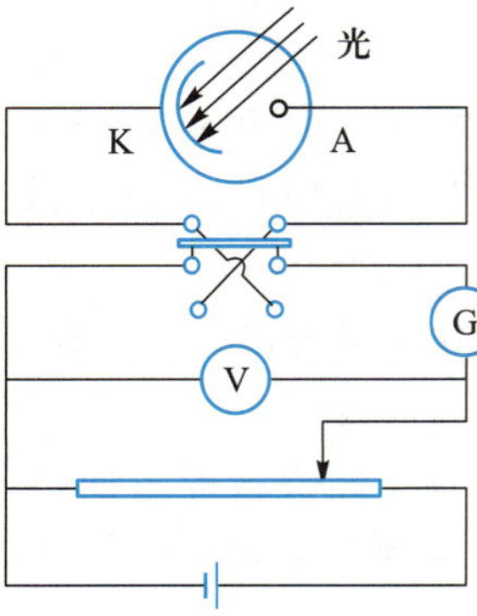

图 11-4 光电效应实验装置

一、饱和电流

当入射光频率和光强一定时，随着加速电压增大，光电流趋于一饱和值，如图11-5所示。实验表明，饱和电流 i_m 与光强 I 成正比，这说明单位时间内从阴极逸出的光电子数与入射光强成正比。

二、遏止电压

实验表明当加速电压减小到零并反向增加到 U_0 时，光电流才减小到零(如图11-5所示)。U_0 称为遏止电压。这说明光电子逸出时有一定的初动能上限，并满足

$$\frac{1}{2}mv_m^2 = eU_0 \tag{11-7}$$

实验发现，遏止电压与光强无关，表明光电子的最大初动能与光强无关。

三、截止频率

实验表明遏止电压 U_0 与入射光的频率 ν 成线性关系，如图 11-6 所示，图中不同曲线对应不同阴极金属。减小入射光频率，遏止电压随之减小。当频率减小到某一频率值 ν_0 时，U_0 减小到零，则光电子的最大初动能为零，这表明光电效应不会发生。当入射光的频率 $\nu \leq \nu_0$，不管光强有多大，光电效应都不会发生。因此，ν_0 称为光电效应的截止频率。

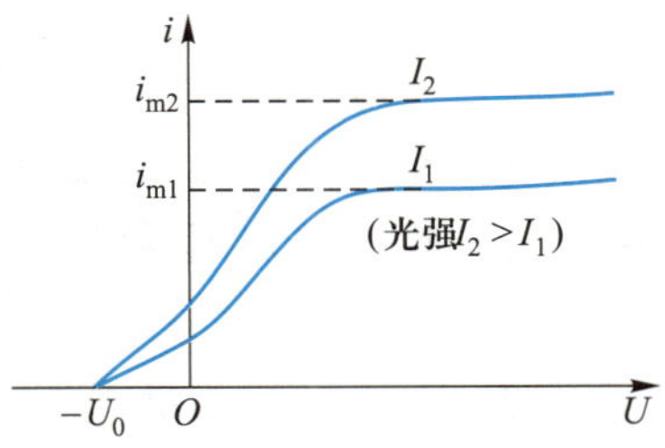

图 11-5 光电效应伏安曲线

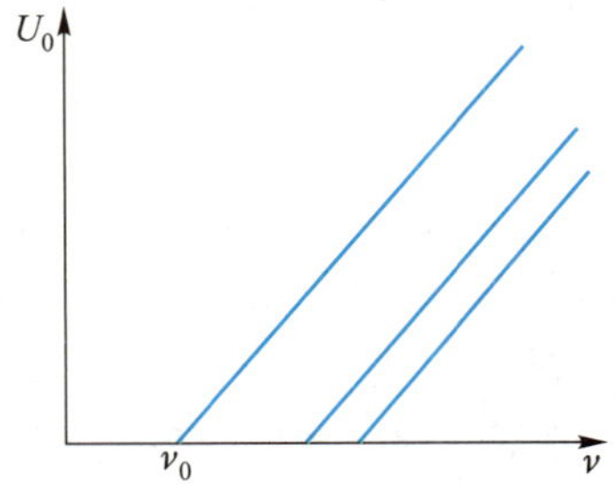

图 11-6 遏止电压与入射光频率的关系

四、弛豫时间

当频率超过截止频率的入射光照射到阴极上，无论光强多么微弱，几乎开始照射的同时就产生光电流，说明光电效应的弛豫时间非常短，不超过 10^{-9} s。

11.2.2 爱因斯坦的光子理论

上述光电效应的实验规律除第一条外，都是光的波动理论完全不能解释的。

按照光的波动理论，金属在光的照射下，金属中的电子从入射光中吸收能量逸出表面，光电子的初动能应随光强的增大而增加。但实验事实却是光电子的初动能与入射光强无关，而是与入射光的频率成线性关系。

按照光的波动理论，不应存在截止频率，即不论入射光的频率是多少，只要光强足够大，总可以使电子吸收足够的能量，从金属表面逸出。但实验事实是每种金属都存在截止频率 ν_0，频率 $\nu \leq \nu_0$ 的入射光，不管光强有多大，都不会发生光电效应。

按照光的波动理论，金属中的电子从入射光中吸取能量必须积累到大于金属逸出功时，才能从金属表面逸出，因而需要一定的弛豫时间。入射光强越弱，弛豫时间越长。然而实验中几乎在光照的同时，观察到光电效应。

由此可以看出，光的波动理论与光电效应的实验结果之间存在着多么尖锐的矛盾。爱因斯坦为解释光电效应的实验结果,1905 年在普朗克的能量子假设的基础上,进一步指出不仅谐振子与辐射场交换能量是量子化的,辐射场本身就是不连续的。即光具有粒子性,其能流不是连续分布的,而是集中在一些不可分割的称为光子(photon)的粒子上,每个频率为 ν 的光子能量 $E=h\nu$,h 为普朗克常量。于是光电效应可以解释为:金属中的自由电子吸收一个光子获得能量 $h\nu$,一部分用来克服金属表面的逸出功 A,其余部分为电子逸出金属后的初动能,即

$$h\nu=\frac{1}{2}mv_{m}^{2}+A=eU_{0}+A \tag{11-8}$$

此式称为爱因斯坦公式。由此可以解释光电效应的全部实验结果:入射光的强弱意味着光子流密度的大小,光强大表示光子流密度大,在单位时间内金属吸收光子的电子数目多,从而饱和电流大,即饱和电流与光强成正比;但不管光子流的密度如何,每个电子只能吸收一个光子的能量,所以电子的初动能与光强无关,但与频率成正比;而且只有当 $h\nu>A$ 时,才有光电子从金属中逸出,$\nu_0=A/h$ 就是光电效应的截止频率;此外,电子吸收光子的全部能量,不需要积累能量的时间,光电效应自然几乎在照射的同时发生。

§11.3 康普顿效应

讲课视频:康普顿效应

1923 年康普顿(A. H. Compton)在研究波长为 λ_0 的单色 X 射线经物质的散射时,发现在散射的 X 射线中除了有原波长 λ_0 的射线外,还有波长大于 λ_0 的射线 λ,波长差 $\Delta\lambda=\lambda-\lambda_0$ 随散射角的增大而增大。这种散射称为康普顿效应。康普顿效应证实光子不仅具有能量,而且还具有动量。根据狭义相对论,光子的能量为 $h\nu$ 时,其质量为 $m=E/c^2=h\nu/c^2$,而光子的速度为 c,因此光子的动量为

$$p=mc=\frac{h\nu}{c}=\frac{h}{\lambda} \tag{11-9}$$

康普顿效应还证实光子在和微观粒子相互作用时也严格遵守能量守恒定律和动量守恒定律。

按照经典理论,散射光的频率应与入射光的频率相同,无法解释康普顿效应。但根据光子理论,X 射线被物质散射可以看成是入射的 X 射线中的光子与物质中的原子核和电子作弹性碰撞。当光子与物质中原子核束缚较弱的外层电子发生碰撞时,将一部分能量传递给了电子,使得散射光子的能量减少,波长增加。由于这些电子的动能和束缚能与光子能量相比

可以忽略,可将电子视为静止、自由的。碰撞前光子的能量为 $h\nu_0$,动量的大小为 $h\nu_0/c$;电子的能量为 m_0c^2,动量为零。碰撞后光子的能量为 $h\nu$,动量大小为 $h\nu/c$;电子的能量为 mc^2,动量大小为 mv。碰撞前后光子和电子的动量方向如图 11-7 所示。其中电子质量 m 与其静止质量 m_0 的关系为

$$m=\frac{m_0}{\sqrt{1-\frac{v^2}{c^2}}}$$

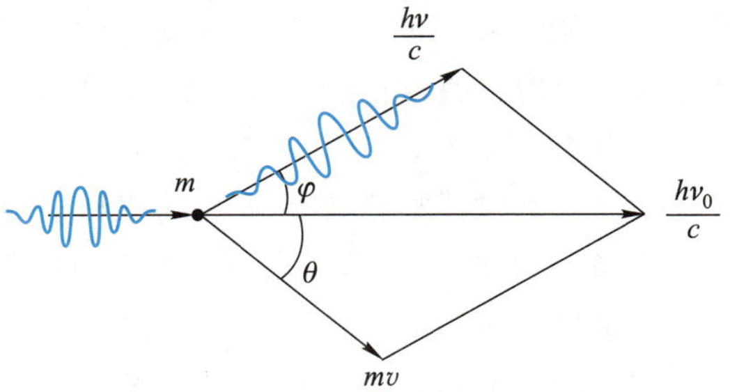

图 11-7　光子与静止自由电子碰撞过程的动量关系

根据能量守恒和动量守恒,并将动量守恒方程写成两个分量形式,有

$$\begin{cases} h\nu_0+m_0c^2=h\nu+mc^2 \\ \frac{h\nu_0}{c}=\frac{h\nu}{c}\cos\varphi+mv\cos\theta \\ \frac{h\nu}{c}\sin\varphi=mv\sin\theta \end{cases}$$

由此解得

$$\Delta\lambda=\lambda-\lambda_0=\frac{2h}{m_0c}\sin^2\frac{\varphi}{2} \qquad (11-10)$$

这个公式与实验结果完全符合。同时,物质中还有许多被原子核束缚较强的内层电子,光子与这些内层电子及原子核的碰撞实际是光子与整个原子的碰撞。由于原子的质量远大于光子的质量,在弹性碰撞中光子只改变方向,能量不变,因而这些散射光子的波长就与入射线的波长相同。这就是我们在散射线中看到波长分别为 λ 和 λ_0 两种成分的原因。

相关链接:吴有训对康普顿效应的贡献

§11.4　波粒二象性

从前面的讨论我们看到:光的干涉、衍射和偏振等实验现象必须用光的波动理论加以解释;而为了解释光电效应和康普顿效应,又不得不引入

光的粒子理论。这就是光的波粒二象性(wave-particle dualism)。光子的能量公式 $E=h\nu$ 和动量公式 $p=h/\lambda$ 将光的粒子性和波动性联系起来。实际上,波粒二象性并非光子所特有。

11.4.1 粒子的波粒二象性

物质世界是由实物和辐射组成的。通常人们认为辐射是由波构成的,现在我们看到辐射在某种意义上也是由粒子构成的;而自古希腊以来,科学家就相信实物是由粒子构成的,而且已经认识了分子、原子、质子、中子、电子等许多不同的实物粒子。1924 年德布罗意(L. V. de Broglie)认为在实物和辐射之间应该存在某种对称性或平衡。既然辐射显示出波粒二象性,实物只具有粒子性是不对称的。他通过类比的方法提出:"一个多世纪以来,在辐射理论上,比起波动的研究方法来,是过于忽视了粒子的研究方法;在实物理论上,是否发生了相反的错误?是不是我们把粒子的图像想得太多,而过分忽视了波的图像呢?"基于这种统一性的考虑,德布罗意大胆假设:实物粒子也具有波动性。和光子一样,与一个能量为 E,动量为 p 的粒子相联系的波的频率 ν 和波长 λ 可以表示为

$$\nu=\frac{E}{h},\quad \lambda=\frac{h}{p}=\frac{h}{mv} \tag{11-11}$$

式中 h 为普朗克常量,上式称为德布罗意关系。这种与粒子相联系的波称为物质波(matter wave)或德布罗意波。

德布罗意提出上述假设时并没有任何实验基础,但他当时预言:当一束电子穿过非常小的孔时,会发生衍射现象。1927 年戴维孙(C. J. Davisson)和革末(L. H. Germer)以及汤姆孙(G. P. Thomson)分别用类似 X 射线晶体衍射的方法成功地获得了电子在单晶和多晶上的衍射图样(如图 11-8 所示),从而实验证实了电子具有波动性。有趣的是,G. P. 汤姆孙是发现电子的 J. J. 汤姆孙的独生子,父亲通过实验证明电子是粒子,而儿子却通过实验证明电子是波。汤姆孙父子分别于 1906 年和 1937 年获得诺贝尔物理学奖。

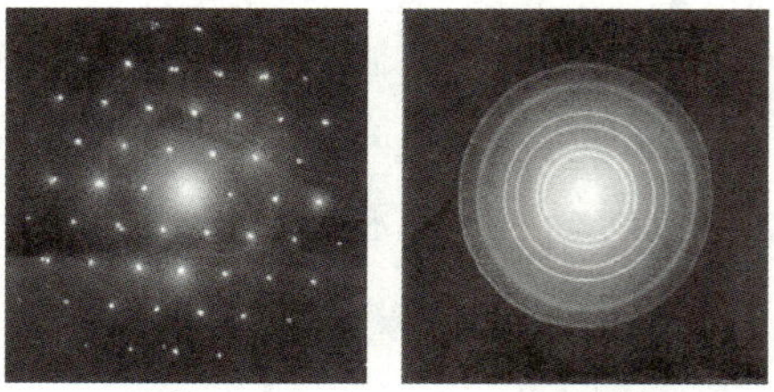

(a) 单晶　(b) 多晶

图 11-8 电子衍射图像

【例 11-2】 计算:(1) 电子经过 100 V 电压加速后的德布罗意波长;(2) 一个质量为 0.01 kg,速度为 300 $\mathrm{m\cdot s^{-1}}$ 的子弹的德布罗意波长。

【解】 (1) 经过电压 U 加速后,电子的动能为

$$\frac{1}{2}mv^2 = eU$$

由此得
$$v = \sqrt{\frac{2eU}{m}}$$

根据德布罗意关系，该电子的波长为

$$\lambda = \frac{h}{mv} = \frac{h}{\sqrt{2emU}} = \frac{6.63\times10^{-34}}{\sqrt{2\times1.60\times10^{-19}\times9.11\times10^{-31}\times100}}\ \text{m}$$
$$= 1.23\times10^{-10}\ \text{m} = 0.123\ \text{nm}$$

（2）根据德布罗意关系可得

$$\lambda = \frac{h}{mv} = \frac{6.63\times10^{-34}}{0.01\times300}\ \text{m} = 2.21\times10^{-34}\ \text{m}$$

可以看到，电子波的波长与 X 射线的波长相当，而宏观物体的波长小到实验难以测量的程度，因此不需要考虑宏观物体的波动性。

电子显微镜正是利用了电子的这种波动性，由于电子的波长远小于可见光的波长，因此电子显微镜的分辨能力远优于光学显微镜，可以达到 0.1 nm。

随后，又陆续有实验证实了中子、质子、原子甚至分子等都具有波动性。这说明，一切微观粒子都具有波粒二象性，而德布罗意关系就是描述微观粒子波粒二象性的基本公式。

11.4.2 电子双缝干涉实验

在经典物理学中，波的运动和粒子的运动之间存在着明显的区别。现在实验证明微观粒子既具有波动性，又具有粒子性，这是用经典物理学的观念或我们的常识所无法理解的。然而，微观粒子的行为与人们的日常经验相差甚远，我们又没有微观粒子（如电子）运动的直观经验，这就要求我们改变波和粒子的传统概念。

1961 年约恩孙（C. Jönsson）完成了电子多缝衍射实验，得到的明暗条纹与光的衍射图样完全相同。下面通过电子双缝干涉实验说明如何理解波粒二象性。如图 11-9 所示，用一电子枪向开有双缝的挡板发射电子，在观察屏上安装一个可以移动的检测器，记录打到检测器上电子的数目。首先，把缝 2 挡住，只允许电子从缝 1 通过，记录到电子沿 x 方向的分布曲线为 P_1；再挡住缝 1，打开缝 2，得到电子的分布曲线为 P_2。这两条曲线与经典粒子通过相同装置后的分布一致。与光的单缝衍射条纹类似。然后，把两个缝同时打开，实验测得电子沿 x 方向的分布不是 P_1 和 P_2 的简单叠加，而是类似光的干涉条纹的曲线 P_{12}。

这个结果无法用经典的粒子观念给予解释，因为按照经典理解，两个

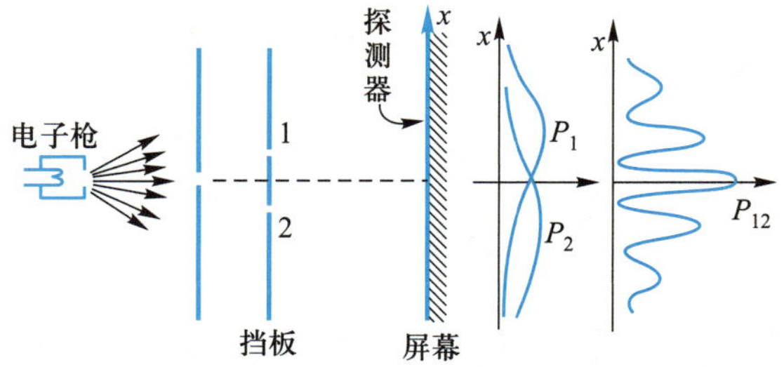

图 11-9 电子双缝干涉实验

缝都打开时，被检测器探测到的一个粒子也只是经过了其中一个缝，而且粒子通过这个缝后的行为与另一个缝是否打开无关，即粒子的分布应是 P_1 和 P_2 的叠加。实验结果只能用波动理论加以解释：从缝 1 发出的电子波用 ψ_1 表示，从缝 2 发出的电子波用 ψ_2 表示，当两个缝都打开时，挡板右方的电子波 ψ_{12} 是 ψ_1 和 ψ_2 线性叠加，即 $\psi_{12}=\psi_1+\psi_2$。由此可以说明干涉条纹的产生。但是，检测器记录到的不是波的强度，而确实是一个个不连续出现的电子。那么如何将电子的波动性和粒子性统一起来？即观测到的电子分布与电子波 ψ 的关系是什么？目前公认的看法是玻恩（M. Born）提出的统计解释。我们用波函数（wave function）ψ 表示粒子的波动性，波函数一般是空间和时间的函数，并且是复函数。玻恩认为 $|\psi|^2=\psi\psi^*$ 就是粒子的概率密度，即在时刻 t，粒子在点 (x,y,z) 附近单位体积中出现的概率。电子双缝实验中，两缝分别打开时观测到的电子沿 x 方向的分布就是电子此时的概率分布，即 $P_1=|\psi_1|^2, P_2=|\psi_2|^2$。而当两缝同时打开时，电子的概率分布为

$$P_{12}=|\psi_{12}|^2=|\psi_1+\psi_2|^2=|\psi_1|^2+|\psi_2|^2+\psi_1\psi_2^*+\psi_1^*\psi_2\neq P_1+P_2$$

电子在某处是否出现与该点的 $|\psi|^2$ 并没有直接的必然联系，而只是存在一种统计性的或概率性的联系，即对一个电子而言，它在 $|\psi|^2$ 大的地方出现的概率大，在 $|\psi|^2=0$ 的地方不可能出现。因此，描写微观粒子的物质波既不是机械波，也不是电磁波，而是一种概率波。

电子的波动性不是大量电子的集体行为，如果把电子双缝实验中的入射电子流减至极弱，使观察屏上隔很长时间才有一个电子打来。实验发现检测器接收到的确实是一个一个的电子（粒子），而且每个电子在观察屏上出现的位置是完全不确定的。但只要时间足够长，积累到足够多的电子，所形成的干涉条纹与大量电子一起入射时的情况是相同的。这意味着，当两缝同时打开时，即使一个电子也要用 $\psi_{12}=\psi_1+\psi_2$ 描述。虽然一个电子似乎不能同时穿过缝 1 和缝 2，但是，从波的观点考虑，缝 1 和缝 2 确实在同时起作用。这表明电子的波动性与粒子性一样，是每个电子本身的固有属性。电子的干涉是其自身的干涉，而不是不同电子间的干涉。以上讨论同样适用于所有微观粒子。

§11.5 不确定关系

微观粒子的波粒二象性揭示了微观粒子具有与经典粒子完全不同的属性，正是由于这种属性上的根本不同，许多与微观粒子运动相关的物理现象明显地具有经典概念所无法预期的特点。不确定关系就是这样一种重要的物理表现。

在经典力学中，粒子的运动状态由坐标和动量描述，对于确定的运动状态，每一时刻坐标和动量都有确定值。而微观粒子由于具有波动性，它在一定条件下的状态用波函数 $\psi(x,y,z,t)$ 描述，波函数的平方 $|\psi|^2$（即概率密度）给出粒子在各处出现的概率。此外，波函数还告诉我们两个信息，一个是粒子的平均位置，另一个是空间概率分布的集中或分散程度。当然，通过计算，波函数还能告诉我们粒子的其他物理量取不同值的概率。

我们详细讨论一下粒子空间概率分布的集中或发散程度。在一维问题中，如果粒子各个可能出现的位置 x 离平均位置 $\bar{x}$ 较近，就是比较集中；反之如果各个可能出现的位置 x 离平均位置 $\bar{x}$ 较远，就是比较分散。所以可以把位置的分散程度定义为

$$\Delta x=\sqrt{\overline{(x-\bar{x})^2}}$$

Δx 越大，位置分布越分散；Δx 越小，位置分布就越集中。对于其他的物理量，例如动量，也可以用同样的方法定义动量的分散程度 Δp。表示分散程度的这个量 Δx 或 Δp 称为不确定度（uncertainty）。

下面我们看一看在单电子的几个具体状态中不确定度 Δx 和 Δp 的关系。

首先看速度为 v，沿 x 方向作匀速直线运动的电子。这时电子的动量取确定值 $p=mv$，这样的粒子束相当于一个频率 ν 和波长 λ 取定值的平面波。我们知道沿 x 方向传播的平面波可以表示为

$$y(x,t)=A\cos 2\pi\left(\frac{x}{\lambda}-\nu t\right)$$

写成复数形式为

$$y(x,t)=A\mathrm{e}^{\mathrm{i}2\pi\left(\frac{x}{\lambda}-\nu t\right)}$$

根据德布罗意关系 $p=h/\lambda$，$E=h\nu$，可以写出以动量 p、能量 E 沿 x 方向运动的自由粒子的波函数为

$$\psi(x,t)=A\mathrm{e}^{\frac{\mathrm{i}}{\hbar}(px-Et)} \tag{11-12}$$

式中 A 是常量，$\hbar=h/2\pi$ 称为约化普朗克常量。在这个状态中电子的 $\Delta p=0$。但由于 $|\psi|^2=A^2$ 与 x 无关，电子在各处（x 取各值）出现的概率是一样

的。因此 $\Delta x=\infty$。

其次，我们尝试由平面波的叠加来构造一个波函数用于描述一个位置非常集中的电子。动量为 p 的经典平面波为 $\psi_p(x)=A\cos\dfrac{px}{\hbar}$，这时 $x=0$ 点正好是一个波峰的最高点。现在，我们把动量取所有值的平面波一起叠加起来。这时 $x=0$ 点是每个波峰的最高点叠加，得一个极高极窄的波峰，而其余各点则因为叠加的各平面波在该点有正有负而完全抵消。我们之所以取动量从 $+\infty$ 到 $-\infty$ 的所有的平面波叠加，就是要使 $x=0$ 以外的各点抵消得更完全。这样构造出来的波函数是一个极窄极高的波包，它所描述的是一个粒子在 $x=0$ 的位置极为集中的状态（$\Delta x=0$）。但是在这个状态中动量可以取所有值，是一个动量高度分散（$\Delta p=\infty$）的状态。

以上是两个极端情况，下面通过电子单缝衍射实验说明粒子的位置和动量两个不确定度之间的关系。如图 11-10 所示，考虑一束速度为 $\boldsymbol{v}$ 的电子沿 y 方向垂直射向缝宽为 a 的单缝。由于电子的波动性，在单缝与屏之间产生衍射（与光的衍射类似），并在屏上形成衍射条纹。电子进入单缝前，具有确定的动量$\Delta p=0$，但位置是完全不确定的 $\Delta x=0$。当电子通过单缝时，单缝的一个作用是限制电子的空间位置，通过单缝的电子在 x 方向上位置的不确定度 $\Delta x=a$。单缝的另一个作用是改变了电子在 x 方向的动量分量 p_x，电子进入单缝前 $p_x=0$，通过单缝后，由于发生衍射现象，电子偏离了原来的方向，$p_x\neq0$，即单缝在减小电子在 x 方向上位置不确定度的同时，必然增大电子在 x 方向动量分量 p_x 的不确定性。为了定量估算电子在 x 方向上位置不确定度 Δx 与动量分量不确定度 Δp_x 之间的关系，考虑衍射第一级极小值对应的衍射角 θ。由于电子通过单缝后只改变动量方向，不改变动量大小，所以沿 θ 角方向电子动量在 x 方向上的分量 $p_x=p\sin\theta$，这是落在中央明纹内电子 p_x 的最大值。由于落在中央明纹外面的少数电子具有更大的 p_x，故电子在 x 方向上的动量不确定度 $\Delta p_x\geqslant p\sin\theta$，利用单缝衍射公式（8-10）式、德布罗意关系及 $\Delta x=a$，Δp_x 可以表示为

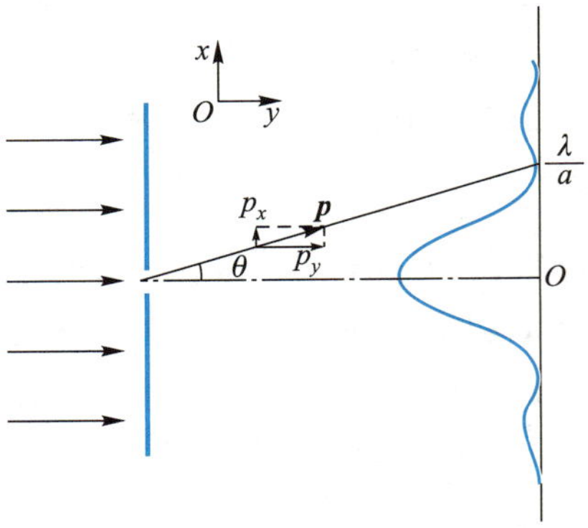

图 11-10　电子单缝衍射实验

$$\Delta p_x\geqslant p\sin\theta=p\frac{\lambda}{a}=\frac{h}{\Delta x}$$

即

$$\Delta x\Delta p_x\geqslant h$$

从以上三个实例可以看到,在一个状态中如果希望粒子动量集中,位置就要分散;如果希望位置集中,动量就要分散。事实上粒子的位置和动量都非常集中的状态是没有的。严格的理论告诉我们,在位置和动量的分散程度之间存在着一个普遍关系:对于微观粒子的任何状态,都有

$$\Delta x\Delta p_x \geqslant \frac{\hbar}{2} \tag{11-13}$$

对于其他的分量,类似地有

$$\Delta y\Delta p_y \geqslant \frac{\hbar}{2},\quad \Delta z\Delta p_z \geqslant \frac{\hbar}{2}$$

以上三个公式就是粒子位置坐标和动量相应分量的不确定关系(uncertainty relation)。不能同时确定电子的坐标和相应的动量分量与测量无关,完全是由电子本身固有的性质(波粒二象性)决定的。不确定关系与电子坐标、动量按概率分布有密切关系,存在概率分布表明这些量是不确定的,不确定关系就是它们不确定程度的定量描述。

除了坐标和动量的不确定关系外,时间和能量也存在不确定关系:

$$\Delta E\Delta t \geqslant \frac{\hbar}{2} \tag{11-14}$$

表明若粒子在一定的时间(寿命)Δt 内处于一定状态,则粒子所处状态的能量有一定的范围,即具有一定的能级宽度 ΔE,能级宽度与能级寿命成反比。

以上结果不仅对电子成立,对于所有微观粒子都是成立的。在经典物理中,通常由于系统十分复杂,我们不可能精确求解,退而计算概率。现在我们看到在量子力学中,微观粒子固有的波粒二象性必然导致概率的出现。粒子的坐标和动量受到不确定关系的限制不可能同时具有确定值,因此也就不可能确切地用粒子的坐标和动量描述粒子的运动状态,粒子运动轨道的概念在量子力学中也是不存在的。

§11.6 薛定谔方程

微观粒子的运动状态由波函数表示,如何确定波函数是量子力学中的主要课题。通过与经典的波进行类比,可以写出自由粒子的波函数,进而建立波函数满足的基本规律——薛定谔方程。用薛定谔方程可以求出在给定势场中粒子的波函数,从而了解粒子的运动状态。

讲课视频:激光产生的基本原理

11.6.1 波函数

经典的波用一个实函数描述,它表示一个真实物理量的振动传播过程。例如机械波是介质质元的位移随时间振动向前传播形成的,而电磁波是电磁场随时间振动向前传播形成的。但描述微观粒子运动的波函数一般是复函数,它并不代表某个真实物理量的振动传播过程,波函数 ψ 本身没有物理意义,只有波函数模的平方 $|\psi|^2$ 才具有物理意义,表示粒子出现的概率。

沿 x 方向以恒定动量运动的自由粒子的波函数具有平面波的形式 $\psi(x,t)=Ae^{\frac{i}{\hbar}(px-Et)}$。一般情况下,粒子不是自由的,它受到随时间变化或随空间分布的力场的作用,这时粒子的运动状态不能简单地用平面波描述,一般表示为 $\psi(x,y,z,t)$。

描述粒子运动状态的波函数模的平方 $|\psi(x,y,z,t)|^2$ 表示粒子在 t 时刻,在 x、y、z 附近单位体积中出现的概率,即概率密度。根据玻恩提出的这个统计解释,在某一时刻 t,$|\psi|^2$ 是空间位置的函数。这表示在该时刻粒子在空间各处的出现有一个概率分布:在确定的位置上,应有一个确定的、有限的概率值,而且这个概率值随位置的变化应该是连续的。这就要求描述粒子的波函数必须是单值、有限和连续(包括其一阶导数连续)的函数。此外,任何时刻,在整个空间发现粒子的总概率应是 1,因此,$|\psi|^2$ 对全空间的积分为 1,即

$$\int |\psi(x,y,z,t)|^2 \mathrm{d}x\mathrm{d}y\mathrm{d}z=1 \tag{11-15}$$

上式称为波函数的归一化条件,也是对波函数的一个限制条件。

总之,根据对波函数的统计解释,就必须要求波函数是单值、有限、连续,而且是归一化的,这些条件称为波函数的标准条件。

11.6.2 定态薛定谔方程

薛定谔在 1926 年提出了一个微观粒子在低速运动时波函数满足的基本方程,即薛定谔方程。这里我们不讨论描述波函数如何随时间变化的薛定谔方程的一般形式,只考虑定态的薛定谔方程。

在某些情况下,粒子的波函数可以写成空间和时间两个函数的乘积。例如,前面提到的自由粒子的波函数(11-12)式可以改写为

$$\psi(x,t)=Ae^{\frac{i}{\hbar}px}e^{-\frac{i}{\hbar}Et}=\psi(x)e^{-\frac{i}{\hbar}Et}$$

由于

$$\begin{aligned}|\psi(x,t)|^2&=\psi(x,t)\psi^*(x,t)=\psi(x)e^{-\frac{i}{\hbar}Et}\psi^*(x)e^{\frac{i}{\hbar}Et}\\&=\psi(x)\psi^*(x)=|\psi(x)|^2\end{aligned}$$

即自由粒子在空间出现的概率密度 $|\psi|^2$ 不随时间发生改变。我们将粒子所处的这种状态称为定态(stationary state),$\psi(x)$称为定态波函数。知道粒子的定态波函数后,乘以时间因子 $e^{-\frac{i}{\hbar}Et}$就可以得到完整波函数 $\psi(x,t)$。

我们下面寻找定态波函数满足的方程。将自由粒子的定态波函数 $\psi(x)=Ae^{\frac{i}{\hbar}px}$对$x$ 取二阶导数,可得

$$\frac{d^2\psi(x)}{dx^2}=\left(\frac{i}{\hbar}p\right)^2Ae^{\frac{i}{\hbar}px}=-\frac{p^2}{\hbar^2}\psi(x)$$

在 $v\ll c$ 的非相对论情况下,粒子的动能 E_k 和动量 p 之间的关系为 $p^2=2mE_k$,其中 m 为粒子质量。于是上式可写为

$$\frac{d^2\psi(x)}{dx^2}+\frac{2mE_k}{\hbar^2}\psi(x)=0$$

这是一维空间自由粒子的定态波函数所遵循的方程。若粒子不是自由的,而是在势场中运动,则粒子的总能量 E 应为动能 E_k 和势能 U 之和,即有 $E_k=E-U$,代入上式得到描述在势场中粒子运动状态的定态波函数满足的方程

$$-\frac{\hbar^2}{2m}\frac{d^2\psi(x)}{dx^2}+U\psi(x)=E\psi(x) \tag{11-16}$$

上式称为定态薛定谔方程。对于粒子的三维运动,可将上式推广为

$$-\frac{\hbar^2}{2m}\left(\frac{\partial^2}{\partial x^2}+\frac{\partial^2}{\partial y^2}+\frac{\partial^2}{\partial z^2}\right)\psi(x,y,z)+U(x,y,z)\psi(x,y,z)=E\psi(x,y,z)$$

解出粒子的定态波函数 $\psi(x,y,z)$后,乘以时间因子 $e^{-\frac{i}{\hbar}Et}$同样可以得到完整波函数 $\psi(x,y,z,t)$,即 $\psi(x,y,z,t)=\psi(x,y,z)e^{-\frac{i}{\hbar}Et}$。

定态薛定谔方程说明,对于质量为 m,在势能为 $U(x,y,z)$的势场中运动的一个粒子有一个波函数 $\psi(x,y,z)$和它的稳定状态相联系,这个波函数满足定态薛定谔方程。薛定谔方程的每一个解 $\psi(x,y,z)$表示粒子的一个可能的稳定状态,粒子只能处于这些满足薛定谔方程的状态,不能处于其他状态中。方程中与这个解对应的常量 E 就是粒子在这个稳定状态中的能量。不同的势能函数$U(x,y,z)$会导致不同的解,而 $U(x,y,z)$的具体形式则由粒子所处的环境决定。此外,还必须要求波函数满足标准条件和由具体问题所确定的边界条件,从而使得只有当总能量 E 取某些特定值时,方程才有解。这些值称为能量本征值(eigenvalue),而相应的波函数称为能量的本征函数(eigenfunction)。

应该说明,只有在粒子的势能不显含时间时,即 $U(x,y,z,t)=U(x,y,z)$时,波函数才能分解成时间和空间两部分函数的乘积,粒子处于定态。在势能显含时间的情况下,不能用定态薛定谔方程,而要用一般的含时薛定谔方程。然而,在我们所遇到的许多实际问题中,势能只是空间的函数,不

随时间变化，因而可以用定态薛定谔方程求解。

薛定谔方程是量子力学的基本方程，它在量子力学中的地位相当于牛顿定律在经典力学中的地位。它也和牛顿方程一样是不能由任何其他基本原理推导出来，而应作为一个基本假设，其正确性只能靠实践来检验。我们前面给出的只是建立方程的主要思路。

用波函数正确地反映微观粒子的波粒二象性是量子力学最重要的概念，像电子这样的微观粒子具有粒子性表现在每次实验中发现电子时，总是发现一个（质量为 m、电荷为 $-e$ 的一个粒子），从来没有发现半个的情况；而粒子的波动性则反映在其运动由波函数描写，波函数服从薛定谔方程。粒子性和波动性的联系就在于波函数的统计解释，即波函数模的平方表示在空间各处出现粒子的概率密度。波函数和薛定谔方程在微观世界的地位，就像速度、加速度和牛顿三定律在宏观世界的地位一样，支配着微观粒子的运动，控制着微观世界的结构和发展变化。

§11.7 薛定谔方程的应用

要想通过波函数了解粒子的运动状态及其性质，需要根据所研究的粒子系统写出粒子的势能函数，代入薛定谔方程，解出符合标准条件的波函数。下面我们通过几个实例说明利用薛定谔方程解决实际问题的方法，并了解粒子运动的特征。

11.7.1 一维无限深方势阱

设粒子被势场束缚在长度为 a 的一维区域内，粒子在此区域中作自由运动，在两端边界上发生反射，如图 11-11 所示。粒子的势能函数为

$$U(x)=\begin{cases}0 & (0<x<a)\\ \infty & (x\leqslant 0, x\geqslant a)\end{cases} \qquad (11-17)$$

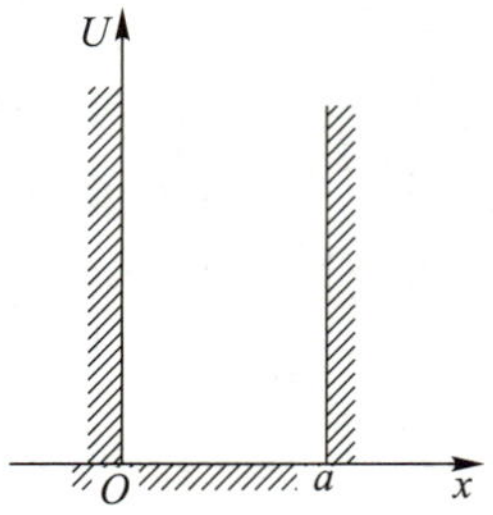

图 11-11 一维无限深方势阱

这种势场称为无限深势阱。由于势能不显含时间，因而粒子处于定态，将势能代入一维定态薛定谔方程（11-16）式，得到

$$\begin{cases}\dfrac{\mathrm{d}^2\psi}{\mathrm{d}x^2}+\dfrac{2mE}{\hbar^2}\psi=0 & (0<x<a)\\ \psi=0 & (x\leqslant 0, x\geqslant a)\end{cases}$$

上式表明粒子不可能在势阱外出现。在势阱内，引入 $k=\sqrt{2mE/\hbar^2}$，根据波函数标准条件的连续性要求，在边界处波函数必须连续，可以得到势阱内粒子能量的可能值为

$$E_n=\frac{\pi^2\hbar^2}{2ma^2}n^2 \quad (n=1,2,3,\cdots) \tag{11-18}$$

由于 n 只能取正整数，表明势阱内粒子的能量只能取一系列离散的值，每一个可能值对应于一个能级，n 称为量子数。与各能量值对应的定态波函数为

$$\psi_n(x)=\sqrt{\frac{2}{a}}\sin\frac{n\pi x}{a} \quad (0<x<a) \tag{11-19}$$

对应不同量子数 n 的定态波函数如图 11-12 所示。由定态波函数可以计算出不同状态的粒子的分布概率。

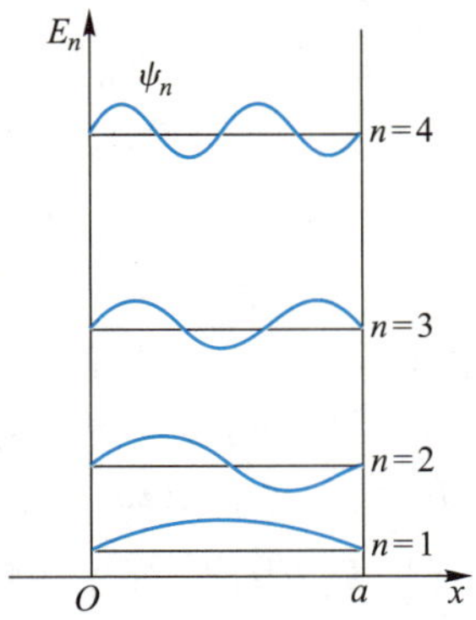

图 11-12 一维无限深方势阱的能级与定态波函数

不仅是势阱中的粒子，只要粒子被约束在一定的势场区域内，根据波函数应满足标准条件，就自然得出能量量子化的结果。即在量子力学中能量量子化的结果是自然地包括在薛定谔方程的解及其标准条件之中的。只是在不同的具体问题中势能的形式不同，因而能量离散的具体形式不同。另外，粒子的最低能量是 $E_1=\frac{\pi^2\hbar^2}{2ma^2}$，而不是零。因为根据不确定关系，在量子力学中没有“静止的粒子”，粒子静止意味着动量为零，位置确定，即 $\Delta x=0, \Delta p_x=0$，这违背不确定关系。因此粒子的动能不可能为零，其最低能量一般称为基态能量。基态能量的存在也是粒子被限制在有限区域运动的共同特点。

11.7.2 势垒 隧道效应

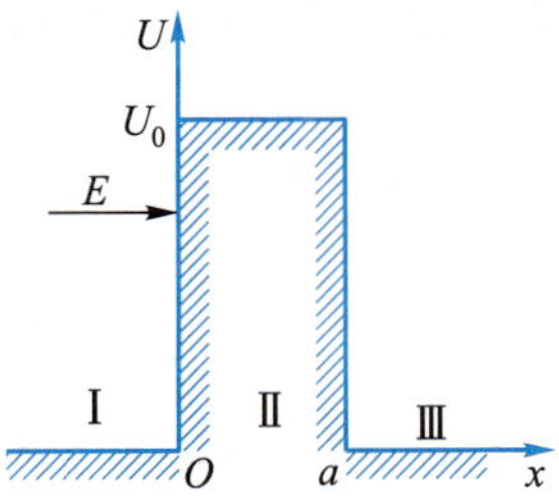

图 11-13 一维势垒

在势垒问题上，微观粒子的行为与宏观粒子有很明显的不同。考虑质量为 m 的粒子的势能函数为

$$U=\begin{cases}U_0 & (0<x<a)\\ 0 & (x\leqslant 0, x\geqslant a)\end{cases} \tag{11-20}$$

按照经典力学，当粒子从左边入射到势垒时，如图 11-13 所示，如果粒子的能量 $E>U_0$，粒子将越过势垒继续向右运动；如果粒

子的能量 $E<U_0$，将被左势垒壁反射回去，粒子不可能穿过势垒到达 $x>a$ 的区域；但从量子力学的观点看，情况就不同了，$E<U_0$ 时，粒子将有穿透势垒而进入 $x>a$ 区域的可能性。而 $E>U_0$ 时，粒子既有越过势垒的可能，也有被势垒反射回去的可能。

根据粒子的势能函数，在 $E<U_0$ 情况下，可分别写出三个区域的定态薛定谔方程：

$$\frac{d^2\psi}{dx^2}+\frac{2mE}{\hbar^2}\psi=0 \quad (x\leqslant 0, x\geqslant a) \tag{11-21}$$

$$\frac{d^2\psi}{dx^2}-\frac{2m(U_0-E)}{\hbar^2}\psi=0 \quad (0<x<a) \tag{11-22}$$

令 $k_1^2=\dfrac{2mE}{\hbar^2}$，$k_2^2=\dfrac{2m(U_0-E)}{\hbar^2}$，解得上述方程在三个区域的通解为

$$\psi_1=A_0e^{ik_1x}+Ae^{-ik_1x} \quad (x\leqslant 0) \tag{11-23}$$

$$\psi_2=Be^{k_2x}+Ce^{-k_2x} \quad (0<x<a) \tag{11-24}$$

$$\psi_3=De^{ik_1x} \quad (x\geqslant a) \tag{11-25}$$

其中 A_0、A、B、C、D 为常量。在 $x\leqslant 0$ 区域，(11-23)式中第一项表示入射波（向右传播），第二项表示在 $x=0$ 处反射的波（向左传播）。在 $0<x<a$ 区域，由于 U_0 是有限的，所以 $\psi_2\neq 0$，即粒子有可能穿过势垒（只有当 $U_0\to\infty$ 时，解出 $\psi_2=0$，这时粒子才不能穿过势垒）。但 ψ_2 不具有波的特征，而是指数衰减的。衰减的程度既依赖于 U_0-E，也依赖于势垒宽度 a。如果 a 足够小，使得 $x=a$ 处 $\psi_2\neq 0$，即 ψ_2 还没有衰减到零，粒子就有可能穿过势垒，进入 $x\geqslant a$ 区域。在 $x\geqslant a$ 区域只有透射过来的波，且向右传播，没有向左传播的波，因此，(11-25)式中只有一项。根据波函数及其一阶导数在边界上满足连续条件，由给定的入射波 A_0，可以解出其他 4 个常量。波函数随位置变化如图 11-14 所示，结果表明从左边入射的粒子，当能量 $E<U_0$ 时，可以有一定的概率穿透势垒进入到势垒的右边，这种现象称为势垒穿透（barrier penetration）或隧道效应（tunnel effect）。

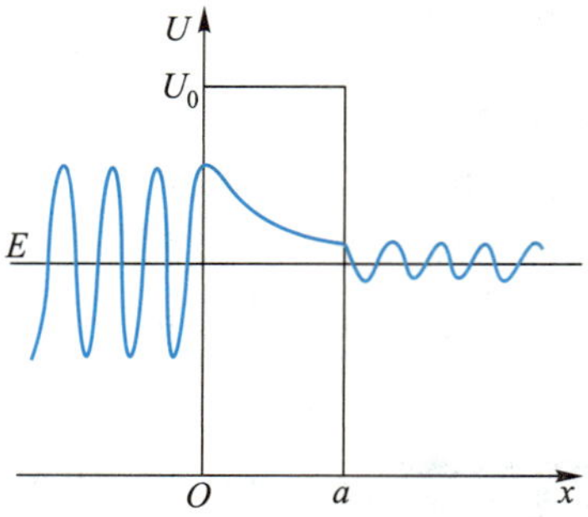

图 11-14 势垒穿透

可以计算入射粒子穿透势垒的透射系数为

$$T=\left|\frac{D}{A_0}\right|^2=\frac{16E(U_0-E)}{U_0^2}e^{-\frac{2}{\hbar}\sqrt{2m(U_0-E)}a}\propto e^{-\frac{2}{\hbar}\sqrt{2m(U_0-E)}a} \tag{11-26}$$

由于势垒宽度 a 出现在指数上，因此透射系数对 a 的依赖十分敏感。对于电子，设 $U_0-E=10$ eV，则 $T\sim e^{-3.4\times 10^{10}a}$，$T$ 和 a 的关系如表 11-1 所示。

表 11-1 透射系数与势垒宽度的关系

a/m	10^{-11}	10^{-10}	10^{-9}	10^{-8}
T	0.71	0.033	10^{-15}	10^{-146}

可见当 a 为原子大小时，透射系数（$T\approx3.3\%$）已经很小了，当 $a=10^{-9}$ 时，透射系数几乎为零。对于经典情况，即使 m, U_0-E 和 a 都很小，按同样方法计算出透射系数却小得无法想象。所以在经典物理学中从不考虑势垒穿透问题。

对于 $E>U_0$，计算表明 $A\neq0$，这说明在 $x\leqslant0$ 区域中仍然有反射波存在。即虽然入射粒子能量 E 大于 U_0，粒子还有一定的概率被反射回去。这也与经典物理学的结果不同。

相关链接：扫描隧穿显微镜

§11.8 氢原子中的电子

氢原子是量子力学解决的第一个实际问题，用薛定谔方程很好地解释了氢原子光谱的实验规律，从而第一次证明了量子力学的正确性。

氢原子中的电子在原子核的电场中运动，其势能为

$$U=-\frac{1}{4\pi\varepsilon_0}\frac{e^2}{r}$$

其中 r 为电子到原子核的距离，由于电子在三维空间运动，电子势能具有球对称性，且不显含时间，因此采用极坐标形式的定态薛定谔方程比较方便。这个方程的形式和求解过程比较复杂，我们只给出关于波函数的一些结论。

在能量 $E<0$（即束缚态）的情况下，由于波函数必须满足标准条件，求解定态薛定谔方程时就自然地得出了量子化的结果，即氢原子中电子的波函数 ψ_{nlm} 由三个量子数 n, l, m 决定。

一、主量子数

主量子数 n 取正整数，$n=1,2,3,\cdots$，它决定电子的能量：

$$E_n=-\frac{m_e e^4}{2(4\pi\varepsilon_0)^2\hbar^2}\frac{1}{n^2} \qquad (11-27)$$

其中 m_e 是电子的质量，由于原子核质量是电子质量的 1 836 倍，可以近似认为原子核静止不动，因此，这个能量就是氢原子系统的能量。上式表示氢原子的能量只能取离散的值，这就是能量的量子化。(11-27) 式给出的每一个能量的可能取值称为氢原子的一个能级，氢原子的基态（$n=1$ 的状态）能量为

$$E_1=-\frac{m_e e^4}{2(4\pi\varepsilon_0)^2\hbar^2}=-13.6\ \mathrm{eV}$$

氢原子可以吸收一个光子从低能态跃迁到高能态,也可以从高能态跃迁到低能态同时放出一个光子。氢原子吸收或放出的光子能量必须等于相应的能级差,即

$$h\nu=E_h-E_1 \tag{11-28}$$

其中 E_h 和 E_1 分别表示氢原子的高能级和低能级。根据(11-27)式和(11-28)式就可以计算出氢原子光谱中各条谱线的频率或波长。

二、角量子数

角量子数 l 的取值是对于一个 n 值,$l=0,1,2,\cdots,n-1$,共 n 个值。它决定电子(也就是氢原子系统)的角动量:

$$L=\sqrt{l(l+1)}\,\hbar \tag{11-29}$$

即角动量的大小也是量子化的,由于角动量的大小 L 由角量子数 l 确定,因此角量子数 l 标志着氢原子角动量取不同值的状态。

三、磁量子数

磁量子数 m 的取值是对于一个 l 值,$m=l,l-1,\cdots,0,\cdots,-l$,共 $2l+1$ 个值,它决定角动量 L 在 z 方向的分量:

$$L_z=m\hbar \tag{11-30}$$

这表示角动量的 z 分量也是量子化的。虽然对于确定的 m 值,L_z 是确定的,但是 L_x 和 L_y 却是完全不能确定的。这也是由不确定关系给出的结果,在 L_z 确定的情况下,角动量其他两个分量的不确定度 ΔL_x、ΔL_y 受到不确定关系的限制

$$\Delta L_x\cdot\Delta L_y\geqslant\frac{\hbar}{2}L_z$$

L_z 的确定意味着 L_x、L_y 就完全不能确定了。即我们只能确定角动量的大小和 z 方向分量,而无法确定角动量的方向。

这三个量子数 n、l、m 表征着氢原子的状态,不同的量子数对应不同的状态。由(11-27)式可知,氢原子系统的能量仅由主量子数 n 决定,与角量子数 l 和磁量子数 m 无关。这表明对应于某一能级 E_n,氢原子可以有许多不同的状态,即氢原子的能级是简并的(degenerate)。但其他原子的能量由 n 和 l 共同确定。

四、氢原子基态波函数

描述氢原子状态的波函数显然是由三个量子数 n,l,m 决定的,记为 ψ_{nlm}。对于不同的 n,l,m 值,解定态薛定谔方程可以得到不同的波函数 ψ_{nlm},我们只考虑最简单的基态,$n=1,l=0,m=0$,其定态波函数为

$$\psi_{100}=\frac{1}{\sqrt{\pi a_0^3}}\mathrm{e}^{-r/a_0}$$

其中 $a_0=\dfrac{4\pi\varepsilon_0\hbar^2}{me^2}=5.29\times10^{-11}$ m。基态电子概率密度的分布为

$$|\psi_{100}|^2=\frac{1}{\pi a_0^3}e^{-2r/a_0}$$

这个分布具有球对称性,也表明电子不是绕原子核在确定的轨道上运动。量子力学得到的结果只是电子在空间某处单位体积内出现的概率有多大,不涉及位移随时间变化(即轨道)的概念。为区别将在§11.9讨论的电子自旋运动,量子力学中常将电子相对原子核的运动称为轨道运动,但只是借用"轨道"的名词,没有经典轨道的含义。

§11.9 电子自旋

原子中的电子除相对于原子核作轨道运动外,还有自身的运动,称为自旋(spin)。虽然我们现在仍无法具体描述这种运动,但是实验证实电子具有与自旋运动对应的自旋角动量(spin angular momentum)。电子的自旋和电子的质量及电荷量一样都是电子本身固有的性质。这里的"自旋"与"轨道"一样只是借用了经典的名词,没有小球绕中心轴旋转的含义。

描写自旋角动量的量子数称为自旋量子数,用 s 表示。与轨道量子数 l 不同,所有电子都具有相同的 s 值,$s=1/2$。于是,电子的自旋角动量的大小为

$$S=\sqrt{s(s+1)}\,\hbar=\frac{\sqrt{3}}{2}\hbar \tag{11-31}$$

自旋角动量在 z 方向的投影为

$$S_z=m_s\hbar \tag{11-32}$$

其中 m_s 称为自旋磁量子数,由于 $s=1/2$,m_s 只能取 1/2 和 −1/2 两个值。

由于电子带有电荷,因此电子的轨道角动量和自旋角动量将分别产生电子的轨道磁矩 $\boldsymbol{\mu}$ 和自旋磁矩 $\boldsymbol{\mu}_s$。磁矩与角动量的关系为

$$\boldsymbol{\mu}=-\frac{e}{2m_e}\boldsymbol{L},\quad \boldsymbol{\mu}_s=-\frac{e}{m_e}\boldsymbol{S} \tag{11-33}$$

其中 m_e 为电子质量。它们在 z 方向的分量分别为

$$\mu_z=\frac{e}{2m_e}L_z=\frac{e\hbar}{2m_e}m=\mu_B m$$

$$\mu_{sz}=\frac{e}{m_e}S_z=\frac{e}{m_e}m_s\hbar=\pm\frac{e\hbar}{2m_e}=\pm\mu_B$$

式中 $\mu_B=\dfrac{e\hbar}{2m_e}=9.27\times10^{-24}\ \mathrm{J\cdot T^{-1}}$,称为玻尔磁子。磁矩在外磁场 $\boldsymbol{B}$(沿 z 方

向)中将产生附加能量:

$$\Delta E = -\boldsymbol{\mu} \cdot \boldsymbol{B} = -\mu_z B$$

因此,原子在外磁场中的能量将由四个量子数 n、l、m、m_s 共同确定,原来一个简并的能级分裂为多个能级。在实验中,我们可以看到由此产生的原子在外磁场中光谱线发生分裂的现象以及谱线的精细结构。

除电子以外,人们发现很多其他微观粒子都存在自旋,如质子和中子的自旋 s 为 1/2,光子的自旋 s 为 1。因此自旋运动是微观粒子的重要特征。1988 年发现的巨磁电阻(Giant Magneto Resistance,GMR)效应表明电子自旋对于电流的影响非常强烈,即电子的电荷与自旋角动量两者都可以载运信息。其随后的应用使计算机硬盘的容量一跃提高几百倍达到上千 GB。

考虑电子自旋后,原子中电子的状态将由四个量子数 n、l、m、m_s 共同确定。在一个原子中不可能有两个或两个以上的电子处于完全相同的量子状态,或者说,在一个原子内不可能有两个或两个以上的电子具有完全相同的四个量子数 n、l、m、m_s。这就是泡利不相容原理(Pauli exclusion principle),它决定了物质世界的整个结构。多电子原子基态电子的排布就是由泡利不相容原理和能量最低原理(电子总处于能量最低的可能状态)决定的,由此很好地解释了元素的周期律。

§11.10 激光

讲课视频:激光产生的基本原理

激光(light amplification by stimulated emission of radiation,laser)是基于粒子的受激辐射放大原理产生的,具有亮度高、单色性好、相干性好、方向性好的特性。激光的理论基础可以追溯到 1917 年,爱因斯坦提出了受激辐射理论,后来理论物理学家证明了受激发射光子和激励光子具有相同的频率、相位、方向和偏振等特点。1954 年第一次实现了氨分子微波量子振荡器。1958 年汤斯(C. H. Townes)和肖洛(A. L. Schawlow)提出了利用尺度远大于波长的开放式光学谐振腔实现激光器的新思想,布隆伯根(N. Bloembergen)提出了利用光泵浦三能级原子系统实现激光器的新构思。1960 年梅曼(T. H. Maiman)研制了一台红宝石固体激光器,至此世界第一台激光器诞生。现在,激光的应用已遍及科技、经济、军事和社会发展的许多领域。激光的发明是一部典型的学科交叉的创造发明史,体现了人的知识和技术创新是如何推动经济、社会的发展而造福人类的物质与精神生活的。激光在医学领域涵盖了预防、诊断和治疗等多个方面,在眼科、皮肤科、外科、口腔科以及肿瘤治疗等领域发挥着重要作用。激光医学的应用范围正在不断扩大，技术更加成熟，为人类健康做出了巨大贡献。

一、激光的产生机制

1. 自发辐射

处于激发态的粒子是不稳定的，即使没有外界作用，也会自发地从高能级跃迁到低能级，并释放出一个光子，这个过程称为自发辐射(spontaneous radiation)，如图 11-15(a)所示。发射光子的能量等于两个能级的能量差，即 $h\nu=E_2-E_1$。自发辐射产生的光子在相位、偏振方向及传播方向上都具有一定的任意性，即这些光子是随机的、非相干的。白炽灯、荧光灯等普通光源的发光主要是基于自发辐射原理。

2. 受激吸收

受激吸收(stimulated absorption)是指处于低能级的粒子，在外来光子的激励下，当光子能量恰好等于高能级和低能级两能级之差时，该粒子就吸收这部分能量，从低能级跃迁到高能级的过程[图 11-15(b)]。受激吸收发生的前提是外来光子的能量必须恰好等于粒子高能级和低能级之间的能量差。与自发辐射不同，受激吸收不是自发产生的，而是需要外来光子的激发才能发生。受激吸收对激励光子的振动方向、传播方向和相位没有任何限制。

3. 受激辐射

受激辐射(stimulated radiation)是指处于激发态的粒子在外来光子的诱导下，向低能态或基态跃迁时，辐射出与外来光子完全相同的光子的过程[图 11-15(c)]。受激辐射产生的光子与外来光子具有高度的相干性，即它们的频率、相位、传播方向和偏振状态都完全相同。这使得受激辐射产生的光具有非常好的单色性和方向性。受激辐射过程中，每一个入射光子都会激发一个相同的光子的发射，因此入射光子的功率会被放大，即有光放大作用，这就是激光产生的基本原理。要实现受激辐射，需要满足以下条件：首先粒子必须处于激发态，即它们必须有一个或多个电子处于高能级上。其次需要一个外来辐射场(即入射光子)来激发粒子从高能级向低能级跃迁。最后入射光子的能量必须恰好等于粒子两能级之间的能量差，才可以引发受激辐射。

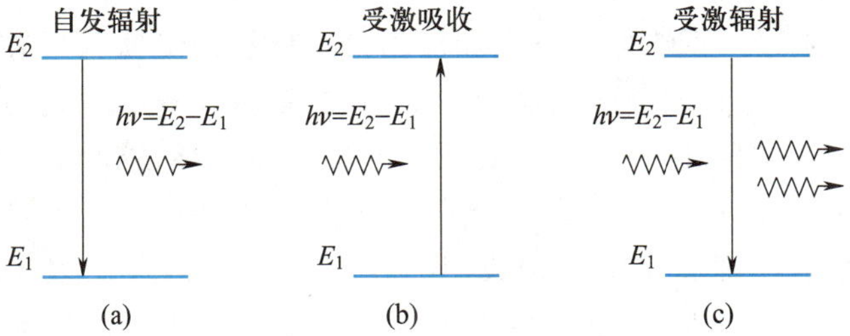

图 11-15 (a) 自发辐射；(b) 受激吸收；(c) 受激辐射

4. 粒子数反转分布

光与物质相互作用时，自发辐射、受激吸收和受激辐射是同时存在的。在通常情况下，物质处于热平衡状态时，粒子数的分布满足玻耳兹曼分布，即能级越高，粒子数越少，如图 11-16(a)所示。为了获得激光，受激辐射概率必须明显高于受激吸收概率，必须要实现粒子数反转分布(population inversion distribution)，也就是系统中处于高能级的粒子数多于处于低能级的粒子数的现象[图 11-16(b)]。这是一种非平衡态，即系统中高能级和低能级的粒子数不再满足玻耳兹曼分布，而是出现了反转。通过外部激励(如光激励、电激励、热激励或化学激励等)，可以将处于低能级的粒子大量激发到高能级，使得高能级上的粒子数超过低能级上的粒子数。在粒子数反转的状态下，受激辐射光子数多于被吸收的光子数，因此对光子具有放大作用。要实现粒子数反转，通常需要满足以下条件：首先，要有能实现粒子数反转分布的物质(即工作物质或激活介质)，这种物质必须具有适当的能级系统；其次必须从外界输入能量，使工作物质中尽可能多的粒子处于激发态，这称为抽运、激励或泵浦。

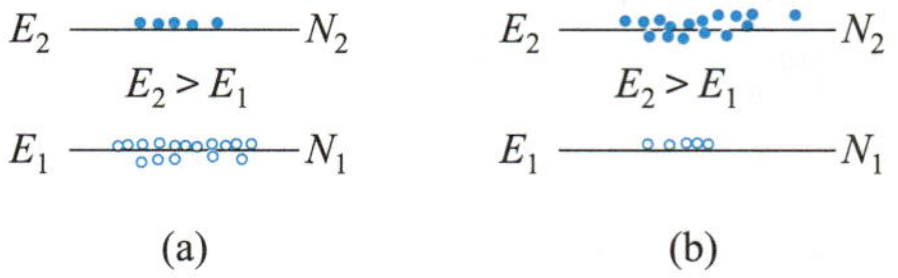

图 11-16 (a) 粒子数正常分布
(b) 粒子数反转分布

5. 工作物质

工作物质通常指的是那些能够在特定条件下实现粒子数反转，并通过受激辐射产生激光的物质。这些物质也被称为激光工作物质或激活介质。工作物质通常由具有亚稳态能级的粒子体系组成，这些粒子可以是原子、离子、分子或半导体中的电子等。

亚稳态(metastable state)是指粒子在激发后能够停留较长时间(平均寿命长)的高能级状态。通过外部激励，将低能级的粒子激发到亚稳态，与其他低能级或基态形成粒子数反转。

6. 光学谐振腔

激活介质本身不是一台激光器，在激活介质内部受激辐射与自发辐射是同时存在的，且后者往往占主导地位。需要设计一种装置，使其在某一方向上的受激辐射不断得到放大和加强，就是说，使受激辐射在某一方向上产生振荡，而将其他方向传播的光抑制住，以致在这一特定方向超过自发辐射，这样就能在这一方向上实现受激辐射占主导，这种装置称为光学谐振腔(optical resonant cavity)。光学谐振腔通常由两块与激活介质轴线垂直的平面或凹球面反射镜构成(图 11-17)。这两块反射镜之间形成了一个稳定的光学腔体，光波在其中来回反射，不断与受激粒子相遇而产生受激辐射，形成激光。凡不沿谐振腔轴线运动的光子很快逸出腔外，沿轴线运动的光子将在腔内继续前进，并经两反射镜的反射不断往返运动产生振荡。在这个过程中，光子不断与受激粒子相遇而产生受激辐射，沿轴线运动的光子将不断增加，最终在腔内形成传播方向一致、频率和相位相同的强光束，即激光。为了把激光引出腔外，可把一面反射镜做成部分透射，透射部分成为可利用的激光，反射部分则留在腔内继续实现光子放大。

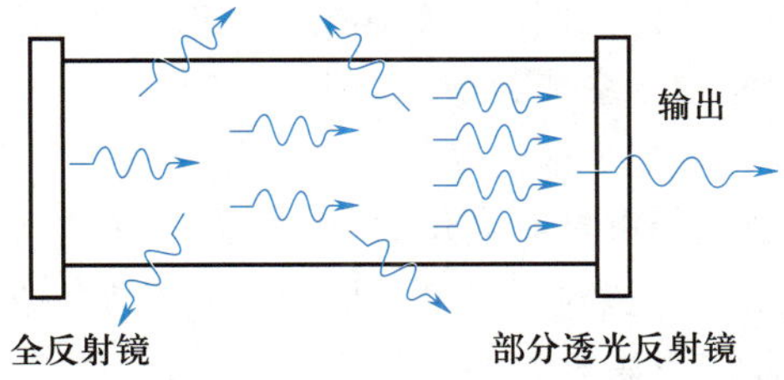

图 11-17 光学谐振腔

光学谐振腔的基本功能首先是提供正反馈，光学谐振腔能够选择频率一定、方向一致的光进行放大，而把其他频率和方向的光加以抑制。这种选择性和放大作用为激光的产生提供了必要的正反馈。其次是控制腔内振荡光束的特征，谐振腔内可能存在的频率和方向称为本征模，按频率区分的模式称为纵模(longitudinal mode)，按空间方向(或横向分布)区分的模式称为横模(transverse mode)。两反射镜的曲率半径和间距(腔长)决定了谐振腔对本征模的限制情况，从而控制了腔内振荡光束的特征。

二、激光器的基本结构

激光器主要由三部分组成：工作物质、激励源和光学谐振腔，如图 11-18 所示。

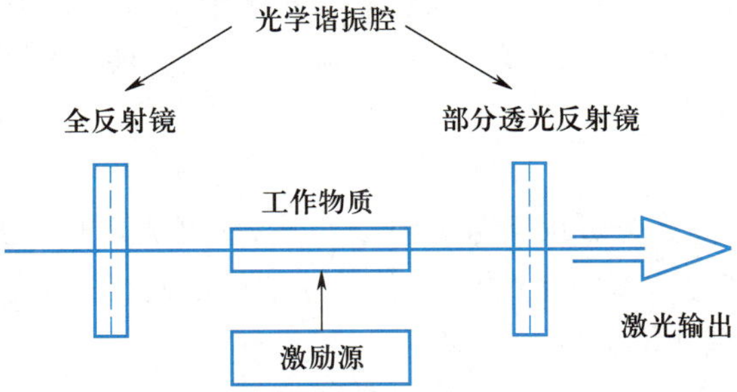

图 11-18 激光器结构示意图

工作物质：工作物质是激光器的核心，具有特定的能级结构，工作物质在受到激励源的激发后，其粒子可以被激发到高能级，形成粒子数反转分布。它可以是固体(如 Nd:YAG 晶体)、液体(如有机荧光染料溶液)、气体(如氦氖气体)或半导体材料。

激励源：激励源用于提供能量，将工作物质中的粒子从低能级激发到高能级。激励源的类型多样，包括光学激励(如闪光灯)、电激励(如半导体激光器中的电流注入)、化学激励(如化学反应产生的热能)等。

光学谐振腔:谐振腔的主要作用是使工作物质中的受激辐射持续进行,从而放大激光强度,同时限制激光的方向性,确保激光具有良好的相干性和方向性。

三、激光的特性

激光作为一种特殊的光源,具有多种独特的特性,这些特性使其在多个领域具有广泛的应用。主要包括以下几个方面:

1. 亮度高

高度聚集性:激光光束具有高度聚集性,光子在较小的空间内密集分布,形成高亮度的光束。这种高度聚集性使得激光能够在极小的区域内产生高温和高压,从而实现高效的能量转化和加工过程。

高能量密度:激光的亮度可比普通光源高亿万倍,能够在短时间内将大量能量集中在一点上。例如,强大的激光束可以在千分之一秒的时间内使物体被照部分产生几千度的高温,用于切割、焊接等加工过程。

2. 方向性好

发散角小:激光的发散角非常小,光束几乎是沿着平行方向发射的。这使得激光在传播过程中能够保持较高的能量密度和方向性。

精确控制:激光的方向性好使得光束能够精确照射到目标区域,减少对周围环境的干扰。在需要精确控制光束方向的应用中,如激光测距、激光准直等,激光表现出色。

3. 单色性好

频率范围窄:激光的频率范围极窄,颜色几乎是完全一致的。这使得激光在光谱分析、光学干涉测量等领域具有独特优势。

单色光源:激光单色性好的特性使其能够作为单一颜色光源,用于彩色全息投影、光谱分析等领域。在这些应用中,激光能够提供清晰、准确的光谱信息或图像。

4. 相干性好

光波一致:激光光波由无数光量子组成,从激光器中发射出来的光波在波长、相位、偏振方向上都是一致的。这使得激光在光学干涉测量、全息照相等领域具有独特优势。

干涉现象:激光的高相干性使其能够产生明显的干涉现象,用于精确测量和光学信息处理。在这些应用中,激光能够提供高精度、高稳定性的测量结果和信息处理效果。

四、激光的医学应用

随着现代科技的飞速发展,激光技术以其独特的物理特性和广泛的应用前景,逐渐在医学领域展现出其不可替代的价值。激光医学,作为科技与医学融合的产物,正以其高精度、低创伤、高效能的特点,引领着医疗技术的革新与发展。

1. 激光在医学诊断方面的应用

高精度成像：激光成像技术，如激光共聚焦显微镜、光学相干断层成像（OCT）等，其中OCT能够提供生物组织的高分辨率三维图像，有助于医生更准确地识别病变部位和程度，不仅用于眼科疾病的诊断，如青光眼、白内障、视网膜病变等，还广泛应用于皮肤科、肿瘤科等领域，对疾病的早期发现和治疗具有重要意义。

光谱分析：激光光谱分析技术，如激光拉曼光谱、激光荧光光谱等，能够检测生物组织中的化学成分和结构变化，为疾病的诊断提供分子层面的信息。这些技术在癌症、心血管疾病、代谢性疾病等疾病的诊断中发挥着重要作用，有助于医生制定更精确的治疗方案。

功能成像：激光功能成像技术，如激光多普勒成像、激光散斑成像等，能够反映生物组织的血流、氧合状态等功能信息，为疾病的诊断和治疗提供新的视角。这些技术在脑血管疾病、肿瘤血管生成等方面的研究具有潜在价值。

2. 激光在医学治疗方面的应用

精准手术：激光手术具有高精度、低创伤、低出血等特点，广泛应用于眼科、耳鼻喉科、口腔科、皮肤科、整形外科等领域。如准分子激光矫正视力手术，能够精确切割角膜组织，改善视力；激光前列腺汽化术则能够减少手术创伤和出血，提高患者生活质量。

光动力疗法：光动力疗法是一种利用特定波长的激光照射光敏剂，使光敏剂在病变组织内产生光化学反应，从而破坏病变组织的治疗方法。该方法在治疗皮肤癌、肺癌、食管癌等恶性肿瘤方面具有显著疗效，同时也可用于治疗痤疮、银屑病等皮肤病。

激光理疗：激光理疗利用低功率激光照射人体，通过其生物刺激作用促进组织修复和炎症消退，常用于治疗疼痛、炎症等，也可促进伤口愈合。如低强度激光疗法能够加速伤口愈合，减轻疼痛，促进神经功能恢复。

3. 激光在医学研究方面的应用

生命科学研究：激光技术为生命科学研究提供了强有力的工具。例如，激光微束技术能够精确切割或焊接细胞，研究细胞间的相互作用和信号传导；激光捕获微分离技术则能够分离和分析单个细胞或细胞亚群，为基因表达、蛋白质组学等研究提供重要数据。

疾病机制探索：激光技术有助于揭示疾病的发病机制和生物过程。例如，激光光谱分析技术能够检测生物组织中的代谢物变化，为代谢性疾病的研究提供线索；激光成像技术则能够观察生物组织的形态和功能变化，为神经退行性疾病、心血管疾病等的研究提供新的视角。

药物研发：激光技术在药物研发中发挥着重要作用。例如，激光诱导荧光技术能够筛选药物分子与靶点的相互作用，为新药研发提供有力支持；激光光动力疗法则为药物输送和靶向治疗提供了新的思路和方法。

随着人们对健康需求的不断提高和医疗技术的不断进步，激光医学的应用领域也将不断拓展。未来，激光医学将在更多领域发挥其独特优势，为人类的健康事业作出更大的贡献。

思考题

11-1 如果所有物体都向外辐射能量的话，那么为什么我们在黑暗中却看不到呢？

11-2 为使白炽灯的最大可能辐射在可见光范围内，估算白炽灯灯丝的最有效温度。

11-3 由于单色光入射而使电子从金属表面逸出，考虑一下逸出电子的最大初动能在下列情况下如何变化？(1)入射光的频率增加；(2)入射光的强度增大一倍；(3)光照时间增大一倍。

11-4 一束单色 X 射线光子被金属箔中的自由电子散射，被散射后的光子频率是大于还是小于入射时的光子频率？为什么？

11-5 用光子解释紫外光能损伤你皮肤中的细胞，而可见光却不能的原因。

11-6 微波光子与可见光光子比较，哪一个的能量大？

11-7 列举出光子和电子的相似之处和不同之处。

11-8 一个运动速度较慢的质子和一个运动速度较快的质子，哪一个的波长较长？

11-9 若一个电子和一个质子具有同样的动能，哪个粒子的德布罗意波长较长？

11-10 如果可以制造出一台“质子显微镜”，它的波长与电子显微镜的波长相比，是更长还是更短？

11-11 什么是自发辐射和受激辐射？受激辐射有哪些特点？

11-12 简述激光器中光学谐振腔的作用。

11-13 激光器由哪些基本部分组成？

习题

习题答案

11-1 在地球大气层外测得太阳辐射谱，它的极值波长为 500 nm，设太阳为黑体，求太阳表面单位面积的辐射功率。

11-2 天体物理学家预言 50 亿年后太阳将膨胀到现在的火星轨道变成一个红色巨星。如果现在太阳的表面温度为 6 000 K，红色巨星的表面温度将为 4 500 K。计算两者总辐出度的比值。

11-3 黑体在加热过程中，其辐出度的最大值所对应的波长由0.60 μm变化到0.40 μm，求总辐出度增加了几倍。

11-4 热核爆炸时火球的瞬时温度可达到 1.00×10^{7} K,求:(1)辐射最强的波长;(2)这种波长的光子能量。

11-5 光谱中可见光的波长在 400 nm 至 750 nm 范围内,所对应光子的能量范围是多少? 分别用 J 和 eV 为单位表示结果。

11-6 频率为 6.67×10^{14} Hz 的单色光入射到逸出功为 2.3 eV 的 Na 表面上。(1)求光电子的最大初动能;(2)在正负极之间施加多大的电压才能使光电流降低为零?

11-7 钠的逸出功为 2.3 eV。(1)从钠表面发射光电子的截止波长是多少? (2)用波长为 680 nm 的橙黄色光照射钠能否产生光电效应?

11-8 在理想条件下,正常人的眼睛接收到 550 nm 的可见光时,每秒光子数达 100 个时就有光感,求与此相当的功率。

11-9 入射的 X 射线光子的能量为 0.60 MeV,被自由电子散射后波长变化了 20%,求反冲电子的动能。

11-10 放射性元素 ^{137}Cs 衰变放出能量为 0.662 MeV 的光子,该光子与物质发生康普顿散射,求散射角为 180°的反散射光子的能量及此时反冲电子的能量。

11-11 设电子和中子的动能均为 1.00×10^{4} eV,忽略相对论效应,求其相应的德布罗意波长。

11-12 一电子显微镜的加速电压为 4.0 kV,经过该电压加速的电子的德布罗意波长是多少?

11-13 如果一电子的动量不确定度为 $\Delta p_x=5.0\times10^{-25}\ \mathrm{kg\cdot m\cdot s^{-1}}$,那么该电子的位置不确定度 Δx 的最小值是多少?

11-14 电视机显像管中电子的加速电压为 9.0 kV,电子枪枪口直径约 0.50 mm,枪口离荧光屏距离为 0.30 m。求荧光屏上一个电子形成的亮斑直径。这样大小的斑影响电视机的清晰度吗?

参考文献

第十二章 X 射 线

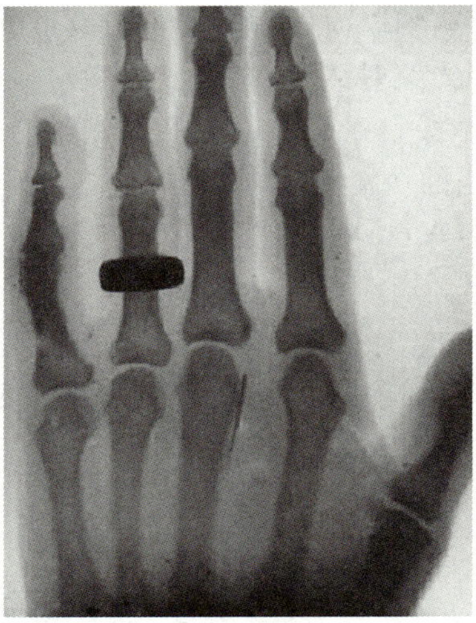

1895 年 12 月 22 日，伦琴拍下了他夫人的手的 X 射线照片，这是第一张人体的 X 射线照片。

1895 年 11 月 8 日，德国物理学家伦琴（W. C. Röntgen）在实验中偶然发现了 X 射线（X-ray）。X 射线的发现在科学史上是个极其重大的事件，它对人类历史和科学技术的发展产生了巨大影响，并由此开创了物理学和放射医学的新时代。本章将介绍 X 射线产生的物理过程，X 射线在物质中的衰减以及 X 射线的医学应用等内容。

§12.1 X 射线的产生及性质

研究表明：产生 X 射线必须具备的条件为：(1)运动速度很高的电子流；(2)适当的障碍物——靶，用来阻止电子的运动，把电子的动能转化为 X 射线的能量。

12.1.1 X 射线的产生装置

X 射线产生装置的核心元件是 X 射线管。现代常用的是热阴极 X 射线管，其主要结构如图 12-1 所示。

将阴极 C 和阳极 A，密封于一个高度真空的硬质玻璃管中，便成为一只 X 射线管。阴极（cathode）由钨丝制成，单独由低压电源供电，是发射电子的电子源，同时对所发射的电子有聚焦作用。阳极（anode）的功能是产

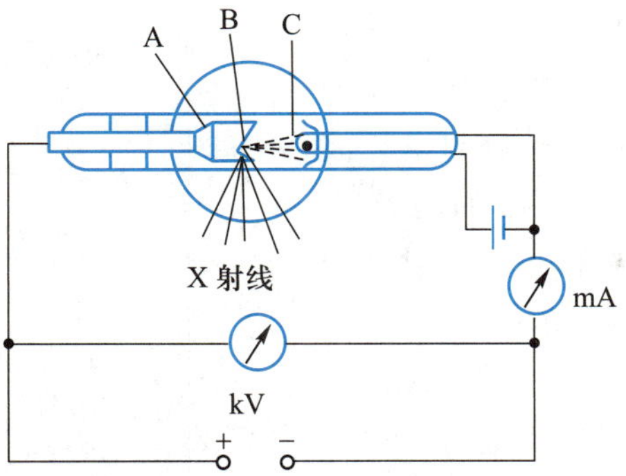

图 12-1 X射线管结构示意图

生X射线，由靶和散热体两部分组成，通常是将钨或钼靶焊接在铜圆柱体上。阳极靶（钨、钼）的作用是接受高速电子的撞击并辐射X射线，铜圆柱体主要起散热作用。

X射线管在工作时，阴极和阳极之间加有几万到几十万伏的直流高压（称管电压），阴极发射的电子受强电场的作用，不断被加速而撞击阳极靶，当这些高速电子被阳极靶突然阻止时，就有X射线从阳极靶辐射出来，同时产生大量的热。根据计算，一般情况下，只有不到1%的电子动能转变为X射线的能量，其余都转变为热能，所以阳极靶需要由耐高温的材料制成，而且X射线管不能长时间连续工作。大功率X射线管的阳极常做成中空的，用流动的油来冷却，有的X射线管的阳极做成旋转式的，称为旋转阳极X射线管。

受加速电压的影响，X射线管发出的X射线能量最高为几百keV，可用于X射线透视和摄影。但无法满足现代临床放射治疗的需要，利用X射线对体内肿瘤进行放射治疗时要求X射线能量达到MeV量级。这时需要使用医用电子加速器提高电子束能量，将高能电子束引出打靶可产生几个至几十MeV的高能X射线。

相关链接：X射线的发现

12.1.2 X射线谱

X射线管产生的X射线，是含有多种波长成分的混合射线。对其进行频谱分析，发现它由两种成分组成：一种X射线谱是连续的，称为连续X射线；另一种X射线谱是线状的，称为特征X射线。

讲课视频：X射线的发射谱

一、连续X射线谱

当X射线管的管电压较低时，只产生连续X射线。图12-2给出了钨靶在较低管电压下的连续X射线谱。

经典电磁学理论指出：带电体处于外电场中，当其速度发生变化时，将向外辐射电磁波。在X射线管中，高速运动的电子撞击到阳极靶上，电子在靶原子核电场的作用下,速度的量值和方向都发生急剧的变化。按上述理论,这些电子将向外辐射电磁波而损失能量 ΔE,电磁波的频率由 $\Delta E=h\nu$ 确定。电子的这种辐射称为韧致辐射(bremsstrahlung)。

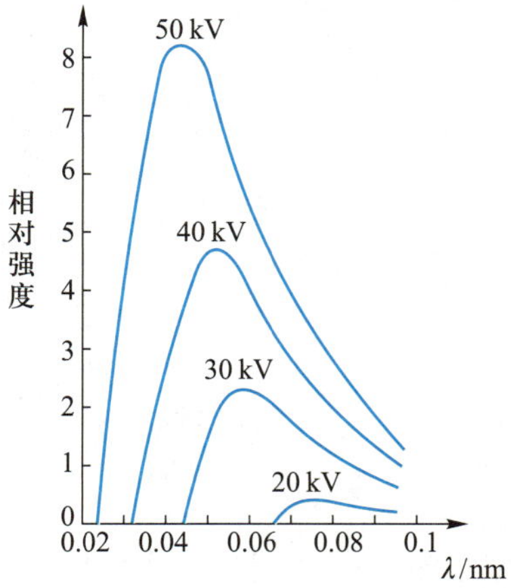

图 12-2 钨靶在较低管电压下的连续 X 射线谱

由于每个电子与靶原子核作用前的能量不同,电子的径迹与靶原子核的距离不同,所以各次相互作用损失的能量也不同,相应的产生的 X 光子的频率也就不同。大量的频率不同的 X 光子组成了波长连续的 X 射线谱。

在电子与原子核电场的相互作用中,某些电子可以在一次作用中损失全部动能,从而产生一个最大能量的 X 光子。这一光子的波长就对应于连续 X 射线谱中的短波极限。

【例 12-1】 试求连续 X 射线谱中短波极限与管电压的关系。

【解】 设管电压为 U,电子的电量为 e、质量为 m、速度为 v,ν_{max} 是与短波极限 λ_{min} 对应的光子的最高频率。于是

$$\frac{hc}{\lambda_{min}}=h\nu_{max}=\frac{1}{2}mv^2=eU$$

$$\lambda_{min}=\frac{hc}{eU}$$

若把三个常量 h、c 和 e 的数值代入上式,并取 kV(千伏)为电压单位,则有

$$\lambda_{min}=\frac{hc}{eU}=\frac{1.24}{U/\text{kV}}\text{nm}$$

这一结果表明:对每一个给定的管电压,都有一个短波极限 λ_{min} 与之对应,并且短波极限 λ_{min} 的数值与管电压成反比,也不受任何其他因素的影响。这个结论与图 12-2 所示的实验结果是一致的。

理论计算表明,对于 X 射线管中的电子,在 100 kV 的管电压下,速度可达 0.55 c,因此若涉及电子的速度、质量,就需要考虑相对论效应。

二、特征 X 射线谱

图 12-3 是不同管电压下钨靶的 X 射线谱。从图中曲线可以看到:当管电压升高时,在连续谱线上叠加了一组波长不变、强度很大的线状谱,而且线状谱的波长与管电压无关。我们把这种辐射称为特征 X 射线(characteristic X-ray)。

特征 X 射线的产生,是靶原子中的电子从能级较高的壳层向能级较低的壳层跃迁而辐射光子的结果。当高速运动的电子进入靶内时,如果它

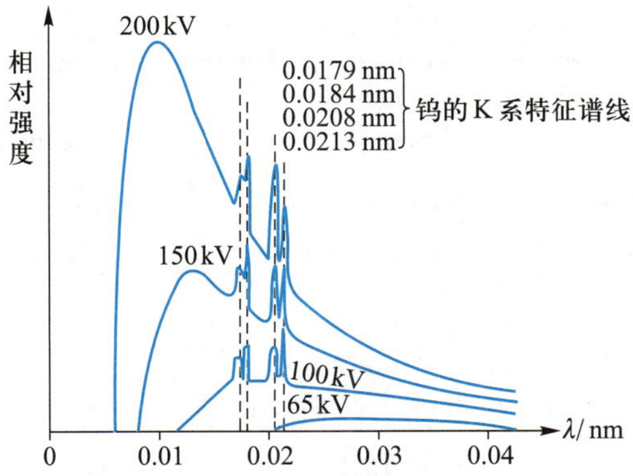

图 12-3 不同管电压下钨靶的 X 射线谱

与某个原子的内壳层电子发生相互作用,就有可能把一部分动能传递给这个电子,使它从原子中脱离,从而在原子的内壳层出现一个空位,而高能级上的电子将向这个空位跃迁,并在跃迁过程中发出一个光子。这就是特征 X 射线的产生过程。

图 12-4 是特征 X 射线产生原理的示意图。当靶原子的 K 层电子被击出后,出现的电子空位由 L、M、N、O 等能级较高的壳层电子或自由电子跃迁填充,由此产生的几条谱线为 K 系特征 X 射线;同样,当 L 层电子被击出时,由于其他壳层的电子跃迁,便产生了 L 系特征 X 射线,其余依此类推。

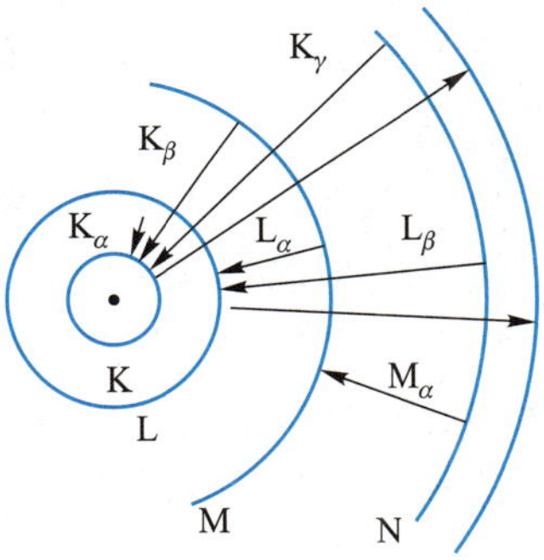

图 12-4 特征 X 射线的产生原理示意图

从上面的介绍中可以知道,特征 X 射线谱完全由靶材料的性质决定,而与 X 射线产生过程中的其他因素无关。对于不同靶材料的原子,由于其内部的原子能级结构不同,因此特征 X 射线的波长不同,而对同一种元素来说,其特征 X 射线的波长将是确定的。可见,这些 X 射线的波长表征了靶物质的原子结构特征,因而将其称为特征 X 射线。

应当指出,普通 X 射线管发出的主要是连续 X 射线。对钨靶 X 射线管来说,管电压在 80~150 kV 时,特征 X 射线只占 10%~28%,管电压高于 300 kV 时,与连续 X 射线相比,特征 X 射线所占的比例可以忽略。因此在医学应用中,主要使用的是连续 X 射线,但在物质结构的光谱分析中,特征 X 射线是很有用的。

12.1.3 X 射线的特性

1912 年劳厄(Laue)利用晶体衍射的方法证明了 X 射线是波长很短的电磁波,其波长范围为 $10^{-3} \sim 10$ nm。由于 X 射线的波长很短,光子能量很高,所以,X 射线除了具有电磁波的一切通性以外,还具有一系列与其他电磁波不同的特性。

(1) 穿透作用 X 射线穿透物质的能力很强,其穿透能力取决于 X 光子的能量、物质的密度以及物质的原子序数等因素。由于人体各种组织的密度和元素组成是不同的,X 射线对人体各种组织的穿透性也就不同,这种差别正是 X 射线能够对人体成像的基础。

(2) 荧光作用 某些物质受到 X 射线照射时,其分子、原子通过吸收能量而跃迁到激发态,当它们回到基态时,能够发出波长在可见光范围内的荧光,这就是 X 射线的荧光作用。利用 X 射线的荧光作用可以将肉眼看不见的 X 射线转化为可见光,X 射线透视就是利用荧光作用来观察 X 射线透过人体后所成的影像。硫化锌、钨酸钙、铂氰化钡、磷等都是可以产生荧光的物质。

(3) 感光作用 X 射线和可见光一样,具有光化学作用,能够使照相胶片感光。这一作用被广泛应用于各种 X 射线摄影中。

(4) 电离作用 X 射线能使物质的原子和分子电离,利用这一性质,可以测量 X 射线的强度。

(5) 生物效应 X 射线作用于生物体时,通过电离作用,在体液和细胞内引起一系列生物化学反应,使肌体和细胞产生生理和生物方面的改变。这种作用既可以杀死肿瘤细胞而成为放射治疗的基础,也可以使正常细胞发生癌变,是放射工作者接触 X 射线时需要进行防护的原因。

12.1.4 X 射线的强度与硬度

X 射线的强度(intensity)的基本定义与波的强度定义是一致的,即单位时间内通过与射线传播方向垂直的单位面积的辐射能量。设单位时间内通过与射线传播方向垂直的单位面积并且频率为 ν_i 的 X 光子数为 N_i,则 X 射线的强度 I 可以表示为

$$I = \sum_i N_i h\nu_i \tag{12-1a}$$

对于波长连续分布的 X 射线,其强度 I 为

$$I = \int_{\lambda_{\min}}^{\infty} I(\lambda)\,\mathrm{d}\lambda \tag{12-1b}$$

其中 $\lambda_{\min}$ 为短波极限,$I(\lambda)$ 为连续 X 射线按波长的分布。

影响 X 射线强度的因素很多,也很复杂。总的来说,管电流大,表明单位时间撞击阳极靶的电子数多,由此激发的 X 光子数也增加;其次,管电压高,撞击阳极靶的电子能量大,所激发的单个 X 光子的能量 $h\nu$ 也大,所以 X 射线的强度与管电流和管电压都有关系。在临床放射工作中,作为一种简便方法,可以通过改变管电流来调节 X 射线的强度。因此在医学中,通常规定固定管电压,用管电流的毫安数(mA)描述 X 射线的强度。

X 射线的硬度(hardness)指 X 射线穿透物质的能力。对于一定的吸收物质来说,X 射线的穿透能力强,则 X 射线的硬度高。X 射线的硬度完全由光子的能量决定,与光子个数无关。管电压高,激发的 X 光子能量大,则射线穿透物质的能力强。在其他情况一定时,常用管电压的千伏数(kV)描述 X 射线的硬度。

12.1.5 X 射线的衰减

X 射线与物质相互作用的主要形式为:光电效应、康普顿散射和电子对生成。这三种作用都与物质的原子序数和光子能量有关。

讲课视频:X 射线的吸收和应用

当 X 射线通过物质时,由于与物质发生相互作用,X 射线光子不断被物质散射或吸收,从而使 X 射线的强度逐渐降低,这就是 X 射线的衰减过程。X 射线强度衰减的宏观规律遵从朗伯定律,$I=I_0e^{-\mu x}$,式中 μ 称为射线的线性衰减系数,表征了射线在物质中通过时,物质对射线吸收和散射的能力。实验表明,当入射 X 光子的能量一定,吸收物质一定时,线性衰减系数 μ 与物质的密度 ρ 成正比,为了消除物质密度的影响,我们引入质量衰减系数 μ_m,

$$\mu_m=\frac{\mu}{\rho} \tag{12-2}$$

对于低能 X 射线(能量小于 80 keV),物质对射线的质量衰减系数近似满足

$$\mu_m\propto Z^a\lambda^3 \tag{12-3}$$

式中指数 a 与吸收物质和射线能量有关,对于医学上常用的 X 射线,a 一般取 3.5。从(12-3)式可以看出:物质的原子序数越高,对 X 射线的衰减能力越强。人体软组织的主要成分是 H、O、C 等,而骨骼的主要成分是 Ca、P 等,所以骨骼对 X 射线的衰减能力大于软组织的衰减能力。若将强度均匀的 X 射线投射到人体上,由于不同组织对 X 射线的吸收和散射不同,因而透过人体的 X 射线将是不均匀的,正是这种不均匀性反映了人体组织结构的密度和厚度的差异。将这个不均匀的 X 射线作用于显像物质上,可以产生具有黑白对比和层次差异的 X 射线影像,这正是 X 射线医学成像的物理基础。利用物质对低能 X 射线的质量吸收系数与物质原子序

数的3.5次方成正比的性质,做胃肠道检查时可食用钡盐作为X射线成像显像增强剂。

§12.2 X射线的衍射

从光的衍射现象可以知道,当光的波长可以和物体的线度相比拟时,就可以明显地观察到光的衍射现象。由于晶体分子中原子间隔大约为几十个纳米,与X射线的波长相当,因此晶体能对X射线产生衍射效应,利用这种效应不仅可以验证X射线的波动性,还可以测定晶态物质在原子水平上的结构,并能获得详细的结构数据,如原子间的距离、键角、分子的立体结构等。

12.2.1 X射线的衍射

晶体(crystal)是原子在三维空间中周期性重复排列构成的固体物质。为了更好地描述晶体内部原子排列的周期性,可以把晶体中周期性重复排列的分子(或原子、离子)抽象成一个个几何点来代表。这些从晶体中抽象出来的点(阵点或格点),在三维空间中按一定的周期重复排列而构成点阵(晶格),点阵中每一个点都有相同的周围环境。晶体的空间点阵可以划分为一组平行等距的平面,称为晶面。图12-5是晶体空间点阵的示意图,点之间的距离 d 称为晶格常数。同时,按照晶体内部结构的周期性,又把晶体划分成大小和形状完全相同的平行六面体,用以代表晶体结构的基本重复单元,称为晶胞。

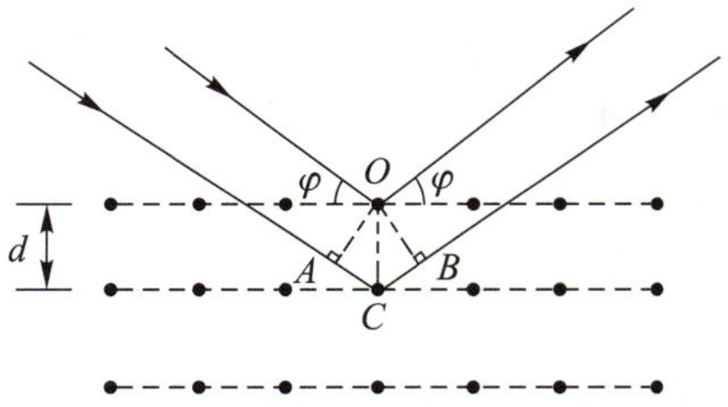

图12-5 晶体衍射

当X射线照射晶体时,按照惠更斯原理,每一个原子都是发射子波的衍射中心,向各个方向发射子波,这些子波相干叠加,沿反射定律的方向得到加强,形成了衍射图样。设两原子平面层的间距为 d,当一束X射线以掠射角 φ 入射到晶面上时,相邻两个晶面反射光干涉加强的条件为

$$2d\sin\varphi=k\lambda \quad (k=0, 1, 2, \cdots) \qquad (12-4)$$

这就是X射线衍射的基本公式——布拉格(W. L. Bragg)方程。这一方程将衍射方向、原子间距和X射线的波长联系起来。若已知 φ 和 λ,可以测

出晶体晶格常数 d,这是利用X射线对晶体结构进行分析的基础。若已知 φ 和 d,可以测量入射光的波长 λ,这正是X射线摄谱仪的原理,由此可以对X射线进行光谱分析。

相关链接:X射线衍射现象的发现

12.2.2 X射线晶体结构分析

早在1912年,劳厄就发现X射线透过晶体而产生衍射时,能够显示出晶体内部的有序结构。1913年,布拉格父子使用X射线衍射仪测定了氯化钠和金刚石的晶体结构。从此以后,X射线晶体结构分析就成为测定晶体和分子结构的主要方法,并成功地应用于生物分子结构的测定上。

现代的X射线衍射仪主要包括四部分:(1)X射线源:需要选择单一波长的X射线,可以由晶体单色器或过滤器完成;(2)信号收集系统:一般采用面探测器或电子区域探测器收集衍射的X射线;(3)校准系统:包括晶体方位定向设备,这种设备必须能够在小于0.01°的范围内精确描述单晶的运动,以便使照射到晶体上的X射线是平行的;(4)计算机控制、处理系统。图12-6为X射线衍射仪的示意图,X射线管发出的X射线经过铅屏上的小孔准直后,成为一束单一方向的X射线投射到晶体上,被晶体衍射后,由检测器或照相底片测出。实验中,晶体样品可以绕轴转动,当其中任一晶面与X射线所成的夹角满足布拉格方程时,在相应方向就会有衍射线,在照相底片上会得到衍射斑点。这些斑点的强度和位置包含着有关晶体的大量信息。

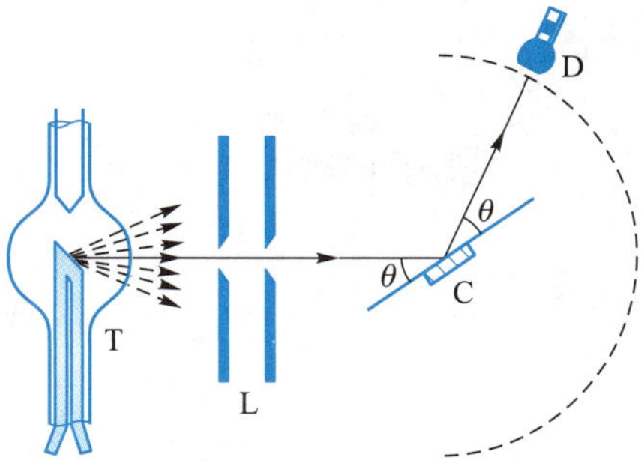

图12-6 X射线衍射仪示意图

X射线晶体结构分析的基本原理是:(1)根据布拉格方程,通过分析衍射图上斑点的位置,确定晶胞的大小和形状;(2)利用衍射图上斑点的亮度或黑度,确定晶胞中原子的空间排布。常采用的步骤为:(1)使生物大分子结晶,得到有一定衍射分辨率的晶体;(2)测量X射线衍射强度数据,即衍射斑点图;(3)对数据进行分析处理,包括计算结构因子振幅、测定结构因子相位、计算电子密度图、构建结构模型、精修结构模型等。

早期,霍奇金(D. Hodgkin)应用X射线衍射的方法测定了胆固醇、维生素D、青霉素和维生素 B_{12} 的结构。20世纪50年代,佩鲁茨(M. Perutz)把血红蛋白的几千个衍射斑点的位置及强度和各种预期的分子模型的衍射斑点加以比较,发现血液中的这种载氧蛋白质大约由10 000个原子组成,这些原子组成四条链,每一条链都有螺旋结构并且转了几个弯。1953

年克里克(Crick)和沃森(Watson)把脱氧核糖核酸(DNA)的X射线衍射图和预期的螺旋状排列结构的衍射图加以比较,由此建立了DNA双螺旋结构模型,图12-7为威尔金斯等人获得的第一张DNA分子X射线衍射图。此后富兰克林拍摄到更加清晰的DNA分子X射线衍射图(见第八章章首图)。DNA双螺旋结构的发现把人们对生物科学研究的视野,一下子从细胞水平推向了分子水平,它标志着分子生物学从此诞生。沃森、克里克和威尔金斯三人因此于1962年共同获得了诺贝尔生理学或医学奖。通过X射线衍射完成血红蛋白和肌红蛋白结构分析的佩鲁兹和肯特鲁也获得了1962年诺贝尔化学奖。直到现在,X射线衍射方法仍然是研究生物分子结构的主要方法。图12-8为SARS-CoV主蛋白酶的X射线晶体衍射图,图12-9为利用计算机对其衍射图进行分析处理后得到的SARS-CoV主蛋白酶的结构图。

相关链接:同步辐射与X射线生物分子结构分析

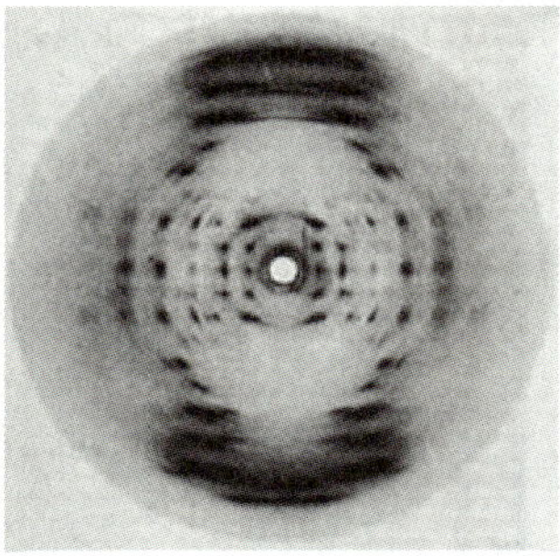

图12-7 DNA的X射线衍射图

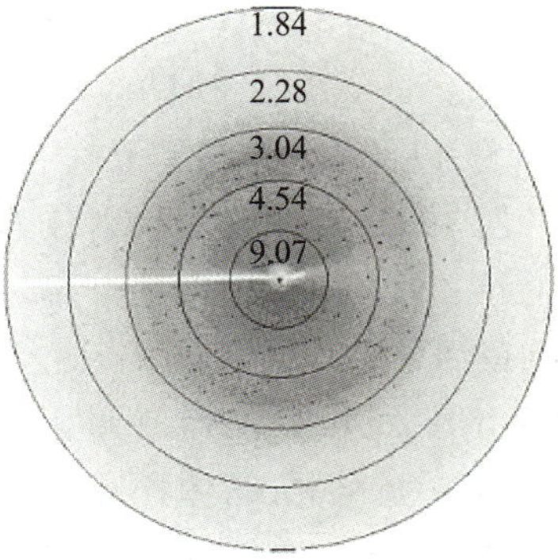

图12-8 SARS-CoV主蛋白酶的X射线晶体衍射图(0.19 nm)

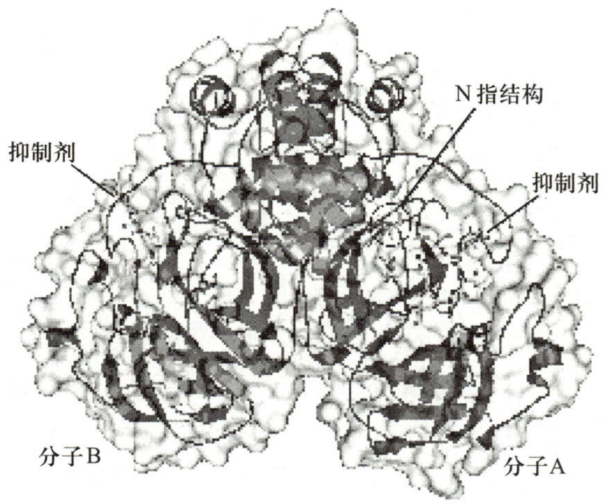

图12-9 由衍射图重建的SARS-CoV主蛋白酶的飘带结构模型

§12.3 X 射线在医学上的应用

X 射线在医学上的广泛应用，给人类带来巨大的医疗利益，同时也伴随一定的危害。了解 X 射线在医学上的应用原理及其发展，对在实践中正确认识 X 射线危害及贯彻应用与防护兼顾的原则具有重要意义。X 射线在医学上的应用，包括诊断和治疗两个方面。

12.3.1 X 射线在诊断方面的应用

一、透视和摄影

透视是 X 射线检查的基本方法之一。当强度均匀的 X 射线穿过人体时，由于人体不同组织和器官在密度和厚度方面存在差异，因而对 X 射线的吸收和散射程度不一。让透过人体后的 X 射线投射到荧光屏上，屏上就会形成与受检部位相对应的具有明暗对比的影像。观察和分析这种影像，就可以判断出该组织或器官的形态与功能，这就是普通 X 射线透视。X 射线透视简便、快捷，而且可以进行动态观察。是胃肠道造影检查、骨折复位手术、导管和介入放射学等采用的基本方法。由于人体器官影像重叠时分辨率不高，因此，透视存在一定局限性。目前，X 射线直接激发荧光屏的透视方式已基本被 X 射线电视系统（包括影像增强器、光分配器和电视系统）取代。

摄影是 X 射线检查的另一种方法。用胶片代替荧光屏记录 X 射线影像，透过人体的 X 射线作用在胶片上，致使胶片感光，经显影、定影等过程，便形成 X 射线照片，这就是普通 X 射线摄影。X 射线胶片的感光度较高，因此摄影比透视需要的 X 射线剂量要低得多，测试表明一次拍片的剂量不足透视的 1/8。由于胶片的感光颗粒较小，所以摄影比透视能显示更细微的病变，提供更多有诊断价值的信息。X 射线摄影和透视的成像原理不同，因此胶片上影像的黑白与荧光屏上的明暗正好相反。例如，在透视的荧光屏上，骨骼部位是暗的，而在摄影胶片上，骨骼部位却是亮的。

X 射线透视和摄影都是利用人体组织和器官自身的密度差异和构成元素的不同来形成影像的。但是体内还有许多组织和器官缺乏这种差别，因而用常规检查方法不能予以区别。例如脑与脑室对 X 射线吸收的差别很小，不能形成可供观察的影像。可以将某种高密度或低密度物质引入人体内部，人为造成某组织或器官与其周围组织的密度差异，从而显示出器官的形态和功能，这种检查方法称为造影检查。造影的方法扩大了 X 射线的检查范围和价值，全身有腔室或管道的部位几乎都可以使用不同的造影剂来形成对比,直接或间接地显示它们。如将向血管内注射碘造影剂前、后获得的图像相减,就可以获得消除骨骼和软组织结构的血管影像。近年来用心血管造影,可以观察心脏大血管的血液动力学变化,对诊断先天性心脏病很有帮助。

传统的 X 射线成像方式采用的是模拟技术,X 射线影像一旦产生,其图像质量就不能再进一步改善,信息量为模拟量,不便于用计算机处理,也不便于图像的储存、管理和传输,使其发展受到限制。将传统的 X 射线成像技术与计算机技术结合,便产生了数字化 X 射线成像技术。数字化 X 射线成像技术分为两类,一类是利用 A/D 转换器,把检测器输出的模拟信号转换为数字形式,经计算机处理后,再利用 D/A 转换器把数字信号转换为模拟信号的形式进行显示;另一类称为直接数字化 X 射线成像,这种成像装置使用直接 X 射线摄影探测器或平板探测器,来接收 X 射线并直接输出数字化的影像信号。当数字图像的数据储存在计算机的储存器中后,就可以对它们进行各种处理,包括图像增强、图像恢复、图像兴趣区的定量估值等,为医生提供了比传统 X 射线胶片影像丰富得多的诊断信息。因此,数字化 X 射线成像技术已经成为世界公认的 X 射线诊断技术发展的方向。

二、X-CT

人体组织和器官都是立体结构,而普通 X 射线透视和摄影显示的是人体组织结构互相重叠的平面像,使诊断受到一定的限制和影响。1963 年美国物理学家科马克(A. M. Cormack)提出了由投影重建图像的理论,1972 年英国工程师亨斯菲尔德(G. N. Hounsfield)研制成世界上第一台头部电子计算机断层成像装置(computed tomography,CT),并应用于临床。X 射线 CT 的问世是继伦琴发现 X 射线以来,在医学诊断领域的又一次重大突破。为此科马克和亨斯菲尔德共同获得了 1979 年度诺贝尔生理学或医学奖。

X-CT 与普通 X 射线摄影相比,存在着本质的不同。图 12-10 为 X 射线 CT 系统,主要包括扫描设备、计算机系统和图像显示与记录系统。CT 系统的成像过程为:将 X 射线高度准直后围绕患者身体某一部位作横断层扫描,由灵敏探测器接收透过人体的 X 射线,经计算机计算而得出该层面各点的 X 射线衰减系数,再由图像显示器将体内各点的衰减系数根据数值大小用不同的灰度显示出来,就可以得到体内该层面解剖结构的图像。

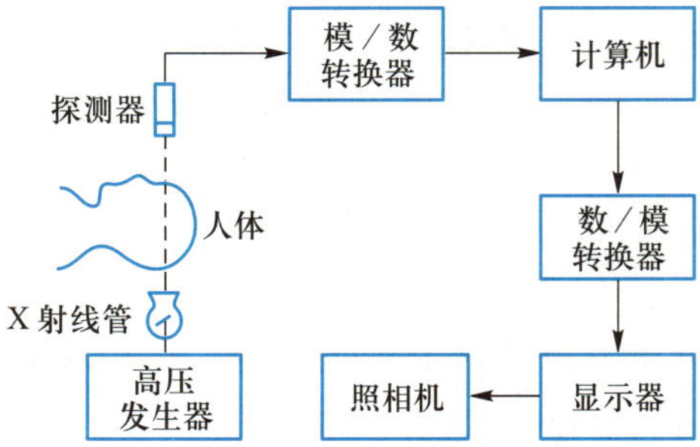

图 12-10　X 射线 CT 系统示意图

下面介绍 CT 技术中投

影重建图像的过程。在 CT 技术中,将体内受检部分划分为若干个薄层即断层,厚度为 3~10 mm,每一断层又划分为若干个小体素,体素的长和宽为 1~2 mm。在图 12-11 中,设强度为 I_0 的 X 射线平行入射组织的某一断层,透过组织后的射线强度为 I,体素的线度为 Δl,射线透射的各体素的衰减系数分别为 $\mu_1,\mu_2,\cdots,\mu_n$,由朗伯定律得

$$\ln\frac{I_0}{I}=(\mu_1+\mu_2+\cdots+\mu_n)\Delta l$$

上式是以体素衰减系数 μ_i 为未知数的线性方程,其中 $\ln(I_0/I)$ 可以通过测量得到,它反映了 X 射线被 n 个体素衰减的总效果,称为投影值。使 X 射线沿不同方向对受检体进行投照(即扫描),可以得到一系列投影值,获得多个方程,只要独立方程个数多于体素数目,就可以得到各体素的衰减系数 μ_i,从而重建图像。由于一个断层有很多体素,方程的个数很多,解法也就很复杂。第一代 CT 系统中,一个断层上有 25 600 个体素,经过扫描,可以得到 43 200 个投影数据,列出 43 200 个方程,其运算量之大是可想而知的。为此,人们提出了各种各样的算法,如迭代法、滤波反投影法、傅里叶变换法等,从而缩短了运算时间,而且图像质量也有了很大提高。

图 12-11　体素与投影数据

从 1972 年第一台 CT 机问世以来,CT 技术的发展异常迅速,扫描方式及图像重建技术都有重大革新。如第一代 CT 系统,重建一幅像需要 4~5 min,只能用于脑组织检查。近年来 CT 机多采用扇形 X 射线束,使用滑环技术作多层螺旋扫描,320 层螺旋 CT 使用 160 mm 宽的探测器,一圈扫描(0.35 s)即可完整覆盖心脏等脏器。

CT 成像系统仅从人体某一较薄的断层中采集建立影像所必需的信息,从根本上排除了影像重叠,从而使密度分辨力大为提高,普通 X 射线摄影仅能测出 5%~7%的密度差异,而 CT 可探测到人体组织 0.5%的密度变化,可以明显地分辨出衰减系数相差很小的软组织和水;CT 检查中所得到的数据反映出受检体内各断层上各点的密度,从而可以定量地了解各脏器的密度,并与正常组织进行比较;由于 CT 是由投影重建图像,所以利用计算机的各种软件功能对图像进行处理,可以明显改善图像的对比度,便于观察细节;此外,还可以由横断层的图像资料合成三维影像,并能把病变轮廓突出显示出来。

由于脑部所有组织均为脑骨所覆盖,常规 X 射线摄影不能显示其细节。CT 扫描首先被应用于脑组织检查,可以迅速、准确地对脑瘤进行定位和诊断,对脑出血、脑梗死、颅内血肿、脑挫伤等诊断与鉴别也很有效。随

着扫描时间的缩短，CT 检查已经从颅脑扩展到了全身，CT 可以查出大部分良性或恶性肿瘤，对于积液和钙化疾病的诊断，以及区分囊性与实质性病变都有重要意义。

X-CT 的问世，使医学影像技术进入革命性的发展时期，新的成像系统相继问世。其后出现的磁共振成像(magnetic resonance imaging，缩写 MRI)技术不但能够获得人体器官和组织的解剖学图像，还可以显示人体器官和组织的化学结构及其变化，从而可以获得器官和组织的功能信息。人们把 X-CT 的图像重建理论应用于核医学成像，发展出了单光子发射型断层成像技术(single photon emission computed tomography，缩写 SPECT)和正电子发射型断层成像技术(positron emission tomography，缩写 PET)。SPECT 和 PET 可以提供关于肌体代谢、生理学和功能方面的信息，甚至可以显示大脑中物质的代谢过程。可以预见，随着科学技术的发展，各种现代医学成像技术必将发挥愈来愈大的作用。

12.3.2 X 射线在治疗方面的应用

X 射线属于电离辐射，除医学影像外，还用于肿瘤的放射治疗，简称放疗。其机制是基于 X 射线的电离作用，X 射线照射到人体上，引起生物分子和水分子电离，并由此诱发出一系列生物效应。肿瘤细胞自身分裂繁殖活跃，它对 X 射线的敏感性比正常细胞大得多。放射治疗就是利用 X 射线的这一生物效应特性，再加上适当的控制措施，从而达到抑制和破坏肿瘤组织，最大限度保护正常组织的治疗目的。

在肿瘤治疗中，约有 70%的肿瘤患者需要放疗。放射治疗不仅是肿瘤局部治疗的有效手段，而且它能够保留器官的功能，改进患者愈后的生存质量。X 射线是肿瘤放射治疗中较早利用的手段。为了提高治疗效果，人们不断寻求更好的方法和手段。肿瘤放射治疗技术经历了三个发展阶段：X 射线治疗机(keV 级)；医用电子直线加速器(MeV 级)；调强适形放射治疗(intensity modulated radiation therapy，IMRT)。

皮肤和浅表组织的肿瘤，通常利用低能 X 射线进行近距离的照射治疗，深部肿瘤多采用医用电子直线加速器产生的高能 X 射线进行治疗。加速器可以根据治疗需要调整 X 射线能量，其能量从几个 MeV 到数十个 MeV 不等。近年来出现的 X 刀(或 γ 刀)，是以 X-CT、磁共振等图像为依据，利用计算机对肿瘤或病灶进行三维重建、立体定位、制定精确的照射方案，利用医用电子直线加速器产生的高能 X 射线(或 ^{60}Co 放射源发射的 γ 射线)从多个方向对肿瘤或病灶进行大剂量窄束定向集中照射。不用开颅就能对颅内肿瘤或病灶进行准确的定向照射治疗，并能最大限度地减少正常组织的损伤，是一种高效、精确、无出血、非手术的治疗方法。

在深部肿瘤的放疗过程中，一些重要器官接近肿瘤（靶区）时，需要特别注意保护，理想的放疗技术应按照肿瘤形状给靶区很高的致死剂量，而靶区周围的正常组织不受或少受照射。为了适应这一要求，肿瘤放射学家提出了调强适形放射治疗的概念。用几束 X 射线同时或分次从不同方位以多个照射野照射肿瘤，适形是通过多叶准直器或挡块使每个照射野的束流形状与靶区在照射野方向上的投影形状一致。调强是通过多叶准直器调整每个照射野中 X 射线强度的空间分布，使各照射野强度叠加后的高剂量分布区域与肿瘤的形状在三维空间内完全一致，从而最大限度地杀灭肿瘤细胞，并使周围正常组织和器官少受或免受不必要的照射。

调强适形放射治疗可以实施“手术”式的高度适形照射。为避免因患者的呼吸和器官运动引起肿瘤及重要器官的移动，使肿瘤偏离调强射野之外，造成肿瘤的欠剂量或重要器官的过剂量照射，图像引导放射治疗（image guided radiation therapy，IGRT）的新技术将 CT 成像和医用加速器结合在一起，在放射治疗的同时，通过 CT 实时显示靶区的位置和形状，医生可以根据靶区的实际情况遥控治疗床的位置和（或）调整多叶准直器的形状，来适应靶区的变化，从而大幅度提高治疗的准确性。

思考题

12-1 产生 X 射线的必要条件有哪些？

12-2 X 射线具有哪些基本性质？这些性质在 X 射线的应用上各有什么意义？

12-3 什么是 X 射线的强度和硬度？它们分别受哪些因素的影响？

12-4 为什么韧致辐射产生的连续 X 射线谱中存在最短波长 λ_{min}？最短波长 λ_{min} 受哪些因素影响？

12-5 特征 X 射线的产生机制是什么？影响特征辐射的因素有哪些？

12-6 线性衰减系数和质量衰减系数的物理意义是什么？线性衰减系数和质量衰减系数之间有什么联系？质量衰减系数有什么特点？

12-7 单能 X 射线在物质中的衰减遵循什么规律？连续能谱的 X 射线在物质中的衰减有什么特点？

12-8 X-CT 与常规 X 射线摄影的成像方法有什么不同？

12-9 X 射线会导致癌症而又用它来治疗癌症，你如何解释这表面上的矛盾？

习题

习题答案

12-1 设 X 射线管的工作电压为 80 kV，试计算 X 光子的最大能量和最短波长？

12–2 在 X 射线管中，电子到达阳极靶面时的速度为 $1.5\times10^{8}\ \mathrm{m\cdot s^{-1}}$，求连续 X 射线谱的最短波长和相应的最大光子能量。

12–3 对波长为 0.154 nm 的 X 射线，铝的衰减系数为 $1.32\times10^{4}\ \mathrm{m^{-1}}$，铅的衰减系数为 $2.61\times10^{5}\ \mathrm{m^{-1}}$，要和 1 mm 厚的铅层得到同样的防护效果，铝板的厚度应为多大？

12–4 物质对 X 射线强度衰减一半的厚度称为半价层。对单能 X 射线，要经过几个半价层，强度才减少到原来的 1%？

12–5 已知人体肌肉的密度为 $1.04\times10^{3}\ \mathrm{kg\cdot m^{-3}}$，人体肌肉对 X 射线（管电压为60 kV）的线性衰减系数为 $0.2455\times10^{2}\ \mathrm{m^{-1}}$。求管电压为 60 kV 时，人体肌肉对 X 射线的质量衰减系数。

12–6 已知对管电压为 40 kV 的 X 射线，人体肌肉和骨骼的线性衰减系数分别为 $0.4012\times10^{2}\ \mathrm{m^{-1}}$和 $2.4434\times10^{2}\ \mathrm{m^{-1}}$，对管电压为 150 kV 的 X 射线，人体肌肉和骨骼的线性衰减系数分别为 $0.1842\times10^{2}\ \mathrm{m^{-1}}$和 $0.3918\times10^{2}\ \mathrm{m^{-1}}$。若对手部拍片，应采用哪种 X 射线？

12–7 已知氯化钠的晶体结构是简单的立方点阵，用波长为 0.154 nm 的 X 射线入射在氯化钠晶体表面上，在掠射角与晶体表面夹角为 15°58′时，可以观察到第 1 级反射主极大，求相邻两离子之间的平均距离。

12–8 已知晶体的晶格常量为 2.75×10^{-10} m，当一束波长范围为 $0.90\times10^{-10}\sim1.40\times10^{-10}$ m 的连续 X 射线，以 60°的掠射角入射到晶面时，可以产生强烈反射，这时 X 射线的波长是多少？

参考文献

第十三章　原子核和放射性

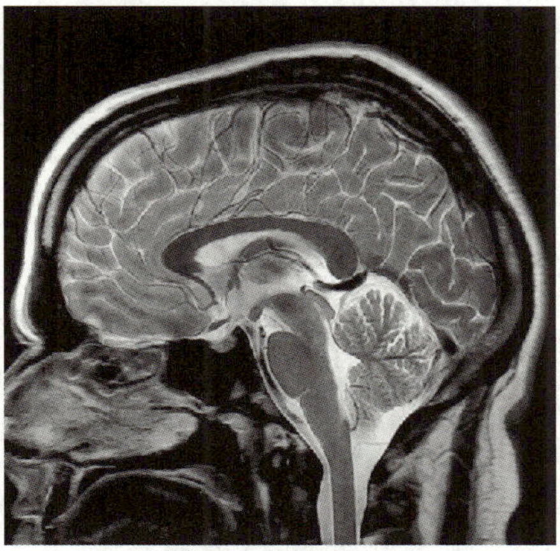

脑部 MRI(磁共振成像)图像。通过 MRI 可以得到人体内任意层面的解剖图像,极大地扩展了医生的视野。MRI 已成为临床诊断的主要手段之一。

原子核(atomic nucleus)的概念是卢瑟福(E. Rutherford)1911 年在进行金箔对 α 粒子的散射实验中建立的。卢瑟福发现原子所带的全部正电荷以及几乎全部的原子质量集中在原子中心一个非常小的区域内,这个带正电的、高密度的核心就是原子核。从而卢瑟福提出了原子的核式模型,即原子由处于原子中心的原子核和绕核运动的电子组成。以原子核为研究对象的核物理由此诞生,开始了对原子核本身的探索。

人们通过研究原子核的组成和结构、原子核内部核力的性质和规律以及原子核的各种变化规律,不仅发现了许多新的粒子,认识了新的物理规律,推动了物理学理论和物理实验技术的发展。而且核物理的研究也促进了科学技术的进展,例如核能的利用,机件的无损探伤,地质年代和文物年代的测定,等等。在医学临床与基础研究方面,核物理也提供了许多有效的诊断和治疗手段,如磁共振成像、核医学成像及肿瘤的放射治疗等。

§13.1　原子核的基本性质

13.1.1 原子核的组成

在卢瑟福发现原子核之前,法国科学家贝可勒尔(H. Becquerel)在 1901 年发现了从铀原子中发射出的高速电子流(β 射线),从能量上的考虑要求这些电子来自原子核深处。原子核的放射性表明原子核不是一个不可分割的基本粒子。1919 年卢瑟福用 α 粒子轰击氮时发现有氢核产生,于是他认为,氢核曾经是氮核的组成部分,并将氢核命名为质子(proton,记为 p)。1932 年查德威克(J. Chadwick)发现了中子(neutron,记为 n)。之后不久,海森伯(W. Heisenberg)等人提出原子核是由质子和中子组成的。质子和中子统称核子(nucleon)。中子不带电;质子带正电,其电荷量与电子电荷量的绝对值相等。由于一切原子都是电中性的,因此,原子核中包含的质子数等于核外电子数,即原子序数 Z。原子核的质量数 A 就是核子的总数,若以 N 表示中子数,则 $A=Z+N$。原子核的质量常用原子质量单位(atomic mass unit)u 来表示,规定自然界中碳最丰富的同位素 ${}^{12}_{6}\mathrm{C}$ 原子质量的 1/12 为原子质量单位:

$$1\mathrm{u}=\frac{1}{12}m({}^{12}_{6}\mathrm{C})=1.660\ 539\times10^{-27}\ \mathrm{kg}=931.5\ \mathrm{MeV}/c^{2}$$

质子和中子的质量相差很小,它们分别为:$m_{\mathrm{p}}=1.007\ 276\ \mathrm{u}$,$m_{\mathrm{n}}=1.008\ 665\ \mathrm{u}$。用原子质量单位来量度原子核时,其质量的数值都接近于某一整数。即对质量数为 A 的原子核,在一些近似计算中可以用 A u 代替原子核的质量。

一类具有确定质子数、核子数和能量状态的中性原子称为核素(nuclide)。核素可以用符号 ${}^{A}_{Z}\mathrm{X}$ 表示,其中 X 为元素符号,Z 为原子序数,即质子数;A 为原子质量数,即核子数。由于 X 已经反映了质子数 Z,只要简写为 ${}^{A}\mathrm{X}$ 就足以代表一个特定的核素。质子数相同的不同核素(它们的中子数不同)在周期表中处于同一位置上,称为同位素(isotope)。例如氢原子的三种同位素为:${}^{1}_{1}\mathrm{H}$(氕)、${}^{2}_{1}\mathrm{H}$(氘)、${}^{3}_{1}\mathrm{H}$(氚)。同位素的化学性质基本相同,但物理性质可能有很大不同。具有相同中子数,不同质子数的一类核素称为同中子异位素(isotone),如 ${}^{36}_{16}\mathrm{S}$、${}^{38}_{18}\mathrm{Ar}$ 和 ${}^{40}_{20}\mathrm{Ca}$。质量数相同,质子数不同的一类核素称为同量异位素(isobar),如 ${}^{40}_{18}\mathrm{Ar}$、${}^{40}_{19}\mathrm{K}$ 和 ${}^{40}_{20}\mathrm{Ca}$。原子核与原子一样具有分立的能级,原子核可以处在不同的能量状态,在一定条件下,可以在不同能级之间跃迁。质量数和质子数均相同而处于不同能量状态的一类核素,称为同核异能素(isomer)。在质量数后面加写"m"表示这种核素的能量状态比较高。如 ${}^{99\mathrm{m}}_{43}\mathrm{Tc}$ 的能量状态比 ${}^{99}_{43}\mathrm{Tc}$ 高。

某一核素的各种同位素在自然界中有不同的含量,例如天然存在的氢中 ${}^{1}_{1}\mathrm{H}$ 占 99.985%,${}^{2}_{1}\mathrm{H}$ 占 0.014 8%。同位素在自然界中的含量百分比称为同位素丰度(isotope abundance)。

根据 α 粒子散射实验可知原子核的半径 R 为 $10^{-15}\sim10^{-14}\mathrm{m}$ 数量级,许多实验证据表明原子核的体积基本上与它所含核子数 A 成正比,即核半径 R 正比于 $A^{1/3}$,

$$R=R_{0}A^{1/3} \tag{13-1}$$

式中 R_0 为常量,其值约等于 1.2×10^{-15} m。若把原子核近似看作球形(原

子核略呈旋转椭球状)，所有原子核的密度近似为常量，其平均核密度 ρ 为

$$\rho=\frac{m}{V}=\frac{m}{\frac{4}{3}\pi R^{3}}=\frac{m}{\frac{4}{3}\pi R_{0}^{3}A}\approx\frac{A\mathrm{u}}{\frac{4}{3}\pi R_{0}^{3}A}=\frac{3\mathrm{u}}{4\pi R_{0}^{3}} \qquad (13-2)$$

其中 m、V 分别为原子核的质量和体积；u 为原子质量单位。将 u 及 R_0 的数值代入(13-2)式得：$\rho\approx10^{17}\ \mathrm{kg\cdot m^{-3}}$，它是水密度的 10^{14} 倍，是铁密度的 10^{13} 倍，可见原子核密度是非常高的。

质子和中子并不是“基本”粒子，1964 年盖尔曼(Gell-Mann)提出它们是由更基本的夸克(quark)组成的。用高能电子轰击质子和中子的实验结果表明质子是由两个上夸克与一个下夸克组成；而中子则由一个上夸克与两个下夸克组成。夸克带有分数电荷，例如上夸克带 2/3 电子电荷大小的正电，下夸克带 1/3 电子电荷大小的负电。但至今没有观测到自由夸克。

相关链接：中子的发现

13.1.2 原子核的结合能

讲课视频：原子核的结合能

原子核既然是由质子和中子所组成的，那么，原子核的质量似乎应该等于质子和中子的质量之和。但实验发现，任何一个原子核的质量，总是小于组成该原子核的核子的质量和。例如氢的同位素氘 ${}_{1}^{2}\mathrm{H}$ 由一个质子和一个中子组成，质子和中子的质量和为

$$m_{\mathrm{p}}+m_{\mathrm{n}}=1.007\ 276\ \mathrm{u}+1.008\ 665\ \mathrm{u}=2.015\ 941\ \mathrm{u}$$

而实验测得核 ${}_{1}^{2}\mathrm{H}$ 的质量为：$m_{\mathrm{d}}=2.013\ 552\ \mathrm{u}$。两者的差值为

$$\Delta m=m_{\mathrm{p}}+m_{\mathrm{n}}-m_{\mathrm{d}}=2.015\ 941\ \mathrm{u}-2.013\ 552\ \mathrm{u}=0.002\ 389\ \mathrm{u}$$

称为质量亏损(mass defect)。研究发现，当一个中子与一个质子结合成氘核时，将释放能量为 $\Delta E=2.225\ \mathrm{MeV}$ 的光子，根据相对论的质能关系，上述光子的质量为

$$\Delta m=\Delta E/c^{2}=3.966\ 5\times10^{-30}\ \mathrm{kg}=0.002\ 389\ \mathrm{u}$$

恰好等于质量亏损，即质量亏损是由于在质子和中子结合成氘核时释放的光子带走了相应的能量。实际上质子与中子结合成其他原子核时，都要以释放光子的形式带走能量。自由核子结合成原子核时释放的能量称为**原子核的结合能**(binding energy)。要使原子核分裂为自由的质子和中子时，也必须吸收与结合能同样大小的能量，以克服质子、中子间的引力作用。

任意一个核素 ${}_{Z}^{A}\mathrm{X}$ 的结合能 ΔE 定义为

$$\Delta E({}_{Z}^{A}\mathrm{X})=[ZM({}_{1}^{1}\mathrm{H})+(A-Z)M({}_{0}^{1}\mathrm{n})-M({}_{Z}^{A}\mathrm{X})]c^{2} \qquad (13-3)$$

式中 $M({}_{1}^{1}\mathrm{H})$、$M({}_{0}^{1}\mathrm{n})$ 及 $M({}_{Z}^{A}\mathrm{X})$ 分别表示氢原子、中子及 ${}_{Z}^{A}\mathrm{X}$ 原子的质量。虽然用氢原子质量代替质子质量，多了 Z 个电子质量，但 $M({}_{Z}^{A}\mathrm{X})$ 也是原子质量，其中也包含了 Z 个电子质量，其差值正好消去了电子的质量。(13-3)式右端方括号中的量就是 Z 个质子、$A-Z$ 个中子形成 ${}_{Z}^{A}\mathrm{X}$ 核时的质

量亏损 Δm,这部分质量是随着光子的释放而离开原子核的。把原子核的结合能 ΔE 除以该核的核子数 A 就得到核的比结合能(specific binding energy):

$$\varepsilon=\Delta E/A \tag{13-4}$$

比结合能的物理意义是:若把一个核子放入原子核里,则平均释放能量 ε。反之若从核内取出一个核子,则需要克服原子核对核子的引力平均做功 ε。因此,ε 越大,表示核子间结合得越紧密,ε 的大小可以作为核稳定性的量度。

自然界中各种核的结合能相差甚大,但比结合能却相差不大。图 13-1 给出了不同原子核的比结合能曲线。从图中可见,比结合能曲线两头低,中间高。当 $A<30$ 时,比结合能表现出周期性的变化。凡 A 等于 4 的倍数的核,ε 有极大值。这表明 4 个核子组成的 α 粒子构成一个稳定的集体。A 大于 30 的核,比结合能变化不大,这时结合能 ΔE 正比于核子数 A。A 在 40~120 之间时,比结合能最大,约为 8.6 MeV。轻核和重核的比结合能小于中等核的比结合能。当比结合能小的核变成比结合能大的核时,将释放出能量。这是采用重核裂变和轻核聚变两种途径获得原子能的依据。

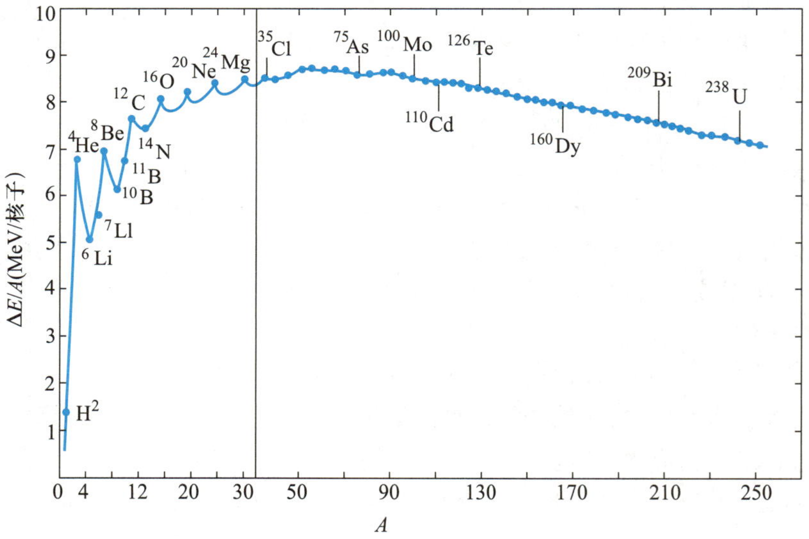

图 13-1 比结合能曲线

13.1.3 原子核的自旋和磁矩

实验表明原子核具有角动量,它是原子核的一个重要特征。原子核的角动量习惯上称为**核自旋**(nuclear spin)。原子核之所以具有核自旋,一是由于组成原子核的质子和中子都具有自旋；二是核子在原子核内又有复杂的相对运动，产生相应的轨道角动量。因此核自旋是所有核子的自旋角动量与轨道角动量的矢量和。根据量子力学理论，原子核角动量矢量的大小为

$$P_I=\sqrt{I(I+1)}\,\hbar \tag{13-5}$$

式中 $\hbar=h/2\pi$，I 为核自旋量子数，它可以取整数或半整数，如 0，1，2，…或 1/2，3/2，5/2，…。

原子核角动量在空间某一选定方向（例如 z 轴方向）上的投影也是量子化的：

$$P_{Iz}=m_I\hbar \tag{13-6}$$

m_I 是核自旋磁量子数。对于某一确定的 I 值，m_I 可以取 $I, I-1, I-2, \cdots, -I+1, -I$，共 $2I+1$ 个值。

实验发现处于基态时，所有核子数为奇数的原子核，核自旋量子数 I 为半整数；所有质子数和中子数都为偶数的原子核（偶偶核），I 为零；所有质子数和中子数都为奇数的原子核（奇奇核），I 为整数。而激发态原子核的自旋不一定等于基态的自旋。

原子核是一个带电体系，同时具有角动量，因此原子核也具有**核磁矩**（nuclear magnetic moment）。核磁矩来自两个方面：与核内各核子的自旋运动相联系的本征磁矩（固有磁矩）和与核内各核子的轨道运动相联系的轨道磁矩。但是，核磁矩并不等于各核子磁矩的简单相加。类似于原子磁矩，核磁矩矢量与核角动量矢量成正比，即

$$\boldsymbol{\mu}_I=g\frac{e}{2m_p}\boldsymbol{P}_I \tag{13-7}$$

式中 m_p 为质子质量；g 称为朗德因子（Landé g factor），或称原子核的 g 因子（g-factor），不同核有不同的 g 因子。核磁矩在 z 轴方向上的投影为

$$\mu_{Iz}=g\frac{e}{2m_p}P_{Iz}=g\frac{e}{2m_p}m_I\hbar=gm_I\mu_N \tag{13-8}$$

其中

$$\mu_N=\frac{e\hbar}{2m_p}=5.050\ 8\times10^{-27}\ \mathrm{J\cdot T^{-1}} \tag{13-9}$$

称为核磁子（nuclear magneton），是核磁矩的单位。由于核自旋是量子化的，因此 μ_{Iz} 也是量子化的，共有 $2I+1$ 的取值。一般定义核磁矩的大小为 m_I 取 I 时的 μ_{Iz} 值，即为 $g\mu_N I$。（13-8）式表明一切 $I\neq0$ 的原子核都具有磁矩。

组成原子核的质子和中子也具有自旋和磁矩。实验测得，质子和中子的磁矩分别为 $2.793\mu_N$ 及 $-1.913\mu_N$。这表明质子和中子存在内部结构。根据核子的夸克结构理论，所推出的核子磁矩与实验结果大致相同。

相关链接：磁共振成像

原子核磁矩与原子磁矩一样在外磁场的作用下将产生附加能量，导致

能级发生分裂。如氢核原来一个能级在外磁场 B 中分裂为两个能级,这两个能级的能量差为 $\Delta E=g\mu_N B$。当氢核在外磁场中受到电磁波的照射时,将吸收频率 ν 满足关系 $h\nu=\Delta E=g\mu_N B$ 的电磁波。这种在外磁场中的原子核吸收特定频率电磁波的现象称为核磁共振(nuclear magnetic resonance, NMR)。

13.1.4 核力

在认识原子核之前,人们只知道万有引力和电磁力这两种作用力。可以估算,万有引力在原子核内完全可以忽略,而电磁力对核内质子只能起排斥作用。因此,将质子和中子如此紧密地结合在一起,形成原子核的力是一种新的作用力。这种原子核内核子之间的作用力称为**核力**(nuclear force)。

从发现中子起,人们就对核力开始了各种探索,至今虽然已经积累了大量有关核力的知识,但是仍有一些基本问题没有解决。我们已经知道核力具有下列一些重要特征:核力是一种短程力,它只在核子间距离小于 10^{-15} m 数量级时才发生引力作用;核力是强相互作用,事实表明核力约比库仑力大 100 倍;核力具有饱和性,即每个核子只能与有限个数的相邻核子相互作用;核力与电荷无关,质子与质子、中子与中子、中子与质子之间的引力是相等的;核力在极短程($<6\times10^{-16}$ m)内存在斥心力,它使核子不能无限靠近。

13.1.5 原子核的宇称

宇称(parity)是表征微观粒子运动特性的一个物理量。通常用波函数在空间坐标反演(改变坐标值符号)下的变换性质来表示。如果用波函数 $\psi(\boldsymbol{r})$ 描写一个微观粒子(或其体系)的运动状态,那么在空间反演 $\boldsymbol{r}\rightarrow-\boldsymbol{r}$ 或 $(x,y,z)\rightarrow(-x,-y,-z)$ 的变换下,波函数 $\psi(\boldsymbol{r})$ 主要有两种情况:当满足 $\psi(\boldsymbol{r})=+\psi(-\boldsymbol{r})$ 时,称粒子的运动状态具有偶宇称(或称其宇称为正);当满足 $\psi(\boldsymbol{r})=-\psi(-\boldsymbol{r})$ 时,则称粒子的运动状态具有奇宇称(或称其宇称为负)。

宇称是原子核的一个重要特征,在一定状态下,原子核有确定不变的宇称。只有在核状态发生变化时,核的宇称才发生改变。通常原子核的宇称是用加在自旋数值右上角的"+"(偶宇称)或"-"(奇宇称)号来表示。例如 ^{57}Fe 基态自旋为 1/2,宇称为负,记为 $(1/2)^-$;^{4}He 基态的自旋为 0,宇称为正,记为 0^+。

§13.2 原子核的衰变类型

已经发现自然界中天然存在的核素有 300 多种。其中 280 多种是稳定核素(stable nuclide);60 多种是不稳定的放射性核素(radioactive nuclide),它们会自发放出各种射线变成另一种核素。这种现象称为原子核的放射性衰变(radioactive decay),简称核衰变(decay)。除天然存在的核素外,自 1934 年以来通过人工方法又制造了 1 600 多种放射性核素,一共有 2 000 多种核素。放射性衰变最初是在自然界的重元素中发现的。1896 年贝克勒尔发现了铀(U)的放射性,随后 1898 年居里夫妇(Pierre Curie & Marie Sklodowska Curie)发现了放射性更强的元素——钋(Po)和镭(Ra)。从此开始了对放射性的研究。放射性衰变一方面为我们提供了原子核内部运动的许多重要信息,另一方面,放射性又在工业、农业、医学、科学研究等各方面有着广泛的应用。

放射性核素的衰变类型主要有三种:α 衰变、β 衰变和 γ 衰变。对于稳定的核素,中子数与质子数有一定的关系。质子数或中子数过多或偏少的核素都是不稳定的,它们将通过 α 衰变或 β 衰变转变成更加稳定的核素。在核衰变过程中,电荷、质量、动量和核子数等物理量守恒。

13.2.1 α 衰变

质量数 $A>209$ 的放射性核素自发地放射出 α 射线而变成电荷数减少 2,核子数减少 4 的另一种核素的现象称为 α 衰变。所谓 α 射线是高速运动的氦核,也称 α 粒子。α 衰变过程可写为

$$ {}_Z^A\mathrm{X} \rightarrow {}_{Z-2}^{A-4}\mathrm{Y} + {}_2^4\mathrm{He} + Q \tag{13-10}$$

式中 X 称母核,Y 称子核,衰变前后的核子数和电荷数守恒;Q 为衰变过程放出的能量(以 MeV 为单位),称为衰变能,它在数值上等于 α 粒子的动能与子核反冲动能之和。

实验发现,大部分核素放出的 α 粒子的能量并不是单一的,而是有几组不同的分立值。这表明原子核内部也有能级存在,α 粒子的能谱与子核或母核的能级结构有密切联系。因此,对 α 粒子能谱进行研究可以获得原子核能级的信息,为研究原子核提供资料。例如镭 ${}_{88}^{226}\mathrm{Ra}$ 放射出 3 种能量的 α 粒子,通过实验可测得这 3 种 α 粒子的动能分别为 $E_{\alpha1}=4.784$ MeV,$E_{\alpha2}=4.598$ MeV,$E_{\alpha3}=4.34$ MeV。其中最大动能 $E_{\alpha1}$ 对应 ${}^{226}\mathrm{Ra}$ 放出 α 粒子到达氡 ${}^{222}\mathrm{Rn}$ 的基态,$E_{\alpha2}$ 和 $E_{\alpha3}$ 分别对应 ${}^{226}\mathrm{Ra}$ 到达氡 ${}^{222}\mathrm{Rn}$ 的第一激发态及第二激发态。由此可以确定 ${}^{222}\mathrm{Rn}$ 的低激发态的能级结构,如图 13-2 所

示。同时实验上也观察到从^{222}Rn的第一激发态向基态跃迁时放出的能量为0.186 MeV的γ射线，这与上述结果完全一致。

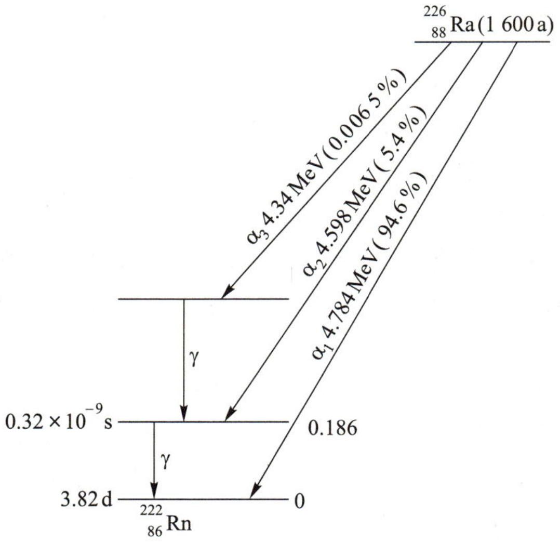

图 13-2 $^{226}_{88}$Ra 的衰变纲图

天然放射性核素所发出的α射线曾是早期研究原子和原子核结构的重要工具。确立原子核式模型的重要实验以及发现质子和中子的重要核反应都是利用这种α粒子作为“炮弹”来进行的。

13.2.2 β 衰变

放射性核素自发地放射出β射线(高速电子)或俘获轨道电子而变成另一个核素的现象称为β衰变。它主要包括β^-衰变、β^+衰变和电子俘获(electron capture,EC)三种类型。

1. β^-衰变

母核自发地放射出一个β^-粒子(普通电子e^-)和一个反中微子$\bar{\nu}_e$，而变成电荷数增加1，核子数不变的子核。β^-衰变可表示为

$$^{A}_{Z}X \to {}^{A}_{Z+1}Y + e^- + \bar{\nu}_e + Q \tag{13-11}$$

2. β^+衰变

母核自发地放射出一个β^+粒子(正电子e^+)和一个中微子ν_e，而变成电荷数减少1，核子数不变的子核。β^+衰变可表示为

$$^{A}_{Z}X \to {}^{A}_{Z-1}Y + e^+ + \nu_e + Q \tag{13-12}$$

3. 电子俘获

母核俘获一个核外轨道电子而变成电荷数减少1，核子数不变的子核，同时放出一个中微子ν_e。这个过程可表示为

$$^{A}_{Z}X+e^{-}\rightarrow{}^{A}_{Z-1}Y+\nu_{e}+Q \qquad (13-13)$$

一个内层电子被原子核俘获后,外层电子会立即填补这一空位,同时放出能量。这个能量可以以发射特征 X 射线(光子)的形式放出,也可以使另一外层电子电离成为自由电子。这种被电离出的电子称为俄歇电子(Auger electron)。

上述三种过程的共同特点是子核的核子数与母核相同,而电荷数则增加或减少 1,因而将它们统称为 β 衰变。由于在 β 衰变过程中有中微子参与,衰变所放出的能量将在电子、中微子和子核之间任意分配。因此 β 射线的能谱是连续的,即发出的电子的能量可以取从 0 到某一最大值 E_{max} 之间的任何数值,如图 13-3 所示。为使 β 衰变前后电荷守恒、角动量守恒,中微子及反中微子的电荷必须为 0,自旋为 $\frac{1}{2}\hbar$。而且它们的质量几乎为 0,同其他物质的相互作用非常微弱。由于中微子既不带电,又近乎无质量,直到中微子假设提出 26 年以后,才在 1956 年首次在实验室中直接观察到。同时,正像光子是在原子或原子核从一个激发态跃迁到较低激发态或基态时产生的那样,电子和中微子也是在 β 衰变中产生的。例如,β^{-} 衰变是母核中的一个中子转变为一个质子、一个电子和一个反中微子的过程;β^{+} 衰变是母核内一个质子转变为一个中子、一个正电子和一个中微子的过程;而电子俘获则是母核的一个质子俘获一个轨道电子后转变为一个中子和一个中微子的过程。

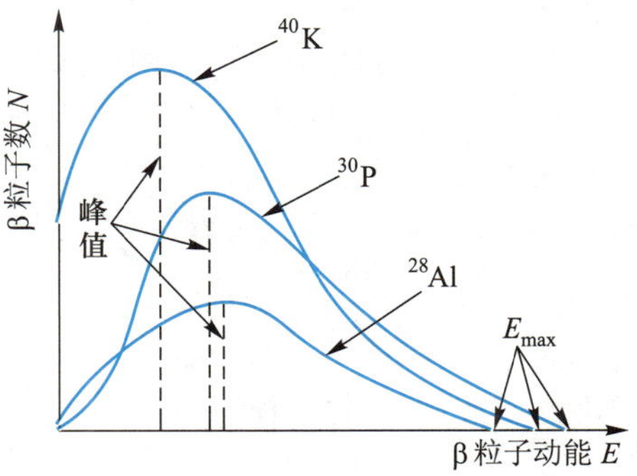

图 13-3 ^{40}K、^{30}P 和 ^{28}Al 的 β 能谱图

13.2.3 γ 衰变和内转换

处于激发态的原子核在不改变其组成的情况下,以放出 γ 射线(光子)的形式释放能量而跃迁到较低能级的现象称为 γ 衰变。γ 衰变通常是伴随着 α、β 衰变发生的,由于 α、β 衰变的结果往往产生处于激发态的子核,它们的寿命一般极短,因而立即有 γ 衰变发生。γ 衰变放出的光子能量为 MeV 的数量级。例如医学临床上治疗肿瘤常用 ^{60}Co 产生的 γ 射线,如图 13-4 所示,其衰变过程为:^{60}Co 以 β^{-} 衰变到 ^{60}Ni 的 2.50 MeV 激发态,它放出能量为 1.17 MeV 的 γ 射线跃迁到 ^{60}Ni 1.33 MeV 的较低激发态,再放出能量为 1.33 MeV 的 γ 射线跃迁到基态。即每当有一个 ^{60}Co 原

子核发生 β^- 衰变并放出一个 β^- 粒子时，立刻有两个 γ 光子伴随而生。γ 衰变过程中除能量、角动量守恒外，还要求宇称守恒。

在某些情况下，原子核从激发态向较低能级跃迁时不一定放出 γ 光子，而是把这部分能量直接交给核外电子，使其脱离原子的束缚而成为自由电子，这称为内转换(internal conversion，IC)，释放的电子称为内转换电子(internal conversion electron)。内转换电子的能谱是分立的，它与 β 衰变时电子的连续谱截然不同。一般重核低激发态发生跃迁时，发生内转换的概率比较大。内转换过程由于释放电子而在原子的内壳层出现空位，外层电子将会填充这个空位而发射特征 X 射线或俄歇电子。

原子核衰变常用衰变纲图(decay scheme)表示，如图 13-2 及图 13-4 所示。按照惯例把 Z 小的核素画在左边，Z 大的画在右边。横线表示原子核的能级，对应每种核素的最低一条横线表示基态，在它上面的横线表示激发态。用箭头向右的斜线表示 β^- 衰变；用箭头向左的斜线表示 α 衰变、β^+ 衰变或轨道电子俘获。斜线旁边标出衰变类型，所发射粒子的最大能量(一般以 MeV 为单位)和分支比(该衰变发生的概率，以百分数表示)等。两能级之间的垂线表示 γ 衰变，线旁的数字为放出的 γ 光子能量。每条能级右边标出的是该能级的能量(相对于基态而言，以 MeV 为单位)，左边标出的是半衰期。利用衰变纲图可以计算一定量放射性核素的放射性大小。

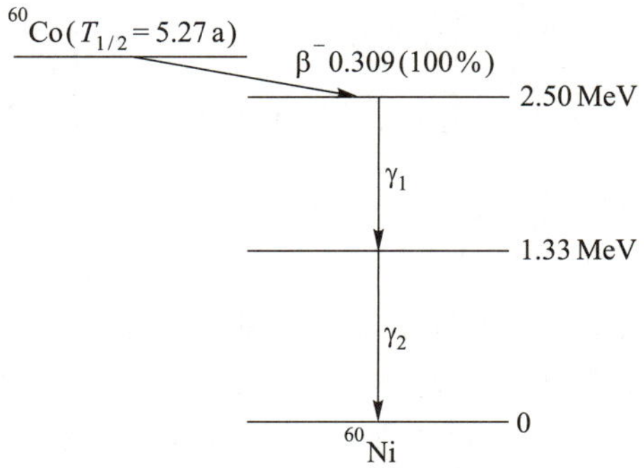

图 13-4 ^{60}Co 的衰变纲图

§13.3 原子核的衰变规律

13.3.1 衰变规律

核衰变是原子核自发产生的变化，虽然我们无法知道某一个放射性核素何时发生衰变，但对由大量核素组成的放射性物质，其衰变服从统计规律。在 dt 时间内发生衰变的原子核数目 $-\mathrm{d}N$ 一定正比于当时存在的原子核数目 N，以及时间间隔 dt，即

$$-\mathrm{d}N=\lambda N\mathrm{d}t \tag{13-14}$$

式中 λ 称为衰变常量(decay constant),表示 1 个原子核在单位时间内发生衰变的概率;$-\mathrm{d}N$ 表示原子核的减少量。设 $t=0$ 时原子核的数目为 N_0,则对上式积分可得 t 时刻原子核数目 N 为

$$N=N_0\mathrm{e}^{-\lambda t} \tag{13-15}$$

这就是核衰变服从的指数规律,称为衰变定律。它只给出了原子核发生衰变的概率。

13.3.2 半衰期

原子核数目因衰变减少到原来的一半所需的时间,称为**半衰期**(half life)。将半衰期记作 T,根据(13-15)式有

$$N=\frac{N_0}{2}=N_0\mathrm{e}^{-\lambda T}$$

即

$$T=\frac{\ln 2}{\lambda}=\frac{0.693}{\lambda} \tag{13-16}$$

T 与 λ 一样,是放射性核素的特征常量,λ 越大,T 越小。衰变定律(13-15)式也可用 T 表示为

$$N=N_0\left(\frac{1}{2}\right)^{t/T} \tag{13-17}$$

例如,^{11}C 的半衰期为 20.4 min,表示经过约 20 min,^{11}C 原子核的数目就减少一半;再过 20 min 又减少了一半,即剩下原来的 1/4,而不是全部衰变完。

原子核衰变的快慢还可以用平均寿命(mean life)表示。由(13-15)式可知,在 $t \to t+\mathrm{d}t$ 间隔内发生衰变的原子核数为$-\mathrm{d}N=\lambda N\mathrm{d}t$,这些核的寿命为 t,它们的总寿命为 $\lambda Nt\mathrm{d}t$。由于有的核在 $t\approx 0$ 时就衰变掉,有的要到 $t\to\infty$ 时才衰变掉。因此,核素的总寿命为

$$\int_0^\infty \lambda Nt\mathrm{d}t$$

于是,对任一核素的平均寿命为

$$\tau=\frac{\int_0^\infty \lambda Nt\mathrm{d}t}{N_0}=\frac{1}{\lambda}=\frac{T}{\ln 2}=1.44\ T \tag{13-18}$$

即平均寿命是衰变常量的倒数,衰变常量越大,衰变越快,平均寿命也越短。表 13-1 列出了一些放射性核素的衰变类型和半衰期。

表 13-1 一些放射性核素的衰变类型和半衰期

核素	衰变类型	半衰期	核素	衰变类型	半衰期
$^{3}_{1}H$	β^-	12.33 a	$^{85m}_{36}Kr$	β^-(79%) γ(27%)	4.48 h
$^{11}_{6}C$	β^+(99.75%) EC(0.24%)	20.4 min	$^{90}_{38}Sr$	β^-	28.8 a
$^{14}_{6}C$	β^-	5 730 a	$^{99}_{42}Mo$	β^-,γ	66 h
$^{18}_{9}F$	β^+(96.9%) EC (3.1%)	15 h	$^{99m}_{43}Tc$	γ	6 h
$^{24}_{11}Na$	β^-,γ	15 h	$^{113m}_{49}In$	γ	99.5 min
$^{28}_{12}Mg$	β^-,γ	21 h	$^{113}_{53}Sn$	EC,γ	115 d
$^{32}_{14}Si$	β^-	650 a	$^{125}_{53}I$	EC,γ	60 d
$^{32}_{15}P$	β^-	14.3 d	$^{131}_{53}I$	β^-,γ	8.04 d
$^{38}_{17}Cl$	β^-,γ	37.3 min	$^{137}_{55}Cs$	β^-,γ	30 a
$^{40}_{19}K$	β^-(89.33%), EC(10.67%),γ β^+(0.001%)	1.28×10^{9} a	$^{169}_{70}Yb$	EC,γ	32 d
$^{51}_{23}Cr$	EC,γ	27.7 d	$^{198}_{79}Au$	β^-,γ	2.7 d
$^{57m}_{26}Fe$	γ	1.1×10^{-7}s	$^{203}_{80}Hg$	β^-,γ	46.8 d
$^{59}_{26}Fe$	β^-,γ	44.6 d	$^{201}_{81}Tl$	EC,γ	73 h
$^{57}_{27}Co$	β^+,γ	270 d	$^{210}_{86}Rn$	α (96%),γ EC (4%)	8.3 h
$^{60}_{27}Co$	β^-,γ	5.27 a	$^{222}_{86}Rn$	α,γ	3.8 d
$^{67}_{31}Ga$	EC,γ	78 h	$^{226}_{88}Ra$	α,γ	1 600 a
$^{68}_{31}Ga$	β^+(90%) EC(10%),γ	68 min	$^{233}_{92}U$	α,γ 自发裂变 (1.3×10^{-12})	1.59×10^{5} a
$^{68}_{32}Ge$	EC	288 d	$^{235}_{92}U$	α,γ 自发裂变 (2×10^{-9})	7.04×10^{8} a
$^{71}_{32}Ge$	EC	11 d	$^{236}_{92}U$	α,γ 自发裂变 (10^{-9})	2.34×10^{7} a
$^{75}_{34}Se$	EC,γ	114 d	$^{238}_{92}U$	α,γ 自发裂变 (0.5×10^{-6})	4.47×10^{9} a

在核医学中,进入人体内的放射性核素除因自身衰变而减少外,还可以通过机体的代谢而排出体外。因此,生物机体内放射性核素数目的减少比单纯的核衰变要快。我们将由于各种排泄作用而使生物体内的放射性

原子核数目减少一半所需的时间 T_b 称为生物半衰期(biological half life)。生物机体排出放射性核素的规律,也近似服从衰变定律(13-15)式。同样,生物衰变常量 λ_b(biological decay constant)与生物半衰期 T_b 也满足(13-16)式。

在生物机体内,放射性原子核数目由于自身衰变及排出体外而减少,它们的衰变常量分别为物理衰变常量 λ 与生物衰变常量 λ_b,衰变定律可改写为

$$N=N_0e^{-(\lambda+\lambda_b)t}=N_0e^{-\lambda_e t} \tag{13-19}$$

其中 $\lambda_e=\lambda+\lambda_b$ 称为有效衰变常量(effective decay constant)。与 λ_e 对应的半衰期称为有效半衰期 T_e(effective half life),它表示生物机体内放射性原子核数目减少一半所需的时间。有效半衰期 T_e、物理半衰期 T 和生物半衰期 T_b 之间的关系为

$$\frac{1}{T_e}=\frac{1}{T}+\frac{1}{T_b} \tag{13-20}$$

采用放射性物质作生物机体示踪剂时,有效半衰期是一个很重要的参量。

13.3.3 放射性活度

放射性物质在单位时间内发生衰变的原子核数称为该物质的放射性活度(activity),用 A 表示为

$$A=-\frac{dN}{dt}=\lambda N=\lambda N_0e^{-\lambda t}=A_0e^{-\lambda t} \tag{13-21}$$

讲课视频:放射性活度

式中 A_0 是 $t=0$ 时的放射性活度。由(13-21)式可知,放射性活度服从指数规律,决定放射性强弱的既不是 λ,也不是 N,而是它们的乘积 A。在国际单位制中,A 的单位是 Bq(贝可),1 Bq=1 次核衰变/s。在此之前,放射性活度的单位是 Ci(居里)。1 Ci=3.7×10^{10} Bq。

【例 13-1】 设一台 ^{60}Co γ 刀初装时钴源活度为 6 040 Ci,使用 5 年后,钴源活度还剩多少 Bq?其平均寿命为多少年?

【解】 由表 13-1 查得 ^{60}Co 的半衰期 $T=5.27$ a,已知 $A_0=6\,040$ Ci≈224 TBq,$t=5$ a,将以上数据代入(13-21)式,得 5 年后钴源活度为

$$A=A_0e^{-\lambda t}=224\ \text{TBq}\times\exp\left(-\frac{0.693}{5.27}\times5\right)=116\ \text{TBq}$$

由(13-18)式可得 ^{60}Co 的平均寿命为

$$\tau=1.44\ T=7.6\ \text{a}$$

某种核素的放射源不可能全部由同种核素组成,而是与其稳定的同位素或其他物质混在一起。为了反映放射性物质的纯度,引入比活度

(specific activity)的概念。它定义为单位质量放射源的放射性活度,比活度越大,该放射性物质的纯度越高。

13.3.4 放射性平衡

许多放射性核素并非一次衰变就达到稳定,而是由于其子核仍具有放射性而继续衰变下去,直到稳定核素而终止,这就是级联衰变(cascade decay)。

自然界中一些重的天然或人造放射性核素形成 4 个放射系,即存在 4 个级联衰变链。每个放射系都由一个半衰期最长的核素开始,这个起始的核素成为母体,其半衰期与地球年龄 4.5×10^9 a 相近或更长,母体经过一系列的放射性衰变最后到达一个稳定的核素。这 4 个放射系是:钍系——从钍($^{232}_{90}Th$,半衰期 1.4×10^{10} a)开始经过 6 次 α 衰变和 4 次 β^- 衰变变到稳定核素 $^{208}_{82}Pb$。系中各放射性核素的质量数 A 都是 4 的倍数,即 $A=4n$。铀系——从铀($^{238}_{92}U$,半衰期 4.47×10^9 a)开始经过 8 次 α 衰变和 6 次 β^- 衰变变到稳定核素 $^{206}_{82}Pb$。系中各放射性核素的质量数 A 满足 $A=4n+2$。锕系——母体是铀的同位素 $^{235}_{92}U$,俗称锕铀(AcU),半衰期为 4.04×10^8 a,母体经过 7 次 α 衰变和 4 次 β^- 衰变变到稳定核素 $^{207}_{82}Pb$。系中各放射性核素的质量数 A 满足 $A=4n+3$。镎系——从钚($^{241}_{94}Pu$)开始级联衰变到稳定核素 $^{209}_{83}Bi$。此系中镎($^{237}_{93}Np$)的半衰期最长,为 2.14×10^6 a,故此系以镎命名。但由于镎的半衰期比地球的年龄短得多,因此天然不存在镎系,该系是 1941 年人们在人造放射性核素中找到的。系中各放射性核素的质量数 A 满足 $A=4n+1$。

下面我们讨论级联衰变时母核与子核的衰变规律,考虑简单的级联衰变:

$$A \xrightarrow{\lambda_A} B \xrightarrow{\lambda_B} C$$

$t=0$ 时核素 A 的数目为 N_{A0},而核素 B、C 的数目均为 0,即 $N_{B0}=N_{C0}=0$。在 $t\to t+dt$ 时间内,核素 A 衰变的数目为 $-dN_A(t)=\lambda_A N_A(t)dt$,解出

$$N_A=N_{A0}e^{-\lambda_A t}$$

服从指数衰变规律(13-15)式;对于核素 B,既以 $\lambda_A N_A$ 的速度从 A 中产生,又以 $\lambda_B N_B$ 的速度衰变为 C,因此核素 B 在 $t\to t+dt$ 时间内的变化为

$$dN_B(t)=[\lambda_A N_A(t)-\lambda_B N_B(t)]dt \qquad (13-22)$$

上式的解为

$$N_B=N_{A0}\frac{\lambda_A}{\lambda_B-\lambda_A}(e^{-\lambda_A t}-e^{-\lambda_B t}) \qquad (13-23)$$

由此可见,级联衰变只有母核是指数衰减;而子核的衰变规律不仅与自身

的衰变常量 λ_B 有关，还与母核的衰变常量 λ_A 有关，衰变规律不是简单的指数规律。

例如在临床显像检查中最常用的放射性核素锝（^{99m}Tc）是由核素钼（^{99}Mo）衰变而来，衰变规律为

$$^{99}Mo \xrightarrow{\beta^-} {}^{99m}Tc \xrightarrow{\gamma} {}^{99}Tc \qquad (13-24)$$

^{99m}Tc 衰变放出能量为 141 keV 的 γ 射线。由于它对病人的辐射损伤小，被广泛用于心、脑、肾、骨、肺、甲状腺等多种脏器疾患的检查，目前全世界应用的显像药物中，^{99m}Tc 及其标记的化合物占 80% 以上。（13-24）式所示两次衰变的半衰期分别为 66.02 h 和 6.02 h，即 $T_A>T_B$（或 $\lambda_A<\lambda_B$）这时（13-23）式可改写为

$$N_B=N_{A0}\frac{\lambda_A}{\lambda_B-\lambda_A}e^{-\lambda_A t}[1-e^{-(\lambda_B-\lambda_A)t}]=N_A\frac{\lambda_A}{\lambda_B-\lambda_A}[1-e^{-(\lambda_B-\lambda_A)t}]$$

随着 t 增加，母核越来越少，直到全部衰变为子核，当 $t\to\infty$ 时，$e^{-(\lambda_B-\lambda_A)t}\ll 1$，因此有

$$N_B\approx N_A\frac{\lambda_A}{\lambda_B-\lambda_A}$$

即子核将按母核的衰变规律衰变。由于锝（^{99m}Tc）的半衰期很短（6.02 h），从核反应堆或加速器中产生后运送到医院时，已经所剩无几。为便于 ^{99m}Tc 的运输和储存，可以将半衰期长得多的钼（^{99}Mo，66.02 h）与 ^{99m}Tc 放在一起，利用放射性衰变像母牛挤乳一样不断得到 ^{99m}Tc，故俗称 ^{99}Mo 为“母牛（cow）”。使用前利用化学方法将 ^{99m}Tc 分离出来，如将 ^{99}Mo 吸附于 Al_2O_3 色层柱上，而衰变产生的 ^{99m}Tc 在 Al_2O_3 柱上吸附能力很弱，用生理盐水洗脱，即可得到 $^{99m}TcO_4^-$ 洗脱液。这种由长寿命核素不断获得短寿命核素的分离装置也称为核素发生器（isotope generator）。

【例 13-2】 （1）从（13-23）式出发，讨论当 $\lambda_A<\lambda_B$ 时，子核 $N_B(t)$ 何时达到最大值［假设 $N_B(0)=0$］？（2）对钼锝母牛，一次洗脱后，再经过多少时间淋洗 ^{99m}Tc，得到的子核 ^{99m}Tc 数目最多？

【解】 （1）为使 $N_B(t)$ 达最大值，令 $t=t_m$ 时，$\dfrac{dN_B(t)}{dt}=0$，得到

$$t_m=\frac{1}{\lambda_B-\lambda_A}\ln\frac{\lambda_B}{\lambda_A}$$

（2）已知 $T_A=66.02$ h，$T_B=6.02$ h 代入上式，得

$$t_m=\frac{1}{\frac{\ln 2}{T_B}-\frac{\ln 2}{T_A}}\ln\frac{T_A}{T_B}=\frac{T_AT_B}{(T_A-T_B)\ln 2}\ln\frac{T_A}{T_B}=23\ \text{h}$$

相关链接：放射性测定年代

§13.4 射线与物质的相互作用

各种射线通过物质时，都能与物质发生相互作用，射线的能量不断被物质吸收。研究这种作用可以了解射线的性质，射线产生的物理过程，射线对物质的影响及设计和研制射线探测装置。因此了解射线与物质相互作用的规律是进行射线探测、防护和分析，在医学中用射线进行诊断和治疗的重要基础。

13.4.1 带电粒子与物质相互作用的机制

具有一定能量的带电粒子入射到靶物质中，带电粒子与物质原子发生相互作用的主要方式有：

一、与核外电子的非弹性碰撞

当带电粒子穿过物质时，通过与物质原子的核外电子作非弹性碰撞将能量转移给电子，电子获得能量后脱离原子核，产生自由电子和正离子，合称为离子对，这一过程称为电离（ionization）。若脱离出来的自由电子能量足够大，它又可以使其他原子电离，称为间接电离或次级电离。如果电子获得的能量不足以使它脱离原子，它将由低能级跃迁到高能级，使原子处于激发态，这一过程称为激发（excitation）。退激时释放出来的能量，可以光的形式发射出来或转变为热运动的能量。带电粒子与核外电子的非弹性碰撞导致靶物质原子的电离或激发。这是带电粒子穿过物质时动能损失的主要方式，称为电离损失或碰撞损失。

二、与原子核的非弹性碰撞

当带电粒子从原子核附近掠过时，在原子核库仑场的作用下，带电粒子的运动方向和速度发生改变，发生电磁辐射，即带电粒子的一部分动能以光子（连续谱的 X 射线）的形式发射出来，这种辐射称为轫致辐射（bremsstrahlung）。由于辐射损失与入射粒子的 m^2 成反比，β 粒子的能量损失主要是辐射损失。

三、与原子核的弹性碰撞

当带电粒子与靶物质原子核库仑场发生相互作用时，尽管带电粒子的运动方向和速度发生了改变，但不辐射光子，也不激发原子核。这种相互作用满足动能和动量守恒定律，称为弹性碰撞，或弹性散射。弹性碰撞后原子核获得反冲能量，使原子核的晶格发生位移而形成缺陷。这是造成辐射损伤的重要因素。

除上述三种主要相互作用外，高能（100 MeV）重带电粒子还会与原子核发生核反应；低能（<100 eV）β 粒子可与核外电子发生弹性碰撞；一个粒子与其反粒子发生碰撞时将发生湮没反应。

13.4.2 重带电粒子与物质的相互作用

一、重带电粒子在物质中的能量损失

重带电粒子包括质子（氢核）、氘、氚及 α 粒子（氦核）等，它们在靶物质中主要通过电离损失不断减少其能量。入射粒子在单位路径上的能量损失称为能量损失率，它反映了物质对带电粒子的阻止本领。贝特（H. A. Bethe）从量子理论导出的能量损失公式表明：

（1）阻止本领与入射粒子的质量无关，而只与它的速度有关（与粒子速度平方成反比）。即当入射粒子的（E/m）相同时，如 1 MeV 的质子和 2 MeV 的氘核（${}_{1}^{2}H$）在物质中的能量损失率相同。

（2）阻止本领与入射粒子的电荷数平方成正比。即在入射粒子的速度相同（E/m 相同）时，4 MeV 的 α 粒子（${}_{2}^{4}He$）在物质中的能量损失率是 1 MeV 的质子（${}_{1}^{1}H$）的 4 倍。

（3）阻止本领与靶物质的密度 N（单位体积内的原子数）和电荷数 Z 的乘积成正比，即密度大，原子序数高的物质对重带电粒子的阻止本领大。

二、重带电粒子的射程

重带电粒子在物质中运动时，不断损失能量，待能量耗尽，就停留在物质中。其路程沿原运动方向的投影称为射程（range），用 R 表示。虽然可以利用积分计算能量为 E_0 的入射粒子的射程，但实际上人们更愿意使用由实验数据总结出的经验公式。例如 α 粒子在空气中的射程为

$$R_0 = 0.318\, E^{3/2} \tag{13-25}$$

式中能量单位为 MeV，射程单位为 cm。α 粒子在其他物质中的射程为

$$R = 3.2 \times 10^{-4} \frac{\sqrt{A}}{\rho} R_0 \tag{13-26}$$

其中 A 为该物质的原子量，ρ 为密度，单位为 g·cm^{-3}。由此，我们就可以计算 α 粒子在任何物质中的射程。

【例 13-3】 试计算 5 MeV 的 α 粒子在人体组织中的射程是多少？

【解】 由（13-25）式可计算出 α 粒子在空气中的射程为

$$R_{\text{空气}} = 0.318\, E^{3/2} = 0.318 \times 5^{3/2}\ \text{cm} = 3.5\ \text{cm}$$

又由（13-26）式可得 α 粒子在不同物质中的射程满足下列关系：

$$\left(\frac{R\rho}{\sqrt{A}}\right)_1 = \left(\frac{R\rho}{\sqrt{A}}\right)_2 = \left(\frac{R\rho}{\sqrt{A}}\right)_3$$

对人体组织近似有

$$(R\rho)_{人体}=(R\rho)_{空气}$$

而 $\rho_{空气}=1.226\times10^{-3}\ \mathrm{g\cdot cm^{-3}}$，$\rho_{人体}\approx\rho_{水}=1.0\times10^{-3}\ \mathrm{g\cdot cm^{-3}}$。由上式可计算出 5 MeV 的 α 粒子在人体组织中的射程为

$$R_{人体}=\frac{\rho_{空气}R_{空气}}{\rho_{人体}}=\frac{1.226\times10^{-3}\times3.5}{1.0\times10^{-3}}\ \mathrm{cm}=4.3\ \mathrm{cm}$$

三、比电离

带电粒子穿过靶物质时使物质原子电离产生电子-离子对，单位路程上产生的电子-离子对数目称为比电离(specific ionization)。它与带电粒子在靶物质中由于电离造成的能量损失率成正比，表示带电粒子电离本领的大小。比电离还和物质的吸收剂量成正比，在生物体内表示带电粒子对机体的损伤程度。从理论上分析，由于电离损失与粒子速度平方成反比，因此当粒子接近其路程的末端时，电离能量损失率和比电离达到最大值，越过峰值后，由于粒子能量几乎耗尽，电离损失率和比电离很快下降到零。从实验测量结果看，单能重带电粒子的比电离曲线尾部均可观察到明显的峰值，此峰称为布拉格峰，如图 13-5 曲线 *a* 所示。峰的高度依赖于粒子的能量和性质。因为布拉格峰很窄，单能粒子产生的剂量分布通常不适合用于放射治疗。为了在更大厚度上给予肿瘤组织同样的剂量，在照射期间必须改变粒子能量，以加宽布拉格峰并使峰值降低，如图 13-5 曲线 *b* 所示。

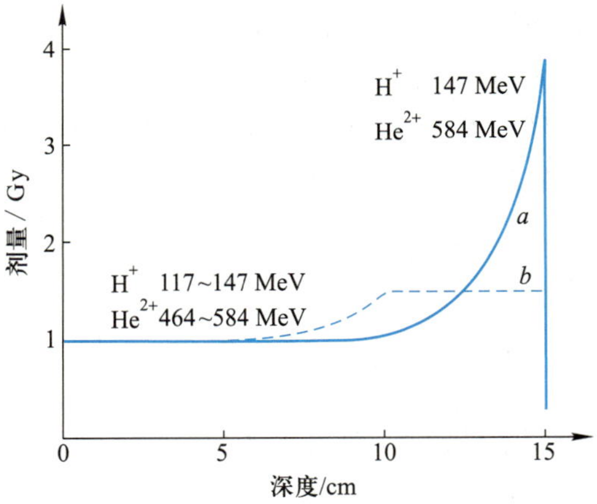

图 13-5 重带电粒子的比电离曲线

相关链接：质子治疗

利用重带电粒子束(主要是质子和负 π 介子)实施肿瘤的放射治疗，可以通过调整布拉格峰的位置和宽度使其正好包括靶区，从而达到提高靶区剂量和减少正常组织受照剂量的目的。这正是重带电粒子束相对光子、电子和中子束等所具有的剂量学优点。

13.4.3 β 射线与物质的相互作用

一、电子的能量损失

电子的能量损失由电离损失和辐射损失两部分组成。理论计算得到电子单位路径上的电离损失（阻止本领）可以简单写为

$$\left(-\frac{\mathrm{d}E}{\mathrm{d}x}\right)_{\mathrm{ion}}\propto\frac{NZ}{m_e v^2}$$

其中 N、Z 分别为靶物质的密度（单位体积内的原子数）和电荷数。由于 $v_e \gg v_\alpha$，电子的电离损失比 α 粒子小得多。而电子的辐射损失是指韧致辐射，理论计算得到由韧致辐射引起的能量损失率为

$$\left(-\frac{\mathrm{d}E}{\mathrm{d}x}\right)_{\mathrm{rad}}\propto\frac{Z^2}{m_e^2}NE$$

式中 E 为入射粒子的能量。上式表明在相同能量下，电子的辐射损失比 α 粒子和质子的辐射损失大 10^6 倍。辐射损失率与 Z^2 成正比，表明电子打到重元素中容易发生韧致辐射。这一特点对选择合适的材料来阻挡 β 粒子很重要。从电子能量损失角度考虑，采用高 Z 元素来阻挡 β 粒子较好；但是这会产生很强的韧致辐射（X 射线），反而起不到防护作用。所以应采用低 Z 元素防护 β 粒子。

β 粒子的辐射损失率与粒子能量成正比，而电离损失率与粒子能量成反比。因此，当 β 粒子能量低时，电离损失占优势；如果能量高时，辐射损失就变得重要了。

二、电子的散射

β 粒子与原子核作弹性碰撞时，只改变运动方向，而不辐射能量，这种过程称为弹性散射。由于电子的质量小，因而散射角度可以很大，而且会发生多次散射，最后偏离原来运动方向。

三、正电子与物质的相互作用

正电子通过物质时，与负电子一样要与核外电子和原子核发生相互作用。能量相同的正、负电子在物质中的电离损失、辐射损失和射程大体相同。但是，高能正电子进入物质后将很快慢化（速度减小），然后遇负电子发生湮没（annihilation），同时发出两个发射方向相差 180°，各自能量为 0.511 MeV 的光子。正电子发射断层成像（positron emission tomography，PET）就是利用正、负电子湮没时发射光子的特性，将正电子发射的同位素药物（如 ^{18}F 标记的脱氧葡萄糖）注入人体之后，探测正电子在体内被电子俘获产生湮没反应时沿相反方向发出的两个光子，从而获得正电子标记药物在体内的三维密度分布，以及这种分布随时间变化的信息，以此对肿瘤及神经系统疾病进行早期诊断。

13.4.4 光子与物质的相互作用

X(γ)射线及韧致辐射等都属于电磁辐射，由不带电的光子组成。电磁辐射与物质相互作用只与光子的能量有关，一般与电磁辐射的起源无关。光子与物质相互作用的机制与带电粒子有显著差别，带电粒子是通过多次与物质原子中的电子或原子核作非弹性碰撞，逐步损失能量的，一次碰撞只损失很小一部分能量。而光子与物质中的原子只要发生一次碰撞就会损失相当大一部分甚至全部能量，光子也可能穿过物质而不损失能量。X(γ)射线穿过物质时，其强度按指数规律衰减，没有射程概念。

光子与物质的作用方式主要有以下三种：

一、光电效应

光子将其全部能量传递给物质原子的轨道电子，光子消失，获得能量的电子脱离原子的束缚而成为自由电子（称为光电子），这一过程称为光电效应。光电子吸收的能量一部分用于克服电离能 ε_i，其余能量（$h\nu-\varepsilon_i$）就作为光电子的动能。对于能量确定的光子，原子中结合能大的内壳层发生光电效应的概率较大。伴随着光电效应发出光电子，在原子内壳层留下空位，被外层电子填补，则将发射特征 X 射线或俄歇电子。

二、康普顿效应

光子与原子核外的电子（多为外层电子）发生非弹性碰撞，一部分能量转移给电子，使它脱离原子成为反冲电子，而散射光子的能量和运动方向发生变化，这一过程称为康普顿效应，或康普顿散射。我国物理学家吴有训在发现和研究康普顿效应中作出了重要贡献。康普顿效应中光子只损失部分能量，散射光波长向长波方向移动。

三、电子对效应

当能量大于 1.022 MeV 的光子从原子核旁经过时，光子在原子核的库仑场作用下转化为一个正电子和一个负电子，这一过程称为电子对效应（electron pairing effect）。入射光子的能量除转化为正-负电子对的静止质量（1.022 MeV）外，其余的转化为正负电子的动能。

光子与物质的这三种作用形式与光子的入射能量和物质的原子序数 Z 有不同的依赖关系，用图 13-6 说明。从图中可见能量低的光子和高原子序数的物质，以光电效应为主；中等能量的 γ 射线以康普顿散射为主；电子对效应主要发生在高能光子和高原子序数的物质中，但在能量极高光子的作用下，较低原子序数物质中，电子对效应也不可忽视。

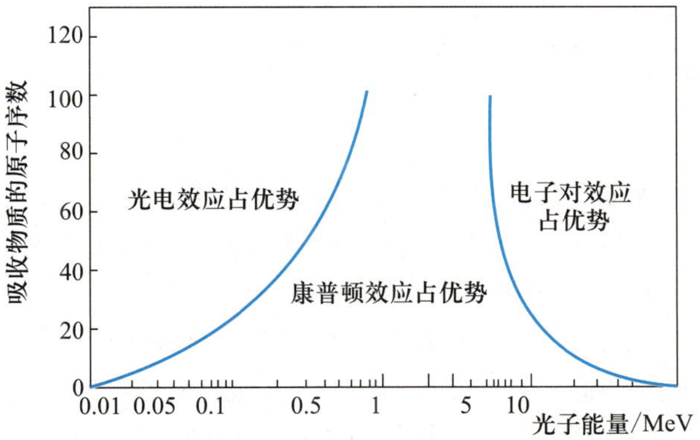

图 13-6 X(γ)光子与物质相互作用的三种形式与光子能量、吸收物质原子序数的关系

13.4.5 中子与物质的相互作用

中子不带电，在物质中不能直接引起电离而损失能量，它在物质中能穿行很长的距离。中子与物质的相互作用主要是受到原子核的散射或与原子核发生核反应。在中子与原子核发生碰撞时，将部分能量传递给原子核，改变自身运动的方向和速度，同时引起原子核发生反冲，这种作用称为中子的弹性散射。能量低的中子与轻核相互作用主要是弹性散射，即反冲核越轻，在弹性碰撞时得到的反冲能量越多，中子损失的能量越大。所以常用含氢核多的水、石蜡等物质使中子减速，防护中子照射。

由于中子不受库仑电场的阻碍，容易进入原子核引起核反应，放射出各种次级射线，其反应前后的中子和原子核系统的总能量也就不再守恒，这种现象叫非弹性碰撞。能量为 1 MeV 以上的中子与重核相互作用主要是非弹性碰撞。中子与原子核发生核反应，其反应的产物有稳定核素和放射性核素，并伴随着各种射线产生。如原子核俘获中子，中子留在核内并发射 γ 射线，这种反应称为中子俘获反应(n,γ)，如 $^{1}n+^{1}H \rightarrow ^{2}H+\gamma$；若中子留在核内而发射质子，称为电荷交换反应(n,p)，如 $^{1}n+^{14}N \rightarrow ^{14}C+p$，其中反应产物 ^{14}C 具有 β^- 放射性。此外还有中子留在核内发射 α 粒子，称(n,α)反应。中子照射生物组织时，中子与原子核反应产生的次级带电粒子(α、β 粒子)和 γ 射线等都将与物质相互作用，导致生物组织的损伤。核反应产生的有些放射性核素还可能长时间滞留在生物体内，造成组织损伤，所以中子对机体的危害是很大的。

§13.5 辐射剂量与防护

α、β 粒子，γ 和中子射线通过物质时，能直接和间接产生电离作用，统称为电离辐射(ionizing radiation)。各种电离辐射都将使物质发生变化，称为辐射效应。人体组织吸收电离辐射能量后，会产生物理、化学和生物学的变化，导致生物组织的损伤，称为生物效应。肿瘤的放射治疗即利用这种生物效应杀伤肿瘤组织；同时正常组织受到射线照射时也会产生辐射损伤。生物效应的危害程度与生物体吸收的电离辐射能量成正比。因此，准确了解组织中吸收的电离辐射能量，对评估放射治疗的疗效及其副作用有重要的意义，是进行放射治疗及辐射防护最基本的医学物理学知识。"剂量"是用来表示人体接受电离辐射的物理量。本节主要介绍剂量的概念、单位，辐射防护的知识及射线测量的原理和方法。

13.5.1 辐射剂量及其单位

根据国际辐射单位和测量委员会(International Commission on Radiation Units and Measurements, ICRU)1980 年关于辐射量和单位的报告内容，着重介绍与放射治疗和防护有关的辐射量及其单位。

一、照射量

X(γ)射线的照射量(exposure)E 定义为

$$E = \mathrm{d}Q/\mathrm{d}m \tag{13-27}$$

式中 $\mathrm{d}Q$ 是当射线在质量为 $\mathrm{d}m$ 的干燥空气中形成的任何一种符号(正或负)离子的总电量。照射量的单位为 $\mathrm{C \cdot kg^{-1}}$，曾用单位为伦琴(Röentgen, R)，$1\ \mathrm{R} = 2.58 \times 10^{-4}\ \mathrm{C \cdot kg^{-1}}$。它是用来量度 X(γ)射线导致空气电离程度的一个物理量。根据定义，$\mathrm{d}Q$ 中不包括次级电子发生轫致辐射被吸收后产生的电离。在实际测量中，照射量也常提到在其他介质，如水中的照射量。可以理解为在水介质中某一小体积单元，用空气替代后测得的照射量，称为水中某点的照射量。需要说明，照射量的定义只适用于 X(γ)能量在几个 keV 到几个 MeV 的范围内。单位时间内的照射量称为照射率，单位用 $\mathrm{C \cdot (kg \cdot s)^{-1}}$ 或 $\mathrm{R \cdot s^{-1}}$ 表示。

二、吸收剂量

单位质量的物质所吸收到的辐射能量称为吸收剂量(absorbed dose)，常用 D 表示。它是电离辐射授予某一体积之中物质的平均能量 $\mathrm{d}E$ 与该体积之中物质质量 $\mathrm{d}m$ 的比值，即

$$D = \mathrm{d}E/\mathrm{d}m \tag{13-28}$$

吸收剂量的单位为 Gy(戈瑞),1 Gy=1 J·kg^{-1}。曾用单位为 rad(拉德),1 Gy=100 rad,它是衡量单位质量受照射物质吸收辐射能量多少的一个物理量,在辐射效应的研究中极为重要。吸收剂量适用于任何类型和任何能量的电离辐射,并适用于受照射的任何物质。由于在同样照射条件下,不同物质(如骨和软组织)吸收辐射能量的本领有差异,所以在谈及吸收剂量时,应该说明辐射类型、物质种类和照射位置。单位时间内的吸收剂量称为吸收剂量率,单位为 Gy·s^{-1}。

三、当量剂量

由于不同种类、不同能量的射线释放出的能量在组织中的分布有明显的差异,因此,在吸收剂量相同的情况下,种类、能量不同的射线所产生的生物效应也有明显的差别。当量剂量(equivalent dose)表示各种射线或粒子被吸收后引起生物效应的程度,或对生物组织的危险程度。当量剂量 H_T 等于某一组织或器官 T 所接受的平均吸收剂量 $D_{T,R}$ 与辐射权重因子(radiation weighting factor) w_R 的乘积:

$$H_T = w_R \cdot D_{T,R} \tag{13-29}$$

H_T 的单位为 Sv(希沃特),1 Sv=1 J·kg^{-1}。曾用单位为 rem(雷姆),1 rem=0.01 Sv。当量剂量与吸收剂量的量纲相同,但物理意义不同。吸收剂量反映的是单位物质对辐射所吸收的平均能量,它对任何物质都相同;而当量剂量只适用于人和生物体,是反映辐射对人体损伤程度的物理量。表 13-2 列出了几种射线的辐射权重因子。

表 13-2 不同射线的辐射权重因子

射线种类及能量范围	辐射权重因子 w_R
X(γ)射线	1
β^-和 β^+射线	1
中子,能量<10 eV	5
100 eV~2 MeV	20
2 MeV~20 MeV	10
>20 MeV	5
质子,能量>2 MeV	5
α 粒子,重核	20

13.5.2 辐射防护

放射性核素在医学等领域的广泛应用,使接触放射性核素的人日益增多,因此在使用、保存放射性核素和清除放射性废料时,都应采取相应的措施,以达到安全使用的目的。

一、最大容许剂量

人在自然条件下会受到各种射线的照射,这些射线来自宇宙和地球上的放射性物质,可见受到一定剂量射线照射并不影响人体的健康。国际上规定经过长期积累或一次性照射后,对机体既无损害又不发生遗传危害的最大照射剂量,称为最大容许剂量(maximum permissible dose,MPD)。对这一剂量各国规定并不完全相同,我国现行规定的 MPD 为每年不超过 50 mSv。放射性工作地区附近居民不得超过 50 $\mu Sv \cdot d^{-1}$,一般居民还应低,但医疗照射不受这个限制。

二、外照射防护

放射源在体外对人体进行的照射称为外照射。人体接受外照射的剂量与离放射源的距离及照射时间有关。因此,与放射性核素接触的工作人员,应尽可能利用远距离的操作工具,并减少在放射源附近停留的时间。此外在放射源与工作人员之间应设置屏蔽,以减弱放射性强度。对 α 射线,因其贯穿本领低,射程短,工作时只要戴上手套就能有效进行防护。对 β 射线,除利用距离防护和时间防护外,注意使用的屏蔽物质不宜用高原子序数的材料,以避免由于轫致辐射产生大量光子,一般可采用有机玻璃、铝等中等原子序数的物质作屏蔽材料。对于 X(γ)射线,因其穿透能力强,应采用高原子序数的物质,如铅衣、铅和混凝土等作为屏蔽材料。

三、内照射防护

将放射性核素注入体内进行照射称为内照射。由于 α 射线在体内的比电离较高,其造成的损害比 β、γ 射线都要严重。因此,除出于介入疗法或诊断的需要必须向体内引入放射性核素外,任何内照射都应尽量避免。这就要求使用放射性核素的单位要有严格的规章制度,对接触人员的一切行为进行规范,以防止放射性物质进入体内。

思考题

13-1 为研究核的大小、形状和密度分布,常用电子、质子和中子作探针,试比较这些探针的优缺点。

13-2 天然温泉中的热水是什么加热的?

13-3 哪种射线和 X 射线最相像:α 射线、β 射线,还是 γ 射线?

13-4 一个原子核的质量与组成它的质子和中子的质量之和相比是较大、相等还是较小?答案与你考虑的是哪个原子核有关吗?

13-5 4 MeV 的 α 粒子和 1 MeV 的质子在同一物质中的能量损失是否一样?为什么?

13-6 哪些射线可以用铅屏蔽?哪些射线不能用铅屏蔽?为什么?

不能用铅屏蔽的那些射线应该用什么材料屏蔽？

习题

习题答案

13-1 已知^{2}H、^{4}He的原子质量分别为2.014 102 u、4.002 603 u，计算两个^{2}H原子核结合成一个^{4}He原子核时释放的能量（以MeV为单位）。

13-2 两个氢原子结合成氢分子时释放的能量为4.73 eV，试计算由此发生的质量亏损，并计算1 mol氢分子的结合能。

13-3 试计算氘核和氦原子核的结合能和平均结合能。

13-4 ^{32}P的半衰期是14.3 d，试计算它的衰变常量λ和平均寿命，1 μg纯^{32}P的放射性活度是多少贝可（Bq）？

13-5 利用^{131}I的溶液作甲状腺扫描，在溶液出厂时只需注射0.5 mL就够了（^{131}I的半衰期为8.04 d）。如果溶液出厂后储存了11 d，作同样扫描需注射多少溶液？

13-6 一个含^{3}H的样品的放射性活度为3.7×10^{2} Bq，样品中^{3}H的含量有多少克？

13-7 设例题13-1中的^{60}Co源初装时不含任何杂质，试计算其质量。

13-8 某患者口服^{131}I治疗甲状腺功能亢进症，设每克甲状腺实际吸收100 μCi的^{131}I，其有效半衰期约为5 d（这里所说的有效半衰期就是包括衰变和排泄过程，使体内放射性减少一半的时间），衰变时发出的β射线的平均能量为200 keV，全部在甲状腺内吸收，γ射线的吸收可忽略，试计算甲状腺接受的剂量。

13-9 向一人静脉注射含有放射性^{24}Na，活度为300 kBq的生理盐水，10 h后测得他每cm^{3}血液的放射性活度为30 Bq，求此人全身血液的总体积，已知^{24}Na的半衰期为14.97 h。

13-10 ^{226}Ra和^{222}Rn原子质量分别为226.025 36 u和222.017 53 u，^{4}He原子质量为4.002 603 u，试求^{226}Ra衰变为^{222}Rn时衰变能Q为多大？

13-11 ^{235}U的半衰期为7.04×10^{8} a。计算100亿年前恒星首次形成时产生的铀到现在所剩下的百分比？

13-12 测量到一棵树的化石样品中^{14}C的放射性活度为$2.2\times10^{-2}\,Bq\cdot g^{-1}$，半衰期是5 730 a，计算该树的年龄。

13-13 当速度相同（即E/m相同）时，两种不同的重带电粒子在同一物质中的射程关系可以表示为

$$\frac{R_1}{R_2}=\frac{m_1}{m_2}\frac{Z_2^2}{Z_1^2}$$

若已知8 MeV的α粒子在空气中的射程为7.2 cm，求：2 MeV的质子和4 MeV的氘在空气中的射程。

13-14 计算能量为 8 MeV 的 α 粒子穿过 2 cm 厚的空气层后剩余的能量。

参考文献

附录　常用物理常量表

名称	符号	数值	单位	相对标准不确定度
真空中的光速	c	299 792 458	$m\cdot s^{-1}$	精确
普朗克常量	h	$6.626\ 070\ 15\times10^{-34}$	$J\cdot s$	精确
约化普朗克常量	$h/2\pi$	$1.054\ 571\ 817\cdots\times10^{-34}$	$J\cdot s$	精确
元电荷	e	$1.602\ 176\ 634\times10^{-19}$	C	精确
阿伏伽德罗常量	N_A	$6.022\ 140\ 76\times10^{23}$	mol^{-1}	精确
玻耳兹曼常量	k	$1.380\ 649\times10^{-23}$	$J\cdot K^{-1}$	精确
摩尔气体常量	R	$8.314\ 462\ 618\cdots$	$J\cdot mol^{-1}\cdot K^{-1}$	精确
理想气体的摩尔体积(标准状况下)	V_m	$22.413\ 969\ 54\cdots\times10^{-3}$	$m^3\cdot mol^{-1}$	精确
洛施密特常量	n_0	$2.686\ 780\ 111\cdots\times10^{25}$	m^{-3}	精确
斯特藩-玻耳兹曼常量	σ	$5.670\ 374\ 419\cdots\times10^{-8}$	$W\cdot m^{-2}\cdot K^{-4}$	精确
维恩位移定律常量	b	$2.897\ 771\ 955\cdots\times10^{-3}$	$m\cdot K$	精确
引力常量	G	$6.674\ 30(15)\times10^{-11}$	$m^3\cdot kg^{-1}\cdot s^{-2}$	2.2×10^{-5}
真空磁导率	μ_0	$1.256\ 637\ 061\ 27(20)\times10^{-6}$	$N\cdot A^{-2}$	1.6×10^{-10}
真空电容率	ε_0	$8.854\ 187\ 818\ 8(14)\times10^{-12}$	$F\cdot m^{-1}$	1.6×10^{-10}
电子质量	m_e	$9.109\ 383\ 713\ 9(28)\times10^{-31}$	kg	3.1×10^{-10}
质子质量	m_p	$1.672\ 621\ 925\ 95(52)\times10^{-27}$	kg	3.1×10^{-10}
中子质量	m_n	$1.674\ 927\ 500\ 56(85)\times10^{-27}$	kg	5.1×10^{-10}
氘核质量	m_d	$3.343\ 583\ 776\ 8(10)\times10^{-27}$	kg	3.1×10^{-10}
氚核质量	m_t	$5.007\ 356\ 751\ 2(16)\times10^{-27}$	kg	3.1×10^{-10}
玻尔磁子	μ_B	$9.274\ 010\ 065\ 7(29)\times10^{-24}$	$J\cdot T^{-1}$	3.1×10^{-10}
核磁子	μ_N	$5.050\ 783\ 739\ 3(16)\times10^{-27}$	$J\cdot T^{-1}$	3.1×10^{-10}

续表

名称	符号	数值	单位	相对标准不确定度
里德伯常量	R_∞	$1.097\ 373\ 156\ 815\ 7(12)\times10^{7}$	m^{-1}	1.1×10^{-12}
精细结构常数	α	$7.297\ 352\ 564\ 3(11)\times10^{-3}$		1.6×10^{-10}
玻尔半径	a_0	$5.291\ 772\ 105\ 44(82)\times10^{-11}$	m	1.6×10^{-10}
康普顿波长	λ_C	$2.426\ 310\ 235\ 38(76)\times10^{-12}$	m	3.1×10^{-10}
原子质量常量	m_u	$1.660\ 539\ 068\ 92(52)\times10^{-27}$	kg	3.1×10^{-10}

注：① 表中数据为国际科学理事会（ISC）国际数据委员会（CODATA）2022 年的国际推荐值。

② 标准状况是指 $T=273.15$ K，$p=101\ 325$ Pa。

读者意见反馈

为收集对教材的意见建议，进一步完善教材编写并做好服务工作，读者可将对本教材的意见建议通过如下渠道反馈至我社。

咨询电话　400-810-0598

反馈邮箱　hepsci@pub.hep.cn

通信地址　北京市朝阳区惠新东街4号富盛大厦1座

高等教育出版社理科事业部

邮政编码　100029